普通高等教育“十二五”规划教材

高等院校市场营销类教材系列

营销策划

张　鸿　主　编
欧晓华　副主编

科学出版社
北　京

内 容 简 介

营销策划是市场营销专业的核心课程，是营销管理从业者及有志于从事经商、创业人员打造职业能力必修的主要课程之一。

本书从营销策划的历史入手，全面系统地介绍了营销策划实施、市场调研策划、营销战略策划、品牌策划、文化营销策划、企业形象策划、营销战术策划、广告策划、公关策划、网络营销策划和顾客满意策划等内容，在吸收现代营销策划成果及创新的基础上，论述了营销策划的新发展。

本书结构规范，体例新颖，每章开篇都设有教学目标、学习要点和关键词、导入案例，正文中穿插知识拓展，章末设置小结、案例分析和思考题，便于学生系统学习和掌握营销策划知识。

本书的适用对象包括：高等院校经济管理类专业本科生、欲在策划领域发展的其他专业学生，以及企业界管理、策划、营销和广告从业人员等。

图书在版编目（CIP）数据

营销策划/张鸿主编. —北京：科学出版社，2013
（普通高等教育“十二五”规划教材·高等院校市场营销类教材系列）
ISBN 978-7-03-038898-8

Ⅰ.①营… Ⅱ.①张… Ⅲ.①营销策划-高等学校-教材 Ⅳ.①F713.50

中国版本图书馆 CIP 数据核字（2013）第 245240 号

责任编辑：李 娜 朱大益 / 责任校对：柏连海
责任印制：吕春珉 / 封面设计：子时文化

科学出版社 出版
北京东黄城根北街 16 号
邮政编码：100717
http://www.sciencep.com

北京虎彩文化传播有限公司 印刷
科学出版社发行 各地新华书店经销
*
2014 年 3 月第 一 版 开本：787×1092 1/16
2020 年 8 月第五次印刷 印张：22 1/4
字数：500 000

定价：56.00 元

（如有印装质量问题，我社负责调换〈虎彩〉）
销售部电话 010-62134988 编辑部电话 010-62138978-2018（HF02）

高等院校市场营销类教材系列
编　委　会

前　言

现代市场环境日趋复杂多变，市场竞争的激烈和残酷程度不亚于战场。企业要想在市场竞争中运筹帷幄、决胜于千里之外，就必须拥有一批精通市场营销策划的专业人才，这对承担现代营销人才培养任务的高等院校专业设置与教学活动提出了新的要求。通过专业学习，学生应能掌握营销策划的基本概念、基本知识、运用方法及基本操作技巧，培养营销策划的创新思维方法，具备基本的发现市场投资机会、撰写商业计划书、制定具体营销实施方案及执行活动的专业能力。

本书立足学科发展与实践最前沿，密切跟踪学科发展动态，在注重吸收当代营销策划的最新理论及实践成果的基础上，提出了营销策划的理论体系新架构；同时，为加强实用性，各章中穿插了大量的营销经典案例分析、知识拓展和思考题，使学生能比较系统和准确地把握营销策划的全过程，循序渐进地掌握实战技巧和方法。

本书每章以教学目标开篇，以导入案例引导，既覆盖学科必要的知识点，又注重营销策划程序的讲解、实战与实景的描述和分析，系统阐述了营销策划的方法、实施步骤和营销策划书的撰写及注意事项，从营销战略策划、营销战术策划等层面详细介绍了品牌策划、文化营销策划、形象策划、广告策划、公关策划、网络营销策划、顾客满意策划和营销策划新发展等内容。本书不仅从框架体系上跳出了营销4P理论的束缚，提出了营销策划的理论体系新架构，而且加入了文化营销策划、顾客满意策划和网络营销策划等新兴专题，实现了内容上的有效拓展和延伸。传承和创新相结合是本书的突出特色。

本书由西安邮电大学张鸿教授担任主编，并撰写第一、二章；西安邮电大学欧晓华担任副主编，并撰写第三、四、十二章；李刚撰写第五、九章；王群撰写第六、八章；王红亮撰写第七、十三章；张超撰写第十四、十五章；成都东软学院林敏撰写第十章；重庆大学城市科技学院曾建军撰写第十一章。

在本书编写过程中，我们参考了国内外策划界同行专家、教授的最新研究成果，在此一并表示感谢。

编　者

2013年10月于西安

目　录

第一章

策划导论

教学目标

了解策划的起源及其在我国不同历史时期的发展状况；熟知策划内涵；掌握商务策划的五大领域；了解营销策划的发展历程。

学习要点

- 掌握商务策划的五大领域的内在关系。
- 能够进行初步商务策划。

关键词

策划　商务策划　营销策划

导入案例

三十六计之“围魏救赵”

公元前 354 年，魏将庞涓率军围攻赵国都城邯郸，双方战守年余，赵衰魏疲。这时，齐国应赵国的求救，派田忌为将，孙膑为军师，率兵八万救赵。攻击方向选在哪里？起初，田忌准备直趋邯郸。孙膑认为，派兵解围，要避实就虚，击中要害。他向田忌建议说，现在魏国精锐部队都集中在赵国，内部空虚，我们如带兵向魏国都城大梁（今河南开封）猛攻，占据其交通要道，袭击其空虚的地方，魏军必然放下赵国回师自救，齐军乘其疲惫，在预先选好的作战地区桂陵迎敌于归途，可大败魏军，兼解赵国之围。孙膑用围攻魏国的办法来解救赵国的危困，这在我国历史上是一个很有名的战例，被后来的军事家们列为三十六计中的重要一计。

（资料来源：http://baike.baidu.com/view/28441.htm.）

第一节 策划的起源与发展

“策划”一词在中国的出现始于汉代，西汉刘安的《淮南子·要略》中有“擘画人事之终始者也”，南朝宋范晔《后汉书·隗嚣传》中有“是以功名终申，策画复得”。其中“擘画”、“策画”与“策划”同义。

在我国古代，策划主要用于军事和政治，古人的策划思想也充分体现在其著作中。例如，我国古代的《周易》、《战国策》、《孙子兵法》、《三国演义》、《三十六计》等都是策划学方面的经典之作。特别是《孙子兵法》，仅仅几千字，却能成为百世兵书，充分显示出策划的重要作用，确立了策划的理论地位。《吕氏春秋》中“引胜之一策也”的“策”字，《论语·述而》中“好谋而成者也”的“谋”字，以及《汉书·高帝纪》中“运筹帷幄之中，决胜千里之外”的“筹”字，《孙子兵法》中“多算胜，少算不胜”，《新书·过秦论》中“深谋远虑，行军用兵之道”等都是策划思想的生动体现。而中国历史上诸多著名的策划案例更是犹如策划星空中的一颗颗璀璨明珠：孙膑的赛马策划使田忌马到成功；诸葛亮的《隆中对》做出了三分天下的策划，使刘备从穷困潦倒到雄踞一方，终成霸业；朱升的“高筑墙，广积粮，缓称王”使朱元璋顺利地登上了皇帝宝座，并奠定了明朝强盛的基础……从这些论述和历史事件中可以看出，策划作为一门涉及许多学科的综合性学科与艺术，其赖以建立的“社会基础”则是人类的生产斗争、政治斗争、经济斗争和军事战争等斗争实践。没有斗争、没有实践，就无所谓策划。

一、原始部落时期的策划

早在原始社会，策划作为人类最古老的活动之一就已存在。据《周易》载，原始社会时期就萌发“以谋捕兽”的策划行为和思想，即在行动之前，要确定围捕的对象、范围、参加的人数、采取的方法、使用的工具等。这些策划活动起到了较大的作用，加速了人类脱离动物界的过程，促进了人类文明的发展。

原始人早期的策划是最基本、最简单的生存策划，后来逐步发展运用在部落冲突的争夺战中。这主要体现为黄帝和蚩尤两个部落之间的战争，由于黄帝实行“修武备，整内政，发展农业，积聚力量”的策划战略，从而打败蚩尤成为部落联盟的首领，成为中华民族的“人文始祖”。

二、奴隶社会时期的策划

进入奴隶社会以后，一方面，商周时期发展出完善的井田制，这种土地分配制度实际上体现了古人运用才智策划的结果；另一方面，随着青铜冶炼业的兴起，车辆和弓箭制造技术的发展，促使战争规模和作战方式发生变化，战争规模越来越大，作战次数越来越多，战争中讲求智谋的策划思想越来越盛行。商朝的吕尚，通过“宁向直中取，不向曲中求”，“愿者上钩”的谋略使其从怀才不遇实现了到屡建战功、声名煊赫的转变，并运用高超的策划思想，辅助周武王灭商纣王并建立了周朝统治，被封于齐地，也有了“姜太公”、“师尚父”之美称。

三、春秋战国时期的策划

春秋战国时期是我国由奴隶社会向封建社会过渡的时期，也是中国古代策划的鼎盛时期。诸侯之间连年争战，各自募集了大批谋士、策士，为其掌握霸权出谋献策。一计不成，再生一计，一计、二计、连环计，策划、策划、再策划，奇谋妙计不尽，使以智谋为内核的策划水平提高到相当程度。著名的“战国四君子”都各有食客三千人，这些食客充当了智囊团的角色，也成了中国早期的一批职业策划人。儒家、道家、墨家、法家、阴阳家、纵横家、杂家等诸子百家千方百计提出自己的治国方案，形成了百家争鸣的局面。与当时社会实际相一致，《孙子兵法》、《吴子兵法》、《尉缭子》、《司马法》、《孙膑兵法》等经典著作如雨后春笋般出现，孙膑减灶诱灭庞涓、孙膑为田忌赛马献策而胜齐威王、苏秦与张仪的合纵与连横更是为后人所品评。

四、封建社会时期的策划

封建社会从秦开始到清朝，前后两千多年，由于封建统治者为维持一统天下，采用集权统治，实行愚民政策和文化禁锢主义，从而压抑了学术思想的争鸣，使策划思想不能同社会发展同步，远远落后于社会生产和科学技术的进步。公元 3 世纪到 15 世纪之前，中国科学技术在众多领域都领先于欧洲，而策划思想却未能同步发展而处于曲折徘徊之中。只在少数社会动荡时期才出现类似战国时期的重用策划人才、活跃策划思想和讲求智谋的短暂兴盛局面。这一时期的代表人物就是世人所熟知的诸葛亮，他是具有代表性的政治家、军事家和策划大师，是《三国演义》中“谋”的化身。作为刘备的总策划人，为刘备策划《隆中对》而定三分天下。在与另一位谋略家、为曹操服务的司马懿的斗智中，因策划执行体系不完整、下级策划人才水平较差（如马谡），管理与策划不协调（阿斗无管理才能）等原因，诸葛亮“出师未捷身先死”，但其“鞠躬尽瘁，死而后已”的忠诚、敬业精神一直为后人所称道。

除此以外，军师张良“一桥三敬履”得兵书辅助刘邦建立汉朝，刘伯温为朱元璋定下“先灭陈友谅，再灭张士诚，然后北向中原，一统天下”的战略方针，助其建立明朝，他们也都成为这一时期的传奇人物。

五、新民主主义革命时期的策划

新民主主义革命时期，毛泽东和他的战友们，把中国策划思想运用并发展到炉火纯青的地步。特别是毛泽东的策划，不但挽救了党，挽救了革命，也极大地丰富了中国的军事思想，通过以弱制强、以快制胜、避实击虚、集中优势兵力全歼敌人、以我之长攻敌之短、围点打援、关门打狗、瓮中捉鳖等谋略，演绎了四次反“围剿”、“四渡赤水”、“二万五千里长征”、“三大战役”，创造了一个又一个奇迹。

六、中国现代化建设时期的策划

改革开放前，在中国现代化建设初期，以毛泽东为核心的第一代中央领导在探索社会主义经济建设道路的进程中取得了很大成绩，《论十大关系》等对我们认识国情和经济发展起到了很好的指导作用。周恩来作为毛泽东的谋士，为中国的内政外交也提出过不少精彩的策划方略，其中“和平共处五项原则”的国际策划到现在也依然是处理国际争端的准则。

改革开放后，邓小平担当了改革开放的策划大师，为党中央提出了一系列推动生产力发展的策划方案，如生产力标准、改革开放、“一国两制”、社会主义市场经济等。与此同时，中国策划开始第一次大规模进入商务领域，推动了中国市场经济的快速发展。

第二节　策划的内涵

一、策划的定义

策划，往往成了出奇制胜、点石成金、以少胜多、力挽狂澜的同义词。那么，到底什么是策划呢？

策，在《辞源》中有八个义项，其中“马鞭”、“杖”、“简”、“策书”、“一种文体”、“占卜用的蓍草”等被用作名词，“以鞭击马”被用作动词，“谋略”则成为最重要、最常用而又广泛流传下来的义项。划，在《辞源》中义项不多，基本上是与“策”联系起来一同使用。“策划”一词在《辞海》中的解释为“计划；打算”，在《现代汉语词典》中的解释为“筹划；谋划”。由此可见，策划是对将要发生的事情所做的当前决定。从本质上看，它是人类运用脑力的理性行动，是一种思维活动，是人类超前思维和创造性思维的最佳结合形式。其结果是要找出事物的因果关系，衡量未来可采取的策略，它是人们认识、分析、判断、推理、预测、构思、想象、设计、运筹、规划的过程，这个过程充满了创造性思维。通俗地讲，策划就是预先决定做什么、何时做、何地做、何人做、怎样做，是人们为了实现某种目的，而对实现目的的手段、方式和途径进行的提前设计、谋划或安排。

策划是一座跨时空的桥，它把现在和将来有机地结合起来，使人们像在明灯的照亮下从一个坦途走向另一个坦途。

知识拓展

关于策划概念的不同认识

1. 事前设计说。策划是策划者为实现特定的目标，在行动之前为所要实施的行动而进行的设计。策划是非常广泛的人类行为形态。

2. 管理行为说。策划与管理是密不可分的整体，策划是管理的内容之一，是一种有效的管理方法。简单来说，策划就是管理。

3. 选择决定说。策划是一种决定，是在多个计划、方案中寻找最佳者，是在选择中做出的决定。因此，策划也就是左右将来行动路线的策划。

4. 思维程序说。策划是人们的一种思维活动，是人类通过思考而设定目标及为达到目标的最基本、最自然的思维活动。策划是策划者对于将来会左右其机制的一种理性思维程序。

二、策划的要素

1. 策划者

策划者是策划活动的主体，是一个智谋、探究、咨询三位一体的关键要素。智谋即智慧计谋，体现了策划者的理论造诣、艺术修养和创新能力；探究即探讨、求索、研究，是对主体目标与标的之间相互适应的深入探讨、反复研究和多方求索，进行原创性思维和设想；咨询即顾问、参谋，是策划者在科学策划运作的基础上，经过探究形成科学可行的方案，为决策提供咨询服务。

2. 主体目标

主体目标即策划的预期结果和预期状态，也是策划任务。从策划角度来看，企业好比是一个生命体，也有一个产生、成长、成熟、衰退的过程。因此，策划的目标往往是，使企业从一产生就是个“优良品种”，或者使其成长得更健康、更快速、更成熟，有效规避风险，或者延长衰退时间，尽力使企业步入新的循环周期。具体来看，策划的任务可能是制定发展战略，也可能是追求市场占有率、行业排序或新产品开发等，但整个策划活动都是围绕某一主体目标而展开的。

3. 标的

标的是策划的客体，即主体目标的指向对象。标的可以是人，如相关公众，也可以是物，如城市规划；可以是组织机构，如管理体制改革，也可以是组织功能，如企业营销、生产技术创新和资金运作；可以是单一的程序，如专业生产流水线设计、产品创新程序，也可以是全面的总体战略，如经营发展战略，科技发展战略。由于标的处于发展变化的环境中，随着环境改变而改变，因而策划标的及其所处环境构成完整的策划对象。

4. 策划方案

方案是策划者从主体目标出发，创造性地作用于标的的产物。策划方案是全部策划活动的最终结果，是决策和计划制订的前提和依据。它可以帮助策划人员与企业决策者进行深入沟通，帮助决策者判断策划方案的可行性，从而更有效地开展策划活动。

三、策划与咨询的关系

策划与咨询有共同点，即策划业是咨询（consult）行业中的一个分支，都属于智慧与信息服务，都有一定程序与规范，在做不严格区分时其内涵与外延基本上是一致的。但二者之间也存在差异，具体表现为以下三个方面。

1）策划是制造“复印原件”，创新性是策划活动的核心所在；咨询方式多是做“复印机”（咨询公司）与开发“复印纸”（创造用户和市场）工作。一般地，大型的咨询机构都有两个组成部分，一个部分从事策划，创造知识，创建原始的案例库；另一个部分从事传统的咨询，传播与推广知识，用原始的案例库中的解决方案去破解同类新客户的问题。

2）包容性不同。“策划”概念比“咨询”概念大，企业内部可以成立策划部门，但企业内部不能成立咨询机构。咨询必然是决策建议主体与决策行为主体的分离，而策划则可能分离也可能合一。甚至可以说，系统而有目的地思考并付诸行动都可以理解为策划，而咨询一定是受委托提供决策建议，咨询只是策划中的一部分。

3）倾向性不同。“咨询”倾向于职业化，“策划”则强调其谋略性。“咨询”在西方一直伴随于特定职业产生和发展起来，在本质上是商业化和市场化的行为，其职业倾向毋庸置疑；而“策划”可能是职业，也可能是一种单纯行为，是可能收费也可能不收费的智慧活动，强调的是与盲目行为相反的谋略性（西方惯用“咨询”，日本常用“企划”，中国习惯称“策划”或混用）。

第三节　策划的主要领域

策划作为一门新兴学科，其应用范围非常广泛，大体可以分为经济策划、政治策划、军事策划、社会文化策划等。在现代市场经济条件下，经济组织为了谋求自我生存的最佳环境和市场竞争的必要优势，在以功利为目的，以交换为过程，以货币为表现的个人或组织活动进行着一系列创新性或精密型的思维活动，即商务策划。商务策划划分为以下五大领域。

1. 战略策划

战略是一个军事术语，意指在敌对状态下将军指挥军队克敌制胜的艺术和方法。战略回答两个基本问题：一是“Where do you want to go”，一是“How do you want to go there”。企业的战略策划是为了获取独特的竞争优势，实现企业预期的发展目标，主要解决企业从现在看长远，自己向何处去的问题。

2. 生态策划

生态是生物学上的一个名词，原指生物的生理特性和生活习性。企业生态指企业在某一时刻的总体状态，企业生态策划则是设计自己现在的状态，使自己有生机，制定企业在特定时间、特定环境下的生存状态新方案。

3. 融资策划

企业生态好了，做强了，就要做大，那就得融资。融资即企业必须获取的生产经营要素或经营资源，资金、品牌、技术等企业相对缺乏而又是其发展所必需的要素或资源都是融资的主要内容和对象。把融资仅仅看成获得资金的手段是片面的。当然，资金可以方便地转化为其他任何生产要素，所以，融入资金是融资策划常见的课题。充分实现企业生态的价值是融资策划的最终目的。

4. 管理策划

管理策划是制定非人力资源与人力资源相配合的新方案。管理策划产生的管理新方案，是战略策划方案中的重要战略手段，是调整企业生态的重要工具。企业管理策划的目的是使企业人力资源与其他生产要素实现最佳配置，消化物质资源，实现资源增值，使企业更具备竞争力地面向市场。

5. 营销策划

企业营销策划是为了最大限度地实现企业的社会价值和产品（或服务）的市场价值。企业营销程序，通常按产品定位—价格定位—渠道定位—促销定位—品牌定位—CIS（corporate identity system，企业识别系统）—广告—公关进行。要分析产品及其价格，通过什么场合途径能多快好省地售出产品，通过产品定位—价格定位—渠道定位—促销定位的分析解决了面对客户的营销行为问题，而长距离的销售需要品牌的美誉度，了解企业需要完美的企业形象，即 CIS，然后需要广告做到广而告之，最后的营销程序是补充广告不足的手段，即公关，哪里有不足就进行创新，改进一点就进步一点。

在具体的策划中，一般没有绝对的策划领域界限，一个综合性很强的策划方案很可能包括了多个甚至全部的策划领域。这五大领域是企业商务策划的五种类型，也可以说是商务策划的五大步骤，从战略策划到营销策划，企业走过了一个过程。企业周而复始地螺旋式发展着。战略策划是为了实现目标；生态策划注重把握大局，实现良好状态与平衡；融资策划为企业“吃”入“营养”，做到兼收并蓄；管理策划则是消化吸收资源，“吃”多了会“消化不良”，“吃”错了会危及生命；营销策划是实现企业增值，输出动力。

第四节　营销策划的兴起与发展

一、营销策划的兴起

近些年来，策划在中国再度被人们高度重视和广泛实践，中国大地涌现出大量策划人和策划公司。探究营销策划热潮的原因，主要有以下三个方面。

1. 中国社会经济转型与发展的需要

在我国早期计划经济体制下，所有制形式单一，权力过分集中，分配上搞平均主义“大锅饭”，以行政手段作为管理经济的主要手段，资源人为配置，排斥商品经济和价值规律的作用，消费者购买产品几乎没有“自主选择空间”，企业之间没有竞争，产品不愁销售，所以在那时以帮助企业创造销售奇迹为目的的“策划”根本没有发挥空间。后来市场经济体制开始实行，市场开始发挥资源配置的基础性作用，各行为主体的自主性增强，自由度增加，同样的产品可以同时被多个企业生产，消费者对产品的选择增加了，谁能争取到消费者，谁能打开产品销路，让自己产品更畅销，谁就能在中国市场拥有立锥之地。因此，为了有效规避风险，在竞争中取胜，“策划”也就应运而生了。

2. 中国传统哲学文化传承与作用载体的挪位

哲学文化伴随人类社会的存在和发展而产生和变化，只是在不同时期的表现形式和作用对象的不同而已。策划则是哲学文化不可分割的一部分。在原始社会时期，哲学文化用于指导人类的生存，与大自然竞争；到了封建社会，文化哲学主要用于指导朝代更替和国家的建立，主要表现在战争中，是国家与国家、朝代与朝代之间的竞争；到了社会主义市场经济的今天，中国传统哲学对象根据全球竞争和国家发展、民族利益的需要，作用对象的主体五千年来第一次突出表现在经济竞争上。中国市场经济的突然到来，让很多企业措手不及，迫切需要“专业哲学”的指导，需要“先知先觉的、透彻把握市场竞争规律”的专业人士来指点迷津。人类的生存竞争需要“自然哲学家”伏羲、燧人氏，军事战争需要“军事哲学家”孙子、诸葛亮，经济竞争当然需要“市场哲学家”，即“营销策划人”。

3. 国外营销咨询业的侧应

当我国开始进行市场经济体制改革时，国外营销咨询业已经发展成熟。在国外，策划是很发达的行业，世界500强中有95%以上的企业都聘用了30～100家从事专业策划的高级策划顾问公司。企业内部所聘用的各类高级策划人员占总员工的10%以上。国外策划行业的发展和繁荣极大地刺激了中国一大批有志人士，他们看到了国内策划市场的需求空白，最终结合中国市场的客观实际，很快在中国市场发出了他们的“响亮声音”。因此，西方营销咨询业为中国策划大师们的崛起提供了“教材”，催生了“中国策划业”。

二、营销策划的发展阶段

1. “出卖点子”：“点”状策划

何阳，又称“点子大王”，曾经将一个点子卖到数十万元，是《何阳的点子》、《点遍中国》的作者，是中国改革开放后策划行业启蒙期的代表人物，也是中国第一代策划人，其身上具有浓厚的中国文化色彩，可以归为“纯本土策划人”。早期策划业一方面反映出20世纪90年代由于市场竞争的激烈，产生了强烈的市场对策的需求；另一方面也反映出刚起步的策划业、市场、企业都颇显稚嫩，“病急乱投医”心态暴露无遗，策划发展极不成熟。企业的长久发展也不可能仅凭一两个点子就能救活，但点子策划迎来了中国策划行业的春天，为中国策划业的发展做出了不可磨灭的贡献。

2. “炒作新闻”：“线”状策划

“线”状策划充分反映出策划的过程性和程序性，其市场基础为一套“组合拳”，能产生持续性的影响并促进企业业绩的提升。例如，王力策划的“郑州亚细亚”。另外，20世纪90年代末期，以叶茂中为代表的第二代策划人登台，其策划公司的运作模式为“个人带动公司发展，公司带动行业发展”。到此为止，中国策划业开始出现“正规雏形”，基本结束了策划靠“单打独斗”的时代，出现了真正意义上的策划公司，叶茂中及其公司成长为中国策划行业史的标志性策划人和策划公司。但这种由一系列新闻包装和形象推广构成的策划，是“线”状策划的典型特征，“线”状策划最大的缺点是依附于新闻炒作，难免会出现“泡沫”。

3. “全面诊断”：“面”状策划

“面”状的优势在于系统性。但是，由于企业家们往往不愿意承认自己的企业有“病”，而且“企业诊断”往往受时间等因素限制，解决不了企业的根本问题。21世纪初，第三代策划人的典型代表北京精锐纵横营销顾问有限公司成立。以“实战派”形象登场，其个性非常鲜明，公司市场定位非常准确，运作特点为“服务模式创新”，在国内率先提出全程、新型的“前期策划+销售代理+长期跟踪顾问”营销策划服务模式，而且精锐纵横在全国各地建有销售分公司，完成了中小企业最想提供的“保姆式营销服务”，为中小企业解决了实战销售问题。从其领导人王海鹰的个人工作经历来看，他始终在向企业灌输“实战形象”理念，迎合了当时企业的心理需求。

4. “战略联盟”：“体”状策划

“体”状阶段实际上是企业和团体建立“战略联盟”阶段（组织之间的结盟，如企业与咨询策划公司签订长期合作协议，甚至相互参股、股权置换）。如果说“面”状策划像医生治病，治疗结束后医患双方互不联系的话，那么“体”状策划则像保健顾问，相互之间共同依存，如常年顾问、独立董事等。策划行业从此进入比较成熟和规范的阶段。

前三个阶段并没有显著的时间顺序，几乎在20世纪90年代初同步启动，只是在逻辑顺序上存在差异。“体”状策划则明显滞后（开始于90年代末），这与市场理性化、市场竞争越来越深入和细致有关。中国市场经济发展至今，营销价值链的各个环节都经过了市场竞争的洗礼。同时，策划公司也由最初帮助企业策划一切到如今只帮助企业完成单一环节和单一行业的策划，策划行业开始进入市场细分时代。

小　　结

策划就是预先决定做什么、何时做、何地做、何人做、怎样做，是人们为了实现某种目的，而对实现目的的手段、方式和途径进行的提前设计、谋划或安排。

策划包括策划者、主体目标、标的、策划方案四个构成要素。

商务策划包括战略策划、生态策划、融资策划、管理策划和营销策划五大领域。

营销策划发展经历了“点”状、“线”状、“面”状和“体”状策划四个阶段。

案例分析

从农夫山泉广告看策划的效应

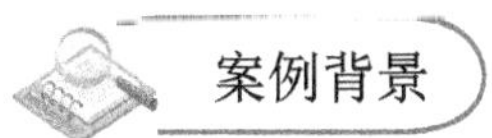

案例背景

每当提起农夫山泉，消费者脑海中首先闪现的是那句出色的广告语“农夫山泉有点甜”。这句广告语，首先在农夫山泉一则有趣的电视广告中提到：一个乡村学校里，当老师往黑板上写字时，调皮的学生忍不住喝农夫山泉。扭动瓶盖发出的“砰砰”声让老师很生气，说：“上课请不要发出这样的声音。”下课后老师却一边喝着农夫山泉，一边称赞道：“农夫山泉有点甜。”于是“农夫山泉有点甜”的广告语广为流传，农夫山泉也凭借“有点甜”的优势，由名不见经传发展到现在饮用水市场三分天下有其一，声势直逼传统霸主乐百氏、娃哈哈。

为什么农夫山泉广告定位于“有点甜”，而不是像乐百氏广告那样，诉求重点为“27层净化”呢？这就是农夫山泉广告的精髓所在。首先，农夫山泉对纯净水进行了深入分析，发现纯净水有很大的问题。其问题就出在“纯净”上：它连人体需要的微量元素也没有，这违反了人类与自然和谐的天性，与消费者的需求不符。纯净水的这个弱点被农夫山泉敏锐地发现了。作为天然水，它自然高举起反对纯净水的大旗，而它通过“有点甜”正是在向消费者透露这样的信息：农夫山泉是天然的、健康的。一个既无污染又含微量元素的天然水品牌，如果与纯净水相比，价格相差并不大，可想而知，对于每个消费者来说，他们都会做出理性的选择。

但是事实是，农夫山泉在甜味上并没有优势可言，因为所有的纯净水、矿泉水，仔细品尝，都是有点儿甜味的。农夫山泉首先提出了“有点甜”的概念，在消费者心理上抢占了制高点。其思维敏捷令人叹服。

农夫山泉发展到这种地步，已经相当不错了。但农夫山泉并没有故步自封，它继续高举天然水的大旗，把与纯净水的战争进行到底。1999年6月，农夫山泉在中央电视台播出衬衣篇广告说：“受过污染的水，虽然可以提纯净化，但水质已发生根本变化，就如白衬衣弄脏后，再怎么洗也很难恢复原状。”广告一经推出，立即引起轩然大波，同时挑起了天然水与纯净水的争论。2000年4月，农夫山泉突然隆重宣布“长期饮用纯净水有害健康”的实验报告，并声称从此放弃纯净水生产，只从事天然水生产，俨然成为消费者利益的代言人。农夫山泉对纯净水的挑战，遭到了纯净水厂商的强烈反击，甚至诉诸法律。这一系列事件的发生，引来了媒体和公众的兴趣，形成了轰动效应。而作为众矢之的的农夫山泉却暗自庆幸，因为有更多的人知道了它含有微量元素而不同于纯净水。

农夫山泉乘胜追击。2000年7月中国奥委会特别授予养生堂2001～2002年“中国奥委会合作伙伴”称号，养生堂拥有了中国体育代表团专用标志特许使用权，从此农夫山泉广告与奥运会相结合，并邀请了孔令辉、刘璇做代言人，农夫山泉品牌形象再一次得到有力宣传。

（资料来源：http://www.zy001.cn/news-035.html.）

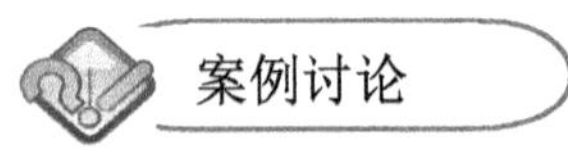

在这个案例中，农夫山泉的策划有什么特点？策划效应体现在哪些方面？

思考题

1. 什么叫策划？
2. 策划与咨询是什么关系？
3. 商务策划的五大领域是什么？

第二章

营销策划概述

教学目标

掌握营销策划的含义和基本特征；了解营销策划人。

学习要点

- 了解营销策划的分类。
- 熟知营销策划人的定位。

关键词

营销　营销策划　营销策划人

导入案例

蒙牛与“神舟五号”的捆绑策划

在“神舟五号”升空之前，世界上发射过载人飞船的国家只有两个：苏联和美国。如果将“神舟五号”与蒙牛捆绑进行营销策划，并且将其垄断，无疑是一次空前绝后的机会。在“神舟五号”飞天前几个月，蒙牛就已经开始运作，从创意、拍片到媒介计划和购买都进行得从容不迫。所以“神舟五号”早上7点成功落地，蒙牛的广告9点就发布了。“蒙牛牛奶，强壮中国人”和“蒙牛牛奶，航天员专用牛奶”的口号，一夜间传遍了中国的大街小巷；杨利伟和蒙牛都吸引了所有媒体的注意，可以说蒙牛这一次赚足了社会公众的眼球。从2004年1月起，蒙牛液体奶销量已经连续30个月居全国奶类销量之冠。

（资料来源：http://www.17pr.com/viewnews-98226.html.）

第一节　营销与营销策划的含义

一、营销的含义

人类在社会历史的发展长河中，不但创造了灿烂的文化，而且创造了发达的经济生活，在社会生活中人们也会时时刻刻感受到营销的存在。对个人而言，男孩在追求女孩时，出门前会刻意地打扮自己，生怕有一点瑕疵损害了自己的形象，这样做的目的就是推销出去自己这个“人”，以获得姑娘的认可和接纳。同样，对非营利性组织，如政府机关，为了树立形象或推行一种观念让广大人民接受，往往也要考虑各种因素，然后采取一定的方式和方法把自己推销出去。这中间同样需要相当高超的营销策略和技巧。

在现代市场经济体制下，企业处于空前激烈的竞争中，顾客的需求是企业生存和发展的命脉。要不断地创造新产品，不断地创造和开发新的需求，最终满足顾客的需求并将产品售卖出去，就必须采取一定的营销策略。这不仅仅是卖什么就推销什么，而是更着力于塑造和宣传企业形象，使企业文化深入人心，从而使消费者接纳公司，接纳公司的产品。

营销发展到今天，已渗透到了社会中的每个角落，其理论思想和实践已覆盖了每个个人和组织。从狭义上讲，市场营销就是经营销售，通常简称为营销，在英文中用“marketing”来表示，它随着企业市场实践活动的发展而发展，是市场经济和现代社会化大生产的产物。国际营销学教授菲利普·科特勒指出：“营销是个人和集体通过创造，提供出售，并同别人交换产品和价值，以获得其所需所欲之物的一种社会和管理过程”①。这一概念强调了交换的重要性，从而得到了大多数人的认同。从广义的角度看，营销是指现实生活中一切营销行为和过程，包括了非营利性组织（政府、机关团体等）和个人的营销活动，他们推销形象、观念或智慧，并通过一定的策划行为来实现。

二、营销策划的含义

策划种类繁多，营销策划则是将策划运用于企业经营活动的重要分支。营销策划作为市场营销学领域中新崛起的细分学科，需要多门学科的综合运用，是市场营销中的高层次艺术，因此越来越受到人们的重视。

通过对营销和策划的分析可知，营销策划（marketing planning）是企业对将来发生的营销行为进行超前的计划、安排。具体而言，就是为达到预定的市场目标，运用市场营销学、管理学、财务学原理和 OK 模型将创意或点子等进行论证并且变为操作实践的全过程。

企业营销是一种以交换为目的的经营活动，其他组织和个人的营销同样也是为了某个既定目的的活动。为了实现目的，达到预期目标，就必须与市场建立密切的关系，科学地分析市场、顾客及与之相关的各种因素，然后创造性地运用自己的能量，力求在适当的时间、适当的地点，以适当的价格和适当的促销方式让顾客的需求得到满足。例如，推销

① 菲利普·科特勒. 2004. 营销管理[M]. 11 版. 梅汝和，等译. 上海：上海人民出版社，12.

一种观念，就必须采取一定的策略和战术使大众自觉地接受它。而在这个过程中，营销人员所做的分析、判断、推理、预测、构思、设计、安排、部署等工作，便是营销策划。

营销策划包括创意、论证、操作和检验四个方面。创意是策划的灵魂；论证是策划的路标，是对创意进行的可行性论证；操作是策划的核心，它在创意和论证的基础上去实施既定的目标，也就是实施过程；检验则是对策划的评估和总结。

营销策划的内容是相当丰富和广泛的，按照不同的标准，有不同的分类。

以策划的对象为标准，营销策划可以分为企业策划、商品策划和服务策划。这分别是从企业整体、商品的开发与销售、满足顾客需求的角度进行的策划，目的是为了树立良好的企业形象、扩大商品的市场占有率和提高企业信誉度。

以市场发展的程序为标准，营销策划可以分为市场选择策划、市场进入策划、市场渗透策划、市场扩展策划、市场对抗策划、市场防守策划、市场撤退策划。这主要是根据产品进入市场的不同阶段和竞争对手的不同情况而采取的不同营销策划策略。

以营销策划的目标和要求为标准，营销策划可以分为战略策划、战术策划或创意策划、经营理念设计策划、营销方案策划等。对营销策划进行分类研究，便于我们认识营销策划的本质，并根据企业实际需要和策划人的条件，设计出完美的营销方案来。

第二节 营销策划的特点

一、主观性

营销策划自始至终都有人脑在参与，它建立在对未来预测的基础上，是客体作用于主体后所形成的主观产物。因此，虽然营销策划所依据的信息是客观的、现实的，但经过人脑的操作，就有了主观的烙印，具体表现如下。

1）不同个体对同一事物或信息的认识是有差异的。每个人的生活背景不同，生活实践和阅历各异，再加上气质性格、兴趣爱好、价值取向等的不同，对同一信息做出的判断反应也不同。如同一株花，诗人见了说："梅花香自苦寒来，多么坚强的个性呀！"医生见了说："多么好的药材，行气解郁，镇心祛烦。"而画家则说："多么美丽的造型，繁花似锦，白雪点点。"游客则说："好美的花，令人心旷神怡。"而一位花匠则会无情地剪去它那横逸的飞枝。

2）不同的个体，对同一事物或信息的处理方式也不同。诗人拿花入诗，医生拿花入药，画家拿花入画，而花匠则拿花当修剪的对象。即使是不同的画家对同一梅花，也会产生不同的效果，画面色彩和梅花形状各异。因此，不同的策划人员对同一时期同一市场的认识会出现差异，自然也就会产生不同的营销策划方案。

3）在不同的情况下，同一主体对同一事物或信息有不同的看法。心情舒畅时看事物"顺眼"，而不畅时就不"顺眼"。天气晴朗时，看一座塔是一番模样，天气阴暗时则为另一番模样。

4）在不同的情况下，同一个体对同一事物或信息的处理也会不同。心情愉快与不愉快时对同一事物的处理方式肯定不同。同样，同一策划人对同一产品的营销方案在此时与彼时也不完全一致，因为此时与彼时的市场情况和顾客需求已然发生了变化。

二、超前性

策划是对未来环境判断并对未来做出安排的行为，营销策划则是对未来营销活动进行策划和安排的一种超前行为。营销策划是一种判断，凭借现实世界的各种资料，进行抽象思维，通过一定的逻辑推理和创意，形成对未来的预测。营销策划也是一种安排，营销人员要通过一定的方式将判断诉诸行动，形成可操作性计划方案，使创意这一闪光的火花在计划和安排中发出耀眼的光。因此，企业要想在激烈而近乎残酷的市场竞争中求得生存和发展，就必须从新的营销视角、新的营销观念、新的营销思维出发，对企业生存和发展的宏观经济环境和微观市场环境进行分析，寻找企业与目标市场顾客群的利益共性，以消费者满意为目标，重新组合和优化配置企业所拥有的和可供开发利用的各种人、财、物，对整体市场营销活动或某一方面的市场营销活动制定策划方案。

阅读资料

你如何得到创意？

詹姆斯•韦伯•杨给芝加哥大学商学院研究生讲广告创意时说：“创意发想的过程就与福特在装配线上生产汽车一样。也就是说，创意发想的过程中，心智是遵循着一种可学习、可控制的操作技巧操作，这些技巧经过熟练的操作后，就跟你使用其他任何工具一样。”

（资料来源：http: // www.gxad.com/article/html/7023.shtml.）

三、系统性

系统是由若干相互联系和相互制约的要素按一定的方式组成的具有特定功能的有机整体。市场是一个系统，营销策划也是一个系统，是由多功能经营活动组成的综合系统。产品、价格、渠道、广告、CI（corporate identity，企业识别）、CS（customer satisfaction，顾客满意）、公共关系等都是构成市场营销活动的子系统。企业要想在市场竞争中获得营销的成功，必须对整体市场营销活动进行全面、系统的设计。

1）营销策划的系统性表现在时间上，需要一系列的营销活动来支持和完成。一个活动的结束，必然是下一个活动的开始，各个活动由一个主线——策划目标连在一起，构成营销活动链。而整个营销策划由于有了营销链的存在，而构成一个有机的系统的整体。缺乏这样的活动链的营销策划是不可行的，也不会有结果。

2）营销策划的系统性表现在空间上的主体组合。大的营销活动是需要各种因素配合的，尤其是需要营销要素的立体组合。通过对营销组合的各个要素的整体策划，才能在实践活动中使营销组合形成综合推动力。单一的产品销售模式，即平面的销售模式，已经不适应时代和企业的要求了。时代需要的是系统的主体的营销策划，需要充分发挥既有资源、可利用资源和潜在资源的最大效用，实现企业的近期目标和长远目标。

四、复杂性

营销策划是一项系统工程，一项要求投入大量智慧的高难度的脑力劳动，一项非常复杂的智力操作工程。营销策划的复杂性主要表现在以下三个方面。

1）营销策划需要一定理论支撑和大量知识的投入。一个优秀的营销策划方案，是经济学、市场学、管理学、商品学、心理学、社会学、文化学、策划学、营销学等多门学科的综合运用和融会贯通，并且能够较灵活地与策划知识结合起来。

2）要有大量的当前知识和直接经验运用到营销策划中。营销策划过程是一个动态的过程，需要与当前的形势与环境相适应，而非纸上谈兵。以前的知识和间接经验总是有一定的滞后性，是落后于现实的，照抄照搬是没有创意的，优秀的营销策划来源于现实，来源于对现实大量信息的获取、分析和提炼。因此这就要求营销策划人员对当前的市场状况有清楚、全面、系统的认识和理解，集灵活性和变通性于一身，能随时适应变化着的市场。

3）营销策划需要进行庞杂的信息处理。在着手准备时，便要积极主动地收集信息。它包括各方面的信息，如政治信息、经济信息、法律信息等，然后对这些信息进行处理，找出有用的进行加工，最后还要检验信息处理结果。这一切都是十分复杂的劳动。

五、创新性

创新是策划的灵魂，失去了创新性的策划活动就不能被称为策划。企业要构筑新的事业概念，发展新的技术，采用新的管理模式方法。只有通过创新性的营销策划才能使企业在竞争中脱颖而出。在策划过程中，要求不断创新，通过奇妙的构想、别致的手法、精密的安排达到出奇的效果。如果从营销的角度来谈产品的创新，更多是指改变旧的思维模式，改变看问题的角度和方法。“可口可乐”在一百多年前诞生的时候，是一种治疗头疼的药。当时它的销售并不理想，但后来改变思路，挖掘消费者的深层次消费欲望后，成功地把它当作饮料来卖，可口可乐才突飞猛进，成就了当今全球饮料市场的霸主地位。

六、可行性

一个策划无论多么完美，如果得不到贯彻实施，终究是纸上谈兵。只有企业结合外部环境和自身状况的实际变化，因时因地因人制宜，量力而行，准确定位，做出客观理性的分析和思考，才能够使设计的方案切实可行。

策划的可行性特点主要表现在以下方面。

1）利害性分析，分析策划方案可能产生的利益、效果、危害和风险，综合考虑，全面衡量利害得失。

2）经济性分析，分析策划方案是否符合“最大投入产出比”原则。企业进行营销策划的最终目的在于取得经济效益，这就要求在策划方案中有详尽的预算，减少不必要的开支，从而达到企业要求的发展目标。

3）科学性分析，要有科学的理论指导，通过实际调查进行研究、预测，严格按照策划程序进行创造性思维和科学想象而形成。

4）合法性分析，策划方案要符合法律法规和一般惯例的规定。

第三节　营销策划人

一、企业的营销策划人

企业的营销策划人既可以来自企业内部，如企业发展研究中心、策划部（企划部）、市场部、公关部、品牌管理部、营销规划部、项目管理部等岗位，也可以来自企业外部，如委托科研机构、高等院校、咨询策划公司、调研公司等，从事市场与行业研究、整体策略规划、决策参谋、方案实施与评估等商务策划管理工作。来自企业内部的营销策划人称为企业自主型策划者，来自企业外部的营销策划人称为外部参与型策划者，俗称“外脑”或“智囊团”。

企业自主型策划者熟悉行业发展、企业运行和内部资源情况，制定的策划方案往往针对性和可操作性强，但往往受企业文化影响而创新度较差，缺乏开拓性。外部参与型策划者视角独特、创新性强，但往往投入成本高，对行业和企业缺乏深入了解，可操作性较差。

二、营销策划人的定位

（一）营销策划人的作用

1）组织与协调——组织协调相关专业人士完成商务任务。
2）借鉴与汲取——对以往商务活动进行总结提炼，借鉴经验，同时汲取商务教训。
3）识别与破译——识别市场机会与破译市场信号。
4）顾问与咨询——担当重大企业问题顾问和提供日常经营问题的咨询。

（二）营销策划人的正确自我定位

1. 不要越界成为管理者

外部参与型营销策划人多为企业的盟友，要做好谋士角色，就要向企业决策人提供决策建议，代表决策人将决策建议向中下层管理人员宣讲，代表决策人督导和监控企业的运行，但往往不能对中下层发号施令，更不能直接管理和操控企业（两种角色会冲撞）。决策咨询人取费于企业决策人，就必须对企业决策人和企业的根本利益负责，因此，其权力、责任、工作评估、业绩界定均来自企业决策人，而不是全体企业员工。

2. 不要试图成为救世主

策划师不是万能的，只有策划对象有生存或发展的内在依据时，策划才能发挥作用，因为策划只能发现规律，不能凭空创造规律。例如，产品质量不好、产品老化、技术被淘汰、行业性亏损等因素就不是咨询策划人所能解决的。

3. 不要将自己当成明星

西方国家已进入策划的组织化、职业化、专业化时期，而中国则停留在个人化、灵感化、炒作化时代，过度的炒作必定是饮鸩止渴，是不明智之举。就像厨师、律师、教师一样，咨询策划师只是社会分工合作环节中的一种普通职业，既不一定特别聪明，闪现的也未必是灵光。正如同一家店铺开张，对老板而言如同婴儿般呵护，容易主观兴奋，对市场而言无非在工商部门多了一次登记注册而已。

4. 要有职业化的规范与习惯

目前我国策划业的现状与经济发展需求存在巨大反差。一方面企业受过系统和专业策划培训的人员很少，导致策划从业人员整体素质不高，远远不能适应日益发展的广大企业经营创新的需要；另一方面行业本身缺乏政策引导和规范操作，整个市场处于一种自发的较混乱态势，职业化有待加强。职业化要求咨询策划人员在收费、服务方式、行业方式上受制于行业规范与习惯：在收费上要合理而不能漫天要价；在服务方式上遵循同行回避原则，不能为竞争对手之间同时进行咨询策划，即便是有先后顺序，也须在信息解密期以后，以免产生角色冲突；在行为方式上要遵循甲方付费甲方独享咨询策划成果，而不能在信息解密期以前就大肆自我炒作，将甲方付费的成果和盘托出。

小 结

营销策划是企业对将来发生的营销行为进行超前的计划、安排。具体而言，就是为达到预定的市场目标，运用市场营销学、管理学、财务学原理和 OK 模型将创意或点子等进行论证并且变为操作实践的全过程。营销策划包括创意、论证、操作和检验四个方面。营销策划的目的是最大程度地实现企业的产品或服务的市场价值和企业的社会价值。

营销策划有主观性、超前性、系统性、复杂性、创新性和可行性的特点。

企业的营销策划人包括企业自主型策划者和外部参与型策划者。

营销策划人的作用主要体现在组织与协调、借鉴与汲取、识别与破译、顾问与咨询四个方面。

案例分析

《英雄》：成功的营销策划

案例背景

2002 年，电影《英雄》上映仅十天，1.3 亿元的票房就在中国影视史上创下了全新的纪录。仔细收集《英雄》从筹拍到推广各阶段的运作方式，我们会发现《英雄》成功的原因，是其在营销方面较传统影视制作推广方面有了较为大胆的突破；是其在“生产”、“销售”中重视消费者市场研究及消费合作社心理研究。因此用营销策划的眼光去看《英雄》，不仅可以看清其成功的本质，同时对其他产品的营销推广也是十分有益处的。

一、电影产品的市场需求在发生变化

随着社会的发展，电影已与从前在生活中所占的地位有所不同。电影市场、电影消费人群也在悄然发生着变化。

1. 差异化的群体渴望差异化的电影产品

如今看电影的消费者大多会根据自己的爱好选择电影。《英雄》迎合了电影消费人群对“大片”的渴望——大导演+大牌明星+大制作。电影产品要想适销对路，必须研究消费者心理，准确定位电影产品生产所针对的消费群体，只有这样才能吸引并留住消费者。

2. 电影产品内容的丰富化适应了市场的需求

电影产品长期的模式化、教条化、偶像化、口号化已使得观众慢慢远离了影院。《英雄》成功了，因为张艺谋的口号很简单——“拍好看的电影，把观众吸引到影院来”。其实现在很多人看电影本身就是一种休闲方式，因此能做到“好看”就很不错了。现在许多电影产品什么都想包含进去，结果却变得言之无物。

3. 利润是投资者持续投资的动力

电影作为一种商品，如今许多民间资本、海外资本进入电影市场，若没有利润，投资者怎么会有继续投资的动力？据了解，《英雄》的最初样片有1小时50分钟，后来应片商要求减去20分钟。张艺谋多次在各种场合说："艺术为商业让步，首先是要影片好看，把观众吸引到影院去，这是艺术家必须遵守的商业信誉。"正是因为张艺谋有很好的商业信誉，他投拍的影片都有不错的市场回报，所以资本对他也是"情有独钟"。反过来说，因为有了资金的保证，使其影片的艺术发挥空间有了更好的保证。

因此《英雄》的成功，从运作思路上首先是市场化的，是站在观众、投入与产出的角度考虑的，方向的正确才能确保结果的理想。

二、好的产品是营销策划成功的基础

激烈的竞争使得消费者对产品品质的鉴赏能力有了显著的提高，因此好的产品品质是核心竞争力不可或缺的要素。《英雄》在这方面做得也是较为优秀的。

1. 优秀的人员组成

张艺谋、李连杰、梁朝伟、张曼玉、陈道明、章子怡、甄子丹，只看导演和演员阵势就会吸引多少目光？3100万美元投资的1/4就用于明星演员的片酬。另外，张艺谋起用的摄、录、美、音、服、化、道等工作班组，无一不是电影界中的"一流"：杜可风、谭盾、程小东、和田惠美、小提琴大师帕尔曼；《英雄》为使特技制作尽善尽美，还请了《黑客帝国》的特技制作班底为全片制作了将近17分钟的特技，这17分钟的投资高达1000万美元；还有300多人的超大规模剧组在4个月内由北京到甘肃，到四川，再到浙江。所有这些都是为打造一部丰盛的视觉和听觉的"大片"。

2. 独特的卖点

众多"大腕"齐聚一部影片中，这当然是卖点之一。《英雄》是中国最著名导演张艺谋的武侠片处女作，也是卖点之一。李安的《卧虎藏龙》已获得奥斯卡大奖，《英雄》与《卧虎藏龙》哪个更优秀？这个问题连央视记者也在追问张艺谋。这无疑也是一大卖点。2002年，申奥、申博、WTO、足球出线——中国人在2002年自豪感十足。心气正旺的中国人似乎需要一部气势磅礴的大片来助兴。无须讳言，中国影视圈及科学界、文艺界都有些奥斯卡、诺贝尔情结，而广大民众也是心存期盼。

《英雄》所具有的卖点，使得广大消费者处于持币待购的渴望中，因而《英雄》一旦上市便出现疯狂"抢购"的热潮。

三、全案策划进行整合推广

影片的前、中、后期的系列推广活动完全市场化，成功地成为中国影视史上的一大成功案例，并与"上海申博"等一并入选中国国际公共关系协会评选的"2002年中国十大公关新闻"。

1. 模式创新是成功的一半

国产影片一般是摄制组负责宣传策划，发行则交给另一个单位，宣传策划和发行脱节。而《英雄》的宣传、策划、发行，则完全是一个公司负责，这从组织上保证了该片宣传运作的计划性和连续性。这是推广模式上的创新。同时，《英雄》开辟了一种投资方式，即先对剧本做预算，再找一个国际著名的保险公司做担保，最后到银行成功贷款。2002年4月4日，《英雄》以2000万美元把北美等地发行权卖给了美国Miramax公司，随后，又在韩国与日本分别以200万美元和700万美元的价格售出，再加上东南亚和港台的收入，《英雄》尚未投播就已靠海外版权收益收回了成本。这又是在融资及销售模式上的创新。

2. 好酒仍需大声吆喝

为了《英雄》的宣传，新画面公司创下了多个"电影之最"：最昂贵的首映式；600多家各国媒体到场的最大宣传阵容；最史无前例的包机宣传；最严格的进场验证方式；最令人意外的音像版权拍卖天价。回顾《英雄》的整合推广应该算是十分全面的。

1）媒体投入。以电视广告这种纯商业形式对影片进行强化性宣传在国内也是首次，中央一套、三套、八套，接着是北京电视台、广东电视台、上海电视台等，强大的媒体宣传与各类娱乐新闻的花絮共同在渲染着氛围。另外，多普达手机在网站、灯箱、地铁、电视全方位投放广告，总价值近1000万元。新画面公司在与多普达的合作中要求其在广告中打上《英雄》片名、何时上映等字样，这对《英雄》新片上映也起了推动作用。

2）大型公关活动。2002年12月14日，花费租金11万元/天在人民大会堂宴会厅举行首映式。《英雄》剧组包了目前国内顶级公务机——“挑战者604号”参加各地首映式。2002年12月17日，广东伟佳以1780万元成功竞得《英雄》内地音像版权。这些策划成功的大型公关活动又一次吸引了各大媒体的争相报道，为《英雄》在2002年12月20日的公映奠定了基础。

3）售点布置。《英雄》编剧李冯撰写的书版《英雄》12月上旬先期投入市场。2002年12月10日左右，《英雄》摄制的纪录片《缘起》在各大影院播放。2002年12月中旬，以导演张艺谋和其他主要演员构成的一联精装《英雄》版邮票，以及一系列的豪华海报印制完成并发售。同时各大影院为营造影院现场气氛，也运用了大型户外喷绘、POP（point of purchase，售点）挂旗，人形立牌等诸多终端宣传用品。

4）软文炒作。中国电影集团公司副总李东也承认许多炒作是“在影片的宣传上是计划好了的”。于是在全国各大报纸、电视、电台、网络的娱乐版块中不停出现有关《英雄》演员的各种花边新闻。实际上是一次又一次调动起观众一睹《英雄》的欲望。

四、奇货可居，买断经营

1. 经营记录是票房的可靠保障

张艺谋影片的长期盈利性是国内外片商争相追逐的一个基本原因。在影片经营方面，张艺谋无疑成为了一块“金字招牌”。

2. 需求旺盛进行拍卖，《英雄》海外电影版权已收回了成本

《英雄》的国内音像版权为1780万元人民币，比之前同类版权的最高价还高出44倍。

除了拍卖版权外，《英雄》进行了附产品开发：《英雄》的图书、《英雄》的网络游戏、《英雄》的记录片、《英雄》的电影音乐会、《英雄》主题歌唱片、《英雄》的邮票、《英雄》的随片广告等。

五、堵“假货”保市场份额

1. 多种手段防盗版

2002年10月中旬，影片通过审查。24日，《英雄》首次在深圳亮相，试映一个月，票价50元，每人限购两张，入场凭身份证。影片放映期间，甚至采取了人盯人防守的策略。

新画面公司为防止盗版想了许多办法，如取消各地区惯例的看片会，和各地院线签订拷贝丢失赔偿合同，观众进行影院存包等。另外他们的拷贝只洗一套，3本放在3个不同的个人手上，而这3个人均互相不认识。新画面公司甚至对影院的天花板、墙面都做了特殊处理；看门保安也是临时雇用，40个保安每天一换……

2. 责任分担共查假货

《英雄》VCD、DVD的国内音像版权以80万元起价，1780万元落槌。广东伟佳为保全自身利益也专门设置了高额打假基金，从而更好地确保了堵住盗版暗流的工作。因为没有“假货”的干扰，所以即使票价较平时高一些，消费者的消费热情还是十分高涨。因此打假、防窜货是每个行业都需要认真对待的问题。

六、捆绑销售获双赢

此次搭《英雄》“战车”的企业很多，形式也很多。有记者称广东伟佳的举牌也不在发行本身，各大

报媒、视媒的频频报道，1780万元真的能打得了这么多广告吗？另外，各地品牌宣传采用“买××，看《英雄》”更是十分普遍。这么多品牌捆绑《英雄》，一方面是借势宣传，另一方面是有着共同的目标群体。

1. 大品牌相互影响

此次搭车《英雄》的一是国际品牌，主要是时尚产品的一些品牌，如汽车、化妆品、手机、电信等；二是国内品牌，以日用品牌化妆品和保健品品牌居多。国内品牌中，联想做了三个产品，即手机、计算机和数码相机，中国移动做的是彩信，盘龙云海做的是排毒养颜胶囊，还有北京网通、长城干红。国际品牌有宝洁、联合利华的几个品牌的洗发水，雪铁龙集团下的毕加索车，韩国现代集团的新款车，还有丰田的威驰等。这些品牌和所属领域都是目前消费热点。这些知名品牌的共同贴片，提升了《英雄》的号召力，同时相互也有一些积极影响。

2. 八仙过海，各显神通

虽然都是贴片，但不少企业地方的跟进动作还是各有差异的。联想不仅做了贴片广告，还购买了大量的电影票赠送给客户。中国移动在35家影院做了小展台，请人演示彩信，并通过耐可思公司买断了《英雄》的网上游戏、移动数据等业务。中国移动还做了30万张的明信片。多普达686手机也是借《英雄》势头，引起了轰动效应。其广告语“手机中的英雄，多普达686，能看电影的商务手机”在《英雄》热播期间留给消费者很深印象。婷美请秦王饰演者陈道明做形象代言人。南方高科也是将不久前请章子怡拍摄的007风格广告片推向前台。

一部《英雄》，引发了各个行业的借势宣传。它带动了很多行业同时获益，发行方、制作方、投资方、影院，甚至还包括广告业和其他商业品牌，造成多重盈利局面，其影响在近几年堪称罕见。

案例评析

虽然有人评价《英雄》有着糟糕动作片的一切特征——弱智的故事情节、失真的动作设计、装腔作势的台词，但这部糟糕的电影，上市20天就创下了超过2亿元的票房，这使人不得不承认《英雄》是有史以来中国电影市场最成功的电影。而让《英雄》成功的，不是由于电影的精彩，而正是由于营销策划、市场推广的创新。

在《英雄》成功的背后，我们可以清晰地看到该影片成功的策划脉络。在张艺谋将他的思想通过《英雄》来诠释的过程中，营销策划系统性、创新性、可行性的特点，点线面的策划手法，都得以淋漓尽致的展示；而高质量的“产品”、准确地产品定位、严谨的营销渠道、长达两年的新闻公关，都让人无法怀疑张艺谋武侠处女作成就的必然。因此，《英雄》位列该年度十大营销创新案例之首也就不足为叹了。

（资料来源：http://www.emkt.com.cn/article/91/9199.html.）

案例讨论

在这个案例中，影片《英雄》的成功原因主要是什么？其营销策划的创新主要体现在哪些方面？

思考题

1．营销策划的含义是什么？
2．营销策划的特点是什么？
3．如何做好营销策划人的定位？

第三章

营销策划的实施

教学目标

了解营销策划的基本原理；掌握营销策划的方法与常用工具；了解营销策划的基本程序。

学习要点

- 掌握营销策划的基本方法。
- 熟练运用营销策划的常用工具开展策划活动。

关键词

创新　捆绑法　背景转换法　回避法　头脑风暴　鱼骨图

导入案例

洛克菲勒向联合国送地

20世纪40年代，洛克菲勒在纽约市郊买了一大片荒地，按常规地产开发办法，无论如何规划，这么一大片地，投资成区，会需要巨额资金，且由于不在黄金地段，不会卖出好价格，所以当时许多人认为这是个投资败笔，至少不是个好项目。但在此时，洛克菲勒已投入了数亿美元，取得了这片土地的独家开发权，项目已走上了不归路。

恰逢其时，联合国在美国宣告成立，但一直没有一个气派的、有规模、有档次的总部办公大楼。洛克菲勒得知这个消息后，对联合国的情况进行了全方位的调查，结论是联合国将不同于其他世界性组织，它将成为处理国际性实质问题的权威机构，因此，联合国总部所在地，也必然是各国外交的重要发生地。尽管当时联合国还处于艰难维持的初期，但未来趋势未必如此。做出这个判断之后，洛克菲勒从他那片纽约市郊的土地之中，分割出价值3800万美元的一小片，以1美元的价格“出售”给了联合国，这对于尚无安身之地的联合国来说无疑是雪中送炭，于是联合国决定在洛克菲勒的土地上安营扎寨。

不久，第二次世界大战结束后新的世界格局形成，联合国的作用迅速显现，各国纷纷争取在联合国的利益，许多建筑商、宾馆发展商等也都看准了联合国的商业价值，于是洛克菲勒以联合国作为王牌，在大片土地上规划了外交区，土地迅速增值，获利无法计数，且名利双收，这种投资效果，是用 3800 万美元的传统广告投入所无法达到的，因为 3800 万美元买不下联合国！

（资料来源：http: // www.jiangshi.org/article/8278.html.）

第一节　营销策划的原理

一、创新出奇原理

创新出奇是营销策划的第一大原理。在现代商战中，没有新意的营销策划只能使企业销声匿迹，只有独辟蹊径、创新出奇才能使事业旺盛。日本精工集团为开拓澳大利亚市场曾成功地运用此原理：有一天，澳大利亚某地市民忽然发现无数手表从天而降，精美的包装，优异的质量——从万米高空落下仍运行如常。澳大利亚人疑惑了：真的有天上掉下的馅饼吗？于是“上帝的礼物”被一抢而空，成为传媒的焦点，迅速地改变了日本货“价廉不耐用”的不良印象。

二、抓纲办事原理

奇，不但要“大”，超出常人想象，还要“可”，在可行范围内。“抓纲办事”就是要抓住闪光点，简单易行。简单，一方面是指其方案简单，步骤简单、易行，目标通过合理规划而变得易于实现；另一方面是指为实现同样的企业营销总目标，而选择同时存在的几个方案中的最简单的一种，那种冗长繁杂的营销策划方案要舍弃。易行，是指营销策划方案易于操作执行，否则易使执行者误入迷宫，难辨头绪，使操作者在实施过程中付出巨大的成本。简单与易行同时具备，才为最佳方案。

当然，无论是简单还是易行，其前提都必须是“抓纲”，能迅速从千变万化的参变量中找出主导变量，纲举目张，简洁明了，抓住事物的主要矛盾，提纲挈领。高露洁公司采取了极其高明但又简单得让普通消费者都不必劳神想的一项营销方案。此方案是，既然消费者一天不能刷七八遍牙，那么就增加消费者每次消耗的牙膏量。于是他们将牙膏的开口加大一圈，每次的用量就比平时增加了一倍，销量就因此增加了一倍。

三、整体制胜原理

营销策划的整体全胜原理是，要求营销方案能够高屋建瓴，能为企业从多角度、多方位全面系统而完整地提供一整套切实可行的、安全系数高的设计。《孙子兵法》云：“多算胜，少算不胜。”意即周密详尽、全面系统的策划才有胜算的把握，策划不周，只会招致失败。在营销策划中，也需要营销策划者能时刻站在全局高度、多层次、多角度、长远地为企业发展而精心设计。一个优秀的策划方案是不会计较局部得失的，整体制胜才是它追求的目标。“谁笑到最后才笑得最好。”毛泽东同志在指挥人民解放战争时就重点强调不计较一池一城的得失，要灵活机动，同时又强调我军要注意寸土必争，以求每个局部都“芝麻开花”，最后终于取得人民解放战争在全国的胜利。只有全局的胜利才是真正的胜利。

四、发展原理

世上唯一不变的是发展、变化。市场就是战场，形势瞬息万变。政府的法规政策在变、社会文化习惯在变、竞争对手在变、消费者在变、企业自身也在变化，产品在更新换代，质量在步步提高，市场营销的主体和客体都在生生不息地变化着。营销策划既然要求把不断发展变化的企业推向瞬息万变的市场，把不断变化更新的产品投向风云变幻的市场，就必须在策划中遵循营销策划的动态原理。“变则通，通则久”，不变就难以适应当今的市场经济。1963 年，柯达公司研制成了“傻瓜相机”，一时引起了世界性的购买狂潮，可就在其相机走俏的时候，柯达公司立即公布了傻瓜相机的专利技术。难道柯达公司是傻瓜吗？原来柯达公司有自己的发展打算：即使不公布技术，其他公司也能研制出来。此外，相机是耐用品，可重复使用，而胶片是一次性使用的，于是，柯达公司借机造势，转行生产高质量的胶片。

五、高段位原理

营销策划的高段位原理是指策划者在进行营销策划时，能够使思维超越时间、空间的限制，把眼光放长远一点，给人一种耳目一新的感觉。其实质是智慧能量的段位提升、创意的升华、营销策划的升华。智慧的能量来源于平日的积累、来源于营销队伍的整体素质。素质与别人不同，起点上也会与别人不同，境界上也能与众人相分伯仲。这样，高水准、高段位的营销方案能在营销活动中马上震慑住竞争对手，让人觉得就是“高”，就能有效地发挥营销策划的智能、势能，有利于营销策划方案的执行者、操作者事半功倍。相反，那种低级趣味、哗众取宠、不健康的策划内容，则妄想占领市场，而事实上甚至会在市场中碰个头破血流。以前有的雪糕、果冻布丁等小食品用“泡妞”和“小妞傍大款”命名，本来是为了追求“新、奇、怪”，但却忽视了它污染了人们的视觉环境、听觉环境，最终为市场所唾弃。

六、大整合原理

所谓营销策划的大整合原理，就是要求营销策划工作者把营销活动中所涉及的市场和自身的各种元素、各个层次、各种结构、各种功能按照营销创意、营销策划总目标和阶段分目标的主线集约整合起来，内部调整、聚合、扬长避短、避实击虚，以实现 1+1＞10，1+1＞100，1+1＞1000 ……的系统整体功能。整合出效益，整合出奇迹。马铃薯、黄瓜、胡萝卜没有特别稀奇之处，却可以变出一盘“烩三丁”来，有时看起来根本不可能实现的东西，一经优劣互补、智能匹配式的整合就可以将原来的功能放大成千上万倍。例如，美国的“阿波罗”登月计划，可以说其单项的技术并没有多大的创新，许多单项技术是由日本人、法国人、德国人发明的，数百万个零部件也由“多国部队”制造，但经美国人一整合就造出了一个宇宙飞船，实现了人类飞向月球的千古之梦。

一个合格的营销策划往往把企业营销的外部因素（如政策、法规、社会习俗、文化背景、宗教、科教、竞争对手、供应商、分销商、辅助产业、消费者等）充分考虑进来，发挥它们最大的利用价值，把企业营销的内部的制度因素（如企业奖惩制度、职工积极性、产品部门、销售部门、财务部门、人力资源部等）调动起来，每位员工在自己岗位上发挥最佳水平，让策划的每一环节顺畅、可行、达到最小投入而最高产出，充分让投入营销活动中的每一种资源“燃烧发热”。这样，整体所达到的效果将是任何一种简单的促销战略所不能比的，所产生的效益也将是可观的。

七、终点即起点原理

市场价值的实现是企业存在和发展的首要目标，日本被誉为“经营之神”的松下幸之助说过“企业不盈利就是犯罪”。任何企业的营销活动都是以获取利润作为出发点的，因此营销策划的最终目标是实现利润回报。利润回报的实现又会推动企业进行新的策划活动，追求新的利润，从而不断地循环，保证企业扩大再生产的完成。现在很多大型的企业会专门成立策划部，把销售利润的一部分拿出来作为策划资金，因为他们知道，营销策划是为了更好地赚取更多的利润。

第二节　营销策划的方法

营销策划理念的训练与培养要依靠心、眼和手的统一，通过“心”的欲想（目标管理），通过“眼”的“贼看”（洞察能力训练），通过手的勤练（动手能力训练），解决一个个策划难题。要产生高水平的策划方案，其关键在于创新，创新的关键在于策划方法。营销策划的方法主要有以下几种。

一、捆绑法

捆绑法是用一种联系把自己与具有一定价值的事物合为一体，使价值向自己转移。企业与强者为盟，个人与名人为友，产品与品牌配套都可以提高自身的知名度和美誉度，从而达到营销的目的。例如，美国一个出版商有一批滞销的书久久不能脱手，便给总统送去一本，并多次征求总统的意见，忙于政务的总统随口应了一句：“这本书不错！”出版商如获至宝般地大肆宣传：“一本总统先生喜欢的书出售。”于是，这些滞销的书不久就被销售完了。不久，这个出版商又送给总统一本书。总统说：“这本书糟透了。”出版商听后大喜，他打出广告：“一本总统讨厌的书出售。”结果，不少人出于好奇争相购买。出版商第三次将书送给总统的时候，总统吸取了前两次的教训，不置可否。出版商却大做广告：“一本总统难以下结论的书出售！”居然又一次大赚其利。

二、背景转换法

背景转换法即选择或创建力量更大、影响更大、价值更大的一个背景，借背景帮助自己工作，制造或寻找更加适合商务行为展开的外界环境，通过外部环境衬托来提升产品地位。例如，一个位于高新科技园以外的企业，仅仅与高新科技园有一站之遥，但是享受不到科技园中企业的优惠政策，更重要的是其品牌威信不能通过科技园来提升。于是该企业老板想把自己的企业迁至科技园内，因此他和园区领导协商，为科技园免费提供一些服务，通过努力，事情办成了，他的企业成了高科技园区的企业，生意也比以前好做了，而且成交量也提高了。这是为什么呢？是因为企业所依托的背景不一样了。

三、移植法

移植法即把别人的思维方法、别的地方的经营方法、其他事物的规律转移到自己的头脑，作为创新的方法依据。移植法可分为直接移植法和间接移植法。

直接移植法即将先进地区的新兴项目或商务形式照搬到后进地区。照搬本身也是一种策划，尽管它相对于时代没有新颖性，但对于策划人自己和策划的实施者是新颖的；当然，把别处的项目抄过来，也有一个改造或改良的问题。有人发现荷兰“小人国”旅游项目很好，它的市场是在国界分割严重的欧洲，时间紧张的游人可以在这里一眼看尽欧洲的风土人情。在改革开放时期，深圳是中外游人集中的地方，中国人到这里来学习改革开放，外国人到这里来看一看中国。中国虽然是一个国家，但那时有开放地区和不开放地区，外国人到不了的地方占多数，而中国人当时贫穷，到不了的地方也占多数。因此，这种情况类似于欧洲，这样就可以把荷兰的“小人国”项目原理移植到深圳，结合深圳的实际，最终开发了“中华民俗村”、“锦绣中华”等旅游项目。

间接移植法即将成熟的产业理念原理方法引用于新的产业设计中，本来看起来毫无关系的两件事情，把它们联系起来，用一个事物的规律解决另一个事物的问题。韩国著名的企业家郑周永使用的发展方法就是间接移植法。他从土木建筑施工的小伙子出身，筑了几年墙，反复进行同样的工作过程：撒上一层土，踩一踩，再撒土，再踩……多年以后等到他自己的公司成立以后，他发展公司的方法是，业务进展一点，就抓一点管理，再抓一段业务，再抓一段管理，内外反复交替，从而取得了事业的成功。

四、重点法

重点法为一点突破带动其他部分。在面对复杂的策划对象时，首先努力寻求突出某个商务环节、某项资产、某项业务等个别线索，也可以说是主动地缩小策划对象，把策划对象首先简单化，然后加以精雕细刻，使一点首先突破，进而把局部策划产生的功效传递给整个原策划对象。重点法在生活中被人们不知不觉地采用着。现在的餐饮服务业，一些酒店会在不同的时间会推出一些特价菜、优惠活动等，借此吸引消费者的注意力，可是进去之后，顾客消费的不止是特价菜，酒店可以从其他菜品或者饮料中把损失收回。

五、逆向法

逆向法即把当前的思维角度、方向、内容、途径、目标等反过来，以寻找解决问题的方案。逆向思维是求新思维的一种典型方法，即平时所说的反向思维。房地产项目大、行业大，风险和利润都可观，因此，房地产的咨询生意比较红火。但是，“远来的和尚会念经”，一家当地背景出身的老板其生意失败率自然就很高。因此他不得不把生意延伸到房屋代理销售，这样一延伸，生意是有了，但又出现了问题——需要垫付很多流动资金，而他们只是一个小企业。于是，他们反过来想这个问题：有多少销售额，就有多少采购额。从房地产公司的角度看是销售额，从买房屋的客户角度看是采购额，两者的数量是相等的，但是从不同的角度开展经营，其难度是大不相同的。现在他们的经营方向发生了 180 度大转弯，他们不再给房地产公司提供咨询、代理，而是给顾客提供咨询、置家服务，这样需要的资金也减少了。而且，当他们在顾客中建立了品牌，房地产商自然也主动找他们合作。

六、组合法

组合法即把不同的商务内容组合为一体，或把不同的商务过程组合为一个完整的商务过程。把两件看似不相关的事物、事件等联系起来，加以组合，从而产生意想不到的效果。这也是一种常用的创新思维方法。在手机的通话功能基础上，组合上网、照相、摄像等功能，可以使产品更具有竞争力。这是组合法中常用的功能组合，是产品和服务价值提升的基本途径之一。除了功能组合以外，常用的还有意义组合。企业做一件事情，最好具有多重意义，一箭多雕，以取得更多的效益。

七、回避法

回避法就是不以原策划课题为解决对象，改换问题的内容，重新设立策划课题，再加以策划。也就是遇到问题“绕着走”，并且是积极地“绕着走”。圆珠笔是由欧洲人发明的，在刚刚面世之初，一直解决不了漏油的问题，许多科学家在笔尖上作了大量的努力未果。日本的科学家则采用回避方法从笔芯着手解决问题。结果日本人把笔芯剪短，降低了油液的压力，自然就解决了漏油的问题。再如，三国时期，周瑜命令诸葛亮在三天之内造箭十万支，这显然是不可能完成的任务。但是诸葛亮却回避了造箭这个问题，把造箭想成如何借箭，于是成功地完成了任务。

八、分解法

把一点分解成多点作为策划目标开发决策子环，进而达到更加深刻认识的目的。例如，将概念分解出外延，将大的步骤分解出小的步骤，将人群分解成许多部分，将事务分解成多个方面等。现在在大企业中，一个项目往往需要由多个项目组共同完成，于是项目在最初就要被分解。项目分解到各个小组之后，还要进行细化，以便更好更快地完成。例如，一个企业要达到创建名牌的目标，必须经过一系列的策划方案，一步一步地通过分目标的实现，达到企业的最终目标，而不能一蹴而就。

九、实证法

实证法即用实际的、让消费者看得见的功能效果来证实产品的优越性。例如，把金币粘在墙上，谁拿下来就归谁，结果当然是谁也拿不下来，用以证明胶水的质量。很多手表厂家在做广告时，为了证实自己的手表防震防水，不是直接说明，而往往是让女明星戴着手表在水里面游泳或者是把手表从高楼上扔到地面上……其实，消费者花钱买了手表就不会舍得把它放在水里面或者从高处扔下，但是厂家已经“证实”了，它使你相信了。这就是实证的力量。

第三节　营销策划的常用工具

为了提高营销策划质量，保证营销策划工作的有序进行，可以通过头脑风暴法依靠集体的智慧开展创新性思维，也可以借助一些工具外化我们的思维方式和思维过程，监控项目的进程。

一、头脑风暴法

头脑风暴法（brain storming）作为集体开发创造性思维的方法，是通过集思广益、发挥团体智慧，从各种不同角度找出问题所有原因或构成要素的会议方法。

（一）头脑风暴法的基本程序

1. 提前确定议题

一个好的头脑风暴法从对问题的准确阐明开始。因此，必须在会前确定一个目标，使与会者明确通过这次会议需要解决什么问题，但不要限制可能的解决方案的范围。

2. 会前做好准备

为了使头脑风暴畅谈会的效率较高，效果较好，可在会前做一点准备工作。例如，收集一些资料预先供大家参考，以便与会者了解与议题有关的背景资料和外界动态。就参与者而言，在开会之前，对于要解决的问题一定要有所了解。

3. 确定参与人选

与会者一般以 8～12 人为宜。与会者人数太少不利于交流信息，激发思维；而人数太多则不容易掌握，并且每个人发言的机会相对减少，也会影响会场气氛。

4. 明确具体分工

会议要推定一名主持人，一两名记录员。主持人的作用是在头脑风暴畅谈会开始时重申讨论的议题和纪律，在会议进程中启发引导，掌握进程，控制时间。记录员应将与会者的所有设想都及时编号，简要记录，最好写在黑板等醒目处，让与会者能够看清。

5. 规定会议纪律

根据头脑风暴法的原则，可规定几条纪律。例如，要集中注意力积极投入，不消极旁观；不要私下议论，以免影响他人的思考；发言要针对目标，开门见山，不要客套，也不必做过多的解释；与会者之间相互尊重，平等相待，切忌相互褒贬等。

（二）头脑风暴法的成功要点

1. 自由畅谈

参加者应该不受任何条条框框限制，放松思想，让思维自由驰骋。从不同角度、不同层次、不同方位，大胆地展开想象，尽可能地标新立异，与众不同，提出独创性的想法。

2. 延迟评判

头脑风暴会议必须坚持当场不对任何设想做出评价的原则。一切评价和判断都要延迟到会议结束以后才能进行。这样做一方面是为了防止评判约束与会者的积极思维，破坏自由畅谈的有利气氛；另一方面是为了集中精力先开发设想，避免把应该在后阶段做的工作提前进行而影响创造性设想的大量产生。

3. 严禁批评

绝对严禁批评是头脑风暴法应该遵循的一个重要原则。参加头脑风暴会议的每个人都不得对别人的设想提出批评意见，因为批评对创造性思维无疑会产生抑制作用。同时，发言人的自我批评也在禁止之列。

4. 多多益善

头脑风暴会议的目标是获得尽可能多的设想，追求数量是其首要任务。参加会议的每个人都要抓紧时间多思考，多提设想。至于设想的质量问题，自可留到会后的设想处理阶段去解决。在某种意义上，设想的质量和数量密切相关，产生的设想越多，其中的创造性设想就可能越多。

5. 会后的设想处理

通过组织头脑风暴畅谈会，往往能获得大量与议题有关的设想。任务至此只完成了一半。更重要的是对已获得的设想进行整理分析，以便选出有价值的创造性设想来加以开发实施。这个工作就是设想处理。设想处理的方式有两种。一种是专家评审，可聘请有关专家及畅谈会与会者代表若干人承担这项工作。另一种是二次会议评审，即由头脑风暴畅谈会与会者共同举行第二次会议，集体进行设想的评价处理工作。

二、“金三角”策划

“金三角”策划是一种巧妙运筹“时”、“势”、“术”的策划模式，即正确的审时、度势和谋术的策划方法（图 3-1）。

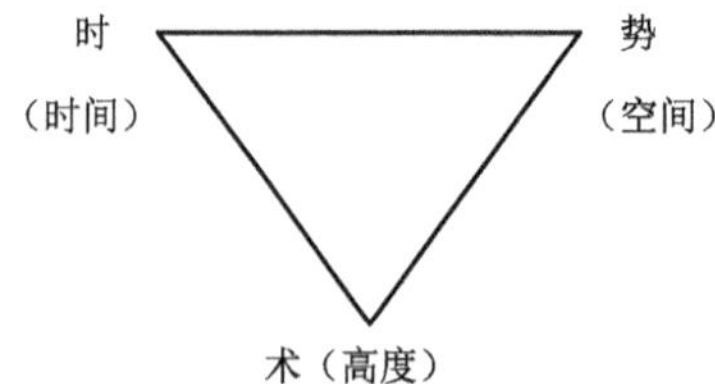

图 3-1 “金三角”策划思维图

时，指谋略根据形势的发展变化而决定运演的最佳时机。审时需要重点思考三个问题：第一，在宏观时代背景下，社会发展的趋势是什么？时势对企业是否有利？时代给企业发展带来了什么样的机遇和挑战？第二，在中观时机背景下，应该如何发现和把握市场机会？如新产品上市、品牌延伸与行业扩张的时机是否成熟？第三，在微观时日背景下，企业发动的营销战役、举办的促销活动在何时开展最为有利？由此，审时必须从宏观到微观做到顺应时势，把握时机和择定时日，时势要有利，时机应成熟，时日应合适。

势，在策划中指组织环境的发展变化，对势的运演是对谋略所处环境、格局和条件的分析。例如，处在有势还是无势位置，处在强势还是弱势位置，处在下滑的“熊”势还是上升的“牛”势等。对势的把握要求我们顺应时代潮流，具有敏锐的眼光和灵敏的头脑分清现象和本质，不为假象所迷惑，要从大局和整体着手，看事情想问题要有一定的高度性。具体来说，在失势时要借势造势，在得势时应趁势出击，在得势时应再上台阶。

术，指谋略所采用的招数，即计谋、策略、方法和技巧等。术的把握要求我们在遵循基本游戏规则的前提下，先守正后出奇，敢为天下先，为别人所不能，出奇制胜，想别人想不到的，做别人做不到的。谋术的第一要义就是切准市场，掌握规律；其次，应找准概念，升华主题。最后，做到沟通传递，寻求支持。

时、势、术三者是对立统一、相互依存、互为依托的，最佳的策划就是追求三者的完美统一或三者的最佳结合点。

三、OK 策划模式

OK 策划模式以 OK 模型为基础，构建策划决策体系，使策划决策的思维结构、思维过程变得直观生动，它是由世界商务策划师联合会（World Business Strategist Association WBSA）史宪文提出并引入的。

OK 模型如图 3-2 所示。

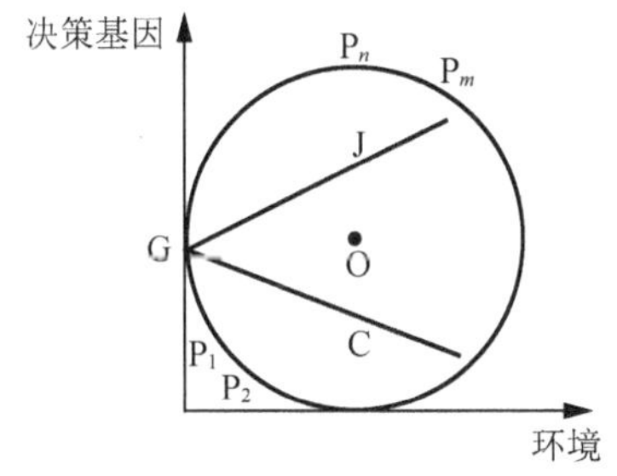

图 3-2　OK 策划思维图

E——environment，表示策划决策的基础，包含政治、经济、科技、文化四个要素及决策对象的内部信息，是决策者创新的外部依据。

M——myself，表示决策基因，包含决策者掌握的经验、知识、信息和思维方法四个要素，体现了策划者的内在决策与创新能力。

O——object，表示策划者服务的对象，是决策者服务的客体，是策划决策的受益者。

G——goal，表示决策目标，是策划者利用决策点所要达到的最终目的，体现了整个决策过程的期望结果。

P——point，表示决策点，是支持决策目标的资源，由多个决策点和决策目标组成的逻辑环为决策环（circuit）。

圆周，即决策环，由多个决策点连接起来和决策对象构成，表现了策划者的整理能力。

J——judgement 是策划者外在表现出来的判断能力，用以核对各个决策点是否正确，即使局部创新成功，也必须建立在其他方面正确的基础上，才能使整个决策环完整、正确。

C——creation 是策划者外在表现出来的创新能力，主要对某个（或多个）决策点在正确的基础上再进一步加强，带动整个决策环进一步优化。

四、鱼骨图

鱼骨图分析法是咨询策划人员进行因果分析时经常采用的一种方法，其特点是简捷实用，比较直观。问题的特性总是受到一些因素的影响，我们通过头脑风暴找出这些因素，并将它们与特性值一起，按相互关联性整理而成的层次分明、条理清楚，并标出重要因素的图形就叫做特性要因图。因其形状如鱼骨，所以又叫做鱼骨图。

鱼骨图有三种类型：第一，整理问题型鱼骨图，即各要素与特性值间不存在原因关系，而是结构构成关系；第二，原因型鱼骨图，鱼头在右，特性值通常以“为什么……”来写；第三，对策型鱼骨图，鱼头在左，特性值通常以“如何提高/改善……”来写。

制作鱼骨图分两个步骤：分析问题原因/结构、绘制鱼骨图。

1. 分析问题原因/结构

（1）分析过程

1）针对问题点，选择层别法（如现场作业的人机料法环等）。

2）按头脑风暴分别对各层别类别找出所有可能原因（因素）。

3）将找出的各要素进行归类、整理，明确其从属关系。

4）分析所选取的要素。

5）检查各要素的描述方法，确保语法简明、意思明确。

（2）分析要点

1）确定大要因（大骨）时，现场作业一般从“人机料法环”着手，管理类问题一般从“人事时地物”层别，具体划分应视情况而定。

2）大要因必须用中性词描述（不说明好坏），中、小要因必须使用价值判断（如……不良）。

3）脑力激荡时，应尽可能多而全地找出所有可能原因，而不仅限于自己能完全掌控或正在执行的内容。对人的原因，宜从行动而非思想态度面着手分析。

4）中要因与特性值、小要因与中要因之间有直接的原因-问题关系，小要因应分析至可以直接做出对策。

5）若某种原因可同时归属于两种或两种以上因素，则以关联性最强者为准（必要时考虑“三现主义”，即现时到现场看现物，通过相对条件的比较，找出相关性最强的要因归类）。

6）选取重要原因时，不要超过 7 项，且应标示出最末端原因。

2. 绘制鱼骨图

（1）绘图过程

1）填写鱼头（按为什么不好的方式描述），画出主骨。

2）画出大骨，填写大要因。

3）画出中骨、小骨，填写中小要因。

4）用特殊符号标示重要因素。

（2）要点

绘图时，应保证大骨与主骨呈一定夹角，中骨与主骨平行。

图 3-3 为鱼骨图示例。

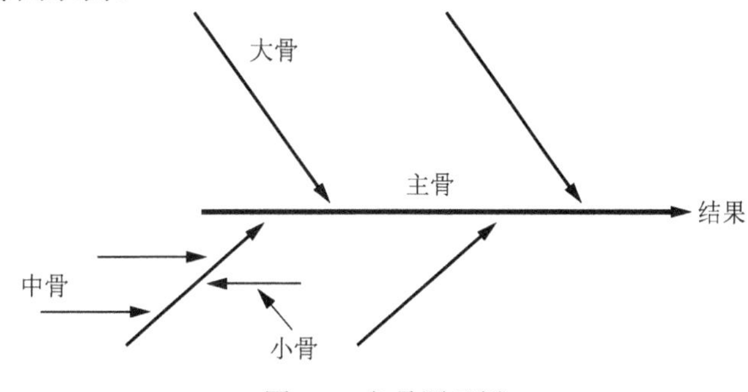

图 3-3 鱼骨图示例

五、甘特图

1. 甘特图概述

甘特图（Gantt chart），也称为条状图（bar chart），是 1917 年由亨利·甘特开发的，其内在思想简单，基本是一个线条图，横轴表示时间，纵轴表示活动(项目)，线条表示在整个期间上计划和实际的活动完成情况。它直观地表明了任务计划在什么时候进行，以及实际进展与计划要求的对比。

甘特图具有简单、醒目和便于编制等特点，在企业管理工作中被广泛应用。甘特图按反映的内容不同，可分为计划图表、负荷图表、机器闲置图表、人员闲置图表和进度表等形式。

甘特图的优点：图形化概要，通用技术，易于理解；有专业软件支持，无需担心复杂计算和分析。

甘特图的局限：甘特图事实上仅仅部分地反映了项目管理的三重约束（时间、成本和范围），因为它主要关注进程管理（时间）；软件上的不足，尽管能够通过项目管理软件描绘出项目活动的内在关系，但是如果关系过多，繁杂的线图必将增加甘特图的阅读难度。

2. 绘制甘特图的步骤

1）明确项目牵涉到的各项活动、项目。内容包括项目名称（包括顺序）、开始时间、工期、任务类型等。

2）创建甘特图草图。将所有的项目按照开始时间、工期标注到甘特图上。

3）确定项目活动依赖关系及时序进度。使用草图，并且按照项目的类型将项目联系起来，并且安排项目进度。此步骤将保证在未来计划有所调整的情况下，各项活动仍然能够按照正确的时序进行。也就是确保所有依赖性活动能够并且只能在决定性活动完成之后按计划展开。

4）计算单项活动任务的工时量。

5）确定活动任务的执行人员并适时按需调整工时。

6）计算整个项目时间。

图 3-4 为任务甘特图示例。

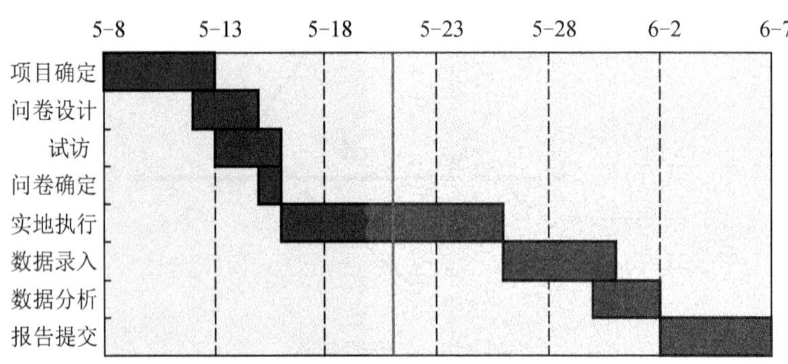

图 3-4 任务甘特图示例

第四节 营销策划的程序

营销策划是一项较为复杂的工作，它必须有创意的成分，同时又必须有一定的程序来保证。一般来说，营销策划要有以下几个步骤，如图 3-5 所示。

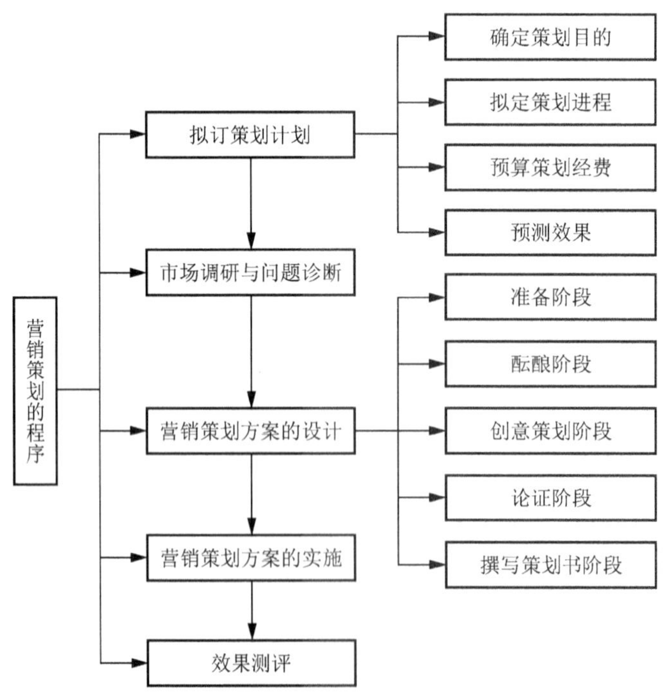

图 3-5 营销策划的程序示意

一、拟订策划计划

营销策划有计划的因素存在，但其本身也是一种计划活动，所以需要拟订一个较为详细的计划来保证营销策划的顺利进行，策划计划是进行营销策划操作的依据。

（一）确定策划目的

进行营销策划，要投入大量的人力、物力、财力，稍有不妥，将导致全局混乱，流于失败，因此营销策划必须目的明确。由于各自的情况不同，策划的目的也可能有差异性，如经济性的、社会公益性的、政治性的、文化性的、形象性的、法律性的等，但无论如何，其目的都必须明确。

（二）拟定策划进程

营销策划进程必须以详细的时间表表达出来。其进程一般为四个阶段。

1）准备阶段。这一阶段是策划的前期准备阶段，包括人力、物力、财力及智力准备等，但要确定出营销策划目的，即为什么要进行这次营销策划活动。

2）调研和现状分析阶段。这一阶段在于充分搜集材料和信息，并对这些信息进行适当的加工处理。这是策划的基础阶段，影响着整个营销策划的成败，同时也是最易产生创意的阶段。

3）设计阶段。根据调研分析所得的信息和创意进行方案设计。

4）实施阶段。设计出方案以后，要综合考虑各方面的情况，挑选出最佳方案进行实施，实施阶段的长短，要由方案具体情况而定。

（三）预算策划经费

每一次营销策划都必须投入一定的资金。投入多少、何时投入、投向何处都需通过预算确定，同时详细、准确的费用预算可以节约成本，获得较好的经济效益。

1）市场调研费。这是一笔很重要的开支，如果过少，资金不足，就会造成调研资料失真而导致较大的误差。这可根据项目规模的大小和难易程度来确定。

2）信息搜集费。主要是指信息检索费、资料购置费、打印费、复印费、信息咨询费、信息处理费等。

3）人力投入费用。

4）营销策划报酬。

（四）预测效果

对营销策划可能出现的效果进行预测，以此来辅助决策者进行决策。效果一般分为经济效果和形象效果。

二、市场调研与问题诊断

市场调研，即主要对企业外部资料（即市场各方面情况和信息）进行搜集、分析、研究，为企业营销状况、营销策划活动制定和调整营销策划提供素材和科学依据。问题诊断，是通过对企业内外环境的把握与分析，针对营销目的，确定问题所在，然后制定出营销策划方案。

三、营销策划方案的设计

营销策划方案的设计可按以下五个阶段进行。

（一）准备阶段

准备阶段要求策划人员汇总调研资料和信息，以文字、图像、表格等形式表现出来。主要人员应对信息进行消化吸收，对比分析。

（二）酝酿阶段

酝酿阶段较为复杂、漫长，否定之否定定律在此时运用最多，无数次的肯定，再无数次的否定，所以该阶段需要策划人员具有耐心和毅力。

（三）创意策划阶段

经过反复的分析、推敲，产生出创意的雏形，包括大量的创造性思维。

创意的作用主要有三个：一是为了引起他人甚至更多人的注意；二是为了包装信息，把一个很好的信息通过创意包装起来，让别人可以看到、理解并且使用；三是为了给别人留下深刻的印象。

创意有三个非常重要的元素：第一个要素是构思概念；第二个要素是选择素材，也就是寻找适当的工具来表达概念；第三个要素是表现手法，相同的素材会有不同的表现手法，自然也会产生不同的效果。

（四）论证阶段

论证阶段比较重要，一般可采取经验判断、逻辑推理、专家论证及选点试行等方式，对策划内容进行反复论证。

（五）撰写策划书阶段

撰写策划书阶段是把营销活动及其行动方案形成文字，策划书因时、因地、因不同企业及不同主题分别撰写，撰写文案的篇幅、风格没有固定模式，但写作有一般的规律可循。

四、营销策划方案的实施

在营销策划方案的实施阶段应做好以下两方面的工作。

（一）全面贯彻方案

企业需要全心全意地把经过缜密研究设计出来的方案予以全面贯彻，不能半途而废。

（二）反馈调整方案

方案不是一成不变的，它必须随着市场环境的变化而不断地调整修改。要求营销人员时刻关注市场，搜集方案实施过程中的反馈信息；再根据反馈信息及时调整方案中不合适的部分，使之贴近市场、适合市场。

五、效果测评

效果测评可分为阶段性测评和终结性测评。阶段性测评是指在方案实施过程中对前一阶段实施的效果进行测评，并为下一阶段提供方向和指导。终结性测评是指在方案实施完毕后，进行总结性测评，以便了解整个方案的实施效果。

这里介绍一种比率统计法来进行效果测评。它适用于具有销售额的营销策划，其公式为

$$p=b\cdot k/a \quad (k=a_1/b_1)$$

式中：a——方案实施前的月平均销售利润；

b——方案实施后的月平均销售利润；

a_1——历史年份与 a 对应的月平均销售利润；

b_1——历史年份与 b 对应的月平均销售利润；

当 $p=1$ 时，表明方案无效果或效果不明显；

当 $p<1$ 时，表明方案产生负效果；

当 $p>1$ 时，表明方案产生正效果，且越大越好。

以上为营销策划的一般程序，当然它不是一成不变的，可根据具体情况的不同做出适当的变化。

小　　结

营销策划的基本原理包括创新出奇原理、抓纲办事原理、整体制胜原理、发展原理、高段位原理、大整合原理、终点即起点原理等。

营销策划的方法包括捆绑法、背景转换法、移植法、重点法、逆向法、组合法、回避法、分解法和实证法等。

营销策划的常用工具包括头脑风暴法、“金三角”策划、OK 策划模式、鱼骨图和甘特图等。

营销策划的程序包括拟订策划计划、市场调研与问题诊断、营销策划方案的设计、营销策划方案的实施、效果测评五个步骤。

案例分析

叶茂中：从雅客糖果的营销策划说开去

1. 消费者对产品的认知

在做这个雅客糖果的策划之前，先看一下糖果市场做十年都不温不火的原因，是不是这个市场就是

这样的状态，首先看几个数据。在调查中，我们发现，雅客在糖果品牌中的认知，在我们所研究的25个品牌里面，排名最后，它的知名度也是非常低的，在靖江，很多企业都不知道有雅客的存在，广告认知也是排在最后的。这个项目对我们来讲是非常有挑战性的。当然我并不是非常相信这个市场，我有时候做一个企划的时候，我跟我的伙伴一起，先去“跑”市场，这个“跑”市场我可能做的并不是量化的，量化的工作由调研公司去做。我为什么自己下去“跑”？我主要是找这种感觉，很多调研公司做的调研是不准确的，我们坚持自己做调研。我们下去找市场直接的感受，对我们做企划是非常有帮助的。

这里面有认知与事实之间的一个距离问题。我们让市场，让消费者觉得我们好，比我们事实上好更重要。广告强调承诺，这个承诺里面到底有多少可以兑现呢？所以我在想为什么同样一个产品，附加不同的信息之后，它的命运就改变了。

实际上消费者对产品的认知是非常有限的，你比方说以前看书，说德国电视台把50家德国啤酒厂老板集中到演播室，做一个节目，做什么节目呢，把刚生产的啤酒标签撕掉，让他们品尝，只要让他们喝出自己生产的啤酒，就可以赢得大奖，最后都喝不出来。而消费者对产品的认知有多少？像雅客就有800多个品牌，糖果所有品种加起来有多少？不可能一一地去品尝，有时候我们做包装，做品牌，做其他，就是做决定的信息，就是附加值。

2. 三个集中

雅客当时在市场上的情况，简单说，它是个很弱势的品牌，销售力度不大，做了十年了，甚至在当地都没有什么知名度。我们该如何去做这个策划的工作呢？在此我们提出三个集中。这个案例讲起来很简单，不过在做分析、做选择的时候，是惊心动魄的一个过程。

第一个集中，是品牌集中。雅客企业规模虽不大，却有几十个品牌在用，另外还有800多个品种、几十个类别，每一个类别都有一个品牌，比如说有精彩，有派对时刻，有运动巧克力。对于这样一家企业来讲，我们觉得这样的品牌结构是不合理的，中国企业家有时候有一种不恰当的感觉，总是希望多做一些品牌，或者出于安全的需要或者市场的需要，做很多的品牌，每个品牌可能都会投入，做一点广告，做一点推广，实际上这是一种很大的浪费。我们建议雅客企业，集中到雅客这个品牌上来，不要做那么多品牌，其他的类别所需要的这种产品线的细分，可以用副品牌的方式来完成。这是第一个集中。

第二个集中，是品种集中。品种非常多，每个品种销售量都不是特别大，量都很小。长期以来，雅客企业一直没有形成一个强势的产品品类，比如说人家一说，大白兔——奶糖，一说雅客，不知道什么糖果比较厉害，是巧克力厉害，还是他其他的硬糖厉害，也都不是很清晰。所以就要在800多个品种里面，选择一个品种来主攻这个市场，我想这个很容易理解。

我们在通过市场研究，以及我们自己的市场经验分析之后，我们决定选择雅客维生素这种糖果。在800多个品种里面，选择这个品种，并且称之为雅客V9，每两粒雅客V9补充9种维生素。为什么这样讲呢？非典之后，补充维生素基本上是全党全军全国人民一致的共识。大家都知道要补充维生素，而且饮料里面鲜橙多的销量非常大，成长快的品牌包括黄金搭档，都是在卖维生素这个概念，我们也可以多一个选择，就是维生素糖果。

我们希望以雅客V9这个品种打响雅客品牌，希望它成为维生素糖果的第一品牌，成为维生素这个市场的第一品牌，然后再以这个品牌，带动我们系列产品的销售。因为补充维生素，大家都已经取得了共识，并不需要做太多的引导工作。我们这家公司帮很多中小企业做策划的时候，有一个原则——绝不引导消费者，我们只做迎合消费者的事情。

有了维生素这个市场的机会，我们就去做维生素的糖果，所以把它的包装重新做了调整。我们选的代言人是周迅，另外我们觉得周迅比较有运动感和活力，跟企业的产品天生有一种缘分。

我们选了周迅来做形象代言人，做了刚才大家所看到的那支广告片。我们在软的包装里面，跟硬的盒的包装里面，放了明星卡，实际上都是老掉牙的手法。但是还是有孩子喜欢收集这种卡片，所以企业才会在一个学校门口设置摊位，有时候半个小时卖200多袋。这种奇迹的发生不仅是因为产品的性能，还因为里面有一张周迅的明星卡，年轻人的想法真的和我们不一样。

第三个集中，是媒体的集中。我们希望雅客V9能够成为糖果领袖品牌，就要选择有领袖气质的媒体。谁是最有领袖气质的媒体？当然就是央视。过去雅客也做广告，但比较分散，各个地级城市和卫视也在做。我们帮企业分析，这是“散弹打鸟”。企业有一千万元做中央电视台的广告，没什么效果；有两三千万元的时候，不做中央电视台就比较可惜。我们希望能投两千多万元来赌一赌这个市场，看看我们的判断是不是正确。我想这个案例差不多已经讲完了，我们看看它的结果。

2003年8月26日雅客V9在中央一台播出。广告播出五天后，雅客公司客户服务部咨询电话每天达到50多个，15天后，每天100多个，网站点击率达5000多次，雅客V9第一次招商会，这个品种的招商会，签约的金额是2.3亿多元，经销商预付款是6700万元。经销商很激动，因为他们卖了十年糖果，这些年一直不温不火的，他们希望有一个领导品牌出现，而这在中国糖果业是绝无仅有的，糖果并不是很大的一个产业。

雅客V9的铺货只用了32天便全面进入各大终端。上市一个月——9月，雅客V9仅在福建省就卖了230万元，是去年同期所有品量总和的4倍。中秋节晚上他们发了一个信息，在福建邵武一所中学校外店里，雅客V9随身装22分钟销售240盒。与2002年同期相比，我们目的达到了。达到在哪里？不是雅客V9卖得好的问题，而是通过雅客V9打响了雅客这个品牌，带动了信誉的销售。雅客企业目前卖得不好的品种只有30多个，有800多个品种比2002年增长了400%～500%，这个数据还是上个月的数据。

前天雅客企业陈总到我们公司来，他说到今年年底，雅客V9这个品种，4个月在全国可以卖2.5亿元，明年保守地讲，卖到六七亿元一点问题都没有，加上其他品类，明年卖十多亿元，雅客企业就问鼎国内的糖果业“老大”了。这个市场就是一个颠覆，实际上通过央视的这种媒体的集中投放，通过品种的这种选择，品牌的这种集中，形成了一个强大的品牌暗示，因为经过大量的传播之后，消费者会觉得，这个品牌是维生素糖果的第一品牌，甚至是糖果的第一品牌。这种暗示，我认为就是品牌最重要的一个问题。

（资料来源：叶茂中在“2003营销盛典——中国营销年会”上的发言.）

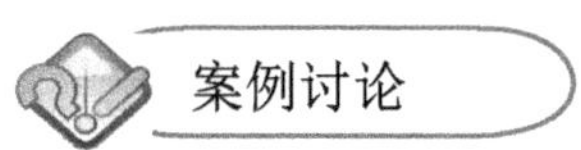

案例讨论

在这个案例中，叶茂中所说的“三个集中”体现了营销策划的什么原理？运用了营销策划的哪些方法和工具？

思考题

1．营销策划的原理对你有哪些启示？

2．营销策划的方法有哪些？

3．如何运用营销策划的常用工具开展相关活动？它们之间是什么关系？

4．营销策划通常包含哪些步骤？

第四章

市场调研策划

教学目标

掌握市场调研的含义与类型；理解市场调研的内容；掌握市场调研的方法；能够进行问卷设计、调研实施、数据处理和市场预测；能够撰写市场调研报告，并在实际工作中加以运用。

学习要点

- 掌握市场调研的意义。
- 熟练运用市场调研的各项技巧。
- 了解应用市场调研结果进行预测与决策。

关键词

市场调研　问卷设计　样本　抽样技术　调研实施　报告撰写

导入案例

市场调研产品投放成功的关键

联合利华公司的 Surf 超浓缩洗衣粉在进入日本市场前，做了大量的市场调研。Surf 的包装经过预测试，设计成日本人装茶叶的香袋模样，很受欢迎；调研发现消费者使用 Surf 时，方便性是很重要的性能指标，于是产品又进行了改进。同时，消费者认为 Surf 的气味也很吸引人。联合利华就把“气味清新”作为 Surf 的主要诉求点。可是，当产品在日本全国导入后，发现市场份额仅能占到 2.8%，远远低于原来期望值，一时使得联合利华陷入窘境。问题出在哪里呢？

问题一：消费者发现那么好的 Surf 洗衣粉在洗涤时难以溶解，原因是日本当时正在流行使用慢速搅动的洗衣机。

问题二：“气味清新”基本上没有吸引力，原因是大多数日本人是露天晾衣服的。

显然，Surf 进入市场时实施的调研设计存在严重缺陷，调研人员没有找到日本洗衣粉销售中应该考虑的关键属性，而提供了并不重要的认知——气味清新，导致了对消费者消费行为的误解。而要达到这个调研目的，只要用合适的定性调研就能实现。

（资料来源：http: // www.globrand.com/2008/97215.html.）

第一节　市场调研的含义与内容

市场机会属于能够洞察秋毫的企业，任何商业活动的成功都来源于市场信息的把握。同样，任何策划都不只是灵机一动，而必须依托于翔实、可靠的信息。因此，市场调研是营销策划的基础，是营销策划工作的第一步。

一、市场调研的含义

市场调研是市场的调查和研究，调查是获得信息，研究是获得最有用、最直接的决策信息。因此，市场调研是指在市场营销观念的指导下，以满足顾客需求为中心，运用科学的方法系统地、客观地收集、记录、整理与分析有关市场营销的信息资料，提出解决问题的建议，为企业营销管理者制定正确的营销决策提供依据。

市场调研扮演着两种重要角色。首先，它是市场情报反馈过程的一部分，向决策者提供关于当前营销组合有效性的信息和进行必要变革的线索，帮助企业了解环境和分析问题。其次，它是探索新的市场机会的基本工具。市场上尚未满足的各种需求构成了企业发展的市场机会，而这也是众多企业争夺的焦点。然而，由于市场供求关系和市场环境的不断变化，市场机会往往是稍纵即逝的。在市场调研过程中，企业可以依据掌握的第一手信息把握市场发展的动向，据此评价和修正企业的现行经营策略，从而探索和抓住市场机会。

知识拓展

市场调查的种类

市场调查一般可分为以下四类。

1. 探测性调查

当市场调查的问题或范围不甚明确，无法确定究竟应研究些什么问题时，可采用探测性调查（也称非正式调查）找出问题，以便拟定假设，确定调查的重点。

2. 描述性调查

多数的市场调查为描述性调查，如市场潜力研究、市场占有率研究、销售渠道研究等。描述性研究是找出相关变量，描述调查对象的特征，说明“怎样”或“如何”的问题，但并不是说明何者是因，何者是果，解释“为什么”的问题。

3. 因果关系调查

无论变量所处的环境如何，当且仅当一个变量的变化将导致另一变量的变化，才可以认为两个变量之间是因果关系。因果关系研究就是探索并建立变量之间可能的因果关系。在描述性调查中已收集了变量的资料，并指出了其间的相互关联，但究竟是何种关系，则是因果关系研究的任务。

4. 预测性调查

市场营销所面临的最大问题是需求问题。市场需求的估计对每个企业来说关系重大，因为销售预算是企业所有预算活动的起点，是企业所有计划的出发点。

二、市场调研的内容

（一）市场环境调研

市场环境调研主要包括政治法律环境调研、经济环境调研、科技环境调研和社会环境调研。这些环境处于企业外部，又对企业发展有着重要的影响。政治法律环境调研，主要是对政府的方针、政策和各种法令、条例，以及外国有关法规与政局变化、政府人事变动、战争、罢工、暴乱等可能影响本企业的诸因素的调研。经济环境调研，主要是对国民生产总值增长、国民收入分配的地区和社会格局、储蓄与投资变化、私人消费构成、政府消费结构等宏观经济指标进行调研。科技环境调研，主要是对国际国内新技术、新工艺、新材料的发展速度、变化趋势、应用和推广等情况进行调研。社会环境调研，主要是了解一个社会的文化、风气、时尚、习俗、宗教等。

（二）市场需求调研

市场需求调研包括市场需求容量调研、顾客调研和购买行为调研。市场容量调研，主要是指现有和潜在的人口变化、收入水平、生活水平、本企业的市场占有率、人们的购买力等。顾客调研，主要是了解购买本企业产品或服务的团体或个人的情况，如民族、年龄、性别、文化、职业、地区等。购买行为调研，是调研各阶层顾客的购买欲望、购买动机、习惯爱好、购买习惯、购买时间、购买地点、购买数量、品牌偏好等情况，以及顾客对本企业产品和其他企业提供的同类产品的欢迎程度。

（三）市场供给调研

市场供给调研主要调研：产品或服务的供给总量、供给变化趋势和市场占有率；本企业产品或服务的市场寿命、消费者对本企业产品或服务更新的态度、现有产品或服务能持续多长时间、有无新产品或服务来代替；生产资源、技术水平、生产布局与结构；该产品或服务在当地生产和输入的发展趋势；协作伙伴和竞争对手的状况，即他们的产品或服务的质量、数量、成本、价格、交货期、技术水平、潜在能力等。

（四）市场销售调研

市场销售调研是对整个行业市场、地区市场、企业市场、销售状况和销售能力，尤其是对销售渠道、销售过程和销售趋势的调研。主要调研企业产品是自销还是代销，是完全通过自设网点销售，还是部分经由代销网点销售；经销商的经营能力、社会声誉、目前销量和潜在销量；整个市场价格水平的现状和趋势、最适宜于顾客接受的价格性能与定价策略；采用哪种广告媒体（如电视、广播、报纸、杂志、广告牌）引人注目、效果较好；服务方式的优劣，哪种方式最受顾客欢迎等。

（五）消费行为调研

消费行为调研是对目标产品的消费群体的消费心理和行为进行的调研，主要是了解消费者在消费相关产品时的外显行为和内隐行为。许多外显行为包括选择、购买等活动。

内隐行为主要有两个方面，即消费者的决策过程及影响决策过程的个人特征和内部要素。内部要素又包括需要、动机、态度、个性和学习。消费行为调研的意义：是制订营销计划和营销策略的基础，分析市场机会和进行市场细分，以及产品研发、定价、制定广告和分销策略都要进行消费行为调研。

第二节 市场调研策划程序

市场调研主要包括准备调研、组织实施调研、结果处理三大阶段。调研策划的主要工作也集中在这三大阶段，可以具体细分为以下七个步骤。

一、确定市场调研目标

市场调研的目的在于帮助企业准确地做出经营战略和营销决策。在市场调研之前，须先针对企业所面临的市场现状和亟待解决的问题，如产品销量、产品寿命、广告效果等，确定市场调研的目标和范围。一般而言，市场调研的目标主要是进行问题、机会的识别与界定。影响产品销售的各种问题，主要来自企业对市场需求千变万化的不适应性。有些问题决策者们可能觉察到了，也可能是企业其他部门的人员提供的，无论其他人的依据和判断如何，都需要对市场充分调研，认真研究，掌握主动权。

市场机会就是已经存在或即将出现的能给公司带来盈利的市场条件，或者说是市场上存在尚未满足的需求或还没有充分满足的市场需求和欲望。大多数市场机会对于企业是平等的，积极寻找市场机会，并对已发现的市场机会做出正确客观的评价和分析，才能把握市场机会，并把市场机会变成企业机会。有一次，海尔在对山东的经销商进行调研的过程中，听山东的经销商说过这样的话：我们这个地方的农民叫我们去修洗衣机的时候，会发现他们的洗衣机的下水管道经常被泥土堵塞，经了解这是因为他们常用这个洗衣机洗地瓜。这件事情被反映上来之后，研发部门就提出，能不能生产一种洗衣机能够洗地瓜。他们通过研发、调整之后，把洗衣机下面的下水道上增加一个网，设计两个下水道，洗衣机就既能洗衣服又能洗地瓜。

二、生成调研设计

调研设计是指为了实现调研目标或检验调研假设所要实施的计划。在市场调研中，调研设计是非常重要的一个环节，甚至决定着市场调研的成败。一般来说，主要需要权衡调研成本和决策信息的质量。通常，所获得的信息越精确，错误越少，成本就越高。另外需要权衡的是时间限制和调研类型。生成调研设计要求按照一定的程序进行，主要有以下 6 个步骤。

1）透彻了解调研计划的主题，根据所需要搜集的资料，确定调查表的具体内容。

2）根据调查表的具体内容，广泛命题，并根据命题特点，决定提问的方式，设计问卷。

3）按照一般人的逻辑思维习惯，确定问题的排列次序。问题的排序可按照漏斗形的思路，即由浅入深，由一般到专业。先提问一般的、易于回答的问题和有利于调动被调查者兴趣的问题。

4）审查提出的各个问题，去掉含义不清、具有倾向性和涉及个人隐私的问题。

5）请少数被调查人对调查表进行小规模的预先试答。

6）根据测试中反映出的问题，对调查表进一步修正补充，重新设计出正式的调查表，并打印出来。

设计调研问卷按问题形式的划分如表 4-1 所示。

表 4-1　调研问卷中问题设计的形式

问题的形式	问题表述方法	特点
封闭式问题（列出所有可能的答案，回答者只要从中挑选即可）	二分法	问题的答案为二选一
	多项选择法	问题有三个以上的备选答案
	里克特尺度法	每段叙述后附有可由回答者表示同意或不同意程度的尺度表
	语意差异法	尺度表左右用两个意义相反的词汇来形容所衡量的事物，由回答者选择最能代表其感受的位置
	重要性尺度法	衡量某属性的重要性，其尺度从“一点也不重要”到“极其重要”
	等级尺度法	衡量某属性的优劣，其尺度从“很差”到“很好”
	购买意愿尺度法	描述购买者意愿的回答尺度
开放式问题（由回答者自由作答，较封闭式问题可获得更多的资料）	完全非结构化	可由回答者完全自由地回答
	词汇联想法	每次提示回答者一个词语，请其说出立刻联想到的词语
	语句完成法	每次提示一个未完成的语句，请回答者完成
	故事完成法	提示一个未完成的故事，请回答者完成
	图画完成法	提示一张有两个人的图片，其中一人已说话，请回答者把自己想象成另一个人，将要回答的话填在空白的框里
	主题统觉测验法	提示一张图片，请回答者看图说故事

三、选择调研方法

根据调研的对象、调研目的，选择适当的调研方法，如将在第三节介绍的文案调查法、访问调查法、信息调查法等，可单独使用某种方法也可以同时使用多种调查方法。

四、搜集样本数据

确定调研方法后就需要搜集数据。搜集数据几乎都离不开抽样调查，抽样调查最核心的问题是抽样对象的选取。如何抽样，须视调查目的和准确性要求而定。在制订抽样计划前，必须先回答几个问题。首先，必须界定所涉及的总体，也就是将要从中抽取样本的群体。它应该包括所有其观点、行为、偏好、态度等能够产生有助于回答调研问题的信息的人。总体界定后，下一个需要回答的问题是用随机样本还是用非随机样本。随机样本的特点是，具备总体每个要素的概率大于零。采用这种样本，调研人员可以估计研究中的抽样误差。非随机样本指随机样本之外的所有类型的样本。具体来说，任何没有试图完全代表总体各部分的样本都是非随机样本。调研人员无法利用统计方法计算非随机样本的置信度。也就是说，无法确定预计的抽样误差。

五、分析数据

从客户和消费者那里得到的大量第一手资料是分散、零星和杂乱无章的。数据分析的目的是对这些原始资料进行加工整理，去粗取精、去伪存真，解释所搜集的大量数据并且提出调研结论。首先要检查数据的误差。调研数据产生误差常常是难以避免的，一方面是由于抽样调研属于部分推算全体，在推算结果与全体之间必然产生一定误差；另一方面是由调研设计的不科学，调研对象的主观偏见、回答不认真等原因而引发的。

六、准备和撰写报告

调研报告是调研工作的最终结果和最终体现，是整个调研过程中的关键环节，因为想让结论发挥作用的营销调研人员必须使大家相信，依据所搜集的数据得出的结论是可信和公正的。通常，要求调研人员就项目进行书面的和口头的报告。调研报告主要阐明针对既定目标所获结果，以及建立在这种结果基础上的经营思路、可供选择的行动方案和今后进一步探索的重点。

七、跟踪

在花费了大量的精力和资金开展营销调研并且准备报告后，重要的是将其付诸实施。管理者应该决定是否实施通过调研提出的建议，以及为什么实施或不实施。一项建议是否付诸实施归根结底取决于该建议是否符合客观实际并有助于企业的长远发展，而要保证调研结果发挥作用就必须尽量减少营销调研部门和其他部门之间的冲突。

第三节　市场调研方法的选择

一、文案调查法

文案调查以搜集文献信息为主，并不是对原始资料的收集。文案调查搜集的资料有动态资料和静态资料两类。另外，文案调查可以为实地调查创造条件，可以作为有关部门经常性的市场调查，不受时空限制。

二、访问调查法

访问调查法又叫做询问调查法，指调查人员采用询问的方式向被调查者了解市场情况的一种方法，它是市场中最常用的、最基本的调查方法。在整个访谈的过程中，调查者和被访问者相互影响、相互作用。常见的访问调查方法有以下两种。

（1）个别面谈法

个别面谈多是无结构的、直接的、一对一的访问，一般由掌握高级访谈技巧的调查人员对调查对象进行深入的访谈，用以了解调查对象对某一问题的潜在动机、态度和情感，此方法最适合探测性调研。个别面谈法的优点是回答率高，在被调查者对问题不愿意做出回答时可以激发被调查者合作，能够完成其他方法难以完成的调查任务。个别面谈法也具有针对性，可对调查环境和背景进行了解，有利于判断所得资料的可靠性和真实性。

（2）小组座谈法

小组座谈法又叫做焦点访谈法，就是挑一组具有代表性的消费者或客户，采用会议的形式，由主持人主持并就某个专题对与会人员进行询问，从而获得对有关问题的深入了解。其优点是资料收集快、效率高，取得资料较为广泛和深入，结构灵活，能够将调查和讨论相结合，可进行科学检测。其缺点是对主持人要求高，并且容易产生误差，资料整理困难，对于隐私和保密的问题，不便于多谈，受时间限制很难进行深入细致的交流。

三、信息调查法

信息调查法是借助新的通信技术或媒体进行调查的一种方式，主要包括电话调查法、电子邮件调查法、网络调查法、网络会议调查法、计算机辅助电话调查法。其中计算机辅助电话调查法通常在装有计算机辅助电话调查系统的场所内进行，整套软件包括问卷设计子系统、抽样设计子系统、电话调查子系统、项目管理子系统等。计算机辅助电话调查系统除了具备获取市场信息资料速度快、节省调查时间和经费、覆盖面广、被调查者与调查者轻松不受干扰、访问具有一定的隐蔽性等优点之外，还具有录入数据方便、自动分析与生成部分图表和报告、信息量大和可比性强的特点。

四、其他方法

观察法是调研人员到现场或利用仪器跟踪、记录被调查对象的行为痕迹来获取资料的调查方法，其特点在于其描述性，即调研人员只是从侧面观察了解被调查对象的行为表现，而无需直接向被调查对象询问问题并予以回答。

实验法是指调研人员通过小规模的现场实验，即测算在某些变量（质量、价格、设计、包装、广告等）的值发生改变，而其他变量恒定的条件下，该变量所引起的市场变化。实验法几乎总是因果性的，它一方面可以了解该产品的质量、价格、设计、包装、广告等变量哪些更为用户所喜爱和接受，为企业产品的改善提供参数；另一方面也可以预测企业产品全部投入目标市场后所可能产生的市场效果，使企业确定较为合理的市场预期。

知识拓展

基于电子网络技术的市场调研方法

随着电子网络全球化的普及，各类网站如雨后春笋般成长起来，为网上用户提供了许多方便。同时为了满足用户对电子网络信息的需求，各种信息数据库、信息查询机构陆续出现在网上。这些都为电子网络和网上信息的应用和发展提供了良好的环境。信息时代的到来，特别是因特网技术的普及，对市场调查业同样造成了深远的影响，也为市场调查业提供了机遇和挑战。市场调查业应抓住这样的机遇，充分利用电子信息网络技术和网上信息，实现事半功倍的效果。

众所周知，传统的市场调研方法可分为两大类，即获取第二手资料的方法和获取第一手资料的方法。每类方法中又包括多种具体的方法，利用电子网络技术的网上调查完全可以和传统的调查方法结合起来，或仿效传统调研方法，来获得第二手资料和第一手资料。所不同的是，电子网络信息的取得更为方便，足不出户就可获得所需的各种信息资源。

第四节 市场调研报告的撰写与汇报

一、市场调研报告的撰写

（一）市场调研报告的写作要求

提供一份完善的策划报告既是一个营销研究项目的顶点，也是市场营销策划活动的终点。由于策划报告通常是评价整个研究过程工作好坏的唯一标准，所以它也是整个市场营销策划过程的最重要部分。市场调研（策划）报告要以规范的格式对调研过程中所收集的资料进行统计分析并给出结论和建议，以作为各级管理者进行决策时的参考。

1. 评价调研报告的一个基本标准是与客户的沟通程度

客户不仅是准备报告的原因，而且是评价其成功的标准，这意味着报告必须是为明确客户所特制的，必须考虑其背景、兴趣、所处的环境，以及他们将如何使用报告。

2. 市场调研报告的写作标准

（1）完整性

一份完整的报告应当是为客户提供了他们能懂得的所有信息。这意味着作者必须不断地询问自己是否每一个安排的问题都能得到解释。一份不完整的报告意味着阻挠和推迟营销决策行动，随之而来的是补充的报告。因此，客户是决定完整性的关键，他们的兴趣和能力决定了什么解释需要加上，什么判断可以省略。

（2）准确性

在撰写市场调研报告书的时候，应该主要注意报告的准确客观，避免给阅读者以任何形式的误解。首先要注意用词准确，每个概念都有特定的内涵和外延。在选用词语时，要准确地把握概念，做到词义相符。商务调研报告和科研论文一样，讲求的是资料的准确性和逻辑的正确性，不要像文学作品那样用夸张、拟人、借代、比喻等修辞手法，避免使用带有感情色彩的语言。商务调研报告在时间用语上要注意使用绝对表示法，尽可能避免相对表示法。在以中文书写的调研报告中，使用数字应该按照国家的规范用法。对于社会经济统计数据，凡是直接取自正规出版物的数字，可以按原有数位的详尽程度引用；凡是取自初级资料而又经过运算的，其结果的数位详尽程度不必超过调查问卷中的数位详尽程度；凡是不同来源数据综合测算的结果，其数位的详尽程度以来源数据中数位最低的为准。

（3）简洁性

研究报告的作者往往存在一种难以割舍收集资料的倾向，但是作者在保证报告完整的前提下必须有选择地采用信息。否则可能由于报告长度而非深度变得使人难以接受。研究人员必须避免使读者面对所有的信息资料。如果有些材料与主题无直接关系，就可以省略。作者还应避免对人们已熟知的方法大加讨论，即使材料是合适的，也应略去。

（二）市场调研报告的写作格式

尽管每一篇调研报告会因项目和读者的不同而有不同的写法，但是调研报告的格式有通常的规定。这些常规是在长期商务实践中逐渐形成的。这里列出的写作格式只作为一种建议，供调研者在从业时参考。

市场调研报告一般由题目部分、目录、序言、正文、结论和建议、附录等几部分组成，具体如下。

1）题目部分：主要包括标题、报告日期、撰写人或报告者。标题一般不写结论性语言，可以直接写作《关于×××的调研报告》。

2）目录：主要包含了报告所分章节及相对应的起始页码。报告中的表格和统计图也要相应编写图表目录。

3）序言：简要说明调研背景、经过、调研结论、建议事项等。

4）正文：这是市场调研报告的主要部分。

① 调查目的。在调研报告正文的开头，调查人员应当指出该项调查的目的和范围，以便阅读者一目了然，准确地理解调查报告所叙述的内容，说明这次调查活动的动机、所要检定的统计假设及所要了解的问题。

② 调查方法、步骤、调查对象。对调研过程中所使用的调查研究方法、选取的样板类型与大小、调研得到的研究结果等做非技术性的简短说明。

③ 报告分析。主要对调研情况进行分类和技术分析。另外，还需说明统计方法和数据误差。完美无缺的调研是难以做到的，在报告中将成果加以绝对化、不承认它的局限性和应用前提是不科学的调研态度。因此在调研报告中，撰写人员不要忘记指出报告的局限性，让领导人员在决策时有所考虑。

5）调研结论及建议事项。这是调研报告中最实质性的部分。结论是调查人员在仔细研究和分析所有资料后得出的判断。在准备建议时，调查人员应有明确的态度，选择实事求是的观点，以调查结果为基础，不受感情或预感所支配，应尽可能简洁、准确地说明建议，便于决策者理解。

6）附录。任何一份太详细或太过专业化的材料都不应出现在正文部分，而应统一编入附录。在附录部分，调研报告主要收录调查表或问卷统计表、抽样技术、编码表、参考文献、详细的统计表等。

二、调研成果的口头汇报

通过口头的方式进行研究成果的有效沟通正变得越来越重要，因为这种方式不但可以将相关人员召集到一起，提纲挈领地向大家传达主旨，让大家共同探讨和认识，而且有助于发现一些不曾预料到的事情并保证及时决策和推进后期执行的力度。事实上，可以肯定地说，对公司中的部分决策者而言，口头汇报将是他们接触研究成果的唯一方式。其他的经理们也许只是为了唤起对口头汇报内容的记忆，才会快速地浏览一下书面报告。

（一）口头汇报的材料准备

汇报提纲应能简要介绍报告的主要内容及重大的研究成果。口头汇报时应该在很大程度上通过可视化媒介来展示研究成果。图、表等在关键部分应尽可能地被运用。在用图表时，应该通过色彩选择提高人们对重要部分的注意力，摘要、结论和建议也应尽可能地可视化。另外，还应向每位听众提供一份摘要的复印件，在口头汇报中就可以省略掉许多细节，以便于每个人都清楚地理解汇报者的思想。国内目前流行的方式是应用 PowerPoint 软件包来为可视化提供媒介。该软件包容许策划人员运用各种格式制作幻灯片，然后通过手提电脑或其他多媒体平台投射到屏幕上，给听众以非常好的视觉展示。

（二）口头汇报的注意事项

进行口头汇报，也和书面报告的原则一样，要针对报告提供对象确定其内容和形式。许多商务调研人员不懂得这一点，总是喜欢向企业管理人员介绍调研中的技术问题，这种做法往往不受欢迎。高层管理人员希望的是在有限的会议时间知道调研的主要发现、结论和建议。如果他们中有人对技术问题感兴趣，可以在会后去阅读书面报告。另一方面，如果是向商务咨询班子做汇报，则需要在技术问题上有条理地进行阐述。在口头汇报具体内容的准备上，研究人员应该围绕以下几个问题进行。

1）这些数据的真正含义是什么？

2）它们有什么冲击性？

3）我们能从这些数据中获得什么信息？

4）在现有的信息背景下，我们需要做什么？

5）如何才能提高对事物本质的认识？

6）什么使类似的信息更加有益？

在口头汇报过程中，要注意切忌照事先写好的发言稿宣读，而应该使用口语化的、简明的词句表达调研成果；要交代清楚所要讲的几个问题，不时注意提醒听者现已进入第几个问题；对于重点内容，要放慢说话速度，甚至可以重复。在汇报时，调研者还应做好答辩的准备，要充满自信，富有感染力和说服力。即使是最可靠、最有效的调研成果，如果不能使管理者们相信其重要性，也是毫无价值的。

第五节 市 场 预 测

所谓市场预测是指企业在通过市场调研获得一定资料的基础上，针对企业的实际需要及相关的现实环境因素，运用已有的知识、经验和科学方法，对企业和市场未来发展变化的趋势做出适当的分析与判断，为企业营销活动等提供可靠依据的一种活动。

一、市场预测的内容

市场调查的目的就是通过调查工作研究曾经出现的各种变化情况和目前市场的具体状况，了解和掌握在今后一定时期内市场可能发生的变化趋势，这也是市场预测的基本内容。具体而言，市场预测主要有以下内容。

1. 环境预测

环境预测也称为宏观预测或经济预测，它是通过对各种环境因素（如通货膨胀、失业状况、进出口贸易、企业投资等因素）的分析，对国民生产总值和有关的总量指标的预测。环境预测是市场潜量与企业潜量预测、市场预测和企业预测的基础。

2. 市场潜量与企业潜量预测

市场潜量与企业潜量预测是市场需求预测的重要内容。市场潜量是从行业的角度考察某一产品的市场需求的极限值，企业潜量则是从企业角度考虑某一产品在市场上所占的最大的市场份额。市场潜量和企业潜量的预测是企业制定营销决策的前提，也是进行市场预测和企业销售预测的基础。

3. 市场预测与企业预测

市场预测是在一定营销环境下和一定营销力量下对某产品的市场需求水平的估计，企业预测是在一定的环境下和一定的营销方案下对企业预期销售水平的估计。企业预测不是企业制定营销决策的基础或前提，相反它是受企业营销方案影响的一个函数。

二、市场预测的步骤

市场预测要遵循一定的程序和步骤，一般而言，共六个步骤。

1. 确定预测目标

要进行市场预测首先要确定预测目标，明确目标之后，才能根据预测的目标去选择预测的方法、决定收集资料的范围与内容，做到有的放矢。

2. 选择预测方法

预测的方法很多，各种方法都有其优点和缺点，有各自的适用场合，因此必须在预测开始时根据预测的目标和目的，根据企业的人力、财力，以及企业可以获得的资料，确定预测的方法。

3. 搜集市场资料

按照预测方法的不同确定要收集的资料，这是市场预测的一个重要阶段。

4. 进行预测

预测阶段就是按照选定的预测方法，利用已经获得的资料进行预测，计算预测结果。

5. 评估预测结果

预测结果得到以后，还要通过对预测数字与实际数字的差距分析比较，评估预测结果的准确性和可靠程度。

6. 预测结果报告

预测结果的报告从结果的表述形式上看，可以分为点值预测和区间预测。例如，某行业市场潜量预计达到 5 亿元，这就属于点值预测。区间预测则是给出一个可能的区间和预测结果的可靠程度。例如，在 95%的置信度下，某企业产品销售额的预测值为 3000 万～4000 万元。

三、市场预测的方法

市场预测有多种方法，概而言之，可分为定性预测和定量预测两种。

定性预测是市场预测中经常使用的方法。定性预测主要依靠预测人员所掌握的信息、经验和综合判断能力，预测市场未来的状况和发展趋势。这类预测方法简单易行，特别适用于那些难以获取全面的资料进行统计分析的问题。因此，定性预测方法在市场预测中得到广泛的应用。定性预测方法包括专家会议法、德尔菲法、销售人员意见汇集法、顾客需求意向调查法等。

定量预测是以准确、全面、系统、及时的资料为依据，运用数学或其他分析手段，建立科学合理的数学模型，对市场发展趋势做出数量分析。定量预测方法是建立在数学模型基础上的预测方法，如时间序列法、回归分析法、投入产出法、弹性系数法等。

小　　结

市场调研是指对与营销决策相关的数据进行计划、收集和分析，并把分析结果用于营销决策的过程。市场调研策划是这些具体工作的实施安排和进行的技术，市场调研是营销策划的基础，是营销策划工作的第一步。它是市场情报反馈过程的一部分，也是探索新的市场机会的基本工具。市场调研策划主要包括要了解市场调研的内容和主要意义、市场调研的程序，以及问卷设计和抽样调查的技术等内容，这是营销的基本职能之一，也是市场营销工作的前提。

市场调研主要包括准备调研、组织实施调研、结果处理三大阶段。这三大阶段可以具体细分为七个步骤：确定市场调研目标、生成调研设计、选择调研方法、搜集样本数据、分析数据、准备和撰写报告、跟踪。

市场调研报告要求完整、准确、简洁。调研报告一般由题目部分、目录、序言、正文、结论和建议、附录等几部分组成。

市场预测有确定预测目标、选择预测方法、搜集市场资料、进行预测、评估预测结果和预测结果报告六大步骤，以及定性、定量两大预测方法。

案例分析

中国联通CDMA西安市场调查策划

第一部分　调查设计

一、确定调查目标

调查目标：通过对西安市联通 CDMA 的市场容量、发展潜力和营销现状、竞争对手状况的调查，有针对性地制定各种营销措施，扩大联通 CDMA 的市场占有率。

二、调查内容与调查时间

1. 调查内容

1）被调查者的基本情况。

2）被调查者对联通 CDMA 的了解程度。

3）被调查者对联通 CDMA 营销手段的接受程度。

4）被调查者对联通 CDMA 的意见和建议。

2. 调查时间（略）

三、调查对象

本次调查的对象为西安市现有手机用户及潜在用户。

1）现有用户：拥有手机的西安市民。

2）潜在用户：在某年某月前计划购买手机的西安市民。

3）用户：现有用户与潜在用户的总和。

四、抽样调查

1. 抽样方法的选择

本次调查采用分层抽样（stratified sampling）。将西安市区划分为五层进行抽样调查，即东区、西区、南区、北区和中区，再在各层中以简单抽样法选取适量样本。各层的具体区域如下。

东区：西安市金花路以东至规划中的东三环路之间地区。

西区：西安市沣惠路以西至规划中的西三环路之间地区。

南区：西安市南二环路以南至规划中的南三环路之间地区。

北区：西安市北二环路以北至北三环路之间地区。

中区：由以上四区围绕的市中心地区。

2. 样本数决定

本次调查共抽取样本 1200 个。考虑到样本有效回收率的问题，有效率设为 75%，则抽取样本 1600 个。

3. 抽选样本的具体步骤

1）确定起点位置：从调查员进入调查区域所遇到的第一个合适样本单位时开始。

2）确定样本分布：五个划分区内的各个主要道路（具体在地图上标示）。

五、调查的组织计划

1）在方案确定后，从各类调查对象中抽取少量样本进行试调查。

2）调查人员的培训：调查人员必须全面了解联通 CDMA 目前的市场状况，清楚市场调查方面的内容及方法，并且具有一丝不苟、严谨求实的工作作风。

3）调查人员可以由联通公司成员和专业调研机构人员组成。

4）联通公司分派专人对调研实施情况进行控制及监督，处理突发事件。

六、问卷设计的过程

1. 确定所需信息

依据本次调查的目标，确定本次调查问卷所要获得的信息如下：联通 CDMA 的知名度，人们对 CDMA 的认识，用户转网的障碍，用户态度，CDMA 新增用户的来源。

2. 确定问卷的类型

根据本次调查目标及其他条件，确定本次问卷类型为直接访问所采用的纸张印刷问卷类型。

3. 确定问题的内容

问题的内容紧扣本次调查的目标及所要获取的信息，主要包括：用户的基本状况；用户对 CDMA 的认知程度；用户对联通 CDMA 的促销等营销手段的接受程度；用户对转网的态度探测；用户对移动市场的期望及对联通的意见和建议等。

4. 确定问题的类型

本次调查问题的类型归结起来分为四种：自由问答题、两项选择题、多项选择题和顺位式问答题，其中后三类均可以为封闭式问题。

（1）自由问答题

用户对移动市场的看法，对联通 CDMA 的意见和建议等问题均采取这一问题类型。

（2）两项选择题

简单明了地了解用户的性别，用户是否拥有手机等大体状况。

（3）多项选择题

对于一些为探求不同用户的想法或观点的问题，提供比较多的答案供其选择，以此来判断哪个方面的影响要素占据主导地位。

（4）顺位式问答题

对于一些判定各影响要素的影响程度，让被调查者对其进行排位，便于以后措施的实施及改进。

5. 确定问题的措辞

本次调查问卷问题的措辞遵循以下原则。

1）问题的陈述应尽量简洁。

2）避免提带有双重或多重含义的问题。

3）最好不用反义疑问句，避免用否定句。

4）注意避免问题的从众效应和权威效应。

6. 确定问题的顺序

本次调查问卷中的问题遵循一定的排列次序，问题的排列次序会影响被调查者的兴趣、情绪，进而影响其合作积极性。

问卷的开头部分安排比较容易的问题，这样可以给被调查者一种轻松、愉快的感觉，以便于他们继续作答。中间部分安排一些核心问题，即调查者需要掌握的资料，这一部分是问卷的核心部分，应该妥善安排。结尾部分安排一些背景资料，如职业、年龄、收入等。个人背景资料虽然也属事实性问题，也十分容易回答，但有些问题（如收入、年龄等）同样属于敏感性问题，因此一般安排在末尾部分。

另外，有逻辑顺序的问题严格按逻辑顺序排列。

7. 问卷的排版和布局

本次调查问卷排版和布局的总要求是整齐、美观、便于阅读、作答和统计。

8. 问卷的测试

问卷的初稿设计工作完毕之后，组织问卷的测试，如果发现问题，再及时修改，测试选择 50 人，如果第一次测试后有很大的改动，可以考虑是否有必要组织第二次测试。

9. 问卷的定稿

当问卷的测试工作完成，确定没有必要再进一步修改后，即可定稿。问卷定稿后就可以交付打印，正式投入使用。

10. 问卷的评价

本次调研问卷的评价采取专家评价和被调查者评价结合的方式。

专家评价即邀请调研专家即兴评价，侧重于技术性方面，如对问卷设计的整体结构、问题的表述、问卷的版式风格等方面进行评价。

被调查者评价采取在调查工作完成以后再组织一些被调查者进行事后性评价，以便对此问卷进行总结。

第二部分　问卷设计

中国联通CDMA西安市场调查问卷

尊敬的先生/女士:

您好！我是联通公司的市场调查人员，我公司为有针对性地制定各种营销措施，更好地满足各类客户的需求，现进行市场调查活动，我们仅占用您几分钟宝贵的时间，请您协助我们完成这份调查问卷，对您的合作，我们将不胜感激。

（请在所选选项上打“✓“）

1. 您是手机用户吗?

（一）是　（二）不是

2. 您是否计划购买手机?

（一）是　（二）否

3. 您现有的手机采用何种网络制式?

（一）移动GSM　（二）联通GSM　（三）联通CDMA

4. 您更换过手机吗？更换过几次?

（一）没有更换过　（二）1次　（三）2次　（四）3次　（五）4次以上

5. 您更换手机的平均频率大概是多长时间?

（一）半年左右　（二）半年至一年　（三）一年至两年　（四）两年以上　（五）没有更换过

6. 您通过哪些途径了解更多手机信息?

（一）电视　（二）广播　（三）报纸　（四）杂志　（五）互联网

7. 您购买手机时考虑最多的因素是什么?

（一）价格　（二）款式　（三）性能　（四）时尚

8. 您觉得目前手机的哪些功能最实用?

（一）录音　（二）语音拨号　（三）中文输入　（四）多种铃声　（五）界面下载

（六）来电/接听电话时间显示　（七）电话分组　（八）GPRS　（九）群发短信

9. 您是否知道联通CDMA?

（一）是　（二）否

10. 您对联通CDMA的了解程度如何?

（一）非常了解　（二）了解　（三）一般　（四）不了解　（五）完全不了解

11. 您是通过何种渠道了解联通CDMA的?

（一）电视广告　（二）广播　（三）报纸　（四）网络　（五）他人介绍

12. 您对联通CDMA的优点了解多少?

（一）绿色健康无辐射　（二）掉线率低　（三）手机款式新颖　（四）技术领先　（五）其他

13. 您认为限制您购买CDMA手机的因素是什么?

（一）价格　（二）质量　（三）机卡不分离　（四）其他

14. 当发生下列哪种情况时，您会选择 CDMA 手机？

（一）手机降价 （二）资费调整 （三）服务质量提高 （四）周围用户的增多

15. 您是否有可能入 CDMA 网？

（一）可能 （二）不可能

16. 请您将下列影响您入网的因素按影响程度由大到小排序：

①不愿换号码 ②GSM 网络基本能满足要求 ③话费门槛高
④与移动的 GSM 网互通性差 ⑤不能与持 GSM 手机的人互换卡

17. 您对 CDMA 所提供的新增业务了解哪些？

（一）超值语音信箱 （二）移动 IP 电话 （三）分时分区计费 （四）亲情号码
（五）虚拟专网及被叫付费 （六）联通在信 （七）移动定位 （八）移动多媒体

18. 您了解联通 CDMA 现有的促销方式有哪些？

19. 您知道联通 CDMA 的竞争对手吗？

（一）知道 （二）不知道

20. 您了解 GPRS 手机吗？

（一）了解 （二）不了解

21. 您会用手机上网吗？

（一）会 （二）不会

22. 您认为影响手机上网的主要因素是什么？

（一）服务价格 （二）上网速度 （三）内容少、实用性差 （四）手机屏幕过小

23. 您认为移动电话计费哪种更合理而且实用？

（一）以秒计费 （二）以 6 秒为时段计费 （三）以 10 秒为时段计费 （四）以分钟计费

24. 您知道手机可以通过以下哪些途径节省长途话费（可多选）？

（一）分时段优惠 （二）拨打 IP 电话 （三）对方发送中文短信 （四）不知道

25. 您对手机辐射的看法？

（一）能够接受 （二）无所谓 （三）不能接受

26. 您可以接受的手机价格是多少？

（一）1000 元以下 （二）1000～2000 元 （三）2000～3000 元
（四）3000～4000 元 （五）4000～5000 元 （六）5000 元以上

27. 您最喜欢手机的下列哪些功能？（可多选）

（一）蓝牙功能 （二）收音机功能 （三）MP3 播放器 （四）即时翻译功能 （五）语音输入
（六）照明功能 （七）游戏功能 （八）JAVA 功能

28. 您更喜欢哪种制式？

（一）GSM （二）CDMA （三）GPRS

29. 您对联通 CDMA 有什么意见或建议？

30. 您对联通 CDMA 的市场前景如何看待？

您的基本情况：

31. 您的性别:

(一)男 (二)女

32. 您的年龄:

(一)18~25岁 (二)25~40岁 (三)41~50岁 (四)50岁以上

33. 您的教育程度:

(一)初中以下 (二)高中/中专 (三)大专/本科 (四)本科以上

34. 您的工作单位:

(一)政府机关 (二)事业单位 (三)国有企业 (四)集体企业 (五)三资企业
(六)私营企业 (七)个体经营 (八)其他

35. 您的月收入:

(一)300元以下 (二)300~1000元 (三)1000~3000元 (四)3000元以上

谢谢您的合作,请您留下联系方式:

被调查姓名: ____________ 联系电话: ______________

调查者姓名: ____________ 调查地点: ______________

第三部分 调查报告

结合西安市目前市内装机已达到相对饱和,而作为城乡结合部的农村电话(以下简称“农话”)市场潜力还远没有开发出来的实际状况,为了给西安市农话市场未来发展经营战略和经营方针提供更加准确的依据,西安市电信局经营处委托西安邮电学院经济管理系组织市场营销专业教师和学生,对本市郊三区所辖农村现有布局进行普查,并同时对农村用户装机潜力和消费趋向等多方面内容进行抽样市场调查。在西安市电信局相关部门的大力支持与配合下,本次调查自3月10日至4月1日,历时共22天,调用车辆共12辆,人力共100多人,基本顺利完成了西安市有关调查任务,现将有关调查结果报告如下。

一、调查目的

根据西安市电信局有关意图,本次市场调查主要分两个层次。

1)对西安市灞桥区、未央区、雁塔区这三区农村用户有关人口、户数、装机条件和装机现状进行普查。

2)对西安市郊三区有关电话消费现状及消费趋向进行市场调查,特别是对消费者(包括已装机户和未装机户)收入、对电话的认识等情况进行抽样调查,在掌握西安市城郊结合部农民消费特点和规律的基础上,主要了解:①未装机户使用的主要通信方式、未装机户的潜在需求(包括装机数量、价格承受能力等)、未装机的主要原因及未来装机的可能性和装机时间;②对已装机户主要了解农话使用情况和对电信局服务质量的认识反馈,包括消费者对电话的依赖性及对装第二部电话的认识等。

同时,借助本次调查将西安市电信局对农话发展的关注点,包括对农话装机的有关优惠政策进行大力宣传,为西安市电信局下一步正确决定农话市场发展规模及农话市场开发经营战略和经营方针提供决策依据。

二、调查方法与调查组织

本次调查主要采取大面积自然村普查和有选择的农户抽样调查相结合的方法。主要通过以下几个方面组织并保证实施。

1)根据西安市郊三区地理分布状况,将其分为东、西、南、北四个调查区域,采取寻求各区乡政府配合下，对其所辖行政村（含自然村）进行全面普查；同时采取不等比随机抽样，重点对农村住宅用户进行走访入户式抽样调查。由此，共取得有效自然村普查问卷494份，农户抽样调查问卷3476份，基本完成了本次调查的任务目标。

2）为完成本次农话自然村普查和相关市场调查任务，电信局抽调车辆12辆、配备移动电话24部、提供相关人力（含决策管理人员）近30人，并在对西安市郊三区农村分布现状及特点进行研究的前提下，对本次市场调查有关东、西、南、北四区车辆及人力和调查时间等战略部署做了充分考虑与安排，从而有力支持和配合了本次市场调查任务的顺利完成。

3）西安邮电学院经济管理系为尽快配合完成本次大规模市场调查任务，组织相关专业教师人员10余人，积极参与策划、问卷设计、培训及组织管理，先后与西安市电信局经营处接洽三次，完成调查策划一份、问卷设计两份、调查礼品优惠卡设计一份、印刷问卷和礼品优惠卡各5000份和4000份，组织培训学生两次，培训全体人员一次，充分发挥了本次市场调查全面策划、组织、管理的重要作用。

4）本次调查共调用相关专业学生70多人，经济管理系调整停课一周，分成六大组，每一大组配备一名教师做跟踪调查并兼管组织管理；每一大组又分成两个小组，每一小组由6名或7名学生组成，选定一名学生做相关负责与调查组织联系工作；实现每车一小组，每车每天由统计人员负责统计，以配合相关调查结果和报告的尽快实现。

5）结合电信局有关西安市郊三区农村分布特点需要，东区分配5辆车，调查相关人员共40余人，完成普查问卷180余份，抽样调查问卷1460份；西区3辆车，调查相关人员共24人，完成普查问卷178份，抽样调查问卷864份；南区2辆车，调查相关人员共16人，完成普查问卷70余份，抽样调查问卷556份；北区2辆车，调查相关人员共16人，完成普查问卷80余份，抽样调查问卷606份。

三、调查对象及样本选取

以西安市郊三区城乡结合部农村作为调查对象，沿东、西、南、北四个方向对各乡镇所辖行政村（包括自然村）有关现有住户多少、人口规模、电话装机水平及主要收入来源进行全面普查；同时，根据东、西、南、北四区农户规模及收入水平不同，按比例、区域分别选取若干个样本，共抽取3500个左右的总样本量，对农村已装机户和未装机户进行具体事项的抽样调查。

四、调查时间跨度

1）3月10日～3月15日，调查协商与初步策划阶段。

2）3月16日～3月20日，实施调查问卷设计、礼品设计、问卷与礼品的印刷，并对教师及相关学生进行组织及初步培训，在电信经营处的配合下进行全面组织与培训，完成调查前准备。

3）3月21日～3月26日，调查正式实施与初步统计阶段。

4）3月27日～3月29日，调查全面统计阶段。

5）3月30日～4月3日，调查报告形成阶段。

五、统计与报告形成方式

本次调查统计结果形成分五个层次，先由各车小组负责人形成相关调查各乡统计结果和各车统计结果；其次，由各大组负责人形成东、西、南、北四区统计结果；最后，形成总统计，并提交有关统计表格和图表。

向电信局提交计算机输入并汇总形成的四区分类统计结果和总统计结果，并提交有关统计表格和图表。

本次调查报告形成分三个层次，先由各车小组人依其有关乡统计结果和车统计结果提交各车统计报告；其次，由各大组负责人依东、西、南、北四区统计结果提交四区分报告；最后，撰写并形成总报告。

向电信局主要提交四区分报告和最后总报告。

六、调查结果统计分析

（一）自然村安装电话普查统计分析

1. 调查总规模分析

本次市场调查，完成自然村电话普查问卷465份，实现调查总户数69 000多户，涉及农村人口近274 000人，四区完成详细情况见表1。基本完成了电信局有关普查任务的规模要求。

表1　四区农村住户及人口统计表

区　名 指　标	东区	西区	南区	北区	合计
被调查村总数	175	132	73	85	465
总户数	61 992	23 474	28 215	17 631	69 320
人口数	270 442	94 844	107 054	71 883	273 781

2. 装机水平分析

调查结果显示，西安市四区现有装机水平差异很大，见表2和图1，东区明显装机水平较低，北区则较高，但每百户平均装机率达到26.24，总体装机水平还是不错的。由于各方面原因，关于各区配线情况没有得到完整数据。

表2　四区电话装机水平及分布统计表

区　名 指　标	东区	西区	南区	北区	合计
总户数	61 992	23 474	28 215	17 631	69 320
已装电话数	4819	5 287	7 601	5 302	18 190
电话普及率（每百户）	7.18	22.5	26.94	30.07	26.24

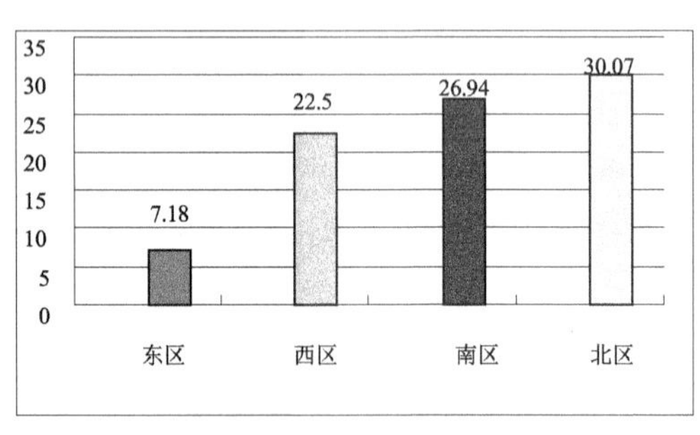

图1　四区装机水平现状

3. 农村主要收入来源分析

调查显示，农村主要收入来源分别是房屋租赁（占22.63%）、种植业（占17.66%）、商业（占6.64%）和运输业（占4.48%）。

（二）消费者个人基本情况统计分析

1. 一般情况

本次抽样调查的有关消费者的性别构成、年龄组合基本分布均匀，体现了本次抽样调查的随机性、客观性和公正性要求。

2. 文化水平

农村居民文化水平总体偏低，其中初中和初中以下文化程度比例将近 80%，各区情况略有差异，南北两区居民文化水平略显偏高，东区则明显偏低。

3. 职业分布

被调查对象在职业分布上和普查中的收入来源反映基本一致，其职业主要是农民（占 53%）、个体商贩（占 19%）和打工者（占 11%）。各区职业分布则各有侧重，东区以农民所占比例最高，达 71%，其次是个体商贩，占 17%；西区农民与总体一致，个体商贩占 22%，比例较高；南北两区农民所占比例稍低，个体商贩和房屋出租则占较高比例。

4. 收入水平

被调查用户的年收入水平大多集中在 5000～8000 元（占 71%），各区情况也反映出一定差异性，东区明显偏低，西区则略高一些，南北两区则反映出很大的接近性。

5. 装机水平

在全部被抽样调查样本中，已装机户占 37%，未装机户占 63%，基本接近自然村普查有关农话平均装机水平。

6. 其他情况

由于受被调查对象特点和问卷设计影响，调查问卷中希望反映的消费者对电话认识情况无法准确统计出来，但就电信局对农村电话市场的未来发展战略需要来看，这些因素也应适当考虑。

（三）已装机户调查结果统计分析

1. 消费者心理及其行为

（1）装机率

在接受本次调查的消费者中，已装机户占 71.35%，未装机户只占 28.65%，这与西安市电信局所提供的有关西安市市话普及率 40%左右存在着很大的差距，这可能与本次市场调查的设计和所赠礼品导向有关。

（2）电话定位

在问卷调查中有近 79.64%的人将电话列为仅次于家用电器（如电视机、电冰箱、洗衣机）的生活必需品。

（3）影响因素

在影响用户装机的因素分析中，有近 68.38%的消费者认为主要来源于收入状况、初装费及每月话费支出，其中受初装费影响较大的占 37.02%。这正反映了消费者需求与消费者收入之间的矛盾。

（4）价格承受能力

1）初装费价格，在未装机户中，83.38%的消费者认为合理的初装费价格应在 1500 元以下，其中认为 500～1500 元比较合理的占 60.66%。这与 83.75%的消费者认为目前的初装费价格偏高的结论是一致的。

2）话费价格，所有被调查人员中，将近 60%的消费者认为他们可以承受的每月话费在 100 元以下，其中大部分用户的承受能力集中在 50～100 元。已装机户中，对长途话费的承受能力有 51.6%的用户认为在 50 元以下。

（5）服务认识反馈

1）关于装机和修机：消费者对西安市电信局装机和修机的服务认识反馈较好，有超过 90%的装机户表示了比较满意以上的态度。

2）关于窗口和收费服务：消费者对此反映也比较好，将近 80%以上的消费者持比较满意以上的态度。

（6）未来装机反映

1）未装机户：调查显示，有71%的未装机户计划在2000年以前实现装机。

2）已装机户：有38%的消费者有望在2000年以前实现对第二部电话的安装与消费。

（7）延伸消费

通过调查显示，在已装机户中，有近21%的消费者拥有计算机，有近30%的用户使用169信息服务了解股票信息。

2. 关于消费者情况的几点分析

回收的调查问卷中，有相当一部分消费者提出了问题和建议。主要有以下几个方面。

（1）价格方面的问题

由于西安市居民的收入水平普遍较低，加之有关电信服务的广告宣传不到位，消费者对电信收费的意见集中表现在：

1）初装费相对偏高且不稳定。西安市近几年不断推出阶段性的优惠装机价格，使某些消费者群体产生一种拭目以待的心理，以求享受到更优惠的装机价格。

2）月租费偏高且不领会其收取的用意。

3）消费者认为长途话费收取存在一些问题，如长途通话附加费、移动通信中的双向收费问题。

4）关于收费优惠的具体落实问题：如9点半到10点的半价优惠，节假日期间公用电话的优惠落实。

5）消费者对各种新业务的收费跟踪了解不够，主要是受新业务开办初期的高资费畏惧心理影响。

6）对装第二部电话希望享受更优惠的政策。

（2）对电信局已推出的许多业务服务不了解

1）对电话的延伸服务及其消费不了解。例如，对许多新业务只听说过，却不知能不能开办，以及如何开办。

2）对电话新兴起的有关信息服务不了解，如169信息服务。

3）对169信息服务的信息内容，认为深度、广度不够，目前不能满足用户的许多专业性需求。

（资料来源：张鸿．2009．营销策划学[M]．广州：中山大学出版社.）

在这个调查项目中，问卷设计有什么特点？抽样的方法是什么？你认为报告结论还需要作出哪些改进？

思考题

1．市场调研包括哪些内容？

2．设计调研问卷有哪些注意事项？

3．举例说明调研策划的内容和过程。

4．市场调研与市场预测之间是什么关系？

第五章

营销战略策划

教学目标

深刻理解企业战略，掌握营销战略的内涵和特点；能够基于对市场环境的分析，一方面学会目标市场战略策划，进行市场细分、目标市场选择和市场定位，另一方面学会市场竞争战略策划，根据市场成长的不同阶段，采取不同的市场竞争战略。

学习要点

- 掌握营销战略的含义、基本内容、分析工具。
- 熟练运用市场细分标准、目标市场和市场定位策划。
- 了解市场竞争战略策划内容与方法。

关键词

战略　市场细分　目标市场　市场定位　市场竞争战略

导入案例

《佐贺报》：精诚所至，金石为开

“精诚所至，金石为开”，是指诚心能够感动像金石那样坚硬的东西。在经商过程中，即使面对的是最挑剔的顾客，也能靠发自内心的真诚去打动他。

日本有一家地方性报纸——《佐贺报》，它在邻近的福冈县大报社的竞争夹缝中历经 110 年而没有被挤垮，靠的就是处处为用户打算的真心诚意。佐贺北临日本海，南接太平洋，是典型的海洋性气候，经常下雨，给报纸的传递带来了很大的困难。《佐贺报》的董事长说：“下雨天送去湿漉漉的报纸实在说不过去。”所以凡是阴雨连绵的早晨，每一位订阅《佐贺报》的读者，都会收到一份用塑料袋细心包裹着的报纸。《佐贺报》对读者的这份真诚和心意，是它历经百年而不倒的经营秘诀。

（资料来源：http://info.1688.com/detail/5556235.html.）

第一节 战略概述

一、企业战略内涵

战略是“战争谋略”的简称。对“战争”这个概念不用多加讨论，关键是要理解“谋略”。谋略首先是一种计谋，但不是一般的计谋，是大计谋，是对整体性、长期性、基本性问题的计谋。因此，战略是对战争全局的筹划和谋略。《孙子兵法》是我国古代最早的对战争进行全局筹划的战略研究著作。毛泽东也在著名的《中国革命战争的战略问题》一文中写道：“研究带有全局性的战争指导规律，是战略学的任务。研究带局部性的战争指导规律，是战役学的任务。”

“战略”这个概念开始在企业领域使用源自美国著名管理学家安索夫（Ansoof）1965年发表的《企业战略论》和 1979 年发表的《战略管理论》。所谓企业战略，是指着眼于企业的未来，根据企业外部环境的变化和内部的资源条件，为求得企业生存和长期发展而进行的总体性谋划。它是企业经营思想的体现，是一系列战略性决策的结果，又是制定中长期计划的依据。企业能否做出有企业特色并与企业实际环境相协调的战略决策，是企业能否具备竞争优势和竞争能力的关键，关系到企业的兴衰成败。企业没有战略就像没有地图而在一个陌生的城市里开车，找不到方向和路径；也像行驶在一条没有航标的河流中，随时可能触礁沉没。国内不少企业就有这种“流浪倾向”。他们要么认为企业小顾不上战略策划，要么认为企业发展良好不需要战略策划，要么认为企业经营困难无法进行战略策划，要么忙于日常事务而没有花足够的时间思考战略问题，这些都是缺乏战略意识的表现。

（一）企业总体战略

企业总体战略包括发展战略、稳定战略和紧缩战略。企业总体战略主要决定企业应该选择哪类经营业务，进入哪些领域，决定和提示了企业的目的和目标，确定企业的重大方针与计划、企业经营业务类型和人文组织类型及企业应对职工、顾客和社会做出的贡献。

（二）企业基本战略

企业基本战略包括竞争战略、投资战略和不同行业中的经营战略，主要解决企业如何在选定的领域内与对手展开有效的竞争。因此，它所研究的主要是如何选择行业与区域市场，企业将为其提供什么样的产品或服务，市场的竞争结构，以及企业将采用什么战略去谋求竞争优势，获取较长期的盈利。

（三）企业职能战略

企业职能战略是为实现企业总体战略和基本战略，对组织内部各项关键的职能活动做出统筹安排，如营销战略、财务战略、生产战略、人力资源开发战略、研究与开发战略等。企业职能战略是企业战略的重要组成部分。

图 5-1 所显示的三种不同层次的企业战略都是企业战略的重要组成部分，而且大层次战略往往包含小层次战略，如营销战略就在总体战略和基本战略中都有显现。但是它们各自的侧重点和影响范围是不同的，如高层次的战略变动往往会波及低层次的战略，而低层次战略影响的范围相对较小。

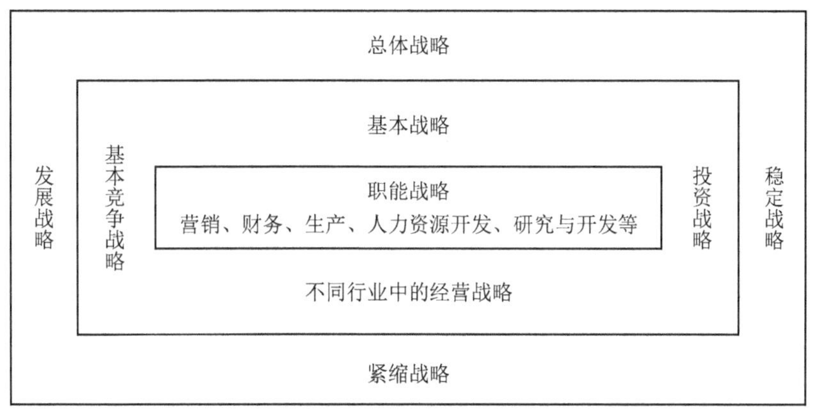

图 5-1　企业战略层次

二、营销战略内涵

营销战略是关于企业在哪里营销及如何营销的基本设想和谋划。营销活动贯穿于企业整个生产经营过程之中，内容广泛，其中目标市场战略和市场（角色）竞争战略是重点。

营销战略的特点体现在以下五个方面。

1）全局性。全局性是相对于局部性而言的。由于企业营销活动本身关联着企业的方方面面，营销战略的制定和调整必然涉及并考虑企业的各种资源和条件，因而也事关企业整体与大局。

2）长期性。长期性是相对于短期性而言的。企业营销战略是基于外部环境变化和内部资源条件而对未来做出的一个相当长时期内的谋划与安排，对企业的长远发展有重大影响。

3）基本性。基本性是相对于具体性而言的。由于营销战略更多的是考虑面对未来较长时期的决策，因而不可能对具体的营销活动做出细致的策划，只能是一种“粗线条”的决策和筹划。

4）计谋性。计谋性是相对于常规性而言的。任何企业营销战略都是关于企业营销问题的计谋而不是常规思路。

5）竞争性。“企业战略”重在一个“略”字，即谋略。我们要关注“企业战略”中的“略”字，不要只盯着“战”字，因为在经济领域不仅是战争，还要合作、双赢。但无论是竞争还是合作，其本质都是为了使企业建立和维持持久的竞争优势。因此，竞争性也是营销战略的一个特点。

知识拓展

商场如战场，需要经营者有战略智慧，而中国古代的经商者早就有一套成熟的营销诀窍。

（1）知地取胜，择地生财

商场如战场经，经商者如指挥千军万马的将帅，智慧的将帅往往会占据有利的地形，最终取得战争的胜利。作为春秋战国时期大谋略家的范蠡，更是深谙此道。他以战略家的眼光，认为陶地为天下之中，四通诸侯，是理想的货物贸易之地，遂选陶地为营销点，果然，19年间他三获千金，成为世贯。

（2）时贱而买，时贵而卖

范蠡和商祖白圭认为，时贱而买，虽贵已贱；时贵而卖，虽贱已贵，强调商人要善于捕捉商机。魏文侯时，国人注重农耕，而白圭却乐于观察时机的变化。粮食丰收时他买进谷物，卖出丝漆；待蚕丝上市时他就大量收购蚕丝，售出粮食。他凭着自己的这套经营谋略，精心经营，以至家累千金。

（3）见端知末，预测生财

《夷坚志》载，宋朝年间，有一次临安城失火，一位裴姓商人的店铺也随之起火，但是他没有去救火，而是带上银两，网罗人力出城采购竹木砖瓦、芦苇椽桷等建筑材料。火灾过后，市场上建房材料热销缺货，此时，裴氏商人趁机大发其财，赚的钱数十倍于店铺所值。管中窥豹，可见一斑，敏锐的观察力和准确的判断力是经商者财富永不干涸的源泉，也是经商者必备的能力之一。

（4）薄利多销，无敢居贵

先秦商业理论家计然认为，贵上极则反贱，贱下极则反贵，主张贵出如粪土，贱取如珠玉。司马迁说过，“贪贾三之，廉贾五之”，就是说贪图重利的商人只能获利30%，而薄利多销的商人却可获利50%。

第二节　战略策划的基本分析工具

目标市场如同企业营销活动的靶子，是企业开展各项营销活动的聚焦点。因此，目标市场战略是市场营销最基本和最重要的战略。目标市场战略策划需要四个基本分析工具，包括战略环境分析、影响行业竞争的五种力量分析、SWOT分析和经营业务组合分析。

一、战略外部宏观环境分析工具——PEST分析

PEST分析主要分析的外部宏观环境要素如下。

1）政治（politics）。政治因素常常制约企业的经营行为，尤其是影响企业较长期的投资行为。国家的政治体制、政治的稳定性、国际关系、法律政策体系都是政治因素中对企业有重大影响的内容。

2）经济（economy）。经济因素主要指国民经济发展的总概况、国际和国内经济形势和经济发展趋势等。具体包括国家和地方经济发展状况、速度、国民经济结构、通货膨胀率大小、市场机制的完善程度、利率水平的高低等。这些既可能形成企业的发展机会，也可能对企业造成威胁。

3）社会（society）。社会因素主要包括有关的社会结构、社会风俗和习惯、人的价值观念、宗教信仰、文化传统等。对社会的分析，主要是了解和把握社会发展现状及未来趋势对企业的影响。

4）科技（technology）。企业要在竞争中生存和发展，必须对科技环境进行认真的分析和认识，密切关注科技发展的新动向，掌握和研究新技术、新工艺、新材料，保持自己的竞争优势。

一般情况下，外部宏观环境非常复杂，在市场营销中，下列两个因素也常常被列入分析范围。

5）人口（population）。人口是潜在的影响因素。人口的增长趋势、老龄化趋势、家庭规模的变化、人们休闲时间的延长等均会影响企业市场的发展。

6）自然（nature）。自然环境是人类最基本的活动空间和物质来源，可以说，人类发展的历史就是人与自然关系发展的历史。自然环境的变化与人类活动休戚相关。自然资源的短缺、污染及人们观念的转变正日益受到企业的关注。

二、战略外部微观环境分析工具——“五力”分析

外部行业环境要素除上述宏观因素外，还包括微观环境的行业结构因素。

行业结构分析是制定企业经营战略的主要基础。根据美国著名的战略管理学者迈克尔·波特的观点，在一个行业中，存在着五种基本的竞争力量，即潜在的加入者、替代品、购买者、供应商及行业中现有竞争者间的抗衡，如图5-2所示。

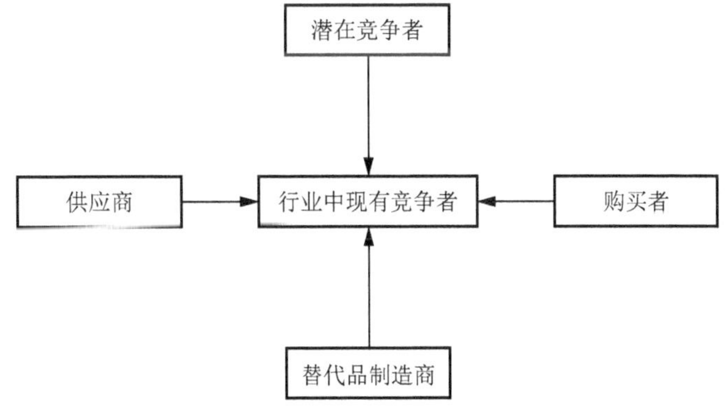

图5-2 行业结构分析

这五种基本竞争力量的状况及综合强度，决定着行业的竞争激烈程度，从而决定着行业中最终的获利潜力，以及资本向本行业的流向程度，这一切最终决定了企业保持高收益的能力。

1）潜在的行业新进入者：这是行业竞争的一种重要力量，这些新进入者大都拥有新的生产能力和某些必需的资源，期待能建立有利的市场地位。新进入者加入该行业，一方面会带来生产能力的扩大，带来对市场占有率的要求，这必然引起与现有企业的激烈竞争，使产品价格下跌；另一方面，新加入者需要获得资源进行生产，从而可能使得行业生产成本提高，这两方面都会导致行业的获利能力下降。

2）替代品的威胁：某一行业有时常会与另一行业的企业处于竞争的状况，其原因是这些企业的产品具有相互替代的性质。替代产品的价格如果比较低，它投入市场就会使本行业产品的价格上限只能处在较低的水平，这就限制了本行业的收益。本行业与生产替代产品的其他行业进行的竞争，常常需要本行业的所有企业采取共同措施和集体行动。

3）买方讨价还价的能力：买方即顾客，买方的竞争力量需要视具体情况而定，但主要由三个因素决定，即买方所需产品的数量、买方转而购买其他替代产品所需的成本、买方各自所追求的目标。买方可能要求降低购买价格，要求高质量的产品和更多的优质服务，其结果是使得行业的竞争者们相互竞争残杀，导致行业利润下降。

4）供应商讨价还价的能力：对某一行业来说，供应商竞争力量的强弱，主要取决于供应商所在行业的市场状况，以及他们所提供物品的重要性。供应商的威胁手段一是提高供应价格，二是降低相应产品或服务的质量，从而使下游行业利润下降。

5）现有竞争者之间的竞争：这种竞争力量是企业所面对的最强大的一种力量，这些竞争者根据自己的一整套规划，运用各种手段（价格、质量、造型、服务、担保、广告、销售网络、创新等）力图在市场上占据有利地位和争夺更多的消费者。

后来，管理学家弗雷曼建议把“其他利益相关者”加到波特的竞争模型中。这些利益相关者包括政府、工会、地方社区、借贷人、贸易组织、股东、特殊利益集团等。其中，政府的作用力最大。

三、战略内部环境分析

战略内部环境分析要素主要包括企业基本经营状况、企业具备的优势、企业存在的弱点、企业存在的机会、企业面临的威胁，具体如表 5-1 所示。

表 5-1 战略内部环境分析要素

营销能力	财务能力	制造能力
1. 公司信誉 2. 市场份额 3. 产品质量 4. 服务质量 5. 定价效果 6. 分销效果 7. 促销效果 8. 销售能力 9. 创新效果 10. 地理覆盖区域	11. 资金成本/来源 12. 现金流量 13. 资金稳定性	14. 设备 15. 按时交货能力 16. 生产能力 17. 人力资源 18. 规模经济 19. 技术和制造工艺
研发能力	**组织管理能力**	**其他能力**
20. 新产品开发能力 21. 技术创新能力	22. 有远见的领导 23. 具有奉献精神的员工 24. 创业导向和企业家精神 25. 弹性/适应能力 26. 共有价值观和企业文化	27. 学习能力 28. 管理能力 29. 创新能力等

一家企业是否拥有或能否获得所需的资源和竞争能力是影响企业战略的一个核心因素。因为这些因素可以为企业提供竞争优势，以便充分利用某些市场机会。获取竞争优势的最佳途径是，企业拥有具有竞争价值的资源和能力，而竞争对手没有，并且竞争对手拥有这种开发的能力要付出沉重的代价或要经历一段很长的时间。经验表明，取得经

营成功的企业完全是充分利用了企业的优势，淡化和中和了其资源劣势和技能差距。

四、SWOT 分析

战略环境分析是在分析企业内外部环境的基础上，认清企业发展的事实基础，确定企业的优势、劣势、机会与威胁，也是最终确定企业营销战略的基础。战略环境分析主要是运用 SWOT 分析法进行外部环境和内部环境分析。

1. SWOT 分析法的含义

SWOT 分析法又称态势分析法，就是将与研究对象密切相关的各种主要的优势、劣势、机会和威胁等，通过调查分析列举出来，并依照矩阵形式排列，然后用系统分析的思想，把各种因素相互匹配起来加以分析，从中得出一系列相应的结论。如表 5-2 所示，S（strengths）代表企业的优势，可以是品牌优势、公关优势、研发优势，也可以是成本优势等；W（weaknesses）代表企业的相对弱点，这方面总结是为了找出企业的薄弱环节；O（opportunities）代表企业的机会，也就是在市场变动中，哪里隐藏着企业的机会，哪里有可挖的黄金，哪里潜藏着可以进攻的突破点；T（threats）代表企业可能面临的威胁。运用这种方法，可以对研究对象所处的情境进行全面、系统、准确的研究，从而根据研究结果制定相应的发展战略、计划及对策等。SWOT 分析法常常被用于制定集团发展战略和分析竞争对手情况，在战略分析中，它是最常用的方法之一。

表 5-2　SWOT 分析法

企业内部条件	优势	劣势
	S（strengths）	W（weaknesses）
企业外部环境	机会	威胁
	O（opportunities）	T（threats）

2. SWOT 矩阵

图 5-3 给出了四种可供企业选择的战略模式。

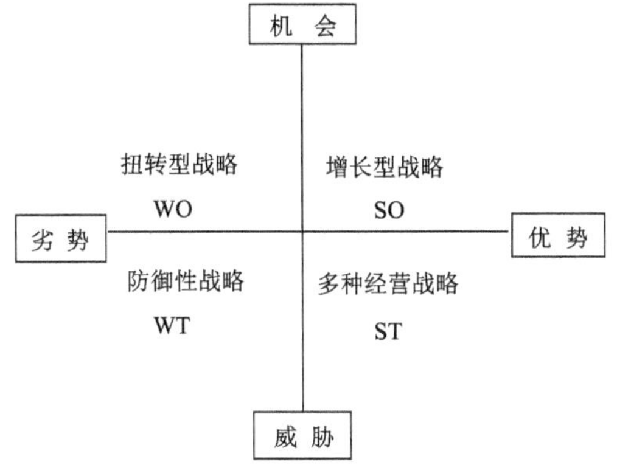

图 5-3　SWOT 分析

SO 战略，为增长型战略，需积极进取，即以企业的优势去把握与之相应的市场机会。在企业的优势同所出现的市场机会相一致的情况下，SO 战略的胜算把握会较大。

ST 战略，为多种经营战略，需积极防御，即以企业的优势去应对可能出现的市场风险。在这种风险出现时，其他企业有可能无力承受而被淘汰；企业如果在这方面具有优势，则可能因此而获得成功。为有效规避风险，企业往往采用多种经营的方式。

WO 战略，为扭转型战略，需谨慎进入。面对某种市场机会，企业可能并不具有相应的竞争优势。但如果机会的吸引力足够大，企业也可能依然要去把握。只不过通过 SWOT 分析，了解自身在面对机会时所存在的弱点，就能够对此引起足够重视，并能以适当的策略予以防护。只要准备充分，策略得当，也可能取得成功。

WT 战略，为防御型战略，需谨慎防御。企业高度重视在业务发展中所可能出现的各种风险，并注意到在面对风险时所存在的不足之处，从而能使企业在事先就做好充分的防范准备，在风险出现时，能从容应对。

阅读资料

企业简单 SWOT 分析

案例 1：沃尔玛 SWOT 分析

优势——沃尔玛是著名的零售业品牌，它以物美价廉、货物繁多和一站式购物而闻名。

劣势——虽然沃尔玛拥有领先的 IT 技术，但是由于它的店铺遍布全球，这种跨度会导致某些方面的控制力不够强。

机会——采取收购、合并或者战略联盟的方式与其他国际零售商合作，专注于欧洲或者大中华区等特定市场。

威胁——所有竞争对手的赶超目标。

案例 2：星巴克 SWOT 分析

优势——星巴克集团的盈利能力很强，2004 年的收入超过 6 亿美元。

劣势——星巴克以产品的不断改良与创新而闻名（编者注：可以理解为产品线的不稳定）。

机会——新产品与服务的推出，如在展会销售咖啡。

威胁——咖啡和奶制品成本的上升。

案例 3：耐克 SWOT 分析

优势——耐克是一家极具竞争力的公司，公司创立者与 CEO 菲尔•奈特（Phil Knight）最常提及的一句话便是“商场如战场”（Business is war without bullets）。

劣势——耐克拥有全系列的运动产品（编者注：可以理解为没有重点产品）。

机会——产品的不断研发。

威胁——受困于国际贸易。

（资料来源：http: // www.doc88.com/p-259585573007.html.）

五、经营业务组合分析

波士顿咨询集团 1970 年首创建议企业用“市场增长率——市场占有率矩阵”来分类和评估各战略业务组合，如图 5-4 所示。

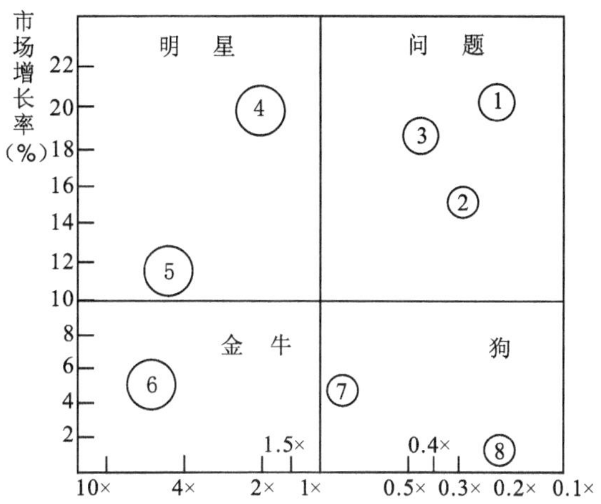

图 5-4 美国波士顿咨询公司成长-份额矩阵图

矩阵图中的纵坐标代表“市场增长率”，表示公司的各“战略业务单元”的年增长速度。假设以 10%为分界线，10%以上为高增长率，10%以下为低增长率。

矩阵图中横坐标代表“相对市场占有率”，表示公司战略业务单元的市场占有率与同行业中最大竞争者的市场占有率之比。假设以 1.5 为分界线，1.5 以上为高相对占有率，1.5 以下为低相对占有率。如果相对市场占有率为 0.2，则表示本公司战略业务单元的市场份额为最大竞争对手市场份额的 20%；相对市场占有率为 10，则表示本公司战略业务单元的市场份额为最大竞争对手市场份额的 10 倍。

矩阵图中的 8 个圆圈代表公司的 8 个“战略业务单元”，这些圆圈的位置表示公司“战略业务单元”的市场增长率和相对市场占有率的高低，每个圆圈的面积大小则表示公司的各个“战略业务单元”的销售额占企业总销售的比重。

根据对上图的分析，可将公司的战略业务单元分为四类：

1. 明星类

它是市场增长率和相对市场占有率都高的战略业务单元。这类战略业务由于市场增长迅速，企业需投入大量现金，以支持其发展。当增长率降下来时，这类业务单元就由“现金使用者”变为“现金提供者”，即成为“金牛类”。

2. 金牛类

它是低市场增长率（10%以下）和高相对市场占有率的业务单元。这类单元能为公司提供大量的现金，可用来支持其他业务单元的生存与发展。从上图可以看出，公司只有一个大现金牛，这种财务状况是很脆弱的。这是因为：如果这个现金牛的市场占有率突然下降，公司就不得不从其他单元抽回现金加强这个现金牛，以维持其市场领导地位；如果公司把这个现金牛所放出的现金都用来支持其他单元，这个强壮的现金牛就会变成脆弱的现金牛。

3. 狗类

它是一种低市场增长率和低相对占有率的业务单元。这类单元盈利少或亏损多，不可能为公司提供现金。从上图看，公司有两个“狗类”业务单元，对公司的发展显然不利。

4. 问题类

它是一种高市场增长率，而低相对市场占有率的业务单元，其前途命运难以预测。对这类单元是大量投资使之转入明星类，还是精简合并以至淘汰，公司的最高管理者应权衡利弊，并果断做出决策。

在上图中，公司各业务单元的位置及规模并不是固定不变的，而是随着时间的推移不断变化的。其变化过程一般表现为两种态势，一是对企业有利的变化趋势“问题→明星→金牛”，二是对企业不利的变化趋势“明星→问题→狗”。可见，战略业务也有其“生命周期”。

在对业务单元分析评估的基础上，公司就应制定业务投资组合计划。可供选择的投资战略主要有以下四种：

1）拓展战略。目标是提高产品的相对市场占有率，必要时放弃短期利益。它适宜用于“问题类”产品，采取有效的促销组合，促使其迅速转化为“明星”类产品。

2）维持战略。目标是保持战略业务单元的现有相对市场占有率。适用于“现金牛”产品。因为这类产品是处于“成熟期”，为企业提供大量现金收入的产品，维持的目的是使其继续为企业提供大量现金。

3）收割战略。目标是追求短期收益，特别适用于弱小的“现金牛”产品，因为其前景黯淡，使其在短期内为公司提供较多现金。它也适合于计划放弃的“问题类”业务单元。常采用的方法主要有：减少投资、减少促销费用、提高价格等。

4）放弃战略。这种战略的目的是变卖或处理某些业务单元，促使公司资源向能够盈利的业务单元转移，实现资源的合理配置。此策略主要适用于给企业带来亏损负担的“狗类”和“问题类”产品。

第三节　营销战略的 STP 策划

STP 理论中的 S、T、P 分别代表市场细分（segmenting）、目标市场（targeting）和市场定位（positioning），以下进行详细介绍。

一、市场细分

通过细分市场来正确地选择公司的目标市场和产品定位，是现代营销战略策划的核心，也是战略性市场营销策划的最主要的基础工作，是承接市场机会研究之后，决定企业能否在激烈的市场竞争中得以生存和发展的重要工作。

（一）市场细分内涵

市场细分是根据消费者的消费需求和购买习惯的差异，将整体市场划分为由许多消费需求大致类同的消费者群体所组成的子市场群。这种按照一定标准将整个市场划分开来的活动又叫做市场分割、市场区隔化。市场细分致力于回答这一问题：企业产品应该面对哪一类或者哪几类消费者？具体来讲，就是每一部分的消费者具有较高程度的同质性，与其他部分的消费者具有较大的异质性，然后选择一个或几个部分作为目标市场，针对消费者的特点采取独特的市场营销战略，以求获得最佳收益的过程。

市场细分具有如下作用。

1）市场细分有利于企业发现最好的市场机会，提高市场占有率。因为企业通过市场营销研究和市场细分，可以了解各个不同的购买者的需要情况和目前满足的程度，从而发现哪些顾客群的需要没有得到满足或没有充分满足。在满足水平较低的市场部分，就可能存在最好的市场机会。

2）确定合适的位置，帮助企业更好地定位。

3）市场细分还可以使企业用最少的经营费用取得最大的经营效益，提高营销资源的使用效率。这是因为企业通过市场细分，选择目标市场，就可以有的放矢地采取适当的市场营销措施。

4）市场细分使营销更加容易。对于一组消费者的需求将会更加容易定义，尤其是当他们具有许多共同特征时（例如，寻求相同的利益，具有相同的年龄、性别等）。

5）市场细分还有利于掌握潜在市场的需求，不断开发新产品，开拓新市场。细分的关键则是了解消费者的特点，找出其需求上的差异性，因为需求的差异性是进行市场细分的基础。引起需求差异的因素是很多的，而且对不同的商品，其具体的因素又不尽相同。例如，地理环境，消费者的年龄、性别、受教育程度、家庭收入、心理因素等都会对消费者的需求产生影响，从而造成需求的差异。

（二）市场细分方法

1. 单一变量法

单一变量法根据用户的某一种要素进行细分。例如，儿童玩具可以按照“年龄”细分为1～3岁、4～6岁、7～9岁、10～13岁、13岁以上等。

2. 综合变量法

综合变量法按照影响需求的两种以上因素细分。例如，可以将年龄、性别、收入三个因素综合起来将服务市场细分为多个市场。

3. 系列变量法

系列变量法根据企业营销的需要，按照影响需求的各种因素从大到小排列，由粗到细进行系统细分。

4. 多因素分析法

多因素分析法采用多种市场细分法，创造性地运用细分标准。表5-3是一个由5个变量组合成的青年男性市场，如一个变量发生变化，就形成一个细分市场。

表5-3　青年男性细分市场

年龄	性别	收入	文化程度	婚姻状况
婴儿 儿童 青年 中年 老年	男 女	低 中下 中 中上 高	文盲 小学 中学 大学 研究生	单身 已婚 离异 鳏寡

（三）市场细分的依据

消费者市场细分的依据很多，造成消费需求特征多样化的所有因素，几乎都可视为市场细分的依据或标准，称为细分变量。一般认为主要细分依据是地理因素、人口因素、心理因素和行为因素四大类。

1. 地理因素

以地理因素为依据来划分市场，是一种传统的市场细分。地理因素包括洲际、国别、区域、行政省市、城乡、气候条件和其他地理环境等一系列的具体变量。由于地理环境、气候条件、社会风俗和文化传统的影响，同一地区的消费者往往具有相似的消费需求，而不同地区的消费者在需求内容和特点上有明显差异。

2. 人口因素

人口因素包括年龄、性别、收入、教育水平、家庭规模、宗教和种族等直接反映消费者自身特点的许多因素。因为人口因素中所包含的这些变量来源于消费者自身，而且较易测得，所以人口因素一直是消费者市场细分的重要因素。例如，性别细分一直运用于服装、理发、化妆品和杂志领域；以收入水平细分市场是汽车、服装、旅游等行业的长期做法；按年龄将消费者分为青年、中年、老年等不同的消费者群体在食品、娱乐等行业很普遍。但是，越来越多的情况是，采用多种人口统计变量来进行综合市场细分，尤其是当单一变量无法准确划分时。例如，某服装公司以性别、年龄和收入三个变量将市场划分为多个细分层面，每个层面有更细致的描述，如企业可为收入在 5000 元（每月）以上的年轻女性市场提供高档职业女装。

3. 心理因素

消费者的心理因素是关于消费者自身的较深层次的因素，包括消费者的生活方式、个性等心理变量。

生活方式是影响消费者的欲望和需求的一个重要因素。人们的生活方式不同，对商品的需求也就不同。一个消费者的生活方式一旦发生变化，他就会产生新的需求。因此，越来越多的企业按照消费者不同的生活方式来细分市场，并按照生活方式不同的消费者群体来设计不同的产品和安排市场营销组合。例如，大众汽车公司专为“奉公守法的好公民”式的消费者设计了经济、安全和少污染的汽车；为“玩车族”设计和生产了华丽、灵活和外形时髦的车。有些妇女服装的生产者，为“生活朴素”、“崇尚时髦”、“有男子气度”和“知识型”的妇女分别设计不同风格的服装。

消费者的个性往往影响了其购买决策和购买行为，可以说，消费过程就是他们不自觉地展示自己性格的过程。为此，营销者越来越注意给他们的产品赋予品牌个性，树立品牌形象，以符合相对应的目标消费者的个性，以求得其目标市场的认同。20 世纪 50 年代后期，福特和雪佛兰汽车就是按不同的个性来促销的。福特汽车的购买者被认为是“独立的、感情容易冲动的、男子汉气质的、雄心勃勃和善于适应环境的”，而雪佛兰汽车的购买者被认为是“保守的、节俭的、重视声誉的、较少男子气及避免极端的”。

4. 行为因素

所谓的行为因素是指和消费者购买行为习惯相关的一些变量，包括购买时机和频率、追求的利益、使用情况和消费者对品牌的忠诚度等。

根据购买者产生需要、购买或使用产品的时机，可将他们区分开来。例如，航空公司专门为度假的顾客提供特别服务，某糖果公司利用某些节日来增加糖果的销量。

按消费者对产品所追求的不同利益，将其归入各群体，是另一种卓有成效的市场细分方式。企业针对不同的消费者、不同的动机，设计开发不同的产品和品牌，研究制定不同的促销方法，或成为专为某一动机服务的市场专家。同样是洗发水，宝洁公司却为不同动机的消费者开发了多个品牌，每一个品牌提供不同的利益："海飞丝"重在去头屑，"潘婷"重在对头发的营养保健，而"飘柔"则重在使头发光滑柔顺。

使用者的情况可分为非使用者、曾经使用者、潜在使用者、首次使用者和经常使用者几种。一般来说，具有高度市场份额的公司，特别注重将潜在的使用者变为实际使用者，以扩大其市场份额；而较小的公司则设法吸引经常使用者，以维持其市场份额。

消费者对某种产品的使用数量或使用频率也是值得区分的变量。大量使用者的人数虽然占消费者总数的比例不大，但他们所消费的商品数量却在消费总量中占很大比例，少量使用者反之。

在市场中，消费者还可以按他们对产品的热情程度分为五种不同态度的群体：热情、肯定、无兴趣、否定和敌视。针对持有这五种不同态度的消费者，企业应当酌情运用不同的营销措施。例如，对敌视本企业产品的消费者，企业应仔细分析原因何在，通过恰当的手段改变其态度。

（四）市场细分的有效性

一般来说，有效细分应遵循以下三项原则。

1. 可区分性

可区分性即以某种标准进行细分后的各个子市场范围清晰，其需求程度和购买力水平是可以被度量的，并同其他子市场有明显差异。这里特别要强调的是，所选择的标准必须使细分后的市场是有意义的，细分市场中的特定需求确实存在，且不可替代。这样才可能使企业能通过对特定需求的满足来达到对该细分市场的控制。

2. 可进入性

可进入性即以某种标准进行细分后的各个子市场是企业的营销辐射能力能够到达的，消费者能接触到企业的产品和营销努力。可进入性的另一层含义就是该市场不存在实力很强的竞争对手，从而使企业进入这一市场相对比较容易。

3. 可盈利性

可盈利性即以某种标准进行细分后的各个子市场拥有足够的潜在需求，能使企业有利可图，实现其利润目标。也就是说，子市场应该是值得企业为之设计专门的有效规划方案的尽可能大的同质消费者群体。

（五）市场细分步骤

1）依据需求选定产品市场范围。公司一旦决定进入哪一个行业，接着便要考虑选定可能的产品市场范围。产品市场范围应以市场的需求而不是产品特性而定。公司应明确自己在某行业中的产品市场范围，并以此作为制定市场开拓战略的依据。

2）列举潜在顾客的需求。选定产品市场范围以后，可以通过头脑风暴法，从地理、人口、心理等方面列出影响产品市场需求和顾客购买行为的各项变数，大致预测一下潜在的顾客有哪些需求。这为以后的深入分析提供了基本资料。

3）分析潜在顾客的不同需求。公司应依据人口变数对不同的潜在顾客进行抽样调查，向不同的潜在顾客了解，上述需求哪些对他们更为重要，并对所列出的需求变数进行评价，了解顾客的共同需求。

4）移去潜在顾客的共同需求。现在公司需要移去各分市场或各顾客群的共同需求。这些共同需求固然很重要，但只能作为设计市场营销组合的参考，不能作为市场细分的基础。

5）为分市场暂时取名。公司对各分市场剩下的需求，要做进一步分析，并结合各分市场的顾客特点，暂时确定各自的一个名称。

6）进一步认识各分市场特点。现在，公司还要对每一个分市场顾客需求及其行为，做更深入地考察。确定各分市场的特点掌握了哪些，还要了解哪些。以便进一步明确各分市场有没有必要再细分或重新合并。

7）测量各分市场的大小。以上步骤基本决定了各分市场的类型。公司紧接着应把每个分市场同人口变数结合起来分析，以测量各分市场潜在顾客数量。因为企业进行市场细分，是为了寻找获利机会，这又取决于各分市场的销售潜力。

二、选择目标市场

市场细分是实施目标营销的前提，它揭示了企业所面临的细分市场的机会，接下来企业应该对各个细分市场进行评价，并确定具体的细分市场作为服务对象，也就是企业的目标市场。所谓目标市场，就是一组明确界定的个人或组织，他们渴望获得企业所提供的产品和服务，并有能力和意愿去购买，是企业在市场细分的基础上，根据自身特长意欲为之服务的那部分顾客群体，是企业决定要进入的那个市场部分。市场细分的目的在于正确地选择目标市场，如果说市场细分显示了企业所面临的市场机会，目标市场选择则是企业通过评价各种市场机会、决定为多少个细分市场服务的重要营销策略。

（一）评价细分市场

企业在对整个市场进行细分之后，要对各细分市场进行评估，然后根据细分市场的市场潜力、竞争状况、本企业资源条件等多种因素，决定把哪一个或哪几个细分市场作为目标市场。

公司在评估各种不同的细分市场时，一般应考虑以下三个要素。

1）细分市场的规模与发展。公司要提出的第一个问题是：潜在的细分市场是否具有适度规模和发展特征？“适度规模”是个相对的概念。大公司都重视销售量大的细分市场，往往忽视销售量小的细分市场，或者避免与之联系，认为不值得为之苦心经营。同时，小公司也避免进入大的细分市场，因为过大则所需投入的资源太多，并且对大公司的吸引力也过于强烈。

2）细分市场结构的吸引力。细分市场可能具备理想的规模和发展特征，然而从盈利的观点来看，它未必有吸引力。公司应对下面五个群体对长期盈利的影响做出评估：同行业竞争者、潜在的新加入的竞争者、替代产品、购买者和供应商。

3）公司的目标和资源。即使某个细分市场具有一定规模和发展特征，并且其组织结构也有吸引力，公司仍需将其本身的目标和资源与其所在细分市场的情况组合在一起考虑。某些细分市场虽然有较大吸引力，但不符合公司长远目标，因此不得不放弃。

（二）选择目标市场

1. 选择目标市场的影响因素

1）企业资源。企业所能提供的资源对市场大小具有决定作用。资源多，市场可以扩大，进攻的细分市场也可以增多；反之，细分市场必须减小。

2）企业在市场上所处的地位。

3）策略考虑。例如，根据企业长期目标，牺牲短期利益，发展具有潜力的市场以获得较大市场占有率。

4）市场潜力。如果细分市场潜力大、远景好，应当积极进入；反之，应敬而远之。

2. 目标市场模式

企业在对划分出的各个细分市场进行分析评价后，应该决定进入哪个或者哪几个细分市场，也就是选择目标市场。目标市场的选择可以有以下五种模式。

1）单一市场集中化，即只选择一个细分市场（如青年市场）进行集中营销。公司可能已具备了在该细分市场获胜所必需的条件，可能资金有限，只能在一个细分市场经营。公司通过密集营销，更加了解本市场的需要，便于树立声誉，建立稳固的市场地位。

2）选择性集中化，也就是企业有选择地进入几个不同的细分市场，这可以降低企业的经营风险。公司采用此法选择若干个细分市场，其中每个细分市场在客观上都有吸引力，并且符合公司的目标和资源。但在各细分市场之间很少有或者根本没有任何联系，然而每个细分市场都有可能盈利。

3）产品专业化，即企业同时向几个细分市场销售同一产品。例如，如果企业按照地理位置划分细分市场，同一种产品就可以向不同的细分市场销售，只是在制定市场营销组合策略时应该注意不同地区的不同消费特征。

4）市场专业化，也就是企业以其所有的不同种类的产品为满足某一特定顾客群的各种需求服务。

5）完全市场模式，即企业希望为所有的顾客群提供他们所需要的产品，指公司想用各种产品满足各种顾客群体的需求。只有大公司才有能力采用完全市场覆盖策略。

3. 目标市场营销策略

在目标市场选择好之后，企业必须决定如何为已确定的目标市场设计营销组合，即采取怎样的方式，使自己的营销力量到达并影响目标市场。这时，可以有以下不同的考虑：通过无差异市场营销策略或差异市场营销策略，达到覆盖整个市场；借助集中市场营销策略，占领部分细分市场。

（1）无差异市场营销策略

所谓无差异市场营销策略，就是将整个市场视作一个整体，不考虑消费者对某种产品需求的差别，它致力于顾客需求的相同之处而忽略不同之处。为此，企业设计一种产品，施行一种营销组合计划来迎合最大多数的购买者。它凭借单一的产品，统一的包装、价格、品牌，广泛的销售渠道和大规模的广告宣传，树立该产品长期稳定的市场形象。可口可乐公司的营销活动就是无差异市场营销的典型例子。面对世界各地的消费者，可口可乐都保持同一的口味、包装，甚至连广告语也统一为“请喝可口可乐”。

无差异市场营销策略曾被当作“制造业中的标准化生产和大批量生产在营销方面的化身”。其最大的优点在于成本的经济性，单一的产品降低了生产、存货和运输的成本，统一的广告促销节约了市场开发费用。这种目标市场覆盖策略的缺点也十分明显。它只停留在大众市场的表层，无法满足消费者各种不同的需要，面对市场的频繁变化显得缺乏弹性。

（2）差异性市场营销策略

差异性市场营销策略与无差异市场营销策略截然相反，它充分肯定消费者需求的不同，并针对不同的细分市场分别从事营销活动。企业根据不同的消费者推出多种产品并配合多种促销手段，力图满足各种消费者不同的偏好和需求。

差异性市场营销策略的优点很明显：企业同时为多个细分市场服务，有较高的适应能力和应变能力，经营风险也得到分散和减少；由于针对消费者的特色开展营销，能够更好地满足市场深层次的需求，从而有利于市场的发掘、提高销售总量。这种策略的不足在于目标市场多，经营品种多，管理复杂，成本高，还可能引起企业经营资源和注意力分散，顾此失彼。

（3）集中市场营销策略

集中市场营销策略指企业集中所有力量，在某一细分市场上实行专业生产和销售，力图在该细分市场上拥有较大的市场占有率。企业运用此策略是遵循“与其四面出击，不如一点突破”的原则。例如，德国的大众汽车公司集中于小型汽车市场的开拓和经营，美国的惠普公司专攻高价的计算机市场，都是集中市场营销的成功范例。集中市场营销因为服务对象比较专一，企业对其特定的目标市场有较深刻的了解，可以深入地发掘消费者的潜在需求；企业将其资源集中于较小的范围，进行“精耕细作”，有利于形成集聚力量，建立竞争优势，可获得较高的投资收益率。但这种策略风险较大，一旦企业选择的细分市场发生突然变化，如消费者偏好转移或竞争者策略的改变等，企业将缺少回旋余地。

三、市场定位

（一）市场定位含义

目标市场定位又称产品的市场定位，指对企业的产品（服务）和形象进行设计，使其在目标顾客心目中占有一个独特的位置的行动。也就是说，这里所指的“位”，是产品在消费者感觉中所处的地位，是一个抽象的心理位置的概念。目标市场定位的实质在于对已经确定的目标市场，从产品特征出发进行更深层次的剖析，进而确定企业营销最终要落实到的具体产品的生产和推销。企业的任务就是创造产品的特色，使之在消费者心目中占据突出的地位，留下鲜明的印象。这种产品形象和特色可以从产品实质和产品形式上表现出来，也可以从消费者心理和消费时尚方面表现出来。

（二）寻求差异化

差异化（differentiation）指为使企业的产品与竞争者产品相区分，而设计一系列有意义的差异的行动。根据迈克尔·波特的理论，企业的竞争优势来源于两个主要方面：成本领先或者差异化。实际上，为了向消费者提供更多的价值，企业产品定位就是从差异化开始的。而与顾客接触的全过程都可以进行差异化，通常，可以从以下 5 个方面着手进行。

1. 产品差异化

实体产品的差异化可以体现在产品的如下方面。

1）形式差异，即产品在外观设计、尺寸、形状、结构等方面的新颖别致。例如，对闹钟的外形进行不同的卡通形象设计。

2）特色，即对产品基本功能的某些增补，率先推出某些有价值的新特色无疑是最有效的竞争手段之一。例如，为汽车增加“电动驾驶”功能、为某种食品增加防潮包装、为牙刷增加更换提示功能、为台灯增加护眼功能等。

3）性能质量，即产品的主要特点在运用中可分为低、平均、高和超级等不同的水平。

4）一致性，即产品的设计和使用与预定标准的吻合程度的高低。一致性高，则意味着买主可能实现预定的性能指标。

5）耐用性，即产品在自然或苛刻的条件下预期的使用寿命。对于技术更新不快的产品，耐用性强，无疑增加了产品的价值。

6）可靠性，即在一段时间内产品保持良好状态的可能性。许多企业通过降低产品缺陷提高可靠性。

7）可维修性，即产品一旦出现故障进行维修的容易程度。标准化的零部件、一定的维修支持等都会使产品更受欢迎。

8）风格，即产品给予消费者的视觉和感觉效果。独特的风格往往使产品引人注目，有别于乏味、平淡的产品。

综合以上各个要素，企业应从顾客的要求出发，确定影响产品外观和性能的全部特征的组合，提供一种最强有力的设计使产品（服务）差异化和准确定位。

2. 服务差异化

服务差异化是指向目标市场提供与竞争者不同的优质的服务。尤其在难以突出有形产品的差别时，竞争成功的关键常取决于服务的数量和质量。服务差异化日益重要，主要体现在订货方便、交货及时和安全、安装、客户培训与咨询、维修养护等方面。海尔正是依靠其差异化的服务赢得了顾客的肯定和信任；沃尔玛也是通过突出所谓“三米微笑”的服务原则使得回头客越来越多，体现了沃尔玛差异化服务的优势和价值。这些创新性的服务将这些公司与众多同行业竞争者区别开来，在顾客心目中形成强烈的公司、品牌特征和价值区隔。

3. 分销渠道差异化

分销渠道差异化是指采取与同行业竞争对手不同的分销渠道，通过设计分销渠道的覆盖面、建立分销专长和提高效率，企业可以取得渠道差异化优势。分销渠道的差异化可以使企业规避和竞争对手的渠道竞争与冲突，也有利于扩大企业的市场占有率。例如，戴尔在计算机行业率先采用直销形式，区别于该行业绝大多数厂商通过中间商进行分销的模式；欧莱雅护发用品并没有通过常规的大众商场和超市进行销售，而是选取了专业的发廊路线。

4. 人员差异化

培养训练有素的人员，是一些企业（尤其是服务性行业中的企业）取得强大竞争优势的关键。例如，迪士尼乐园的雇员都精神饱满、麦当劳的雇员都彬彬有礼、IBM 的员工给人以专家形象。

5. 形象差异化

形象差异化即企业实施通常所说的品牌战略和 CI 战略而产生的差异。企业通过强烈的品牌意识、成功的 CI 战略，借助媒体的宣传，使企业在消费者心目中树立起优异的形象，从而对该企业的产品发生偏好，一旦需要，就会毫不犹豫地选择购买这一企业的产品。例如，雀巢公司虽说是国际著名的大公司，却始终以平易近人的姿态宣传自己，一句“味道好极了”让人感到像小鸟入巢般的温馨；柯达和富士两大彩色胶卷巨头更是用一黄一绿为基调的包装，突出了产品的外在形象，给人以明快的感觉。如果说，企业的产品是以内在的气质服务于顾客，那么企业的形象差异化策略就是用自己的外在形象取悦于消费者，形成不同凡响的自身特征，更从一个侧面反映了企业经理人员的智慧。

（三）市场定位步骤

在市场定位时，通常要考虑如下几个方面。

1）通过研究顾客对该产品的各种属性的重视程度来分析产品在目标市场上的地位如何。

2）产品在营销中的利润如何？

3）产品在竞争中的优势如何？竞争对手的产品具有何种特色？

通过这几方面的分析，选定本企业产品的特色和独特形象，利用产品品牌、价格与包装的改变，巩固产品在消费者心中的地位。

企业的市场定位工作一般包括三个步骤：①确认潜在的竞争优势；②准确地选择竞争优势；③有效、准确地向市场传播企业的定位观念。

（四）市场定位策略

企业目标市场定位的最终确定，是经过对企业自身、竞争对手做出客观评价和对消费者的需求有了充分分析后的抉择。从理论上讲，企业可选择的目标市场定位策略主要有以下三种。

1. 避强定位

避强定位是一种避开强有力的竞争对手的市场定位。其优点是能够迅速地在市场上站稳脚跟，从而在消费者心中树立起自己的形象和品牌。由于这种定位风险小、市场费用低、成功率高，常常被企业尤其是中小企业所采用。

2. 对抗定位

对抗定位是一种与在市场上占支配地位的市场领先者“对着干”的定位方法。由于这种定位风险较大、费用高，因此采用此定位的企业必须知己知彼，清醒认知自己的实力和与对方的差距。但这种定位方法可以帮助企业确立长远目标，激励企业自身奋发上进，一旦成功就可以取得巨大的市场优势。例如，百事可乐与可口可乐、麦当劳与肯德基之间持续不断的竞争都促进了双方的共同进步和共同发展。

3. 重新定位

重新定位是一种对销路少、市场反应差的产品进行的二次定位或再定位。它旨在帮助企业摆脱困境，发现新的成长空间，重新获得增长活力。当然，重新定位也可能会由于产品销售范围的意外扩大而展开。例如，专为青年人定位设计的某款服装却在中老年消费者中引起较大反响，受到市场认可，该服装就可能因此而重新定位。

第四节 市场竞争战略策划

企业在进行市场分析之后，必须明确自己在同行竞争中所处的位置。根据企业在市场上的竞争地位，可以把企业分为四种类型：市场领先者、市场挑战者、市场跟随者和市场补缺者。另外，也可以按照市场成长的不同阶段，采取不同的市场竞争战略，制定相应的基本目标、战略重点及其运用条件。

一、进入市场——填补战略与创新战略

（一）填补战略

填补战略，也称寻隙战略，即企业将自己的产品定位在目标市场目前的空缺部分。市场的空缺部分指的是市场上尚未被竞争者发觉或占领的那部分需求空缺。企业选择填

补策略，大都因为该策略能避开竞争，获得进入某一市场的先机，先入为主地建立对自己有利的市场地位。这多是中小企业确定目标市场的战略。由于资源有限，企业必须立足于自身的条件来识别有效的细分市场，而不是跟在其他企业后面亦步亦趋。

1. 填补战略的具体应用情况

填补战略主要包括如下几种情况。

1）当老一代产品进入衰退期而新一代产品尚未投入市场时，会出现市场空缺，中小企业可发挥大企业不具备的灵活机制乘虚而入，迅速进入大企业尚未涉及的空白领域。

2）选择大企业的边缘地带，进入规模经济起点低的市场，如小百货、小五金等领域。由于大企业追求规模经济而留下的狭缝市场广泛存在，中小企业可利用贴近市场、规模小、资源消耗少的特点，集中资金投入，满足这些需求有限但种类多样的市场，同样可求得生存发展的空间。

3）发挥中小企业能快速仿制、改良产品的优势，进入临时需求或潜在的市场领域。现实生活中常有一些只得到部分满足或正在孕育的需求，而大多由中小企业扮演革新者的角色。它们能迅速把改良产品以较低价格推出，以满足市场需求，更贴近消费者，以此迅速占领这一狭小的市场阵地。

4）发挥中小企业专业化优势，进入与大企业共存的协作市场。大企业的规模扩张必然依赖于众多中小企业的专业化协作，以降低成本、减少风险。中小企业应抓住机遇主动参与协作，通过专业合作，逐步积累经验，由小变大，由弱变强，与大企业携手共创未来市场。

2. 采取填补战略之前的分析工作

在决定采取填补策略之前必须仔细分析“空缺”的性质和大小，以及企业自身的实力特点。

1）这一空缺为什么存在，是因为竞争对手没有发觉、无暇顾及或是因为这里根本没有潜在的需求。不要低估了你的竞争者，而轻易地以为空缺的存在是前两种原因造成的。

2）如果确实存在潜在的需求，那么要考虑这一空缺是否有足够大的空间。也就是说，该市场部分中是否存在潜在的需求，而且这些尚未满足的需求是否有一定规模足以使企业有利可图。

3）在得到肯定答案后，企业要思考的第三个问题是自己是否有足够的技术开发能力去为这一市场的空白区域提供恰当的产品。如果企业不具备应有的技术开发和生产能力，再好的机会也只好望洋兴叹。这时候，如果明知道自己没有能力，却一意孤行的话，只能造成失败和大量资源的浪费。

4）企业还要判断填补这一空位在经济上是否合算。企业是追求利润的经济组织，因此，即使前面几个问题都有令人满意的答案，但获利情况不佳，如因开发产品和启动市场的成本太高，企业收益无法弥补或弥补后只有微利时，是不应选择填补策略的。

（二）创新战略

企业进入市场也可以采用创新战略，包括产品创新、技术创新、市场创新和营销服务创新。

1）产品创新。产品创新包括扩展产品线、增加产品品种、改进产品质量等。企业可依据实力选择单向或双向扩展产品线；增加产品品种是在一条产品线上发展新的型号、式样等，品种多样化可迎合不同消费者的喜好；改进产品质量是在技术创新的基础上通过增加产品功能、延长产品寿命、减少使用故障、改进售后服务等实现的。

2）技术创新。技术创新是把高新技术与中小企业的灵活机制相结合，在新兴产业领域发挥优势的战略，如电子、半导体、生物技术、激光、环保、信息等领域。由于这些领域的技术发展快、生产率增长快、需求弹性强，促使企业必须不断开展技术革新和发明创造，使科技成果迅速转化为生产力。

3）市场创新。其策略主要包括：在巩固原有市场的基础上扩大市场的半径；在原有市场上挖掘潜在需求，通过增加产品的新功能、新用途，以新的面貌赢得消费者；用新产品开发新市场。

4）营销服务创新。营销服务创新主要包括：①营销观念的更新，体现在营销战略上就是竞争导向、消费者导向、社会导向。②营销方式的更新。随着计算机网络的普及，带来了网络营销、无店铺营销、自动服务营销等营销方式的发展，企业对此应充分利用，使之成为新营销方式的突破口。③借鉴国外成功的营销新方法，如重复营销、定制营销、关系营销、绿色营销等，并加以综合应用。

二、占领市场——特色战略与取代战略

（一）特色战略

企业要在市场站住脚，就必须应对来自各方面的竞争，另辟蹊径，形成自身的特色。

1）地理区域特色。企业可利用当地独特的资源，适应当地的营销渠道，提供受当地消费者欢迎的产品，并在服务、维修等方面满足大企业所不能顾及的消费者的需求。不同地理区域的资源种类、分布、丰富度等不同，这些都为企业实施区域特色战略提供了保证。

2）文化特色。企业可通过唤起消费者的某种文化意识的特殊需求来锁定目标市场，形成特色优势。例如，内蒙古大草原蓝天绿地的亲切淳朴是许多企业借以发展的主题；民族文化的特色也使许多企业在玩具、民间布艺等产品出口上赢得了国际竞争力。

3）技术特色。企业可凭借某种专利技术或技术诀窍，在某一领域处于领先地位，使竞争者难以模仿。

4）目标市场特色。指专门为某一类型、某一规模或某一特定生活方式的消费者提供产品和服务，如开发迷你型家电、定制小型化产品等，在基本质量得以保证的前提下，以简便实用、功能较少、价格更低廉为特定消费者提供服务。同一产品，只要赋予特色需求的情感，就会赢得市场。

（二）取代战略

取代策略，顾名思义就是要将竞争对手赶出原来的位置，自己取而代之。这是一种竞争性最强的竞争策略。企业这样定位是准备挑战现有的竞争者，力图从他们手中抢夺市场份额。选用这一策略的企业一般实力比较雄厚，为扩大自己的市场份额，决心并且

有能力和信心击败竞争者。也可能是企业所选择的目标市场区域已经被竞争者占领，而且不存在与之并存的可能，企业只好勇敢地出击。有时候，小企业也有可能将大企业从某些市场区域中挤走。

除对竞争者的优点和弱处有清晰的了解外，采取取代策略的企业还需要具备三个条件：首先，企业推出的产品在质量、功能或其他方面有明显优于现有产品的特点；其次，企业能借助自己强有力的营销力量使消费者认同这些优越之处；最后，企业拥有足够的实力，其资源足以支持这种较量。

三、保存市场——回避战略与并存战略

（一）回避战略

回避战略是指中小企业为了维持生存或转移竞争者的注意力以保存相对实力，谋求长远发展的战略。回避策略主要有以下三种类型。

1. 联盟战略

联盟战略是指两个或更多的中小企业为实现共同的目标采取联合营销的战略。通过联盟，中小企业可避免在竞争中与对手两败俱伤，或被大企业吞并，也能够实现双方优势互补、增强竞争实力的目的。联盟的形式和程度应多样化，既有专业划分下的协议性的联盟，又有针对某一产品、某一领域或某一地区的联合行动，还有相互持股，在技术、资金、人才等要素上相互渗透的联盟。

2. 依附式战略

依附式战略是指中小企业以一家大企业为龙头，凭借自身的专业优势为大企业供应零部件或从事某一工序加工，相互依存、共同发展的战略。许多大企业愿意同中小企业形成稳定的分工协作关系，共同开拓市场，如海尔集团、长虹集团都有上百家协作小企业，为其提供辅助或配套生产。依靠大企业的实力，中小企业可突破资金、人才、设备、情报等条件的限制，促进专业技术进步。而通过零部件生产或总体组装各环节，灵活组合生产要素，可形成相对优势的叠加，从而降低生产成本。

3. 转移式战略

转移式战略是指中小企业为保存一定的市场份额，集中精力在较小规模的领域内取得相对优势，而当大企业开始涉足这一领域时，便以各种方式转移目标市场。该战略可分为三种：①地域转移，即经营全国性产品的中小企业，当某地域被攻击则迅速抢占另一地域市场，以新的姿态再次出现；②消费者群转移，即对某些产品按特定要求重新定位，以满足另一消费者群的需求，保持消费者的多元化，以求“东方不亮西方亮”；③产品转移，即选择简单而流行的产品快速生产，集中在小市场上赚取利润，当别的企业注意时，则生产其他产品。

（二）并存策略

所谓并存策略，指企业将自己的产品定位在现有的竞争者的产品附近，力争与竞争

者满足同一个目标市场部分，即服务于相近的顾客群。并存策略不是取代策略，所以并非向竞争对手发动猛烈进攻，而是一些实力不强的中小企业在产品定位时，跟随现有的大企业行动，力求与对手和平共处。

采用这种策略，企业无须开发新产品（可以仿制现有的产品），免去了大量的研究开发费用；因为现有的产品已经畅销于市场，企业也不必承担产品不为市场接受的风险。企业可在树立自己的品牌上多投入精力。

不过，企业施行并存策略，必须有两个前提条件。第一，在企业意欲进入的目标市场区域中还有未得到满足的需求，即该区域除现有的供给外还有吸纳更多商品的能力；第二，企业推出自己品牌的产品时，应注意在各方面能与竞争产品媲美，又有自己的品牌特色，这样才能拥有自己的顾客。

四、离开市场——撤退战略

当消费者的爱好发生转移、竞争者大量涌入、产品改良收效甚微、需求饱和，企业处于停滞阶段而难以维持时，应有准备地撤离市场。撤离市场的主旨是成功地保证企业主力投入到自己的核心优势产业中去，从无法获利的领域或正在衰退的产业中全身而退，因此战略性撤退也是一种智慧。

1. 有选择地降低投资

通过减少资源投入以尽量提高企业短期利润水平。例如，放弃无利的顾客，加强对有利可图的顾客的投资；有目的地缩减供应量，逐步淘汰经营不力的产品；减少营销开支，以最低的成本费用来维持原有经营格局，实现短期收益等。

2. 收割战略

减少成本支出，快速回收现金。将产品从市场撤出，只固守小块阵地，待其他竞争者撤离后因供应量减少而使企业得以渡过难关。当然若无力支撑，在条件成熟时应放弃该市场。对于未到衰退期的产品，由于竞争激烈，企业可先在经营不力时主动退出，待环境有所缓和后重新拾遗补缺，再度经营。此战略又称为“再回头”战略，其思路是逆市场潮流，后发制人，从而取得成效。

例如，荷兰乳业巨头菲仕兰在 2004 年撤离中国，结束在华“8 年之痒”。它撤出在中国生产、营销液态奶和乳酸奶的一切项目，并将菲仕兰天津公司的经营权交给中方伙伴。这是继法国达能、意大利帕玛拉特、美国卡夫、英国联合利华等跨国乳业大亨宣布在华失败的第五个案例。除美赞臣、惠氏等个别跨国公司之外，这标志着跨国乳业巨头集体无奈地撤离中国市场。事实上，菲仕兰没有完全放弃中国市场。菲仕兰仍在天津子母乳品有限公司持有小部分股权，目的就是为了将来在合适的时机重返中国市场。

3. 放弃战略

当市场已处于衰退状态，产品难以拯救或难以改进时，应坚决从市场撤离，尽可能用有利的方式处理资产，迅速放弃该业务，寻找新的出路。这意味着企业市场营销战略的全面调整和重新组合。

小　结

营销战略是关于企业在哪里营销及如何营销的基本设想和谋划。营销活动贯穿于企业整个生产经营过程之中，内容广泛，其中目标市场战略和市场（角色）竞争战略是重点。营销战略的特点体现在全局性、长期性、基本性、计谋性和竞争性。

企业营销战略策划包括四个步骤：战略环境分析、市场细分、选择目标市场和市场定位。战略环境分析是在分析企业内外部环境的基础上，认清企业发展事实基础，确定企业的优势、劣势、机会与威胁，也是最终确定企业营销战略的基础。战略环境分析主要是运用 SWOT 分析法进行外部环境和内部环境分析。

市场细分是根据消费者的消费需求和购买习惯的差异，将整体市场划分为由许多消费需求大致类同的消费者群体所组成的子市场群，然后进行目标市场选取。目标市场模式包括单一市场集中化、选择性集中化、产品专业化、市场专业化和完全市场模式。市场定位策略包括避强定位、对抗定位与重新定位三种。市场竞争战略包括进入市场——填补战略与创新战略、占领市场——特色战略与取代战略、保存市场——回避战略与并存战略、离开市场——撤退战略。

案例分析

国美电商三重门：突出重围与攘外安内

在 2012 年以来持续的残酷价格战中，京东、天猫、苏宁易购、亚马逊等多家电商纷纷不遗余力拼抢市场。其中，国美系电商网站库巴网和国美网上商城，更是以搅局者的强劲姿态杀入战局。不过，国美电器 5 月底公布的 2012 年第一季度财报并不理想。数据显示，国美电器营业收入为 97.62 亿元，同比下滑 28.62%；经营利润为 5300 万元，同比巨幅下滑 92.26%；归属于母公司股东的净利润为 6739 万元，同比下滑 87.79%。

国美电器单方表示，现状是由销售收入下滑以及电子商务业务亏损导致。家电行业正在重重因素下处于被动状态，电子商务的烧钱怪圈又难以打破。但是作为一家传统家电零售渠道的变身，国美系电商正在布局一场绝不示弱的持久战。但是毫无疑问的是，在这个过程中它们却遭遇着一些与众不同的变量和胁迫：其实体店业务正在被苏宁电器赶超而且利润和规模差距已经拉开，线下自身业务所见明显；而电商业务的规模上，又与前方的纯电商京东商城和老对手苏宁易购相差不小，更重要的是还要面对来自内部的竞争。国美电商的战略和问题是什么？又会怎么克服和应对？

线上线下变革

先回顾一下国美电子商务的发展历程：2002 年 10 月，国美成立了电子商务部，次年 9 月国美网上商城试运营；但中途经历的诸多波折使项目停滞，直到 2010 年 11 月，国美电器决定卷土重来，斥资 4800 万元收购库巴网 80%的股权；2011 年 4 月，国美宣布网上商城部分由新锐美电子商务有限公司独立运营，至此国美开启了电子商务双品牌的并行战略；2012 年 2 月，国美网上商城入驻当当开设新渠道，电商双品牌均以拓展多渠道经营的策略催化规模增长。更近的事件发生在今年5月25日，国美电器公告披露黄光裕已通过旗下公司斥资9009万港元取得国美电器网上商城和库巴网两家网站各40%的股权，形成大股东与上市公司四六比的股权结构。自3月份调任丁东华空降库巴担任CEO以后，又在5月23日从库巴网前CEO王冶全手中取得了库巴网最后20%的股份，国美电器已全资拥有旗下两家电商公司，不难看出对于电商业务，黄氏家族意图紧握话语权。

对于很多传统企业来说，线上线下的革命之战已成定局，别无选择。具体到国美，一方面传统家电渠道遭遇线下业务疲软，同店销售额下滑明显等现状。据高华证券研究报告显示，因国美电器大部分门店分布于一二线城市，受经济影响较大，2012年一季度同店销售同比大幅下滑34.4%之多；另一方面，面对纯电商京东的雄心勃勃和老对手苏宁对苏宁易购的高举高打，国美已经形成了巨大压力和紧迫的局面，电子商务一战毫无退路。传统企业转型电子商务战略的成败，很大程度来自于集团大老板是否勇于革自己的命的决心。业界都知道，苏宁电器董事长张近东希望做中国的沃尔玛+亚马逊，近两年大力推动了苏宁易购。但大家似乎忽略了身在囹圄的黄光裕。据内部人士透露，一墙之隔可能会让国美电商战略不如苏宁那么通透明晰，但黄光裕对电子商务的兴趣并不比张近东少，这段时间对他来说，正好韬光养晦潜心学习电商知识并思考未来战略。

事实上对国美这样的传统渠道商而言，线上一战颇有优势。以供应链为例，年超千亿的采购规模足够保证大部分商品保持绝对价格优势；即使在正常销售情况下，也能保证大部分家电商品低于市场价格，并且货源充足稳定。而在全国200多个重点城市设有大型仓储基地，全国一二三线城市大家电商品（冰箱、电视、洗衣机、空调等）全部实现本地化物流配送，这相比正处于物流建设的纯电商企业来说，又形成了难以逾越的竞争优势。

双品牌互搏

尽管国美有如上坚定的电子商务决心，不能回避的问题是，库巴网和国美网上商城的双品牌战略仍然带来了一些纠结和内耗。攘外的前提是否要先安内？左右手之间的竞合也成为国美电商道路的独特之处。从外界角度看，国美的电子商务战略似乎暧昧不清。然而所有的猜测和揣度又都建立在“你怎么知道老大到底是没想清楚，还是这种布局本身就是进可攻退可守的高明之举？”以定位非常相似的库巴网和国美网上商城为品牌战略双双出击，二者关系并列而非从属。同时二者分别和天猫、当当等电商合作多渠道经营。尽管在实际打法上，库巴的战略相对激进，国美网上商城战略相对求稳，但以现在的格局来说，品牌双方互搏在所难免。对于这样的质疑，国美网上商城总经理韩德鹏的回答却毫不犹豫：“国美电器在电商领域实行双品牌，这是一个十分清晰的战略路径。实行双品牌战略，国美势必将在产品分类、价格差异、品牌定位上有所注重，实现差异化协同发展。双品牌策略，在很多零售行业是非常常见的。”“这种竞争，再怎么打也是肉烂在锅里。”一位业内人士表示，黄光裕在没有想清楚的时候，完全有可能不把鸡蛋放在一个篮子里，网购市场足够大，资金链分为两家公司没什么问题。但对于国美的大战略而言，更多的精力是去迎接京东和苏宁易购的竞争，它们才是真正主要对手。

据易观国际数据显示，2012年第二季度网购市场京东占5.5%份额，苏宁易购占比1.2%，库巴占有0.5%，而国美网上商城的总量则远小于此。那么未来国美手中的两张牌，到底会怎么打？外界对于库巴和国美商城的猜测是二者即将整合。这个消息并非空穴来风，近日国美集团为了防止恶意抢注，用不菲价格收购了域名Gome.cn和igome.com，并交给国美电器网上商城运作；同时在8月1日，库巴网将完成与国美电器集团供应链系统和物流系统的全面对接，与国美网上商城共同纳入集团的一套系统管理。也就是说，未来库巴的物流配送，将从原本独立自建的7大仓，上升为自建部分＋国美的配送。“对接之后，渠道渗透到三四级城市是没有问题的，覆盖周围的县城，能省掉很多建仓的成本。”库巴网副总裁彭亮说。但这个系统对接的信号对库巴副总裁彭亮而言和所谓的整合并无关系，“只是集团从资源上会更加支持我们。短期内我没有感受到集团有要整合的意图。而且，即便存在战略变化的可能，也并不一定要通过整合的方式合二为一，完全可以将两个网站做不同的定位来应对市场，比如库巴负责以家电、

3C为基础并向综合化升级，国美网上商城主要负责3C、家电。”对此，韩德鹏的回答更为干脆：“国美商城与库巴网不会整合。”

真假价格战

iPhone4S 3999元、苹果iPad2 1999元、32寸LED彩电999元、对开门冰箱2999元、东芝500G移动硬盘299元……刚刚过去的7月18日国美电器网上商城“7.18～7.28见证底价坐标”掀起电商史上最残酷的价格战。齐头并进的库巴网同样从“5月大惠战”开始，到6月的阻击京东618和628超级夜总惠，一直毫不留情地加入这场厮杀。据相关资料显示，库巴仅“618”当天便实现销售额1.5亿元，总订单量近10万单，截流京东，高调开战。据库巴网副总裁彭亮透露，七八两个月的主要消费力在学生，因此他们将在9～12月展开一场更猛烈的价格大战。

真正的战局和对抗，是以价格战之势对抗京东和苏宁易购。国美网上商城总经理韩德鹏对记者表示，“此前的所谓价格战，都不是真正的价格战。降价商品都是限量十台几十台，大部分消费者都买不到，这种价格战对行业、对消费者都没有丝毫的意义。”据了解，以为电商市场上iPhone4S、iPad2这类畅销商品，打出超低价格的促销均是限制在几台、十几台的供货量，这次国美系电商打出iPhone4S、iPad2均保持1000台，“谁都知道这就是赔钱在卖。”一位苹果资深爱好者告诉记者，猛烈之势尚无先例。

据彭亮表示，目前电商混战比拼的实质并非价格，而是各自背后的供应链驱动型、资金驱动型以及流量驱动型的模式较量。他认为家电领域的规则在电子商务发展中会有变化，但不是本质的改变。“资金链也玩不过供应链”，一语直指靠资本优势的京东。库巴对于自己作为国美系电子商务的信心，很大程度上来自国美供应链的保障以及对于大家电领域长期占据的主导优势。这场价格战的主要对手就是公敌京东和曾经的老对手苏宁旗下电商苏宁易购。就像我们在越来越多的地方看到国美系电商的广告一样，这些小网站根本出不起的巨额广告费用正在向国美不断加压，但是面对和京东、苏宁易购拼抢市场，不去砸广告根本难以得到新用户。

据公开数据表明，截至2011年底，库巴和国美网上商城分别亏损1.54亿元和1.4亿元。在这一轮惨烈的电商价格战中，国美电器下两家电商2011年下半年到2012年第一季度已出现了超过5亿的净亏损，而2012年第二季度虽然国美电器将新锐美和库巴的40%股权转给国美集团来降低其亏损对上市公司的影响，但是两家电商的亏损额相比第一季度仍有上升。但是这样一个怪圈很难打破。作为传统企业进军电子商务，转型中势必要面临一些问题和迷茫。就像如今的国美电商战略，仍然有让人雾里看花的感觉。但对于零售企业来说，线下和线上零售总和是一个完整的零售市场，很多冲突和矛盾其实也许并不存在。

而解决这些问题的核心同样需要战略的决心和大智慧。国美电商的未来大家都在拭目以待。

（资料来源：《商业价值》杂志，孙彤文，http://content.businessvalue.com.cn/post/7350.html）

案例讨论

分析电商价格战的原因，并指出与线上与线下价格战的区别。

思考题

1．如何理解企业营销战略的内涵？
2．企业如何进行营销战略策划？
3．市场细分有哪些方法？
4．目标市场模式有哪些？
5．市场定位的常用策略与步骤是什么？
6．企业的市场竞争战略包括哪些？

第六章

品 牌 策 划

教学目标

掌握品牌及品牌策划的内涵；了解品牌策划的内容及其方法；掌握品牌建设、品牌延伸及品牌拯救的方法与要点，具备品牌策划的初步能力。

学习要点

- 掌握品牌策划的内涵。
- 掌握品牌策划的主要内容及关键步骤。
- 熟识品牌建设、品牌延伸及品牌拯救的相关内容及方法。

关键词

品牌策划　品牌建设　品牌延伸　品牌拯救

导入案例

IBM 的优质服务

美国 IBM 公司何以成为世界计算机业的巨子？IBM 的品牌何以成为价值百亿美元的世界名牌？该公司的副经理罗杰斯提出：“IBM 是以顾客市场为导向，绝非技术。”该公司口号是“IBM 就是最佳服务”。他们以服务作为企业经营的最高准则，为客户提供优质、完善的服务。

美国人大部分都记得 2003 年的纽约大停电事故。华尔街瘫痪，纽约和美国证券交易所都关闭了，银行、公司一片混乱。IBM 纽约分部紧急动员，每一个人都忘我地投入工作，争取把客户的损失降到最低程度。在 25 个小时的停电期间，户外的气温达 35℃，空调、电梯、照明都停止了，而 IBM 的工作人员却不辞辛苦地为顾客服务，他们登过的大楼包括 100 多层的世界贸易中心大楼。

另外，位于亚特兰大的兰尼公司使用的 IBM 主机发生了故障，IBM 公司在 12 小时之内请来 8 位专家，其中4位从欧洲、1位从加拿大、1位从拉丁美洲赶来，他们及时地为客户排除了故障。

IBM就是这样不惜代价，为用户提供优质的服务，直至客户满意为止。正是这些优质的服务使IBM的产品名扬四海，使IBM的用户遍及五洲，使IBM这一品牌100多年来长盛不衰。

（资料来源：颜炳荣. 2006. 世界著名企业的品牌攻略[M]. 北京：中国纺织出版社.）

第一节 品牌概述

改革开放30多年来，中国的经济有了质的飞跃。中国企业之间的竞争也由原来的产品竞争上升到了品牌竞争，占领市场的手段也从原来的产品营销上升到了品牌营销。政府、企业和公众的品牌意识越来越强，消费者在选购商品的时候越来越注重品牌，政府在推动经济、企业在制定发展战略时越来越注重品牌建设和品牌战略，因此中国已经进入了品牌建设与品牌营销的时代。本章主要讨论品牌策划的相关问题。

一、品牌的概念

要真正认识品牌，就要先了解品牌的概念。哈金森（Hakinson）和柯金（Cowking）认为品牌是视觉印象和效果、可感知性、市场定位、附加价值、形象、个性化六个方面的综合；广告专家约翰·菲利普·琼斯这样描述品牌的定义：品牌是指能为顾客提供其认为值得购买的功能利益及附加价值的产品；国际营销界最具权威的机构——美国市场营销协会将品牌定义为：品牌是一种名称、术语、标记、符号或设计，或是它们的组合运用，其目的是借以辨认某个销售者或某群销售者的产品及服务，并使之与竞争对手的产品或服务区别开来。

一般从动态和静态两个角度理解品牌的内涵，包括三个层面：品牌定位说明、品牌联想、品牌阶梯。

1. 品牌定位说明

品牌定位说明是指用一两句简洁的语言和文字明确地解释公司（或产品）是如何区别于竞争对手的。一般情况下，一个定位说明包括以下几个方面。

1）根据顾客的利益和市场需求来界定主要的潜在顾客，尽可能具体化、个人化。

2）树立产品本身特色。

3）履行公司向顾客承诺的一切。

2. 品牌联想

品牌联想是指消费者对公司品牌的了解情况和在购买时的感觉，它不仅是公司或产品的形象、利益和标志，实质上主要指怎样对公司或产品、服务的有关品牌联想要素的情况进行排序。一个品牌的联想要素可以是关于一个产品的特征、用途、人物、动物、标志或图形设计、公司的产品目录、竞争者、公司的声望或名誉、产品价格、性能、价值，甚至是顾客的生活方式、社会地位等。

3. 品牌阶梯

品牌阶梯是一种塑造心理和情感过程的方法，它诱导消费者在做出购买决策时遵循这一过程，即诱使消费者从情感上被吸引到某一品牌，愿意购买并承认公司的产品与服务。通常这种塑造是以与产品有关的特征开始，接着从产品转移到消费者身上，产品在情感上和文化上所意味的东西，成了消费者自身的东西。

并非所有的产品都能触动消费者的情感。一个品牌要达到使消费者具有自尊、自信及成就感的程度，需要相当长的时间和较强的品牌联想。

品牌定位说明、品牌联想、品牌阶梯涵盖了品牌的名称、标志、商标、口号、产品广告的主题句、特征及品牌的外形，以及给人的感觉，它们共同构造了品牌的个性及品牌的创造性形象。

二、构成品牌内涵的要素

（一）品名

品名即品牌名称，是指品牌中可以用语言称呼的部分。品名是最容易被人们熟知和传播的，如可口可乐和娃哈哈等。

一个好的品名易于传播，便于记忆，便于定位，易于联想，能够高度浓缩整个品牌的内涵，让人一提起这个品牌就能够理解，就会产生信赖感。

（二）品记

品记即品牌标记，是指品牌中可以被识别，但不能用语言简洁而确定地称呼的部分，如符号、标志、图形、图案和颜色等。

品记可区分为具象和抽象两种。具象标记采用自然物体形象为蓝本经艺术设计而成，具有熟悉、亲切、具体、形象、生动等特点，如海尔的两小兄弟图案、娃哈哈的卡通娃娃图像。抽象标记采用符号、线条、图形等元素经艺术设计而成，具有庄重、理性、专业、独特等特点，如海尔的方圆标记、美菱的菱形标记等。有的企业仅用具象标记，也有的企业仅用抽象标记，有的则两种都采用。具象标记用在主要与消费者沟通的场合，如焦点布置、影视及报刊广告宣传中。抽象标记则用在比较严肃庄重的场合，如重要会议布置、重要公关场所等。海尔的品记有海尔中英文标准字、方圆标志和海尔小兄弟图案，这三种标记在中国市场都可以使用，但在国际市场上则根据不同国家和地区的文化与宗教信仰有差异地使用。在美国市场上主要使用英文标准字，在法国则主要使用天真纯洁的海尔兄弟图案，在中东地区则只能使用方圆标志。

（三）品类

品类是指品牌所涵盖的产品类别，即该品牌具有哪些类别的产品。例如，海尔是家电，乐百氏是饮料，资生堂是化妆品，全聚德是餐饮等，这些就是品牌所具有的产品品类概念。

（四）品质

品质是反映品牌所涵盖的产品的耐用性、可靠性、精确性等价值属性的一个综合尺度，是反映品牌形象的一个公认的重要元素。品质好坏几乎成了品牌形象的代名词。但应该认为品质是品牌的一个重要元素，但不是唯一元素。除品质以外，品牌还包括审美情趣、道德观念、行为规范等方面的元素。

（五）品位

品位是指品牌所涵盖的产品的科技含量、文化底蕴、审美情趣，以及品牌传播所形成的品牌形象与品牌个性。它与品质有一定的联系，但又有更多的区别。可以说品质差的品牌，其品位也比较差；品质好的品牌，其品位一般也比较好。但同样是同等品质档次的产品，其品位可能有很大的差异。例如，万宝路、555、剑牌三种香烟，同是品质比较好的香烟，但品位各不相同。万宝路是西部牛仔的豪放，555 是典型英国绅士的悠闲，剑牌则是中产阶级男欢女爱的愉悦。

（六）品德

品德是指品牌宣传中所倡导的企业文化、价值观念与经营理念。例如，TCL 所倡导的经营理念是"为顾客创造价值，为员工创造机会，为社会创造效益"。一个良好的品牌，就像一个德高望重的长者一样，很有风范，容易亲近，易被认同，

（七）品行

品行是指企业的管理行为、广告宣传行为、公关行为、销售行为、服务行为等企业组织行为和企业在社会上的表现，以及企业给公众留下的印象，给品牌留下的积累。公众对一个品牌的信赖和忠诚，不仅取决于其产品的品质，更取决于其实际行为。有的品牌标榜热情服务，但实际上仅限于售前热情，产品销售以后立即冷若冰霜；有的品牌声称用户利益高于企业利益，但当企业利益与用户利益发生冲突时，实际维护和考虑的还是企业利益，侵害的还是用户利益。当然，也有许多品牌，承诺得好做得也很好。品行的差异无疑会形成品牌形象的差异，导致品牌资产的丰浅。

综合以上所列出的品牌要素，可以将品牌的内涵用公式表达，即

品牌=品名+品记+品类+品质+品位+品德+品行

三、品牌资产

品牌资产（brand equity）也称品牌权益，是指只有品牌才能产生的市场效益，或者说，产品在有品牌时与无品牌时的市场效益之差。企业的商标或者品牌不仅被看作区别商品或服务出处的标志，而且还被认为是沉淀企业信誉、累积企业资产的载体。品牌资产体现在相同质量的商品或服务之间的差价上，体现的是品牌相对独立的自身价值。

与品牌的构成要素相对应，品牌资产作为一种无形资产，主要有品牌知名度、品牌识别度、品牌理解度、品牌美誉度、品牌偏好度、品牌认同度和品牌忠诚度七个衡量指标。

1）品名的传播形成品牌知名度，这是品牌与产品营销的基础和起点，没有知名度，一切将无从谈起。

2）品记传播形成的是品牌识别度，它在知晓品牌的基础上，在众多品牌中凸显本品牌，使公众和顾客能够识别并确认本品牌。

3）品类的传播形成的是品牌理解度，它将品牌与具体的产品类别联系起来，使得品牌概念具体化。例如，荣事达在 20 世纪 90 年代初创立品牌时，打出的广告语是"荣事

达，时代潮”。口号是比较响亮的，但品牌理解度传播得不清晰，公众不知道荣事达是生产什么的。有人感觉荣事达是当时比较热门的房地产行业，也有人猜测是当时比较流行的股票等金融证券行业。其广告语与其行业及主导产品洗衣机相距十分遥远，对洗衣机销售促进不力。销售部门对此广告语一直不是十分满意。但由于考虑到这个广告口号的传播力度和知名度还不错，所以 90 年代后期一直想改却没有实施。直到 90 年代末才将广告语改成“荣事达电器，好生活更轻松”。

4）品质的塑造与传播形成的是品牌美誉度。它是在公众对品牌产生注意和识别的基础上形成的理性的评价，是顾客是否对品牌及其产品进行货币投票决策的重要影响因素。一般而言，在价格同等的条件下消费者总是选择品质好的品牌。

5）品位的营造与传播形成的是品牌偏好度。不同的人群有不同的生活方式、心灵空间与审美情趣，因此独特的品位会得到独特消费者的偏爱，从而形成品牌偏好度。这其中可能不像品质与品牌美誉度有较多的理性评价，相反，比较多的是感性倾向。

6）品德的宣传与传播形成的是品牌认同度。优秀的企业文化、正确的经营理念，总是会得到公众认可赞许的。例如，TCL 的“为顾客创造价值，为员工创造机会，为社会创造效益”，由于兼顾了顾客、员工和社会各方面的利益，因此得到了公众的广泛认同。

7）品行的传播，尤其是公众、消费者之间的人际传播、口头传播，形成的是品牌忠诚度。时刻把用户利益放在第一位，坚持用户利益高于企业利益，在实际的企业行为、公众行为中一贯维护用户利益、公众利益，将会得到更多的品牌忠诚。而品牌忠诚是品牌营销的最高境界。

从品牌知名度、识别度、理解度、美誉度、偏好度、认同度到忠诚度，是一个循序渐进的过程，上一步是下一步的基础，下一步是上一步的提升，其间不可断裂、不可跨越，直至达到品牌忠诚度的最高境界。从衡量品牌资产的七个尺度反观品牌构成，可以发现品牌内涵的七个元素也是一个不可或缺的有机整体。

品牌元素与品牌资产的联系与对应关系如下式所列：

品牌元素=	品名 +	品记 +	品类 +	品质 +	品位 +	品德 +	品行
	↓	↓	↓	↓	↓	↓	↓
品牌资产=	品牌 →	品牌 →	品牌 →	品牌 →	品牌 →	品牌 →	品牌
	识别度	知名度	理解度	美誉度	偏好度	认同度	忠诚度

品牌知名度、识别度、理解度、美誉度与偏好度的积累可以形成品牌生存力。如果一个品牌能在这五个方面达到比较好的指标值，其品牌就有一定的生存能力，具有一定的市场攻击力，形成一定的产品市场占有率。但缺乏品牌认同度和忠诚度，尚不能形成长期稳固持续的市场竞争力，不能形成产品的市场生命力和品牌生命力。只有在此基础上提升品牌认同度和忠诚度，才会形成品牌生命力，达到品牌营销的最高境界。

第二节 品牌策划的内容

品牌策划是一个动态和循环的过程，从品牌创建开始，到品牌消失为止，没有起点，也没有终点，如图 6-1 所示。

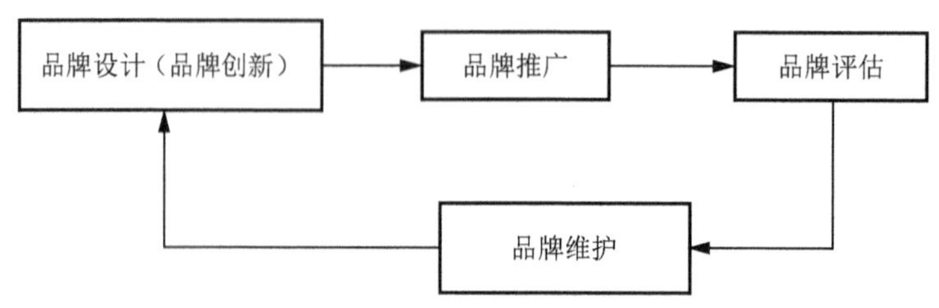

图6-1 品牌策划动态循环图

一、品牌设计

在进行品牌设计时，首先要考虑的是企业选择的品牌识别经营的模式，一般来说，有四种模式可供选择，即企业与品牌一体化、品牌主导模式、多品牌模式及品牌延伸模式。

企业与品牌一体化指企业名称和品牌名称合二为一，市场上几乎 60%的企业（如长虹、海尔等）采用了这种模式。采用该模式有利于企业新产品的推广，有利于节约品牌设计与推广费用，可以提高企业的知名度，壮大企业声势；不足之处在于当某个产品开发失败，或者出现其他影响声誉的情况时，可能会对整个企业及其所有产品的声誉和销售产生不利影响。

品牌主导模式有多种形式，如单企业品牌主导型、多企业单品牌主导型，其关键特征就是组织的所有活动都建立在品牌的基础上。这种模式下，往往只宣传品牌形象，企业形象是品牌形象的副产品。这种模式适用于有实力企业的一体化发展战略、企业的多角化经营战略以及集约化经营状况。它具有规模较大、易于沟通和辅助管理三大优势，但对经理人要求较高，关系企业之间易产生矛盾。

多品牌模式是指一个企业同时拥有两个和两个以上品牌的模式。全球应用该模式最成功的企业之一当属宝洁（P&G）公司。这种模式一般适用于企业实力雄厚，且目标市场前景广阔的情况。它避免了特定品牌的局限性，具有明显的马太效应（即赢家通吃，或者说财富总是向财富集中的地方靠拢）特征；其不足之处在于对资源的规模要求太大，对人才要求较高，新品牌推出费用高、难度大。

品牌延伸模式是指在特定品牌不变的前提下，改变品牌的产品与服务的内容、形式，以达到品牌稳定，同时又适应市场变化的目的，如海尔小王子冰柜、海尔小小神童洗衣机、海尔小元帅空调等。品牌延伸模式又可以分为产品线延伸、产品大类延伸、细分市场延伸等模式。该模式的优点是可以充分利用现有品牌的资源；不足之处在于企业可能会因为延伸影响甚至失去核心品牌。

（一）品牌内涵设计

1. 品牌定位说明设计

品牌定位说明是品牌营销策划的基础，它必须随着公司和产品的发展而不断提高，一般每隔一两年就需要重新审视和设计定位说明。

进行定位说明设计时，首先必须通过市场调查，准确把握即将推出的品牌和产品满足消费者的核心的需求是什么，这些需求能为企业提供哪些定位要素，这些定位要素可以通过什么样的语言简洁地表达出来。例如，脑白金的“收礼只收脑白金”、“年轻态、健康品”这两句广告词，就明确地告诉消费者，脑白金定位于中老年适用的保健品，一般作为年轻人向长辈馈赠礼物之用。

在设计定位说明时，需要多次与顾客进行充分的交流，征求他们对公司和产品与服务的态度，然后进行检查、试验和尝试。

2. 品牌联想设计

品牌联想往往是无形的，而且往往与顾客确立的良好形象密切相关。一般而言，人的大脑会把关于某个品牌的联想融于一个网络化观念中，当一个联想点受到刺激时，整个网络就会被激活。因此，设计品牌联想可以采用网络激活法，即设计者通过调查，了解到顾客是怎样在大脑中把关于某品牌的有关联想要素组织起来，以方便记忆的。然后把这些联想要素以网络图形的形式描绘出来，形成某品牌的联想图。然后以调查的方式核查这些联想点受到刺激时，是否真的能激活整个网络。通过不断地核查和不断地修正循环，最后确定品牌的网络联想图，如图 6-2 所示。

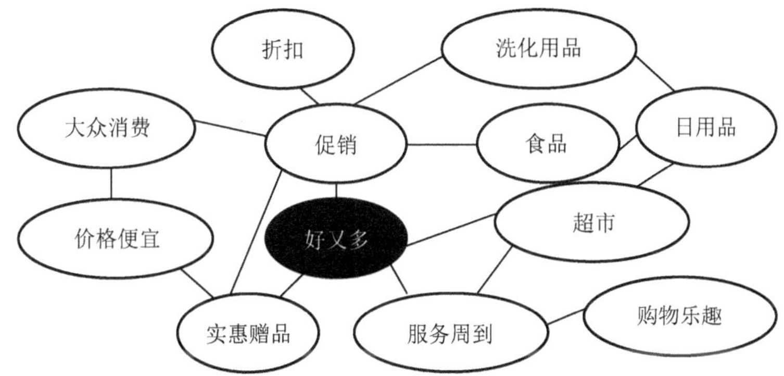

图 6-2　好又多品牌联想图

3. 品牌阶梯设计

设计品牌阶梯的第一步是找到消费者在考虑购买一种产品时，他们认为最重要的是什么。属性与性能相互联系，消费者会把这些特征与产品联系起来，如可靠性、快速性、兼容性、尊贵、雅致等。

一个设计好的品牌阶梯总是从某一产品的属性和特征开始，然后转移到它带来的好处及其产生的工作价值，最后转移到个人消费的情感体验价值。

对公司而言，可靠意味着运行过程中没有故障，节省时间和金钱，降低维护和保养的难度，形成轻松愉快的员工群体和顾客群体，及时完成任务。对使用者而言，可靠产品及服务意味着高效率、高生产率、不浪费时间、工作顺利完成。这些优点带给员工的是出色的工作中的自我实现、自我尊敬、自我满足。

（二）品牌形象设计

1. 品牌标志设计

标志作为一种特定的符号，是品牌形象、特征、信誉、文化的浓缩与综合，传播了十分丰富的内容。设计标志时一方面必须深刻理解标志所代表的象征和意义，如品牌的形象、规模、宗旨、理念、战略、风格等；另一方面还必须使所设计的标志切中被传达者的心理，唤起他们的共鸣。

标志的符号可以分为表音符号、表形符号和图画三种。表音符号可以是汉字、阿拉伯数字、英文大小写字母甚至标点符号等，其特点是简洁明了，不易引起歧义，一般设法与图形结合使用。表形符号是指通过几何图案或象形图案来表现标志，其形象性强，可以利用丰富的图形结构来表示一定的含义，其不足是没有表音符号，不利于把品牌名称和标志联系起来。一般与品名配合使用。图画是一种真实直接刻画对象的表现手法，采用图画标志，能产生强烈的历史感，不足之处在于画面复杂，不易被普通媒介传播。

标志的设计一般应遵循的原则：①要有识别性；②寓意准确，名实相符；③简洁鲜明，富有感染力；④优美精致，符合美学原理；⑤相对稳定，富有时代特征。

2. 品牌名称设计

在进行品名设计时必须把握符合品牌形象和易于传播两个关键，在取名时要做到：简（简单明了）、准（符合品牌形象的市场定位、形象理念、服务宗旨、经营目标等）、独（独具个性）、新（新颖、符合时代潮流）、高（高起点、高气魄）、亮（响亮、朗朗上口）。

例如，消费者很容易把“新科”品牌同先进科技联系在一起；而消费者一听到“飘柔”，就会联想到美丽的、迎风飘扬的长发。

3. 标准字设计

标准字是指由特殊字体组成的或是用经过特别设计的文字来表现品名的字。标准字一经确定，在应用过程中一般都要严格遵循其字体、笔画之间的比例关系等基本要素，只允许同比例缩放使用。它能够带给消费者独特的视觉感受。许多国外产品进军大陆市场时，一般都将其品牌名称译成汉字，并用独特的字形予以表现。例如，CocaCola 公司曾从 4000 多个中文译名中选择了“可口可乐”，并用特定的字形加以表现，给中国消费者以独特的视觉识别。

4. 标准色设计

标准色是指经过特别设计选定的代表品牌形象的特殊颜色，一般为一种或两种，不能超过三种。心理学家研究表明，不同颜色对人的感觉、注意力、思维会产生不同的影响，色彩为品牌视觉识别系统（visual identity system，VIS）提供了基础。品牌的色彩，不仅影响视觉识别的传播，而且影响社会的心理认同度。品牌标准色设计应当突出品牌的形象风格，体现品牌形象的性质、宗旨、经营方式等。

在标准色设计时要注意，在特定的民族中，不同的颜色代表不同的意义。例如，在我国，红色代表热情，绿色代表环保，蓝色代表和平，白色代表纯洁等。

5. 象征图形设计

品牌形象 VIS 基本设计部分一经完成，随之便产生了严格的制作规范。然而，应用设计种类繁多，形式各异，如果都千篇一律地使用设计规范的几种形式，势必导致设计作品单调、呆板和缺乏生气。因此，随着传播媒体的变化，对基本设计规范进行适当调整和修正，可以使设计版面达到最佳视觉效果，这种变异即为象征图形，它具有高度的伸缩性与系统性，广泛应用于各种产品、包装、广告等方面。

象征图形的设计形式丰富，可以在空间上无限延长，只需要规定最小的、能保持不丧失其基本特点的“比例尺寸”和与垂直方向或水平方向的角度，同时，当与其他要素组合使用时，选择能保持最佳视觉效果的尺寸规范。

6. 吉祥物设计

品牌形象通常采用卡通造型作为吉祥物，成为品牌形象识别的主要标志。吉祥物的设计要求具有美感，亲和力强，以人为本，在规范中应有基本造型、衍生造型及立体造型等，如麦当劳门前的麦当劳大叔、海尔的两兄弟等。

7. 宣传标语设计

品牌形象宣传标语是品牌形象的感性描述，直接表达品牌形象的市场定位和核心理念。通常也采用特定的标准字体，如飞利浦的“让我们做得更好”，摩托罗拉的“摩托罗拉，超越无限”等。

二、品牌推广

品牌代表的是产品在市场的知名度，在消费者心中的美誉度和可信度；品牌是产品品质优秀、服务优良的一种象征，是对客户的一种保证，也是一种品位的表现。品牌的形成非一日之功，是在较长时间的日积月累中铸造出来的。因而品牌的魅力无穷，品牌的价值惊人。

（一）确定品牌载体——核心产品

任何一个知名品牌，在其传播初期，必须建立在企业核心产品实体之上，然后通过品牌延伸，从产品实体中分离出来，形成抽象的品牌概念。例如，海尔最先是以冰箱和洗衣机为载体传播品牌的，后延伸至白色家电，进而延伸至整个家电产品；金利来则是从领带开始做起，逐步延伸至“男人的世界”。这里所说的产品实体包括以各种形式出现的产品，如实物产品、智力产品、服务产品、文化产品等。很难想象没有核心产品支撑的品牌概念，能够得到迅速传播并被目标消费群体认同。核心产品作为品牌的载体，可以是高档产品，也可以是中档产品甚至是大众产品，但必须是质量可靠、消费者信得过的产品。

（二）提高品牌知名度和美誉度

完美的品牌名称与产品载体的结合，为品牌的推广和传播提供了最基础的条件。对于品牌策划人员来说，下一步重点将是如何传播和推广品牌，以提高品牌知名度和美誉度，进而形成消费者对品牌的忠诚度。

塑造品牌策略和传统的营销策略之间，往往不可分割，企业投放产品广告既可以特定产品短期的销售量，也可以提高产品的知名度，为塑造品牌创造条件。因此像营销策略一样，提高品牌的知名度和美誉度，没有一定的模式和方法，它应该属于创意的范畴。不同类型的产品、不同档次的产品，其传播方式是有很大区别的。即使对于同一类产品，不同的策划人员可能会采用不同的传播和推广措施，或许都会成功；而不同的人在不同的时期甚至同一个人在不同时期，使用同一种推广和传播措施，其最终结果可能会有很大的差异。因此下面介绍的推广和传播措施，只是一些企业在品牌营销实践过程中使用过的有效方式，或可借鉴。

1. 广告传播

广告可能永远都是企业推广和传播品牌的主要手段。打开电视和广播，翻开各种报纸杂志的每一个版面，铺天盖地的各种形式的广告随之而来。由此可以看出广大营销人员对广告效益的迷恋程度。据调查，一个人平均每天会接触到的广告信息有1800条左右，而能给消费者留下印象的信息只有80条，最后被消费者记忆的则不足5条。因此，作为广告策略，必须注意广告效能，广告策略的恰当运用能使品牌策划事半功倍。

广告创意和广告设计，是广告策略成功的关键。广告设计者，需要将产品从标志到文字，从图形到颜色精心设计，形成一种风格、意境和联想。例如，可口可乐的红色，代表喜庆、活泼、热烈；百事可乐使用的蓝色与海洋、清凉、清爽联系在一起；三星Anycall手机，用语音拨号，凸显出该手机具有语音拨号的特殊功能，生动、形象，客户马上就记住了。选择合适的媒体，则是有效运用广告策略的前提。报纸、杂志、电视、广播、网络、户外等媒体有不同的特性，不同的品牌应选择适宜的、效果最好的媒介。跨国公司的外资广告还要注意当地文化的特性，采取本土化的广告形象来宣传产品和品牌。

2. 公关活动

通过公关活动来推广和传播品牌，往往能取得事半功倍的效果。企业要在公众心目中树立良好的品牌形象，就必须拥有强烈的公关意识。公关是把双刃剑，但要想有较好的公关效果，就必须选择合适的公关时机和恰当的公关活动方式，否则可能会起到相反的效果。

近年来，国内SUV市场发展飞速，尤以17～25万元价格段SUV成为销售最大，增长速度最快的细分市场。上海汽车的首款SUV正是定位在中高端并且突出越野性能的“跨领域专业的SUV”。荣威W5的目标消费群大多是处于28～40岁的人生黄金年龄的男性，他们自信、自主，有自我的坚持，靠个人实力成就事业的上升与突破。他们敢于承诺，勇于担当，他们注重生活的品质，他们有开阔的视野和宽广的胸怀，向往精神的放牧，追寻灵魂的自由，他们觉得有历练的人生才是完整的人生。在与目标消费群体进行沟通的时候，上海汽车以“国家利益”和“个人担当”作为触动点，以男人永远的的兴趣“战争和历史”作为切入口，以“丈量960万平方公里”为主题，启动了恢宏浩大的荣威W5丈量系列的传播活动。荣威W5“丈量系列”传播，形成活动、媒体、消费者由点及面的分层扩散传播，将“每个人都是自己的英雄，每条路都可能成为传奇”的品牌诉求以各种形式获得了广泛的传播，更是深化了荣威“品位、科技、实现”的品牌精髓，精确地传达了“丈量”、“做自己的英雄，走传奇之路”等诸多关键信息，获得了众多非常好的媒体评价。

3. 销售促进策略

销售促进策略虽然主要目的是为了促进销售，带来短期的销售量和市场份额，但是，不可否认的是，销售促进策略本身对塑造企业产品的品牌是有很大帮助的。

销售促进策略有很多，如参加展销会。在工程机械行业里，全国各地以省为单位每年都举行建筑、工程机械展览会，中国工程机械商贸网定期发布展会信息：展位将根据产品分类安排，设专业展区，大户采取先付款先安排的原则进行，组委会有权对未付任何款项的展位取消或移动，有关企业简介、重机详情、特殊要求等一律随合同提供给组委会。企业在参加展销会时，不能局限于举办单位提供的常规渠道，如会刊、门票广告、展期气球、布幅、报纸、电视等其他广告、特装展位的搭建和设计，而必须进行独特的创新设计，方能显示公司品牌的实力和形象。2001 年 4 月，梦洁家纺公司参加了 2001 年中国（上海）家纺展销会，梦洁花重金请台湾室内装饰设计大师精心设计了展厅，从内到外体现了“梦洁家纺生活馆”的品位和魅力，不仅吸引了广大客户来展参观洽谈，而且还吸引了上海市副市长、东方电视台的关注。同时，梦洁设计了美观漂亮的特大型礼品袋，结果每个参展商家尽管也都发放了礼品袋，但都被参观者无意地放进了梦洁的大礼品袋中，使梦洁礼品袋在整个上海光大会展中心成了一道流动的风景。

实地考察也成为一个重要的销售促进策略。例如，远大集团的销售工程师只要能把潜在客户带到长沙远大城来参观，业务就算基本上成功了。其主要原因是大型设备的销售成交金额都较大，少则几十万元，多则上百万元，客户采购相当慎重。眼见为实，耳听为虚。客户在下最后决心之前，都会到制造商生产基地去实地考察。远大精细化的现场管理、一丝不苟的员工、清洁优美的环境、照顾到每一个细节的接待无不让客户感到信心、放心、爽心。因为公司总部是一个公司管理和实力的综合体现，需要平时的功力积累，细微处见真功夫，依表面功夫一时半会儿是做不出来的。与产品这种有形实体一样，公司生产基地和管理总部也是品牌的有形载体。再如，由成都商报组织的“直通车工厂”活动，消费者被诱导参观厂家生产线，购买欲望被迅速激起，在南京某汽车厂，共有 30 多个参观者，现场购买者就达到 15 人。

4. 优质服务

服务质量同产品质量同等重要，是检验一个企业管理能力的决定性指标。服务能力高低的关键是看危机解决的及时性和有效性，服务的好坏同时也是衡量企业形象好坏的标准之一。将营销战略集中于创造品牌价值，需要的是战略性的服务而不是战术性的计划，将“一切为了客户”的经营理念与长期品牌相结合，利用顾客导向的服务需求，建立个性化服务，最大的投资应更好地“花”在解决客户的需求上。

例如，卡特彼勒与所有的分销商都建立了一种长期、稳定的合作关系，这些分销商都是独家代理，不能再代理其他竞争对手的产品。这样就能保证为用户提供专业的、稳定可靠的服务。卡特彼勒选择分销商的标准比较严格，一般都是当地的中小型企业，这些企业熟悉当地情况，接近客户，掌握需求状况，能为客户提供快捷的服务，确保机器的正常运转，使停机时间缩短到最低程度。公司承诺，对于世界上任何地方的卡特彼勒产品，都可以在 48 小时之内获得所需的更换零件和维修服务。卡特彼勒的优质服务为卡特彼勒品牌的塑造和传播起到了极其关键的作用。

5. 追求口碑效应

杰弗里·吉托莫说："满意的客户一句表扬之词远远胜过描述产品性能的一千个词。"所谓的口碑就是客户之间对某企业品牌及其产品的赞同、认可。这是一种口头广告，也是最有力的广告。一个企业要想做到让客户主动去向别人宣传它的产品是很不容易的。因为客户不仅关心企业的一般竞争性服务，更关系那种有竞争优势的服务，因此，只有通过给客户留下深刻印象的服务，才有可能把自己良好的口碑通过客户的嘴巴进行传播。具体来说，一是用故事树立口碑。故事是传播口碑的有效工具，因为它们的传播带有情感。二是口碑藏于细节。影响客户口碑的，有时不是产品的主体，而是一些不太引人注目的细节，如西服的纽扣、家电的按钮、维修服务的一句话等。一些"微不足道"的疏忽或错误，往往引起客户的反感。更重要的是，企业极不容易听到这些抱怨与反感，从而难以迅速改进。三是教育提升口碑。当年金利来在打入国内市场时，很聪明地标出领带的三种打法，以小知识巧妙地避免了客户可能的尴尬。这种营销技巧在IT行业更为普遍，计算机商家经常利用各种方式传播关于计算机使用的基本知识来培育市场。柯达早在1897年就在美国发起了一次空前的摄影大赛，吸引了2.5万人参加。1904年，柯达又在美国举办了"柯达旅游图片展"，大力宣讲摄影知识。

6. 产品自身的竞争力

产品品质是决定其市场竞争力强弱的关键。以客户基本利益为核心，通过产品三个层次的最佳组合，以客户易察觉的形式来体现客户购物所关心的因素，就能获得好的产品形象，进而确立有利的市场地位。

要创立品牌产品，就要选取产品质量改进的突破口。产品质量是品牌的"生命线"。品牌产品首先要以稳定可靠的质量为基础，没有过硬的质量就企图树立品牌是不可能的。但是要创立品牌产品，仅仅靠推行质量标准和确保质量水平是不够的，还必须使产品具有质量特色。而要建立一定的质量特色，就需要寻求质量改进的突破口。

要确定产品质量改进的重点，不能停留于一般质量标准上，而要从市场需求出发，深入地了解客户对质量的要求。美国社会评价产品质量有八个尺度：①选择性。根据不同类别层次的顾客要求，对产品进行不同档次和类型的开发、生产，让顾客有更多的选择，亦即质量的灵活性。②耐久性。在使用寿命到期后，产品不值得修理。③美学性。质量好的产品体现了协调与和谐，声音、味觉、嗅觉、感觉、触觉等方面给人以舒适清新的感觉，同时，产品应针对不同的人去展示不同的美。④功能性。可以用量来表现的操作特征。⑤可靠性。越是耐用消费品越是要可靠，一个产品，如果在维修上花费很多，就要考虑可靠性。⑥服务性。产品易于修理，维修人员要胜任，对顾客有礼貌，体现速度和效率。⑦符合性。符合通行标准及有关法规。⑧声誉性。人们历来崇尚有名誉的公司，追求品牌产品。声誉和品牌是产品质量好的显著标志。

7. 追求适宜规模效益

推广品牌的目的是占领市场，扩大市场范围。没有一定的规模，占领市场就是一句空话。但是，有不少企业染上了"大企业病"，走了一条扩大品牌经营规模的失败路子。

一些一度“叫响”的知名品牌，如今都已销声匿迹。我国南方一家名牌厂家，借助名牌声誉借牌生产，虽然一时产量大增，但品牌声誉大幅度下降，技术创新与品牌制造管理均跟不上需求，名牌很快“倒牌”。

实际上，品牌经营规模与品牌经营效益是辩证的统一，规模必须与市场的需求及自身的技术、管理等能力相适应。名牌产量应是名牌产品市场效益与销售量的最佳结合点。当产量过大，脱离市场需要时效益就会下降。

意大利小城克雷莫纳是名琴厂牌斯特拉迪瓦里的原产地，至今仍维持传统的制琴工艺，产品批量极小，价格却十分昂贵。因此，推广品牌应辩证认识品牌企业规模，处理好扩产与限产的关系，推进品牌经营的长远效益增长。

知识拓展

品牌的内涵

通过对一个完整品牌的解剖，可以深入了解整个品牌的内涵。

1）质量是品牌的本质，是品牌的灵魂。名牌的显著特征就是能提供更高的可感觉的质量。世界上的知名品牌（如奔驰、索尼、摩托罗拉和希尔顿等）无不体现高质量。没有高品质的产品，不可能成为真正的名牌。

2）服务是品牌的支持。服务是商品整体不可分割的一部分，是企业接近消费者、打动消费者的捷径，也是企业树立品牌的途径。世界上知名企业在创立品牌时，无不把为用户尽善尽美地服务作为他们成功的标志。

3）形象是品牌的脸面。品牌形象与品牌不可分割，形象是品牌表现出来的特征，反映了品牌实力与品牌实质。品牌形象由顾客评价，是企业赢得顾客忠诚的重要途径。

4）文化是品牌的依托。文化与品牌联系密切，品牌的一半是文化，品牌的内涵是文化，品牌包含文化，以文化来增强品牌的附加值。文化支撑着品牌的丰富内涵，品牌展示着独特的文化魅力。没有文化不可能创造品牌，更不可能成就名牌。

5）管理是品牌的基础。品牌的建立首先需要有载体——产品或服务，而产品或服务需要严格、科学的管理。科学合理的管理可以保证产品或服务的质量，使品牌有质量基石。世界上一些著名品牌从创立到发展无不依靠管理。可口可乐是世界一流品牌，在其100多年的发展历史上，它一直被小心谨慎地管理着，这种管理使其保持了最初的品牌价值。

6）创新是品牌的活力。在市场竞争日趋激烈的现代社会，只有通过持续、稳定的创新，企业才能在市场上占有一席之地，企业才能获得一定的市场份额。

7）广告是品牌的右臂。品牌的成长包括许多方面，企业的品牌离不开广告，而且广告在品牌的过程中起着十分重要的作用。所谓“好酒也怕巷子深，酒香也须常吆喝”。

8）公关是品牌的左膀。公关与品牌有着密切的联系，公关是打造品牌、创立品牌的又一利器，很多企业利用公共宣传、公关活动，以提升品牌知名度、美誉度和信任度等。

三、品牌维护

（一）产品与质量创新

品牌系列发展要与质量、技术创新相结合。品牌系列是品牌质量在产品上的体现，不同质量、不同档次、不同类型的产品，共同构成品牌系列。例如，宝洁公司的系列品牌经营策略，是其不断对技术与质量追求的结晶。宝洁公司每年投入技术创新中的资金高达 15 亿美元，每年创新专利多达 2 万件。在进入中国市场后，宝洁派出多个市场调研小组常年深入到大中城市的用户中征求意见，进而推出各个消费层次的品牌产品。质量与技术创新是品牌经营的永恒主题。在实施企业名牌战略中，追求现有的或传统的品牌系列发展与追求质量、品种创新是辩证的统一。任何品牌唯有不断进行质量与技术创新，才能实现新的发展飞跃。

（二）打击假冒伪劣

假冒现象，近年来日益泛滥，成为我国经济生活中的一大痼疾。假冒商品品种多、数量大，从生活日用品到生产资料，从一般商品到高档耐用消费品，从普通商品到高科技产品，从内销商品到外贸出口商品，假冒伪劣几乎无处不在，无时不有。其中又以制作容易、利润丰厚、销售快捷的假冒名烟、名酒和药品的问题最为严重，而且假冒伪劣商品有向大商品和高科技产品方向发展的趋势。

假冒名牌商品所带来的危害，一是侵犯名牌商标形象，真假难辨，使消费者和用户望而生畏；二是严重影响了名牌企业的经济效益；三是严重败坏出口商品信誉，对我国国际贸易造成了不良的影响；四是名牌产品被挤出了市场，使企业面临停产，甚至陷入破产倒闭的困境。面对假冒伪劣产品的侵犯，企业必须积极打击假冒伪劣。

1. 积极开发和应用专业防伪技术

有些品牌和包装的技术含量低，使制假者得以轻易伪冒，这是这些品牌的假冒伪劣产品屡禁不止的一个重要原因，因此必须采用高技术含量的防伪技术从而有效保护企业品牌。企业开发和应用防伪技术有三条途径：一是企业独立开发和应用防伪技术；二是企业与专业防伪技术部门合作开发和应用防伪技术；三是企业直接向专业防伪技术部门订购已开发出的防伪技术产品。

有防伪技术，还要有反防伪技术、造假技术。目前我国产品市场上，防伪技术的应用比较混乱，防伪技术专业企业良莠不齐，管理失控，使这个本应具有严格保密性的行业失去监控，许多防伪产品陷入了防伪—假冒—再防伪—再假冒的恶性循环当中，迫使一些企业频繁更换防伪标志，消费者难以鉴别，无所适从，监督部门也难以监督。

2. 运用法律武器参与打假

假冒伪劣作为一种社会公害，是会长期存在的，不可能一谈打假，假货就会退出市场，要知道打击假冒伪劣绝对是一场长期的、持久的战斗，企业经营者更要有长期作战的思想准备，同时要多投入人力物力打假，例如著名营销人杨勇华领导的芳奈儿网络打假，从 2009 年 12 月开始，在当时多达 110 家淘宝商城旗舰店、专营店、四五千家淘宝集市店共同售假、假货数量多达 26000 多个的严重泛滥情况下，多次投诉淘宝相关部门，并遭推诿拖拉、不作为及恶意障碍性提高企业维权门槛。

杨勇华在不断完成投诉举报相应证据链有效形成的前提下，截至 2010 年 8 月，发给淘宝网投诉中心 4178 家淘宝店铺销售假冒芳奈儿的明确链接地址后，再次遭遇淘宝网“已经全部删除”的忽悠处理结果。2010 年 9 月，芳奈儿重拳出击，花费数百万元，对淘宝网上的 1045 家销售芳奈儿假冒侵权产品的淘宝店铺从“网店页面公证”、“在线订货”、“在线付款”、“订单锁定”、“快递到货”、“现场拆封”、“现场鉴定”等七大环节做了详细的司法公证、证据保全事宜。同时在广州、北京两地主持召开网络打假新闻发布会、权威知识产权专家论证会、媒体见面会等，并率先在广州、武汉、北京三地法律起诉售假店铺和淘宝网。

芳奈儿打假团队专业、强势的网络打假，最终取得了“芳奈儿”三字淘宝全网屏蔽保护的重大胜利，同时其他网络平台付费推广等方式销售假冒芳奈儿产品的现象也得到了最大程度的清理和清除。

成立打假办公室，有组织地进行打假也是一种有效的方法。我国许多知名企业都吸取了被假冒的经验教训，成立了专门打假机构，配备专职打假人员，积极参与打假，取得了显著成效。

此外，还可以向消费者普及品牌的商品知识，以便让消费者了解正宗品牌的产品；与消费者结成联盟，协助有关部门打假，从而组成强大的社会监督和防护体系。

3. 恪守信誉

品牌满意度是提供给顾客的服务与承诺，而品牌信誉度则是维系市场经济诸多关系中最重要的纽带，是建立品牌经营模式的关键因素，是开拓市场的通行证。没有信誉的企业，不可能将产品源源不断地卖出去，从某种意义上说，没有信誉就没有品牌可言。在品牌经营指导思想上，一些企业注重的是产品销售，品牌信誉则是全面意义上的品牌竞争，更注重赢得顾客的心，赢得长远的市场。

四、品牌评估

对品牌的评估需要从两个方面来进行，一方面是品牌经济性评估，即指能用资金数额来衡量的品牌价值，这是现在社会各界普遍认识到的；另一方面是品牌对企业经营带来的效应的评估，这是不能用资金数额直接表现的，被称为品牌的经营效应评估。

（一）品牌经济性评估

在进行品牌的经济性评估时，首先要清楚，评估价值的结果可能不止一个，而是多个，这取决于评估的角度，即“价值前提”。不同的“价值前提”，需采用不同的评估方法。一般来说，对品牌的经济性评估有以下几种主要的方法。

1. 原始成本评估法

按原始成本评估法，品牌是一种资产，其价值是企业长期投资的积累。因此，品牌的价值应该是为塑造该品牌而实际投入的货币资金的总和，如品牌设计成本、品牌推广成本、部分广告费用等。在采用原始成本评估法进行品牌价值评估时，要注意以下几个问题。

1）广告成本要素。广告投入有双重效应，一方面可以促进销售，另一方面可以扩大品牌知名度和强化消费者的品牌认知。要注意把有史以来与品牌有关的广告费用核算进去。

2）注意资金的时间价值。在计算成本的过程中，一定要根据相应的财务计算办法，计算资金的时间价值，把历史投入资金转化为评估时的资金价值进行评估。

3）在长期广告投入中，有一部分并不能直接转化为利润，无法计入财务报表，如产品质量管理投入、技术投资、专业投资、人员配置投入等，在进行评估时要主要考虑这些因素。

本方法适用于有价值优势及以广告和营销为主的品牌。有些品牌以往的支出同品牌现值差距很大，品牌生命力弱，不宜采用此法。

2. 改造成本评估法

为克服原始成本评估法的弊端，企业还可以按品牌创新的成本估算品牌价值，如考虑品牌意识、试销、回头客、市场份额、销售网络、销售形象、品牌优势、品牌在其他国家的专卖权等因素，来确定再创品牌的费用和时间成本。

但是按改造成本评估法进行品牌评估的主观性较大，需要专业人员执行复杂的操作过程。应用本法进行品牌评估的目的一般不是确定价值的多少，而是要确定品牌资产的经济价值，要认识到成本核算偏重投入，经济核算偏重输出。

3. 市场价格评估法

按市场价格评估法进行品牌评估，是指假如将既有品牌出售，购买者愿意给出的最高购买价格，即为品牌的价值。使用本法，操作简单，将一系列核算工作交由购买者自行处理，企业只需要在众多购买者中选择出价最高者即可。

但是，采用本法有两点要注意：一是一般情况下购买方不单独购买品牌，而是将品牌和企业拥有的其他资产一并购买，因此，有时无法单独区分购买品牌的价格部分；二是购买者购买品牌时往往出于战略的角度考虑问题，因此实际支出的购买价格往往高于品牌本身实际的价值。正因为如此，使用本法时，把购买价理解为卖方和买方之间的一种契约。

4. 潜在利润评估法

潜在利润评估法是现在最常用的一种方法，也是最客观和最合理的一种方法。采用本法，一般包括以下五个步骤。

1）区分与品牌有关的净收入。

2）根据对品牌市场宏观分析估算品牌带来的利润。

3）预测品牌创收潜力。

4）确定评估系数。

5）估算品牌价值：

品牌价值（V）＝评估系数×（品牌利润＋品牌创收潜力）

（二）品牌的经营效应评估

品牌的经营效应评估是指通过对品牌为企业经营管理带来的现实影响（效应）来进行分析，确定品牌为企业带来的价值，找出存在的问题，为品牌改造和品牌创新提供依据。一般来说，对品牌的经营效应评估可以从几个方面进行：对市场份额的影响（市场占有率、市场拓展费用比例等）、对产品市场的影响（价格比例、渠道维护费用率、渠道流失率等）、对公共关系的影响（融资能力、媒体关系、政府支持力度等）、对企业形象的影响（形象五度：知晓度、知名度、美誉度、指名度、满意度）、对内部员工管理的影响（激励功能、凝聚力、生产效率、员工流失率等）。另外，还可以从企业战略对品牌的依赖程度，以及企业品牌对行业发展前景（如行业发展潜力）的影响等角度进行综合评估。

企业在日常品牌维护过程中，必须定期对品牌进行经营效应评估，以动态掌握企业品牌战略和品牌策略实施的状况与效果，对评估结果及时分析。

例如，某企业某品牌某产品市场销售价格为5元/件，该行业该类产品全国一年销售额为5.2亿元，销售量为1.3亿件，公司总资产为5000万元，行业内厂家中资产较少的仅有1000万元，资产较多的达到1.1亿元左右，公司一年的销售量为950万件。

1. 确定比较对象

假如以资产作为比较的基本要素，那么资产总额在5000万元左右的企业则是其比较的对象。因为根据将行业最低和最高之间的差距分为五等份，则每等跨度为（1.1亿元－0.1亿元）/5=2000万元，因此比较对象为资产在4000万元～6000万元的公司。

2. 计算比较基数

假如资产在4000万元～6000万元的公司共有5家（连同本公司），平均价格为3.8元，平均销售收入为3500万元，则比较基数为

价格基数＝3.8元

市场份额＝（3500万÷3.8）/1.3亿×100%≈7.09%

3. 计算比较参数

企业自身比较参数：

价格＝5元

市场占有率＝950万件/1.3亿件×100%≈7.31%

4. 计算比较结果

价格方面：

5÷3.8×100%≈131.58%

市场占有率：

7.31%÷7.09%×100%≈103.1%

价格与市场综合比较结果：

131.58%×103.1%≈135.66%

5. 分析比较结果

根据以上计算结果，品牌对价格的贡献率是31.58%，较好；品牌对市场占有率的贡献率是3.10%，较低。由于价格与市场占有率的关系比较紧密，因此可以计算出品牌的综合比较结果，即品牌对综合比较结果的贡献率为35.66%，较为理想。

6. 提出改善意见

根据以上分析结果，公司可适当降低价格，以提高市场占有率，从而提高综合比较结果，或者维持现有价格，增加品牌建设投入，如广告费用等，以提高市场占有率，达到提高综合比较结果的效果。

第三节 品牌建设与发展策划

一、品牌建设

品牌建设是一项系统工程，它涉及企业各层级、各部门人员，涉及企业战略决策、技术研发、营销策划、生产制造、广告宣传、销售业务、售后服务等企业活动全过程。因此，不只是企业的某一两个人、某一两个部门要对品牌负责，而是企业的每一个人、每一个部门、每一个环节都对品牌建设负有责任，只不过责任区域和内容有所不同。

从品牌的七个构成要素上看，可以找到企业的各个层级、各个部门及企业经营活动的各个环节在品牌建设这项系统工程中所应承担的工作责任。

1）品名需要企业营销部门与广告代理商根据语言文化、社会风俗、产品特征、企业发展战略、品牌寓意等经过筛选比较择优确定。

2）品记需要由营销部门借助广告代理商导入 VI 工程。

3）品类要由企业高层进行投资研究决策，确定品牌的产品品类定位。当企业改变投资领域，改变投资结构，或者是进入相近的产品领域与目标市场，或者是进入全新的产品领域与目标市场，企业都必须适时进行品牌延伸或品牌整合，通过品牌重新定位实现品牌再造。

4）品质是品牌形象的生命线，供应部门和生产部门要建立全面的产品质量管理体系，进行严格的品质控制。

5）品位的营造需要产品研发部门和营销部门在开发新产品时，根据产品概念、产品定位、目标消费者的偏好，通过产品设计、包装工艺、广告创意等手段去表现。

6）品德的形成需要企业高层领导具备深厚的文化底蕴、哲学素养与道德修养，能够提出符合社会公德的、有利于企业发展的、牵引员工思想与行为的企业文化观念与经营理念。这不是营销策划和广告公司所能包装出来的。

7）品行是企业组织行为和员工个人行为在品牌形象上的积累。销售部门在开展销售业务活动时，售后部门在开展广告宣传活动时，公关部门在开展公关活动时，售后部门在提供维修保养服务时，能否贯彻企业的经营理念与行为规范，是影响品牌形象的重要因素。言行一致，就有利于维护和提升品牌形象；言行不一致，就会损害品牌形象。此外，当出现产品质量问题或意外事故时，能否及时开展迅速高效的危机公关，能否提供及时高效的售后服务，是能否修补品牌形象损伤的关键。职业化的、训练有素的公关与用户服务队伍，在这方面能发挥很好的作用。员工个人行为尤其是在社会公众场合下的行为，是否符合法律规范、符合社会道德规范，同样也是影响品牌形象的重要因素。因此，品牌建设、品牌维护，与企业里的每一个人都有密切的关系。

企业各层级、各部门在品牌建设中应承担的责任，可用下式表示：

品牌=品名	+ 品记	+ 品类	+ 品质	+ 品位	+ 品德	+ 品行
↓	↓	↓	↓	↓	↓	↓
营销策划 品牌战略	品牌形象 VI 设计	企业高层 投资决策	生产供应 品质控制	研发设计 广告创意 包装工艺	企业领袖 企业文化 企业理念	员工行为 企业行为 公关活动 （尤其是危机公关、售后服务）

品牌建设是一项社会工程。它受到很多社会因素的影响，如政治、经济形势，竞争者、消费流行趋势、消费者的品牌认知与品牌转移等。品牌生存的环境不是真空，它不断发生着种种变化，就像流水、空气，时时刻刻在流动着。新品牌不断涌现，忙着抢夺有限的市场；旧品牌也不甘落后，拼命加油往前赶。所有的品牌都在争先恐后地发展，如果有的品牌在原地踏步，结果必然如逆水行舟，不进则退。

品牌建设是一项长期的工程。在纷繁复杂的市场与社会中，品牌必然面临着未来命运的种种可能：保值、升值或贬值。品牌是一种动态资产，而这种动态性的最大体现，就是消费者对于品牌认知、态度与行动的变化。因此，品牌建设的着力点在消费者身上。毕竟，消费者才是品牌真正赖以生存的根基。消费者对品牌的肯定、信任、满意、钟情、荣誉感、价值感及情感归属等正面感知，是品牌茁壮成长的阳光和雨露。消费者对品牌的怀疑、轻视、厌恶、反感、拒绝等负面感知，必然令品牌成长受阻甚至夭折。因此，研究消费者如何看待品牌显出非凡意义。

为了让品牌走好每一步，就得随时掌握品牌的健康状况，定期追踪品牌的成长轨迹，进行品牌体检，以便及时修正品牌发展方向，调整品牌管理策略，保证品牌健康发展。

品牌建设是情感、精力、智慧、金钱与时间的永久性投入，品牌资产更是长期性的投资。品牌资产不是一成不变的，它永远处于一种运动状态。受到关爱、支持与推动，品牌资产就会增长；一旦不闻不问，任其自然发展，品牌资产就极可能遭受损失、贬值甚至流失。

二、品牌延伸

当企业规模扩大，实施多元化发展，同时生产产品时，就面临两种品牌策略的选择。一种是单一品牌策略，即企业生产和经营的几种不同产品统一使用一个品牌，将品牌延伸到新开发新上市的产品上来；另一种是多种品牌策略，即企业生产和经营的不同产品使用不同的品牌，甚至同一类产品也采用不同的品牌。例如，宝洁公司同时生产飘柔、海飞丝、潘婷洗发水，汰渍、碧浪洗衣粉，玉兰油护肤品，舒肤佳香皂等。

由于相对于多品牌策略而言，单一品牌策略能较多地降低新产品进入市场的广告宣传费用，新产品也能借助老品牌的市场影响力和信誉度而迅速进入市场。因此，很多企业习惯或者说更偏好于采取单一品牌策略进行品牌延伸。在品牌延伸策划中，要把握好以下几个方面。

（一）进行品牌体检，检查品牌延伸能力

品牌延伸并非只是浅表层面的借用品牌名称这么简单，而是对整个品牌资产的策略化地有效使用。因此，品牌延伸之前必须对品牌进行一次全面的体检，对品牌资产进行一次全面的盘点，确认品牌是否有能力、有实力、适合延伸。

1. 进行品牌定位检查，确定品牌定位具有延展性

有的品牌定位明确而有刚性，如“金利来”是“男人的世界”就决定了金利来品牌

不宜延伸到女士用品。海尔是家电品牌，所以，海尔在家电行业内的品牌延伸取得了成功，但在手机、计算机、房地产行业的延伸到目前为止还并不理想。

2. 做好品牌资产评估，确信品牌具有延伸实力

品牌延伸的目的是要借助已有品牌的声誉和影响迅速向市场推出新产品，因此，品牌延伸的前提就是这一品牌具有较高的知名度、美誉度、忠诚度等雄厚的品牌资产，在消费者心中有很高的地位。品牌延伸后，不仅是不同的产品将共享一个品牌名称，而且还分摊一份品牌资产。因此，当品牌资产并不丰厚、品牌力量并不强大，并且受到诸多同行强有力的挑战时，品牌延伸就是危险的。例如，巨人集团在最初经营的计算机行业没有取得绝对优势的情况下，迫不及待地进军生物保健品市场和房地产市场，致使企业的人、财、物等资源过度分散，结果因为管理混乱而只开花不结果，使本来很有希望的企业陷入了重重危机。

（二）进行延伸产品规划，保证品牌形象统一

品牌可以在相关产业、相关产品类别中延伸，即在实施相关多元化的基础上延伸。例如，品牌从电冰箱延伸到洗衣机，这类延伸是相关延伸，大多数品牌延伸都是这种模式。另一种是跳跃延伸，即品牌旗下的产品与延伸产品之间没有技术、市场和分销渠道上的任何关系。例如，雅马哈品牌旗下有摩托车和电子琴两个大相径庭的产品。从我国企业实际运作经验和我国消费者接受情况来看，在规划延伸产品时，选择相关产品更有利于维护品牌形象，更易于成功。但无论是相关延伸还是跳跃延伸，都必须保证产品品质的一致性和个性的协调性。如果延伸产品的质量还不成熟，品牌延伸就很危险，以至于“城门失火，殃及池鱼”。这样的品牌延伸宣传越广，延伸产品销售越多，往往也意味着有越多的消费者对品牌开始产生不满，甚至远离这一品牌。因此，它并不代表品牌延伸的成功，相反，品牌风险很大。

此外，为保证品牌延伸的成功，在进行延伸产品规划时，最好选择市场竞争不太激烈、竞争对手实力不强且多为非专业品牌的产品领域。

（三）防止品牌延伸陷阱

品牌延伸的好处很多，成功的案例也很多，但失败的案例同样比比皆是，以至于许多专家把品牌延伸视为陷阱。这是品牌延伸必须避免的。

陷阱之一：损害品质形象。如果把高档品牌使用在低档产品上，就可能落入这种陷阱。早年，美国的“派克”钢笔质优价高，是身份和体面的标志，许多社会上层人士都喜欢带一支派克笔。然而，1982 年，派克公司把派克品牌用于每支售价仅 3 美元的低档笔上，结果非但没有顺利打入低档笔市场，反而丧失了一部分高档笔的市场。其市场占有率大幅下降，销售额只及其竞争对手克罗斯公司的一半。盲目延伸品牌毁坏了派克在消费者心目中的高贵形象，而其竞争对手则趁机侵入高档笔市场。

陷阱之二：模糊品牌定位。燕京啤酒在北京的市场上尽管位居前三甲，但行业竞争

的日趋激烈和利润的逐渐薄弱让燕京啤酒下定决心“不把鸡蛋放在一个篮子里”，向饮料行业延伸。以为借助燕京啤酒的强大声势，饮料领域的消费者一定会迅速认同燕京饮料——于是燕京红茶、绿茶等饮料陆续上市，结果却换来了消费者“喝饮料还是喝酒”的疑问，燕京饮料的各类产品都无法同竞争对手进行有力的抗衡。

陷阱之三：造成心理冲突。美国 Scott 公司生产的舒洁牌卫生纸，本来是卫生纸市场上的头号品牌，但随着舒洁餐巾纸的出现，消费者的心理发生了微妙的变化。对此，美国广告学专家艾·里斯幽默地评价说：“舒洁餐巾纸与舒洁卫生纸，究竟哪个才是为鼻子策划的呢？”结果舒洁卫生纸的头牌位置很快被宝洁公司的 Charmin 牌卫生纸所取代。“999”胃泰曾经被视为胃药的代名词，这正是品牌定位所追求的最高境界。然而，三九集团随后进行了大量的品牌延伸，甚至延伸到啤酒。消费者喝带有“心理药味”的酒自然不是一种享受。饮酒会伤胃，“999”还是“胃泰”吗？类似的品牌延伸错误还有荣昌肛泰做甜梦口服液、邵氏鞋业插足纯净水等。

陷阱之四：跷跷板效应。在美国，Heinz 原本是腌菜的品牌，而且它占有最大的市场份额。后来，公司用 Heinz 代表番茄酱，做得也十分成功，使 Heinz 成为番茄酱品牌的第一位。然而，与此同时，Heinz 丧失了腌菜市场上的头把交椅，被 Vlasic 取代。这就是艾·里斯所说的跷跷板效应。一个名称不能同时代表两个完全不同的产品，当一种上来时，另一种就要下去。可悲的是，堡垒从内部被攻破了。

（四）选择品牌延伸策略模式

1. 采用原品牌策略延伸

采用原品牌策略延伸即完全采用原来的品牌名称进行品牌延伸。例如，耐克和阿迪达斯用统一的品牌名称统领运动服装与运动器具。具有共同个性风格的相关产品延伸可以采用这种策略。但是，这种策略也容易出现上述各种品牌延伸陷阱。

2. 采用副品牌策略延伸

为了避免原品牌策略延伸的风险，可考虑采取折中的办法——在原品牌不变的情况下为新产品再起个小名，即副品牌，实施主副品牌策略。这样做一方面避免了模糊效应，另一方面又有效地降低了株连风险。实践证明这种策略是非常成功的，在耐用消费品和工业品延伸方面尤其适用。其原因有以下四点。

第一，主品牌可以带动副品牌。例如，“海尔-神童”洗衣机，副品牌“神童”传神地表达了“计算机控制、全自动、智慧型”等产品特点和优势。但消费者对“海尔-神童”的认可、信赖乃至决定购买，主要是基于对海尔的信赖。因为海尔作为一个综合家电品牌，已拥有很高的知名度和美誉度，其品质超群、技术领先、售后服务完善的形象已深入人心。

第二，副品牌一般都直观、形象地表达产品优点和个性形象。长虹空调的“雨后森林”、“绿仙子”、“花仙子”等副品牌栩栩如生地表现出长虹空调的空气净化功能。

第三，副品牌具有口语化、通俗化的特点，易于快捷广泛传播，形成口碑宣传。

第四，副品牌可以活化主品牌形象，而又不分散企业广告预算。

知识拓展

品牌创新的要点

品牌创新有许多层面，也有许多方法和模式，在这里重点提示以下三点。

1）树立创新意识，关注人文意义。品牌会使人联想到一种产品，更重要的是潜意识中使人联想到另一种意义，那么品牌的创新就应定位一种人文意义，使其更具有竞争力。例如，青酒的实际功能为饮料，但宣传中赋予的人文意义却超出了产品的实际功能，其广告语为“好东西要与朋友分享”，这体现了一种友情、一种人文关怀。

2）用科技点亮品牌。科技的发展在当今世界日新月异，正迅速地改变着社会。企业、品牌利用科技创新可使自身不断壮大，在竞争中处于有利地位。例如，日本的公司在第二次世界大战后随着科技的发展迅速壮大：1958 年，日立公司开发了日立电子显微镜，并在布鲁塞尔国际博览会上获大奖；1959 年开发制造出晶体管式电子计算机；1964 年开发制造出第一台新干线列车；1965 年开发出彩色电视显像管；1974 年，日立开发制造的日本第一套核动力发电设备开始商业运营……这些创新产品使日立公司不断壮大。

3）“软件”更新。许多人一谈起创新马上会想到科技创新，但对于一个企业而言，同样重要的还有经营管理创新、营销创新、文化及广告创新，有时后者可能比前者更重要。

三、品牌拯救策划

面对极度受创、日趋没落的品牌困境，企业应该怎么办？是苟延残喘？是任其自然？还是重新创牌？面对陷入困境的品牌，企业首先要仔细分析品牌衰落的原因所在，然后结合自身的能力，采取有针对性的拯救措施。概括起来，主要有以下几种方法。

（一）品牌许可转让

品牌许可转让即把陷入困境的品牌，许可转让给其他实力雄厚的公司，利用新的资源拯救品牌。对于合作，收购公司来说，拯救一个仍有发展潜力的品牌，无疑要比开发一个新的品牌节省时间和费用，可以大大缩短开发进程。

面对激烈的市场竞争，我国有许多著名牙膏品牌，开始走下坡路甚至已经销声匿迹了，但“中华”、“黑妹”等品牌通过与外商合资，保留了自己的原来品牌，扩大了企业实力，在市场竞争中重新站稳了脚跟。

（二）进行产品革新

很多品牌的衰落原因都在于产品的落伍。为了防止品牌随着产品生命周期的衰落而老化，必须不断革新产品、活化品牌。美国施乐公司在 20 世纪 80 年代初由于忽视新产品开发，曾一度陷入困境。但是，公司积极应变，不惜投入巨资，加强研究开发，终于推出了简便、高品质的新一代复印机，又一次走在了竞争的前列。产品寿命周期越短、价值越低的感性消费品越需要不断推出新品才能延续品牌生命活力。

（三）重新定位品牌

派克钢笔最早以其实用、廉价最负盛誉。圆珠笔的出现，打破了派克公司一统天下

的局面。由于圆珠笔更加实用、廉价，一问世就大受消费者的欢迎。派克公司无所适从，结果生产大受打击，经营面临困境，公司濒临破产。后来，派克公司重新塑造派克钢笔的形象，突出其高雅、精美和耐用的特点，使其从一般大众化的实用品成为高贵社会地位的象征，并让派克钢笔获得了“伊丽莎白二世御用笔”的美誉。老的以实用、廉价为标志的派克钢笔没落了，新的派克钢笔却以炫耀、装饰为标志的形式再生了。

（四）转移目标市场

如果品牌的衰落是由于目标市场的缩小，可以选择进入更有潜力的目标市场。“万宝路”是美国 20 世纪 50 年代投产的第一种过滤嘴香烟，是女性香烟市场上最受欢迎的品牌。后来女性消费市场呈现疲软之势，便决定改变“万宝路”的形象，在广告宣传中反复强调“万宝路，男性世界”这一主题。万宝路西部牛仔的阳刚、豪迈、典型男子汉气质的品牌形象迅速征服了世界各地的男性烟民。

（五）进行区域转移

如果品牌只是在某些地区日渐衰落且无法挽回，可以考虑转移到其他地区，使品牌换个市场区域获得新生。发达国家的企业纷纷将其衰落的品牌产品销往发展中国家，继续获取丰厚利润，正是运用了这一方法。

（六）进行产业调整

在原有产品与产业逐步衰落之时，迅速调整产品与产业，使品牌在转换产品与产业上获得新生。“太阳神”口服液曾经风靡一时，但是随着中国保健品产业走入低谷，“太阳神”也一步步走向衰落。太阳神集团及时进行产业调整，推出“太阳神”矿泉水，延续了“太阳神”的品牌生命。

小　结

本章首先阐述了品牌的内涵及其相关的因素，并从品牌内涵的角度出发解释了品牌资产的涵义；接下来通过品牌设计、品牌推广、品牌维护和品牌评估等环节说明了品牌策划的主要内容；最后阐述了品牌建设、品牌延伸与品牌拯救等方面的内容，从而完整地论述了品牌策划的相关内容。

案例分析

案例一

万家乐“闪电行动”之品牌策划

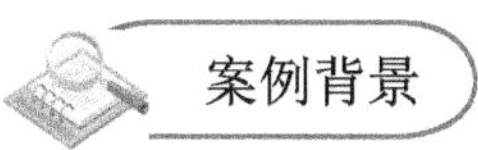
案例背景

众所周知，万家乐在中国燃气热水器行业的市场地位已非常稳固，消费者往往将“万家乐”与“燃气热水器”联系在一起，但他们并不清楚万家乐在灶具方面强大的潜力。从技术角度来看，万家乐同样拥有燃气灶具的先进技术，并成为家用燃气灶国家标准的起草单位；从产品研发能力来看，万家乐拥有近50人的研发队伍，并拥有最先进的日本进口的产品检测设备，每年开发新品多达几十种；从生产能力来看，万家乐灶具生产线年生产能力达150万台。

虽然万家乐在灶具方面具有强大的潜力，但近几年在市场表现上并不尽如人意，年销售量不及20万台，与其拥有的实力极不相称。正是出于以上考虑，万家乐决定首战突袭灶具市场，将灶具市场作为其战略的突破点，并将此次战役命名为“闪电行动”。

案例分析

一、产品攻势

是主推形象产品还是推广品牌形象带动产品销售？通过对竞争对手成败经验的分析，以及参考类似行业企业的经验（长虹背投彩电成功推广），万家乐认为通过产品的挖掘，通过主推产品的宣传，一方面可以直接推动产品销售的增长，另一方面可以通过主产品的形象来提升企业的形象。

经过多方论证后，厂方决定推出“双高”炉，主要基于以下考虑。

首先，“双高”特点——高火力、高效率，相比其他产品特点而言更为消费者所关注。调查显示，火力和节能是消费者最关注的因素，以此为独特卖点更容易为消费者所接受。

其次，在技术上“双高”有很好的支持点：万家乐独有专利技术“双高灶用燃烧器”；热负荷突破性地达到4.3kW，这么高的热负荷在行业中非常罕见；热效率比当时市场上热效率最高的灶具还高10%。

由此产品策略已非常明晰：主推“双高”灶具，并将其他系列产品整合到“双高”概念中来。

二、品牌攻势

以往万家乐灶具产品系列均以型号来代表，不仅生硬、不容易记忆，而且不利于消费者联想、传播。那么给“双高”灶具起个什么名字？

“双高”本身给人比较“猛”的感觉，因此在构思名称时也朝着这个方向努力。通过综合分析并在小范围内进行测试，最终选定“双高火先锋”。“双高”代表万家乐灶具高火力、高效率的概念；“火先锋”给人非常猛、非常刚性的感觉。

品牌定位方面，双方一致认定是“家用燃气灶国家标准起草单位”。因为万家乐是参加家用燃气灶标准起草单位中唯一的企业，也是燃气具行业唯一获得“中国驰名商标”的企业。在品牌定位上应当高起点、高定位，打“标准”牌。以“标准”制定者作为身份，一方面具有极强的排他性，另一方面树立行业领先者的形象，迅速提升万家乐在灶具市场中的地位。

在请形象代言人问题上，大家进行了激烈的讨论。最后厂方认为应该重新启用汪明荃作为形象代言人，理由如下。

1）调查显示，万家乐品牌在灶具品牌中的第一提及率高达90%以上，万家乐的汪明荃形象和“万家乐，乐万家”的广告语已经深入人心；万家乐在沉寂许久后重新启用汪明荃能使万家乐的品牌形象在短时间内和在较少的广告投放下被迅速唤起，这是启用任何其他的形象代言人所无法实现的。

2）汪明荃在25岁以上的女性中具有良好的形象和美誉度，在娱乐圈内外的口碑俱佳。

3）重新启用汪明荃会有品牌形象老化的问题。但目前这只是一个短暂的过渡，现阶段启用汪明荃是利远大于弊的最佳选择。

4）因为早期万家乐与汪明荃所沉积的巨大影响力，万家乐在启用汪明荃的前前后后，可以充分利用事件进行炒作，更可以配合“寻找万家乐老朋友”这样的公关促销活动。“老人谱新曲”可以收到较好的公关促销效果，这也是启用任何其他的形象代言人所无法实现的，可以较小的代价获得较大的关注度回报。

因此，万家乐灶具品牌形象最终确定为汪明荃十两个“双高”战士，背景是熊熊燃烧的烈火。

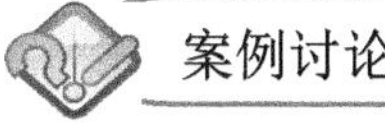

案例讨论

当今市场经济竞争日益激烈，产品同质化日趋严重。企业要在激烈的竞争中占有一席之地，就必须使自己的产品具有特色。企业要加强市场营销，树立产品鲜明的形象，提高产品的品牌度，培养顾客的忠诚度，最终实现企业的目标。

万家乐公司的首要目标就是通过树立品牌，培养客户的忠诚度。选定汪明荃作为产品的形象代言人，目的就是将产品推向企业的老客户，并吸引新的顾客。针对企业的目标市场，发动宣传攻势。

从万家乐灶具市场营销策划案例来看，万家乐的灶具产品在市场上具有强大的潜力。因此，通过发掘产品的特色，将产品的独特形象信息传递给目标市场，吸引目标市场，是万家乐再次雄起的有力武器。

（资料来源：http://www.doc88.com/p-371437942384.html.）

案例二

重庆移动推进“全球通”品牌建设行动

案例背景

自 2002 年年初以来，移动公司主要竞品采取的渗透式的市场竞争策略和促销手段，对中国移动高端客户的品牌忠诚形成了很大冲击。当我们调研各大城市“全球通”竞品的竞争策略和具体的竞争手段时，不禁打了一个冷战——竞品的策略与手段杀伤力太大了，客户对这种诱惑实在难以抗拒。

在调研过程中，客户“感觉移动公司很强，他们的服务我也不知道怎么样，我就要换网”；“别的公司保证我们的话费有优惠，我们要换网”的声音络绎不绝。据当时初步得到的数据显示：在全球通高端客户中有换网倾向的高达 20%。

品牌忠诚的形成，一是靠企业自身长期的规划，二是靠在不同时期、不同阶段灵活创新政策的具体实施。外部环境是动态的，竞争品牌的发展也是动态的，甚至是剧烈的。建立品牌、塑造品牌、维护品牌决不应只成为一句口号，只有根据实际的市场竞争环境，采取相应的竞争手段来切实开展工作才能实现，正所谓万丈高楼，起于平地。

案例分析

一、“全球通”品牌形象的检验

全球通作为一个大品牌，由于特殊的发展历程，它绝对不能视同于一个新品牌。它的品牌层次架构搭建得如何呢？我们不妨来进行一次品牌检验：

社会形象——沟通从心开始（体现的是企业价值观）。

市场形象——专家品质，信赖全球通（体现的是市场专业性）。

产品形象（以彩信为例）——彩信，发送动人一刻（体现的是产品创新性）。

服务形象——?

虽然移动将“沟通从心开始”定义为企业的服务理念，但没有从传播的角度延伸成为它的服务形象，而在传播上更多地表现为企业的社会形象 。

提到海尔的服务形象，我们耳熟能详——“五星级服务”，真诚的服务；提到中国移动的市场形象，我们脱口而出“专家品质，信赖全球通”，可它的服务形象呢？没有。消费者感受不到中国移动的服务，不知道它的服务是什么样的也就不足为奇了！

移动公司明明为它的客户推出了大量的服务措施，为什么客户就是不知道它的服务是什么样的？移动公司在服务内容的传播上也投入了大量资金，为什么没有取得应有的效果？问题的症结就在于没有塑造出一个鲜明的服务形象，没有推出一个服务品牌，消费者也就无法看见它的服务是什么样的。

二、确立“全球通”品牌的服务形象

1. 找出企业提供服务的优势资源

检阅移动公司的服务套餐，林林总总，多达几十项。如果在开展分析时埋头在这些具体的服务内容里，必将没有头绪。实际上消费者也没有足够的耐心和理性来认真辨别这些内容。唯有跳出这些具体内容，在一定高度上整合出这些服务内容的共性，才是服务资源的核心优势所在。不难得出这样一个结论：中国移动的服务资源优势在于关注客户的需求，用心为客户提供全面的个性化服务。

2. 了解消费者的需求

通过市场调查，了解到消费者的声音：“我需要真的关注我、在乎我、尊敬我的服务”；“我需要的服务不是华而不实的，我不需要冠冕堂皇，我需要关心我的、重视我的服务。”即消费者所反映的问题大都集中于关注、在乎、关心、尊敬他们。

从社会心理学的角度来分析可以知道，任何一个人都有被关注、被重视的心理需求。一个普通的职员需要上司的关注与重视，才有升迁的可能；一个成功的商人需要政界的关注重视，才能赢得更多政策的支持……同样，消费者认为移动通信公司的服务关注、重视他，他才不会感觉公司是“官僚的”、“高高在上的”公司。

3. 竞品的传播方式

品牌策划的一个基本常识是考虑问题的“你、我、他”。你，即消费者；我，即产品本身；他，即竞品。分析竞品传播，不是分析竞品在传播上的长处，而是分析竞品在传播上忽略了什么，有没有失误。实际上，移动公司竞品的传播重点很清楚，就是价格。可目标消费者实际上真正关心的是用钱所买的是否值得。竞品在传播上忽略了目标消费者的心理需求和情感需求。移动公司服务形象的定位机会已经非常清楚地展现在眼前。

4. 确立“全球通”品牌的服务形象

通过上述分析，我们已经清楚了移动公司服务形象的定位。但与此同时，把握这个机会必须有一个原则，即这个服务形象的定位必须继承移动公司已有的品牌形象资产，这个定位必须对“沟通从心开始”有一个呼应，有一个“灵魂”的回归。

据此确立“全球通”品牌的服务形象，其过程如图 6-3 所示。

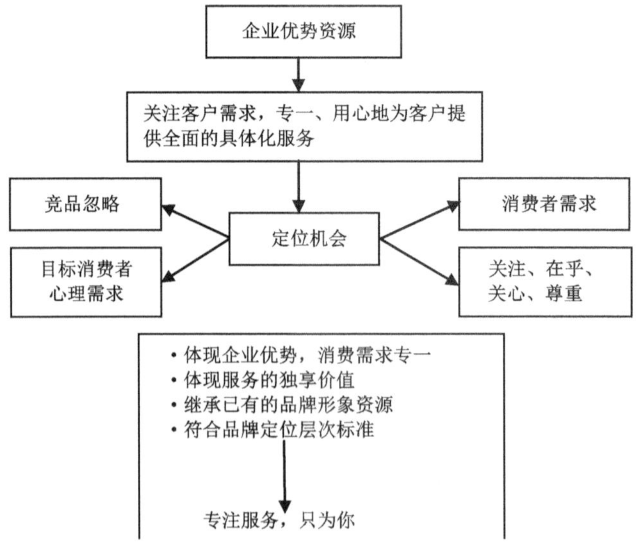

图 6-3 “全球通”品牌服务形象的确定过程

“专注服务，只为你”，移动公司服务形象的品牌定位就这样在科学严谨的策划中产生了。

至此，移动公司完整的品牌形象就确立了。其层次架构如图 6-4 所示。

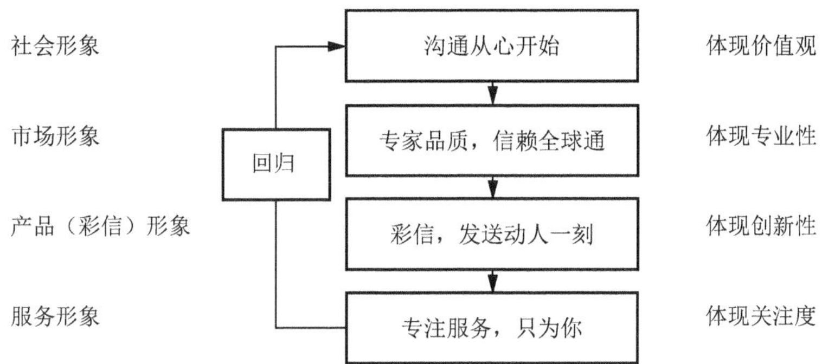

图 6-4　中国移动品牌形象层次架构

专注服务，只为你。用心的服务当然是一种双向的沟通，一种从心开始的沟通。整个形象架构结构严谨、层次鲜明，每一个层次的认知标准明确，对应的沟通对象界定清晰，一个完整的品牌形象架构就这样像一座高楼般稳当地矗立起来。

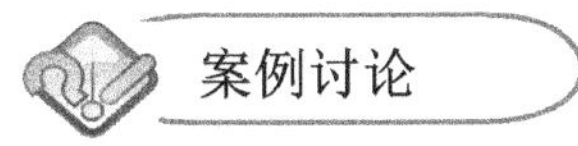

通过上述案例，应该学会正确解析品牌形象。一个完整的品牌形象应该包含四个层次，即品牌的社会形象、市场形象、产品形象和服务形象。社会形象面对的是上层建筑、社会大众，体现企业的核心价值观；市场形象面对的是竞争者、流通渠道、消费者，体现品牌的市场专业性；产品形象和服务形象面对的是目标消费者，分别体现品牌的产品创新性和品牌对消费者的关注度。这四个层次形成一个循环，即末端的服务形象到开端的社会形象一定有一个回归。

（资料来源：http://www.cmmo.cn/article-8059-1.html.）

思考题

1．品牌内涵包括哪些因素？
2．品牌策划的主要内容有哪些？
3．请举例说明品牌拯救策划的环节有哪些。

第七章

文化营销策划

教学目标

了解文化和文化营销的概念，以及文化因素对企业市场营销策略的影响；掌握文化营销在产品、品牌、价格、促销等方面的策划实务；了解中国传统文化的基本精神及其在营销策划中的应用。

学习要点

- 理解文化概念对企业营销策略的影响。
- 熟练掌握文化营销策划实务。
- 掌握中国传统文化精神在营销策划中的应用途径。

关键词

文化　文化营销　文化营销策划　中国传统文化

导入案例

文化营销在商业地产策划中的运用

天津古文化街商贸区位于天津市内环线内，总占地面积 18.4 万平方米，规划占地面积 13.91 公顷，拟建建筑面积 20 万平方米。古文化街地区的历史文化源远流长，由于位于东马路繁华商圈和海河开发改造中心地段，是天津传统文化商贸中心之一。目前天津的主要商业区将全部涵盖在方圆四公里的商圈范围之内。针对古文化街项目的背景和优势，采取以下做法强调项目的特色和内涵，使文化优势最大化，将文化营销策划更为广泛深入地应用到项目开发的各个环节。

一、项目定位

充分利用古文化街现有旅游资源和商业资源，扩展古文化街现有的商业文化、民俗文化特色，建成集旅游、购物、餐饮、休闲、住宿为一体的综合性旅游商贸区，使之成为天津海河沿线最具天津民俗特色、最富津味文化内涵的商旅长廊和天津人感怀掌故、外埠游客了解津貌不可错过的商旅休闲区。

二、业态规划

本项目在进行土地开发总平面规划时，坚持以文化引领营销为原则，在挖掘传统文化、民俗文化与旅游文化、商贸文化结合的基础上，以“旅游带商业，商业促旅游”，发展多元化经济为导向，将商贸区划分为三大街区：一是文化街区。在项目规划上，对区内的文物古迹和特色建筑进行保护，并赋予文化内涵，使其成为极具天津民族文化特色的代表。二是亲水平台的文化沿河餐饮娱乐带。这一区域结合怡人的亲水景观和大型亲水平台，在海河沿岸规划出一条海河风情带。三是现代商贸中心。结合天津市现在的商业布局和商圈分布，将东马路一侧规划为现代商业购物中心。

三、建筑规划

由于商贸区的经营业态非常丰富，营销策划中应一直遵循“建筑风格丰富多样而不乱”的原则，在规划设计中既体现先进文化，又继承和发扬古文化街历史上“华洋杂处、南北交融”的文化传统，坚持多元文化交融。在建筑风格上以“吉水祥云、潜龙出世”的主题贯穿其中，仿古但不复古，充分考虑传统风格与现代建筑的融合问题。

四、景观设计

在规划设计中，融入“河流文化、道教文化、妈祖文化、民俗文化、旅游文化、商贸文化”等多元文化内涵，使其成为展示各种文化的窗口。根据不同功能分区的特点配置相应面积和特点的户外广场供人们休闲，并通过景观步行道将动线组成一个完整的步行系统。街路铺装、街心小品、绿色点缀、广场休憩等，配合灯光效果设计，使得商贸区呈现古韵新风。

（资料来源：http://www.docin.com/p-53681258.html.）

第一节　文化概念及对企业营销的影响

市场营销观念无论如何变化，关注消费者、尊重消费者、关注整个社会福利的提高与改善，始终是一条主线。营销理论越来越强调营销活动中人的关系，即营销的人文性。营销学家在营销实践和理论探索中发现，人们消费的方式，满足需要与欲望的考虑顺序，以及他们满足自我的方式，都是以他们的文化为基础的。因此，成功的营销必须与文化相融合。

一、文化的含义

现代意义上的“文化”概念最早是由爱德华·泰勒提出的。他在1871年出版的《原始文化》一书中指出“所谓文化或文明是包括全部的知识、信仰、艺术、道德、法律、风俗以及作为社会成员的人所掌握和接受的任何其他的才能和习惯的复合体”。《辞海》对文化的定义有广义和狭义之分。所谓广义文化是指人类在社会实践过程中所获得的物质、精神的生产能力和创造的物质、精神财富的总和。所谓狭义文化是指精神生产能力和精神产品，包括一切社会意识形式：自然科学、技术科学和社会意识形态。

关于文化的特征，学者们在以下几个方面达成了共识。

1. 群体特征

文化不是一种个体的特征，而是人类群体的特征，是被某一群体所接受、所遵循的一种规范。这个群体是由接受相同教育和具有相同生活经验的个体所构成的群体，如家庭、部落、民族、宗教组织等。

2. 物质与精神的统一

文化以价值观、心理状态、思维方式等形式存在于人们的精神活动中，并通过人们的态度、行为及一些物化的东西加以表现，并对人们的态度、行为加以约束，如人们的衣、食、住、行等。

3. 相对独立与稳定性

文化是世代相传的，具有一定的历史延续性，一经形成便具有相对独立和稳定的特征，在没有重大或突发事件的影响下其变化是缓慢的。文化的这两种特征表现为地区性、地域性、民族性和排他性。

4. 发展的特征

尽管文化的变化是缓慢的，但它终究是要发展变化的。在受外部政治、经济影响的同时，文化本身也通过自身的扬弃、克服、批判、继承、融合来变化和发展。

二、文化营销

文化营销，是指企业在市场营销中有意识地通过发现、甄别、培养和运用某种独特的核心价值观念等手段来达成企业经营目标的一种战略性营销活动。文化营销中企业以分析消费者的文化需求为出发点，以发掘和传播与之相适应的核心文化价值观念为手段，有效地满足这种文化和情感需求，以提升顾客价值和满意度，最终目的是提升企业的核心竞争力并形成长期的竞争优势。文化营销强调的是物质需要背后的文化内涵，是以文化手段将各种利益关系群体紧密维系在一起，发挥协同效应，建立企业的核心竞争力，以形成企业长期竞争优势的一种战略性营销。整个市场营销过程实际上就是一个文化价值传递的全过程。

（一）文化营销的内涵

1. 文化营销的出发点

文化营销的出发点在于分析消费者心目中对于文化更高层次的需求，这种对于文化更高层次的需求对其购买行为产生了深刻和关键的作用。过去，产品传递给消费者的价值和满足更多的强调了生理的和物质的低层级需要，而当社会物质生活非常丰富，消费者生活质量得到提高时，消费者的价值和满足是在生理满足的基础外更多地偏向于对高层次文化的追求。这就要求营销者在产品传递过程中也必须传递某种文化，当消费者的文化需求与企业通过产品和服务所传递出来的文化契合时，才能真正实现消费者满意。因此，现代的消费者满意要求营销者必须引导消费者的文化需求，实现文化观念的传递，在营销过程中通过文化提升顾客的感知价值。

2. 文化营销是传播企业文化的系统行为

无论是产品的营销还是服务的营销，其营销思维都不仅仅局限于产品本身和直接服务的项目，而着重于运用经过策划的系统的文化交流沟通方式向营销对象系统传播有关产品和服务的文化知识，提升营销对象的消费文化水准和对企业的文化认识，以此获得营销对象对企业文化的认同，从而使其心甘情愿地、主动积极地接受企业的产品和服务。

3. 文化营销的核心内容

从营销学角度来看，要想获得营销对象的认同，很重要的一点就是企业价值观念必须要为营销对象所赞同、欣赏和接受。因此，文化营销，就是要把企业文化的核心内容——企业价值观传达给营销对象，与其沟通，以达到价值观念的共振，产生亲和力，从而最大程度地调动营销对象的消费情感。

4. 文化营销质量的评估标准

正因为文化营销是传播企业文化的系统行为，企业价值观念是其传播的核心内容，所以其行为评价不是以个别产品销售和服务达成与否为主要标准。也就是说评价的眼光不是聚焦在具体的产品或服务上，而是在顾客身上，在顾客的态度上。因此，顾客对企业提供的产品、服务及企业整体形象是否满意，即顾客获得的整体价值是否得到提升，才是评价文化营销好坏的标准。

（二）文化营销的特征

1. 时代性

文化营销作为一种价值性活动总是反映和渗透着自己的时代精神，体现出时代的新思想、新观念，如“信誉是企业生命”、“顾客是上帝”等。每一个时代都有自己的精神文化特征。文化营销只有不断适应时代的变化，汲取时代精神的精华，才能把握住社会需求和市场机会，才能赢得消费者，否则就会被时代所淘汰。

2. 区域性

文化营销的区域性指在不同的地区国度因文化差异造成的营销对象、营销方式等的差别。它与民族、宗教、习俗、语言文字等因素有着深刻的关系。例如，东方人把红色作为喜庆色，而红色在德国、瑞典则被视为不祥之色。营销活动的这种区域性表明在营销活动中一定要考虑到区域文化特点，做好不同文化之间的沟通交流，消除障碍，才能实现文化的营销，否则企业就会寸步难行。

3. 导向性

文化营销的导向性表现在两个方面。一是用文化理念规范引导营销活动过程。在深层次上同社会及消费者进行价值沟通。绿色营销就是在环境保护的深层的价值观上契合了消费者的想法而得以盛行。二是对某种消费观念、消费行为的引导，从而影响消费者的消费观念，改变其态度行为及生活方式或生活习惯。

4. 开放性

文化营销由于对文化的广泛理解而具有极大的开放性。一方面它对其他营销方式能产生强大的文化辐射力，从理念价值的角度提升其他营销方式的品位。文化营销中的文化理念、文化资源对多种营销都有实际的指导意义，文化还可以加强绿色营销、体育营销、关系营销等的实际效果。另一方面文化营销又不断吸收其他营销活动的思想精华，保持其创新的活力。例如，文化营销可以吸收绿色营销观念开展绿色文化营销；吸收道德营销观念开展道德文化营销等。这种开放性有助于文化营销向纵深拓展，丰富自己的内涵。

5. 个性化

文化营销的个性化指产品服务在开展文化营销活动中所形成的有助于品牌识别的文化个性。这种个性化具有鲜明的特色，很容易被消费者识别，利于确立企业和品牌形象。个性化的营销表达了企业产品的不同特质，有效地区分了市场，巩固了固定的消费群体，保证了营销的效果和经营效益。

（三）文化营销的功能和意义

文化营销的施行会让企业得到满意的效果，不但会促进企业产品的销售，确立竞争优势，而且还会树立企业的社会形象，增强企业的品牌和声誉。按照文化营销对企业作用的不断深化和影响，可以把文化营销的功能分为以下四种。

1. 差异化营销，树立竞争优势

差异化是企业在竞争中获胜的基本战略，在价值创造与实现过程中导入文化因素，有助于构筑差别优势，起到市场细分的效果，这就是文化营销的差异化功能。

差异化是指企业提供给顾客的产品或服务具有某种独特性并因此而获得溢价的报酬。当一个企业能够为买方提供一些独特的产品或服务时，这个企业就具有了区别于其竞争厂商的经营差异性。一个能创造和保持经营差异性的企业，如果产品价格溢价超过了它为该种差异性而支付的额外成本，它就成为其产业中盈利高于平均水平的佼佼者；同时，差异化可以使企业控制溢价，使其在一定价格下出售更多的产品，或者在周期性或季节性经济衰退时，获得诸如买方忠诚等相应的利益。依靠文化塑造产品差异，各个产品追求各自不同利益的消费群体，能有效地减少矛盾和冲突。北京的大碗茶与广东的功夫茶，就是不同文化、不同风格的表现，这种文化的多元化有利于竞争的多元化，有利于市场的健康发展。

实际上，每一个企业都是进行设计、生产、营销、交货，以及对产品起辅助作用的多种活动的集合，其中每一个环节都是一种价值增值过程，所有这些价值活动组合起来形成该企业的价值链，而价值链任何一处都可能产生经营差异性。营销是企业创造价值的价值链条中极其关键的一部分，可以说是企业中最重要的活动。文化营销作为一种十分有效的市场经营手段，如果运用得当，将会更充分地细分市场，分割出对自己最有利的顾客群，凭借与众不同的吸引力，占领市场份额和享受收益。一条价值链通常代表着企业创造的一种价值或为社会提供的一项功能。在当今社会中，随着市场竞争的加剧，为了在竞争中寻求突破，企业还必须以营销为中心，将价值链的不同环节集结起来，整合成一个星系网络，通过多种功能的复合，丰富和完善原有的中心功能，这种独特的功能复合提高了买方获得的价值，得到了市场的认可，从而使企业在众多同行中脱颖而出。随着市场经济的发展，物质财富的丰盈，人们对商品中蕴藏着的文化意义、文化价值愈加重视，以体现自己的文化欣赏品位。因此，企业要善于让文化与产品结缘，通过文化营销来实现差异化。

文化营销作为差异化的新思路与新来源，具有以下两个显著特点。

1）低成本。差异化对于企业经营业绩的贡献只有在经营差异性可见的买方价值超过成本时才能实现。倘若企业在经营差异性方面承担的成本大于溢价，效果只会适得其反。文化作为人类群体或民族世代相传的行为模式、艺术、宗教信仰、群体组织和其他一切人类生产活动、思维活动的本质特征的总和，是一种现成的、尚未被充分利用的资源。文化被一个社会或群体所共有和认同。唤起文化的认同感，激发文化的感染力所需的经济代价远远小于技术突破、产品开发、广告宣传等。这种成本优势为企业独特的价值贡献提供了广阔的空间。

2）持久性。差异化的持久性决定于两个方面：一是差异化了的买方连续可见价值；二是竞争对手不易模仿。买方的需求和认识维持得越长久，竞争者在短时间内越不易模仿，越能给企业带来极高的价值。一方面，文化是特定人群世代相传、长期积淀而成的，因此它在一段时间内表现得相对稳定，利用文化因素开发的差异化功能对买方的意义也就相对稳定。另一方面，防止竞争对手的模仿要求企业具有增加差异模仿困难的壁垒，而文化的先天特性决定了文化营销在构筑经营差异性的同时也构筑起了这种来源于文化的差异性进入壁垒。这是因为，文化属于一种感性因素，表现为思想上的认同感，并自然而然地流露在行为方式上，这种认同感是对象鲜明的、很难替代的。正是基于以上两个原因，通过文化因素激发的经营差异性具有持久性。

2. 塑造营销的比较优势，打造企业核心竞争力

核心竞争力是指组织内部一系列互补的技能和知识的结合，它具有使一项或多项业务达到竞争领域一流水平、具有明显优势的能力。简单地说，就是企业在经营过程中形成的不易被竞争对手效仿的，能带来超额利润的独特的能力。它是企业在生产经营、新产品研发、售后服务等一系列过程和各种决策中形成的，具有自己独特优势的技术、文化或机制所决定的巨大的资本能量和经营实力。核心竞争力是企业获得长期稳定的竞争优势的基础。文化营销作为一种高效的营销手段，可以派生出其他多样的新颖的营销模式，为企业在市场的竞争当中发挥作用，占据竞争优势。营销会在文化营销的带动下成为企业的核心竞争力。

核心竞争能力的形成必须具备四个必要条件：价值创造、可延展、难以模仿与自学习性。这四个条件是判断企业核心能力的四个特征参量，而文化营销恰恰具有了以上四个特征，所以说优秀的文化营销也是企业的核心竞争力。

1）从用户角度考察，文化营销具有价值创造性，能带来更多的“消费者剩余”。核心能力的价值创造体现为对企业战略定位或财务 / 经济价值的贡献。文化营销的最终产

品一般都含有用户的特殊的需要，对顾客来说具有能感知的巨大价值。这种价值也就体现在顾客心甘情愿的购买溢价上，企业也就占有了更多的“消费者剩余”而增加了自身的“生产者剩余”。

2）从未来成长角度考察，文化营销具有可延展性，通过结构化的知识平台带动企业整体发展。核心能力具有开发产品潜在市场、拓展新的行业领域的作用。它为企业通向各种市场提供潜在通道，对最终产品所体现的消费者利益有显著贡献。

3）从竞争者角度考察，核心能力关联到企业的隐含知识，具有与众不同之处，因此不容易被人轻易占有、转移或模仿。企业隐含知识之所以难以模仿，是因为企业已将其深深扎根于组织之中，融于企业的文化和管理模式之中，属于系统的整合创新。核心能力可以看作企业的一种专门资产。文化营销就是利用隐含的文化知识去营销产品，这种对文化的理解是见仁见智的，其间渗透着企业的价值观、信念等，带着浓厚的个性，是其他企业无法领会的，自然也就无从模仿。

4）从过去考察，文化营销具有自学习性，是积累性学习的结果，并可以持续学习、创新。核心能力是企业的综合学习能力，是企业内部在过去逐渐学习积累起来的，并将在不断应用和分享过程中得到改进和精炼。核心能力不像有形资产那样逐渐损耗，但会随着时间的推移丧失价值。核心能力具有一定的生命周期，需要不断地提升、发展与完善。任何一个企业都不能靠简单模仿其他企业而建立自己的核心能力，应靠自身的不断学习、创造乃至在市场竞争中的磨炼，建立和强化独特的属于自身的核心能力。如果仅仅把核心竞争力看作不变的、一劳永逸的，那么这种竞争优势是不会长久的，因为技术创新和市场变化的速度是如此之快，只有不断地学习和创新、持续地改进，核心竞争力的生命周期才更长，企业才会更好地保持市场中的优势地位。

3. 建立良好的企业文化，形成合理的企业伦理

IBM 公司前任总裁小托马斯•沃森曾说：“技术等因素对成功也起很大作用，但我认为，公司员工如何坚决拥护和忠诚执行公司的基本信条要比这些更重要。”从中可以看出，对于 IBM 公司来说，“信条”比 IBM 卓越的技术更重要。随着经济市场化进程的日益深入，企业差别化竞争越来越鲜明地表现为企业文化特色与成熟程度的竞争。在这种背景下，以企业价值观、企业行为准则和行为方式为核心的企业文化建设，就是企业的有力武器了。企业文化作为企业成熟程度的核心标志，是企业战略风格、管理风格、营销风格及企业家品格的集中体现。

随着市场对消费品文化附加价值的关注程度不断提高，文化营销的手段被越来越多的企业所重视。在建设企业文化的过程中，将企业的文化营销活动与企业文化建设工作有机结合，达到内外兼修、同步发展的效果，不失为企业竞争制胜的法宝之一。

文化营销在实施的过程中，文化最直接地体现到了其营销的产品中，即产品中蕴含着丰富的文化因素。同时，企业的生产环境、企业建筑、企业广告、产品包装与设计等，这些都是企业物质文化的主要内容。例如，可持续营销就在这些物化的东西上留下烙印，如优美的环境、绿色建筑、文明广告、无污染包装等。这些物质层的客观要求的定型化和规范化就是企业文化的制度层。这些制度，包括生产、物流、售后服务等制度都体现了市场上的传统文化或者潮流文化，这些可以更有效地实施文化营销，也可以初步约束

领导和员工的行为和态度。当这些约束持续地起作用后，一些客观的措施和规范会在员工心目中留下深刻的印象，一些行为就会不自觉地发生，全体员工也就在步调上和操作上产生协同效应，企业的业务流程就会进展得很顺利。最后，行为会成为习惯，就会逐渐渗入领导和员工的心灵，升华为一种精神、理念和价值观，企业也就树立了自己的企业文化。

企业伦理是企业在长期的生产经营实践活动中，涵盖企业内外部道德关系而形成的企业伦理理念、道德意识、道德规范、道德精神、道德传统及其道德实践的总和，是企业领导人根据自己企业的特点长期倡导和培育的结果。一般来说，企业伦理渗透于企业生产经营活动的全过程和各个环节，外现于企业的产品或提供的社会服务上，对内则贯穿在企业发展目标、企业经营理念、企业规章制度、企业精神等方面。文化营销是从营销部门开始的，通过对文化的多层次和多角度的理解，创造出符合消费者文化需求的产品，占有市场份额，获得经济效益。在文化营销的示范作用下，其他企业内部价值链的各个环节也会体察到文化的本质和魅力，别的部门会纷纷效仿，共同接受当代的文化思潮，采取相应的活动。在持续改进的过程中，文化会在企业大部分员工的心目中积淀成为定式。当这些头脑当中的东西最后汇集为共同的、公认的、稳定的东西时，就形成公司的企业文化。企业伦理又是企业文化的核心，也会随之形成，这样企业在市场的经营活动中就会遵守自己的道德行为规范，有所为而有所不为，既巩固了企业的长远利益和良好的公众形象，又维护了正常合理的市场经济秩序。

4. 追求社会营销，促进社会的健康发展

文化营销的最终后果是社会营销。“社会营销”最初的含义是运用市场营销的原理和技巧倡导某个社会运动、观念或行为，后来逐渐演变为社会变革管理科学，具体指设计、实施和控制变革运动，实现在一个或几个目标接受者群体中提高某种社会观念或实践的接受程度的目的。发动社会营销的机构对变革的目标孜孜以求，因为它们相信这有利于实现社会的最大利益，同时也会实现企业自身利益的最大化，达到双赢。

文化营销在某种程度上说是社会营销，是一种用于变革行为的战略。它采用整体规划和行动框架，集传统社会变革之精华，并利用最先进的通信技术和营销手段，实现修正整个社会的认知、行动、行为和价值观念的变革。企业作为社会的一分子，需要不断地和外界进行物质、资金、信息、人才等的交流，俨然已是“社会公民”了，因此，在满足企业的个体价值的基础上，还得承担一定的社会价值，也必须投身到社会的发展和进步中去。文化营销所利用的文化因素可以从价值观上对人进行教育、培育和塑造，文化营销也延续着文化的育人功能，表现为通过文化理念的构建，对真善美的价值追求，对消费者进行思想、观念、情感和道德等的引导教育。

当然，这种育人作用并不直接作用于消费者，而是通过产品文化、广告宣传、公关活动等来传递文化信息，间接地、潜移默化地影响人、塑造人。文化营销效果的逐渐实现有助于完成对人们的变革。根据其进展可分为以下三个阶段：认知变革、行动变革及价值观念变革。首先，许多营销活动的目标都很有限，即通过发动认知变革，使人们掌握新的信息，增加他们对某个既定目标的理解程度。这类公共信息或公共教育运动包括：解释各种食品的营养价值并增加人们对营养的认识，以及对年轻人强调接受高等教育的

益处等。其次，营销活动会在既定时间内说服尽可能多的人做出或改变某个具体的行动或实践。这类例子包括提醒人们注意在食品中含有的有害物质，使用对环境无污染的包装材料等。最后，文化营销是要改变那些根深蒂固的信仰和价值观。这类营销的例子有：改变人们对环境和生态的观念，树立人与自然和谐发展的价值观。大规模的宣传活动可以先诱发行为变革然后再诱发价值观变革，因为新的行为方式定义新的看待事物的方式。文化营销者除宣传社会观念外，还宣传社会实践。他们的最终目标是改变人们的行为。因此，一场营养运动的目的不是简单地让消费者知道并想要更好的营养，而是要改变他们的饮食习惯，最后形成科学合理的健康观念。“非典”过后，我国众多的商家就敏锐地观察到中国巨大的“健康觉醒”——人们日益关注身体的保养与健康，于是配合公众媒体对疾病的防治的公益宣传，纷纷推出契合人们健康需求的各类产品，如“雅客 V9”、脉动维生素水等富含维生素的产品就很受市场的青睐。企业适应文化环境，采用文化营销，不仅能提高自身的文化品位和经营层次，而且能用最先进的文化来指引消费者的行为，使社会向更积极的方面发展。

文化营销的四种功能是由表及里的，不断深入的，层次递进的，若企业深入持久地推进文化营销，就会依次实现，最终的结果便是企业利益和社会利益的良好互动，为企业赢得更大的发展空间。

三、文化对企业营销的影响

企业在营销策划过程中要考虑当地文化、历史、教育及其他一些微妙的影响，市场营销的成败与对文化的理解密切相关，市场营销的方式往往打着文化的烙印。

美国市场有三种营销方式：新传统派销售、矛盾销售、关系销售。新传统派的做法以“有适当的付出就会有适当的回报”这一理论为基础。矛盾销售在美国个人主义文化中是非常普通的销售手段，它基于人们要击败竞争对手的观念。关系销售以市场合作理念为中心。中美市场的主要不同是，关系销售在中国市场最成功，但在美国是最不成功的。关系营销试图在消费者、生产者及生产竞争者之间建立一个网络。中国人认为，如果能成功地建立关系网络，交易就能顺利进行。从人与社会的关系来看，中华民族看重的是群体意识，崇尚集体主义；美国人强调的则是个人主义。由此可见，不同的有效营销策略受不同文化的影响。美国的营销策略是否可以在中国市场应用要看其是否适应中国文化。

中国人交往重人际关系，而美国人重实质信息的获取，更具功利性。一些商人将这种文化价值应用于市场策划中，进行感情投资。根据中国人喜欢团聚的情况，麦当劳的广告除了提供食物的详细图解，还创造了一种有趣的情调来吸引儿童，其目的是强调品牌的价值。因此，餐厅被描绘成一个享用西餐的优美环境，人们不仅可以吃到高质量有营养的食物，还可以享受其乐融融的家庭欢聚气氛。

根据最近在中国市场的调查，商人们开始将神秘人物和名人用在广告中。尽管这些神秘人物和名人的作用在中国是否和西方国家一样有效还不清楚，但人们还是将中国市场上使用的神秘人物分成了四类：老人、现代企业大亨、运动员和“小皇帝”。①尊老是中华民族的优良传统，用老年人做广告可以体现怀旧和尊老等文化价值。②现代企业大亨被生产者用在中国市场是为了激起人们对高阶层生活方式的向往，其中最有效的广告创意是追求安逸的生活。近年来这种广告手段比较成功，可能是市场开放后，西方的某些观念对中国社会的影响造成的。③运动员被看作名人是因为中国人一般认为运动员纪律严明，有坚强的意志和奉献精神，因而能取得优秀成绩，而这些在中国文化中是受到高度赞扬的。另外，中国人注重整体价值，个人应该为家庭和社会做贡献。这是由文化中的集体主义倾向决定的。④目前“小皇帝”在市场营销中担当着最重要的角色。独生子女政策导致了整整一代独生子女的出现，所有家庭都以这些独生子女为中心。商人们认识到并利用这一现象，在广告策划和市场营销中，刻意满足独生子女的心理需求，刺激孩子的消费兴趣。

影响营销策划的另一个文化因素是对不确定或不知道的情况感到恐惧的程度。中国人常避免不确定性，对中国人来说“不同的东西是有危险的”，因此对新产品、新的营销方式抱有怀疑态度。约翰·布为 Amway 公司工作，该公司从 1995 年起开始将产品打入中国。他说：“我们从一位中国的被调查者中发现，挨家挨户推销的经营方式在中国可能不会被接受。但是现在这种方式在中国究竟是否可行及其原因尚难确定。因为这种策略的成功取决于独立的推销员与客户建立信任关系的能力，事实上对于重视关系的中国文化来讲，这种方法可能更有吸引力。”

对美国公司来说，进入中国市场可能会遇到很多棘手的问题。部分原因是美国人感觉到“中国人擅长摆摊销售，这种文化传统可以追溯到古代”。在美国市场上强行推销可能会有效，但在中国则不然。中国人不像美国人想象的那样迅速果断地做决定，往往在做决定前要慎重考虑，有时还要征求各方面的意见。在合约谈判中常会遇到如此回答：“让我考虑考虑。”这可能表示基本同意，但不能马上做出决定；也可能是的确需要时间考虑一下；或者只是委婉地表示拒绝以避免双方丢面子。西方商人常常不知道如何应付这种回答。此时关键是要保持已建立的关系，这点在中国文化和贸易中很重要。信任和债务关系主要依赖“关系”，这是由中美不同文化决定的。因此在中国做生意先要与客户建立良好的人际关系。例如，在一种轻松的环境中通过长时间交谈相互了解，邀请合作伙伴外出吃饭、打高尔夫球等，以此来建立信任和融洽的关系。

了解到中国市场接受新的营销方式需要一个缓慢的过程，Amway 公司的策略是在中国销售与美国同样的产品。约翰·布说：“我们进口某些产品作为‘测试市场’产品，而最终是要在当地生产的，特别是有实际利润并且加工相对简单的产品。如果某种产品在新市场中的销售有困难（如对香味的偏爱、不同的肤色等），我们就要考虑重新调整。”也就是说，Amway 的营销策略是根据产品在中国市场的反应决定市场是否需要这种产品。他们用的是新传统营销策略。

因此，文化对企业营销活动的影响主要表现在三个层面：产品、品牌和企业营销管理活动。企业不仅通过有目的的具体劳动，把意识中的许多表象变为具有实际效用的物品，更重要的是在这一过程中，不时地按照一种文化来塑造自己的产品，使产品的使用价值从一开始就蕴含着一定的文化价值，而产品则成为企业的文化的一种物质载体。例如，可口可乐不仅是为消费者提供一种生津解渴的碳酸饮料，更重要的是透过它让消费者认识到美国的文化——开放、自由、和平。有鉴于此，著名科学家杨振宁博士和英国皇家学会会员李约瑟明确指出：21 世纪是工业设计的世纪，但任何产品的工业设计都必须尊重消费者的文化心理，特别是经济全球化的今天，既要考虑到跨文化的要素，更应该注意如何以独特的民族文化去占领国际市场。

文化对品牌的影响是文化对产品的影响的进一步延伸，因为消费者在购买产品时，其出发点已不再局限于对产品基本功能的消费，而倾向于品牌消费所带来的心理满足。最初的品牌仅用于区别不同的产品，同时也由企业向消费者提供有关此产品的功能特征、利益和服务的相应保证。但随着时代的进步，现代品牌已经超越了初始的区别功能，而成为企业产品形象和文化的象征。在此形象和文化象征中，消费者能感受到消费该品牌产品带来的心理上的文化价值。

文化对企业营销活动的影响不仅反映在它向市场推出的各种产品上，以及树立在消费者心目中的品牌形象中，而且还表现在对企业营销管理活动方面。文化通过帮助企业树立正确的营销理念，建立员工共同的价值观，以及培养良好的企业营销伦理道德，这种因注入文化而培养起来的独特管理模式，使企业在内部形成强大的向心力和凝聚力，在外部则更多地赢得消费者对企业营销活动的价值认同。

一方面，文化因素会对企业的生产经营产生全面的影响，使企业文化具有浓郁的民族文化烙印。另一方面，文化对人们的消费行为也会产生重要的影响。在文化的作用下，人们对产品的需求偏好、使用习惯、审美观念，在消费过程中所选用的信息搜集方式及消费习俗和生活习惯等都具有很大的差异。菲利普·科特勒认为文化因素将对消费者行为产生最广泛、最深刻的影响。恩格尔—科莱特模型指出：环境影响、个体差异和心理过程是塑造消费者行为的三个核心力量。对这三个力量影响下的因素分析表明，起重要作用的因素都属于文化范畴。企业要对文化的影响作用具有清醒的认识，要认识到目标顾客的一些表面的物化的文化现象很容易改变，而消费行为和生活方式等，要通过营销手段的长期影响才能促使其发生转变，但深层次的文化价值理念却往往根深蒂固，很难改变。因此，企业在异质文化环境中进行营销活动时，必须充分考虑文化因素，对文化差异进行系统研究。

根据前面的分析，文化与市场营销有着紧密的联系，它在营销活动中的沉积越来越厚重，已在营销的各个领域全方位地影响着企业的营销活动。

第二节　文化营销策划实务

文化营销的成功实施是一个复杂的系统工程，需要企业整合诸方面的营销策略来参与进行。文化营销策划渗透到营销的全过程，主要包括产品策划、品牌策划、价格策划和促销策划四个方面。

一、文化营销的产品策划

市场营销中一个最基本的要素是产品，产品概念一般分为五个层次。第一个层次是产品的核心利益，是消费者所需要的服务或利益，这一般是产品的基本功能。第二个层次是产品的形式，即将基本功能转化为具体产品。第三个层次是期望产品，是顾客对所有具有相同基本功能产品的普遍期望水平。第四个层次是附加产品，指产品中包含的附加服务和利益。第五个层次是潜在产品，指产品可能的所有演变或功能转换。现代产品观念把产品看成由核心产品、有形产品和附加产品组成的一个系统组织，是有形与无形、物质和精神、虚幻和现实等多方面因素的对立统一，是个有机的整体，不仅要满足消费者物质的、生理的需求，更要给予他们心理上、精神上的满足。

文化营销作为一种追求真善美的价值活动，正好满足适应了这种产品概念和消费趋势，使得产品有可能超越其物质意义而成为某种精神的象征、心理甚至感觉的符号，从精神方面充实和丰富了产品的价值，企业在文化营销中实施产品策划的过程，就是以产品为载体传递文化的过程。正如耐克的总裁所言："将运动精神植入人心，耐克代表的不仅是运动鞋，更代表了体育运动，代表了运动精神、运动文化。"因此，企业要在产品策划中取得成功，就要在市场定位、产品设计、产品包装等产品系统的各个层次中渗透文化理念，坚信自己不是在单纯地销售产品，而是在营销某种价值观念。将结合时代精神、消费态势与消费者沟通而构建的文化价值观念植入产品之中，提升产品的价值，以文化力重整企业产品营销，在产品市场定位、开发设计和产品包装方面都力求文化与产品策划的完美结合。

（一）文化营销中产品的市场定位策划

市场定位就是塑造一种产品在细分市场中的位置。把握市场就是把握消费者，离开了消费者的市场是抽象的，满足市场需要的实质就是满足每一位实实在在的消费者的需要。文化营销市场定位的要点在于明确自己的产品满足消费者什么样的文化需求，在满足这种需求上与竞争对手有什么文化层面上的区别，从而才能在竞争中脱颖而出。20 世纪 60 年代，百事可乐针对几乎所有老年人都喜欢可口可乐的特点，成功利用青年一代追求新奇，力求摆脱老一代生活方式的叛逆心理，把百事可乐重新定位为新生代观念的饮料，吸引了众多青少年顾客及老年人群中仍想保持青春活力的分子，一举攻占了可口可乐的半壁江山。百事可乐定位于"百事可乐——新生代观念"这样一种联系，是其成功的关键。

（二）文化营销中的产品包装策划

现代人对产品包装越来越讲究。以前人们认为的"只要产品好，包装不重要"的想法在市场经济条件下已经行不通了。包装其实也是一种产品，有自己的个性和价值。现代包装蕴含了丰富的文化观念，文化包装是产品文化营销传播中非常重要的手段和策略。包装按照其基本功能可分为运输包装和销售包装，一般而言，运输包装是工业包装，或称为外包装，着眼于保护商品和便于运输，与消费者接触不多；销售包装是商业包装，或称为内包装，往往随同商品摆放在货柜上，是消费者购买时的一个重要参考，因而着重考虑美化商品、突出商品个性。

传统的包装概念主要停留在产品的运输包装方面，而文化包装则以文化为导向，更加注重产品的销售包装。也就是说，利用产品外在形态的美化带来消费者利益感知的增加，通过良好的包装设计（如包装物的形状、材料，颜色的选用搭配，图案的精心制作，以及包装上的文字风格等）树立鲜明的产品形象，以促进产品的文化营销传播。

运用文化对产品进行包装既可对产品的销售进行有力的推动，又能明确体现企业自身的文化价值特色并加以推广。文化包装是产品“无声的推销员”。因此，企业应该提高产品包装的文化蕴涵，巧妙地利用文化特色增添产品的魅力。绍兴黄酒在经过文化包装后，诞生了“贵妃出浴”、“太白醉酒”、“武松打虎”等100多种艺术形象，使一坛价值不足10元的黄酒经过艺术升华，在我国香港标价650港元。这种升值就是因为它在产品上有意传递给消费者“文化——历史底蕴”的信号。

以餐馆为例，其中的各种菜肴只不过是满足人们食欲和口感的东西，但将文化寓于产品设计、生产、包装环节中，创造全方位、高品位的文化氛围，以文化点缀和装饰食品，就增强了产品的亲和力，提高了宾客满意程度。菜品的“文化包装”是文化营销的基础，从命名、选料、加工、切配造型、烹调到器皿的选择、装盘等方面都应充分考虑文化渗透。要根据目标顾客的文化背景和企业营销策划，使产品的文化包装体现自身的民族地域文化特色，或是异国他乡文化风采。既要继承优秀的传统文化，又要创新发展，融合时代文化风貌，巧妙地利用文化增添产品的魅力，让人赏心悦目，激起宾客的共鸣与感动，这些文化艺术内涵丰富的菜品不仅给人以口福，也给人以眼福，可以极大地增强餐馆的竞争力。

（三）文化营销中的新产品开发策划

企业在设计生产新产品时，要根据目标顾客的文化背景和企业的整体营销策划，把消费者认同的文化与企业所想要传递的文化价值观相结合，在产品开发的过程中创造新文化，满足消费者的文化需要。一旦通过别具一格的文化内涵设计赋予产品文化气息和情感色彩，使之与消费者的心理满足相吻合，就会形成消费者的产品文化偏好。产品文化营销传播注重在营销过程中的产品文化、产品价值和产品形象的传送，并且这种产品文化、产品价值、产品形象是根植于产品本身的独一无二的概念。因此新产品文化营销传播应注重在新产品推出之际，根据市场情形、企业形象、已有产品文化概念对新产品进行文化植入，使新产品在市场上具有一定的文化内涵与不同的产品形象。企业对新产品进行文化营销传播时，可以有三种策略：已有产品文化的强化策略、已有产品文化的演进策略和全新产品文化的传播策略。

1. 已有产品文化的强化策略

企业推出新产品时，并不意味着产品文化的更新改造，它或许只是产品某一特征的改变而已。如果企业认为原有产品文化的延续使用更有利于新产品推向市场，就应对新产品赋予已有的产品文化，或对已有的产品文化进行强化。宝洁公司的“飘柔”洗发水，当其配方稍作变动，推出新的一代“飘柔”产品时，其新产品的文化价值仍是突出“令头发飘逸柔顺”，实现了对原有产品文化的延续。

2. 已有产品文化的演进策略

新产品推向市场时，可以在原有产品文化的基础上进行拓展演进，既有原来的产品文化做基础，又能以新产品文化的面孔出现。这一策略有利于充分利用原有产品文化吸引顾客资源，同时又能给顾客以新的文化价值。例如，海尔冰箱在推出“小王子”组合型系列时，既有原来冰箱“省电无霜”的概念，又加入了“组合方便”的价值，是海尔冰箱产品文化的演进。

3. 全新产品文化的传播策略

企业对新产品进行文化营销传播时采用全新的文化，传播策略，意味着新产品摈弃已有的产品文化，重新创造一个新的文化内涵推向市场。例如，IBM 开始只是一个生产制表机的公司，后来导入了全新的产品文化内涵，成为一个生产办公设备的公司，现在它已成为信息产业的巨人，其产品已拓展到各个领域。全新产品文化策略的市场成本很高。消费者往往需要时间来重新接受新产品文化，认知新产品价值，从而树立新产品的形象。这一过程需要大量的市场投入，因此企业在决策是否采用这一策略时应慎重。

二、文化营销的品牌策划

美国市场营销协会对品牌的定义：品牌是一种名称、名词、标记、符号或设计，或是它们的组合，其目的是识别某个销售者或某群销售者的产品或劳务，并使之同竞争对手的产品和服务区别开来。而在现在的市场营销中，品牌不仅仅是便于识别，还蕴含企业的价值观念，成为产品形象和文化的象征，以其独特的形象给消费者留下深刻的印象。消费者对品牌的重视也就在于品牌能够带来的文化价值的心理利益。

文化营销的品牌策划是把产品所拥有的文化内涵融入到品牌中去，使文化成为品牌的灵魂，以更持久的方式把产品的文化内涵转变为企业的品牌内涵，厚积品牌资产，建立起一个超值的文化品牌，引导顾客的购买倾向，促进产品的销售。因此，实现文化与品牌的连接是非常重要的。企业利用文化营销创造产品价值的过程，就是通过品牌形象的塑造增加附着在产品功能属性上的顾客感知价值的过程。农夫山泉之所以能够在众多矿泉水和纯净水产品中异军突起，主要就在于该产品的品牌给了消费者一种返璞归真、田园生活的感觉，从而吻合了大多数城市消费者渴望自然、热爱绿色的文化心理。另一方面，通过品牌形象的确立，建立与顾客的双向沟通，让企业自身及其产品在顾客心中形成稳定的印象，并透过其文化力赢得消费者和社会公众对其产品的认同感、亲切感，从而过渡成一种相互信任的关系。在顾客消费产品的始终，顾客对产品都有一种好的印象和感觉。在日后的消费过程中，顾客可以凭借这种对企业品牌的信任，减少购买商品过程中的对比成本、体验成本和货币成本等，从而降低顾客价值构成因素中的感知付出。

文化营销的品牌策划包含了两个层面的内容：一是感观层面的品牌策划，是展现于顾客面前的看得见摸得着的一些表层要素，如品牌的名称、品牌标志等；二是文化心理层面的品牌策划，是品牌表层要素中蕴含的该品牌独特的内层要素，如品牌的利益认知、情感属性和个性形象等。其中，文化心理层面的品牌策划是其核心内容。

（一）品牌利益认知型营销策划

品牌利益认知型营销策划是指立足于品牌与其他品牌的差异之处或该品牌产品本身的强势特征，以消费者对于产品功能价值的特殊感受为对象来进行品牌定位。对消费者来说，所购买的不仅仅是产品的特征，还有产品品牌所带来的主观心理感受。一提到海飞丝，人们立刻联想到最有效去除头屑的洗发水；一提到 VOLVO，人们联想到的是最安全的汽车；而一提到NBA，人们就会联想到最精彩的篮球比赛。因此，市场营销者不仅要善于发掘产品本身的优势特点，还要将这一特征与人们特定的心理需求联系起来，这样才能真正实现品牌文化营销。

（二）品牌情感属性型营销策划

也许不同文化背景的人有着不同的文化习俗，然而他们往往有相同或者相通的情感世界。最常见的情感类型莫过于爱国之情、故乡之情、浪漫之情、温馨之情、亲情、友情、爱情等。因此情感诉求型的品牌营销方式最易于在全球范围内推广，也最容易引起消费者的共鸣。情感属性型营销策划就是要从目标消费者心中已存在的情感出发，因势利导，使品牌的形象能强烈地触发消费者心中扎根的“情感纽带”，并与之完美地融合在一起，从而引起消费者的共鸣和认同。唐朝诗人王维曾有名句：“红豆生南国，春来发几枝？愿君多采撷，此物最相思。”从此，红豆便成为世间最纯洁美好情感的象征，浓缩了五千年来中国文化里的爱慕之意、相思之情。江苏红豆集团正是抓住这个契机，其建立的红豆品牌也从其他同类品牌中脱颖而出，成为一个颇具文化内涵的品牌。于是青年人互赠红豆服饰，表达高尚纯洁的爱情；老年人珍藏起红豆衣服，怀念昔日相思之情；华侨留赠红豆衣服，以明爱国之心、思乡之情。

（三）品牌个性形象型营销策划

个性形象型营销策划侧重于强调品牌的独特之处在于具有某种与人相类似的个性。因而它不仅能引起人们的共鸣和认同，而且会成为目标顾客用以表达自我特性的工具，也即反映自我身份的“喉舌”。每一个人都有向别人传达“我是一个什么样的人”或者“我希望成为一个什么样的人”的欲望，而我们在同陌生人交往时也常常是通过他/她的言谈举止和衣着打扮等外表特征在短短几秒钟内做出判断。因此具有某种特定的个性化特征的品牌往往就成为具有相应性格特点的使用者的代言人。“金利来，男人的世界”依据短短的广告词使无数男士慷慨出手置办一身“金利来”品牌的衣服以求能做一个或处事决断，或富有冒险精神，或以事业为重，或知情识趣的男人。

三、文化营销的价格策划

价格制定讲究科学性和艺术性。作为4P’s中的一个重要因素，在传统的营销观念中，企业常把成本加成定价法作为一种惯常的定价策略。其结果是形成思维定势，不考虑消费者的收入水平、消费者文化心理及价格倾向，企业的营销管理便大打折扣。但是，如果在营销中融入了文化因素，提高了客户的让渡价值，使客户从产品载体上感受到其蕴含的文化价值，便可以超越传统的定价方式。文化营销认为，顾客购买的是整体消费利益，价格的最终决定因素不再仅仅决定于成本，产品的文化价值形象也许会成为主要的决定因素（正如在许多纯服务性行业中，产品价格和人们对产品价值的感觉是直接相关的）。产品提供的价值，既包括使用价值，也包括文化价值。文化价值是顾客的一种心理体验，其价值大小的确定应以顾客的认知为基准，即以消费者对产品价值的理解为依据，而不是按生产者的成本来定价。价格的最终确定应该以客户感受到的产品与文化的价值总和为准线。不同的消费者有不同的价值观，从而有不同的消费个性，对某种产品的价值理解也就不一样，企业在对消费者的理解价格有正确估计的情况下，可定出适合不同消费者的价格。价格是同价值相关的，即使产品的价格比成本超出许多，但与产品和其内在文化价值相比，只要目标客户心理能够接受，就是合适的价格。

哈根达斯，这个在中国出售“极品冰激凌”的品牌，以价格昂贵著称。在国内，一般的哈根达斯冰激凌球都是 28 元，“冰火情缘”冰激凌火锅更是卖到 120～160 元，这样高价格的冰激凌之所以还使人们纷纷购买，就是因为很多情侣认为哈根达斯冰激凌的价格与他们实际得到的产品价值及所感受的文化价值相当。哈根达斯的广告词“爱她就请她吃哈根达斯”和其宣扬的吃哈根达斯就是“高贵时尚文化”的营销文化理念深入人心，中国刚富裕起来的年轻白领认为哈根达斯不仅仅是冰激凌，更代表了无价的爱情。而付出的高昂价格与无价的爱情相比，就不再成为购买的障碍了。宝洁公司的玉兰油在国外也不过是中低档的品牌，在中国却同样成功地提升了其时尚文化品位，成为价格中档的化妆品品牌。宝马车和奔驰车采用高成本等于高身份地位的形象占据了外国高档进口车市场的大部分份额。

不可否认，当前随着社会经济的发展，这种定价策略迎合了越来越多的个性独特的消费者。在现代商品价格构成中，文化价值所占的比例日益增大，人们越来越追求心理的愉悦、精神的满足和美的享受。在未来的竞争中，谁能获得消费者心灵深处的情感认同与满意，谁就能够掌握市场定价的主动权。

四、文化营销的促销策划

促销是企业通过市场传播，传递企业或产品的形象、性能及特征等信息，帮助用户或消费者认识产品及其能给他们带来的利益，从而引起顾客的注意和兴趣，并使其实施购买的过程。它主要包括广告、人员推销、销售促进和公共关系等工具和手段。随着社会的全面进步，以及人们消费的观念、水平和层次的提高，促销过程中文化感召力的作用在不断提升，文化越来越成为促销的利器。同样的商品、同样的价位，不同的促销策划，会取得截然不同的营销业绩。巧妙的文化促销策划能够拓展促销空间，在企业与顾客间建立相互信任与忠诚的情感模式，打动顾客心扉，激发客户的购买欲望。

广告学研究告诉我们，一个广告要打动消费者的心灵，吸引他们的注意，并最终引导他们采取营销人员期望的行为反应，关键问题在于广告创意和广告的设计。广告创意和广告设计是文化广告与消费者成功沟通的两大要素，好的广告创意必须借助好的广告设计表现出来。文化广告设计是文化广告活动的核心和基础，包括主题设计、标题设计、正文设计、语言风格设计、图案与色彩设计及版面布局等。成功的广告大师们首先是对某产品有一个好的文化创意，再灵活运用文化广告手法对产品加以渲染，首先引起消费者的注意，然后使消费者发生兴趣，产生购买欲望，从而实现产品文化营销传播的最终目的：促使消费者的购买行为并使其达到满意。

因此，文化营销的广告策划主要是在广告之中凸现“产品—文化需求”联系，“唤醒”顾客的心理需求，并通过反复播放刺激强化其产品形象。文化色彩强烈的营销广告，大都取得了显著的市场效果。诞生于1924年的万宝路香烟，起初只是妇女的消遣品，销路也一直平平。针对这种情况，一个广告公司提出了一个大胆的设想：让万宝路成为一个世界闻名的具有男子汉气概的香烟，于是设计了一个硬铮铮的美国牛仔广告形象，这个牛仔上马的姿势，坐在马上的形态，无不显示男子汉的阳刚之美。万宝路借助牛仔广告形象，使它一举成为世界名牌。由此可见，万宝路香烟的真正魅力在于它的广告建立的“万宝路—男子汉”联系。金六福的广告策划也为我们提供了成功的范例。在我国源远流长的传统文化中，有“五福临门”的传统说法和讲究。所谓“五福”者，寿、富、康、德、和之谓也。金六福公司还加上了一个“孝”字，故称“六福”，且以“金”字来包装，曰“金六福”。金六福公司正是抓住了富起来的国人求“福”的心理需求，主动出击，将“福”文化的概念在广告中不断进行宣传。“金六福”先后推出的广告有以下几个。“金六福——中国人的福酒”：当时好运相伴的中国足球队主帅米卢，穿着唐装，满脸笑意而南腔北调地在央视上一遍又一遍说：“喝金六福酒，运气就是那么好。”婚庆广告也很诱惑人：“金六福，好日子离不开它。”可以说，金六福公司在广告中向市场出售的，是以酒为载体的一个很美好的愿望和祝福。

文化营销的公共关系策划就是组织以公众利益为出发点，通过有效的文化信息传播、沟通，在内外部公众中树立良好的形象和声誉，以赢得其理解、信任、支持和合作，为组织的发展创造一个良好的环境，实现组织的既定目标。2009年底哥本哈根世界气候大会结局差强人意，蒙牛又一次抓住时机，由蒙牛生态草原基金发起“拯救地球的100个行动”，号召网友加入后哥本哈根时代“保卫地球家园”的先锋队。上线后，短短两天时间，活动网站、视频的访问量就超过500万点击，网友提出的生态环保行动建议已超过100个。

第三节　中国传统文化在营销策划中的应用

任何国家的社会发展过程，都处于一定的文化传统背景中，因而都具有特定的历史特征。处于一定阶段的民族历史传统，是这个民族进一步发展的起点。作为起点它是不可超越的，历史传统势必会制约着这个民族的发展进程。没有历史传统文化的支撑，就没有现实的文明，也就没有现代企业文化发展的基础。

一、中国传统文化概述

（一）中国传统文化的概念

所谓“传统文化”，一般是指在以往相当长的人类社会历史进程中形成和发展起来的文化，是特定民族从历史上传承下来的民族文化。它作为一种文化形态，在文化结构上可分为物质文化、制度文化和观念文化。这里所说的中国传统文化是中华民族千百年来历代祖先为了生存和发展的需要，根据现实可能的条件，所创建、改造、享受、传承的物质的、制度的和精神的各种事物的总称。一个民族有一个民族的共同生活、共同语言，从而也就有其共同的意识形态，或者叫做共同心理状态。民族的每个成员，正是在这种共同生活中诞生、成长，通过这种语言来认识世界、体验生活、形成意识、表达愿望的。

要了解中国传统文化，首先要了解传统文化的内涵。传统文化的概念是以传统的内涵进行界定的。所谓传统是指人们在漫长的历史活动中逐渐形成并积淀下来的，反映人的共同特殊本质的基本价值观念体系。它渗透在一定民族或区域的思想、道德、风俗、习惯、心态、审美、情趣、制度、思维方式、行为方式、生活方式及语言文字之中，影响着现在和未来。研究中国古代思想史和文化史的著名学者庞朴在谈到传统文化时指出："传统文化对应于当代文化和外来文化而谓。其内容当为历代存在过的种种物质的、制度的和精神的文化实体和文化意识。"中国传统文化博大精深，它作为中华民族精神的表现，对中国社会和中华民族的历史发展，产生了极其深远的影响。中国传统文化是指以儒家文化为核心的中华文明博采了道、佛、法、兵、墨等各家之言，最终形成以小农经济为基础，以家族制为背景，以儒家伦理为中心，包容各家所言的传统文化。

（二）中国传统文化的基本精神

1. 天人合一

天人合一，是中国传统文化的根本特色，也是中国传统文化的根本观点。从中国古代"天人合一"的思想中，我们可以看出"天人合一"观念主要是从人作为主体的角度来看待的，是作为主体的人对待自然的一种态度。这种对自然的善待是在服从自然规律的前提下进行的，只有善待自然，才不会造成人与自然的对立，也只有这样，才可以最大限度地避免自然对人类的报复。当然，作为主体的人是不会简单地服从自然规律的，而是要在服从自然规律的过程中充分展示人的主体性和能动性。

2. 以人为本

包含以人为本的人本主义是中国传统文化的精髓之一，也是中国传统文化的一大特色。中国传统文化肯定人在万物中的地位和作用，侧重于人与社会、人与人的关系，以及人自身的修养问题，认为在天地人之间，以人为尊；在人与神之间，以人为本。因此，中国传统文化自孔子起就有超越宗教、对鬼神敬而远之的基本文化传统。

3. 贵和尚中

以儒家为代表的中国传统文化中"贵和尚中"的思想观念主要侧重于人与社会及人与人之间的和谐统一，这种以和为贵的和合精神，肯定了事物是多样性的统一，因而主张以广阔的胸怀、海纳百川的气概，容纳不同的事物。这种"无为无不为"、"不争之德"的观点造就了中国人平和的性格。作为中华民族的一种基本思维趋向，"贵和尚中"的观念贯穿于中国文化的基本精神之中。

4. 求是务实

面向现实、注重实用历来是中国人的认识原则和人生信条。中国古代文化以解决社会人生实际问题为出发点和归宿，执着于对军事、政治、伦理等与国计民生密切相关的问题的探求，实践理性即技术性发达，思辨理性即理论性有所不足。中国古代有丰富的辩证法思想，它们的精辟深刻，使得许多现代人都惊叹不已。中国古代科学技术素称发达，在许多领域长期处于世界领先地位。但是它们（包括四大发明在内）主要是人生的辩证法，大多是与政治、人生密切相关的实用技术，精确的概念性辩证法和纯粹的理论自然科学则发展不够，甚至难以找到纯粹的思维规律的论述。这种重实用的倾向，形成了中国传统文化经世致用的传统。中国文化的这种致思倾向，就是所谓的“实用理性”。

5. 修己内圣

追求人格完善，强调道德修养，是中国文化的又一突出特点。中国的远古圣王，都被描述为道德的典范，尧、舜成了有德者的代名词。崇尚道德是中国古代各家各派的共同倾向。儒家讲道德，说仁义，“祖述尧舜，宪章文武”，自不必说，就是其他各家，其所谓道的内涵或有不同，但对德的推崇则并无二致。例如，墨家讲尚贤、尚同、兼爱、非攻，打出的也是一面道德的旗帜；道家虽然批判儒家的仁义礼乐，但是《老子》也说：“万物莫不尊道而贵德”；庄子笔下的那些形貌怪异的典型，则是“德有所长而形有所忘”。老庄之所谓“德”，诚然别有所指，但在“重德”这点上还是有了共同语言。就是贬抑仁义的法家，也承认“上古竞于道德”。这些，可以看作其他各家对于儒家重德传统的某种认同，而从汉代定儒家为一尊以后，这种重德传统就得到确立并不断被强化，由此形成了中国文化的一个共同特点。

二、传统文化在营销策划中的应用

许多经济学家都预言 21 世纪的市场竞争将在一定程度上取决于“文化力的较量”，认为商业企业缺乏强有力的文化支撑就将会失去发展所需的营养。中国传统文化博大精深，蕴藏着丰富而深刻的市场营销文化，特别是以伦理为本位，强调社会需求和集体利益，崇尚道德诚信等传统思想，在当代市场营销中有着重要的地位和作用。

（一）汲取儒家伦理精华，倡导有中国特色的市场营销道德

1. “仁义礼智信”与当代市场营销道德的建立

现代营销道德必然继承和发展传统道德，我国传统道德的根基是儒家伦理。实践证明，儒家伦理核心“仁义礼智信”是当代市场营销之道。

1）树立以“仁”为内核的市场营销理念。子曰：“仁者，爱人。”“敬人者，人恒敬之。”不以仁心对待顾客，顾客何能以仁回报？

2）建构以“义”为特征的市场营销准则。儒家伦理强调先利后义、见利思义、以义求利，主张“取之有道”，不发不义之财，不做不义之事。“义利合一”追求的是企业、顾客、社会的和谐发展，要求在当代市场营销中，既要赚钱又要讲情义，既重经济交流，又重社会效益。

3）建立以“礼”为基础的市场营销规范。孔子说：“不学礼，无以立”，不懂得协调人际关系，就不能立身处世。当代商战也应遵守礼仪，遵守社会法律和道德规范，实现互利双赢。

4）确立以“智”为动力的市场营销策略。儒家伦理认为“智者，才智”，“待物为智”，强调对万物的认识依赖于智。在当代，在制定营销策略、预测市场需求、开拓国际市场、开展人才竞争等市场营销活动中，无处不需“智”。

5）遵循以“信”为核心的市场营销原则。诚实守信是中国传统美德的重要内容之一。儒家伦理认为“人若无信，不知其可也。”“民无信不立。”“诚者，天之道也。诚者，人之道也。”“以诚为本”是塑造企业形象和信誉的基石，是企业获得效益、赢得市场的法宝。市场只青睐货真价实、真诚对顾客服务、对社会负责的企业和运营者；鄙视那些不诚信行为：产品假冒伪劣、价格欺诈，广告虚假、售后服务质量差等。

儒家文化博大精深，内容丰富。儒家文化作为中国传统文化的主流、东方文化的代表，与西方文化思想相比存在很大的差异。儒家文化有“重修身、讲仁义”的特点，即重视伦理道德修养，主张个人修身养性，“修身”被摆在第一位，通过“修身”达到“齐家、治国、平天下”的理想境界。躬身修己首先讲“仁”。“仁”作为生活的最高道德标准，同时也涵括了忠、恕、礼、恭、敬、勇等世俗道德的全部内容，“仁”的主旨，就是既要洁身自好，有所作为，又要助人、爱人，并从道德上积极引导人。其次讲“义”。关于义利关系，儒家文化认为应该“贵义贱利”、“义以为上”。在这里，孔子并不是一概否定人的欲求和谋利心理，他承认“富与贵，是人之所欲也”，关键是要得之以“道”，倘若义利相冲突，宁可选择义而放弃利。儒家文化的这一特点对营销的影响，表现在营销活动中即正确处理“义”和“利”的关系，“君子爱财，取之有道”，绝不能把“义”和“利”对立起来。在营销活动中，要“义利两全”。重义，即让人们成为金钱的主人，不搞欺诈行为，避免纯功利主义造成极端个人主义而导致人们道德沦丧；求利，即对物质利益的追求，通过全心全意地为顾客服务，提高企业的经济效益。

2. “重责任，讲奉献”与社会营销观念

儒家文化把伦理道德的地位置于一切社会发展因素之上，无论是为人还是治世，都是以道德取向高于一切，“君子务本，本立而道生”，伦理道德成为支配人们的价值观念和日常规范。在儒家思想中，个人和群体、家族是无法分开的，这样个人的言行就不再是为自己负责，而是为群体和家族负责，个人价值在他所处的群体中变成个人对群体的义务和责任，个人价值也是通过他对集体、国家、君主的个人牺牲和奉献来实现。儒家文化的这一特点对营销管理的影响，集中体现在企业营销的全局观念上，企业营销不仅要考虑自己的利益，而且要满足消费者和社会的利益，为社会做出较大的贡献，即企业在营销中应树立社会营销观念。

（1）义利合一，履行自己的社会责任

在营销实践中企业形象和口碑对于企业来讲有时候是决定性的。例如，曾经被中央电视台于 2001 年曝光的“冠生园”，不顾消费者身体健康，使用陈年馅料制作月饼，由此揭开中国月饼行业的黑暗“行规”，使得 2001 年和 2002 年中国的月饼行业销售额下降一半以上，对整个行业是一次沉重的打击，对于冠生园企业甚至是灭顶之灾。2008 年三聚氰胺毒奶粉事件爆发，起因是很多食用石家庄三鹿集团生产的奶粉的婴儿被发现患有肾结石，随后在其奶粉中发现化工原料三聚氰胺。国家质检总局公布对国内的乳制品厂

家生产的婴幼儿奶粉的三聚氰胺检验报告后，事件迅速恶化，包括伊利、蒙牛、光明、圣元及雅士利在内的多个厂家的奶粉都被检出三聚氰胺。该事件重创了中国奶业，不仅国内民众不敢购买国产奶，全球多个国家也禁止了中国乳制品进口。和西方国家文化不同，中国传统文化要求企业不仅在生产和商业活动中讲求诚信，更要追求在商业活动中体现商人的精神追求和人生价值准则，这是一种更高层次的诚信，即所谓的“商道即人道”。他们在商业活动中，追求的不仅仅是诚信无欺，还追求企业的社会价值和社会责任，严格要求自己的产品或者服务不仅满足顾客的需求，同时还要履行自己的社会责任，争取使自己的企业成为受人尊敬的企业。

企业履行社会责任应该从以下五方面做起：第一，企业对内部员工提供良好的工作生产条件，及时足额地支付劳动者工资等；第二，对顾客，以合适的价格提供优质的商品，满足消费者需求；第三，对公众，应该采取有效措施，确保在企业生产和销售过程中不损害他们的利益，如环保措施等；第四，对国家，应该积极响应国家的政策，遵守国家法律，合法生产，照章纳税等；第五，对社会，应该热衷于慈善事业，在企业经营条件允许的情况下，捐资助学、扶助社会弱势群体。可喜的是，有许多现代企业已经认识到自己的社会责任，并且在这些方面做了大量的积极工作。例如，康佳集团在全国捐资兴建了百余所希望小学；香港的邵逸夫先生，在自己的企业盈利之后，在内地做出了大量的善举，为 200 多所大学、中学兴建了教学设施；还有北京的中药界老字号“同仁堂”，几百年来，秉承质量第一和扶助弱者的优良传统，使其成为数百年经久不衰的中药业龙头企业。这些企业就是从根本上认识到了自身的社会责任，明白做企业除了自身盈利之外，更重要的是要为社会做贡献，他们将从社会获取的利益再回馈于社会，同时提升了自己的社会形象，使得消费者更能认同他们的产品和服务，形成一个良性循环。

（2）变纯功利营销为社会道德营销

兼顾客户、企业、社会三者利益的市场营销学是在经济学、管理学、会计学、社会学、心理学等基础上形成的一门新兴学科。其理论体系中存在较多的“经济人”的假设，即市场经济中的行为主体以自身利益的最大化作为其追求的主要目标。在这一观念指导下，许多企业的管理者便单纯追求自身的经济利益，而忽视甚至牺牲社会利益。而中国传统文化则是以社会利益为核心，认为“何必言利”，“上下交争利，而国危矣”。因此将中国传统文化运用到营销管理的实践中，就可以形成新的目标体系。

建立社会道德营销体系，需要做好两个方面的工作。第一，建立个人利益与社会利益统一的目标。这就要求企业的管理者在营销中正确处理企业利益与顾客利益、社会利益的关系，将三者利益统一起来，形成一种与社会发展密切相关而不仅仅以企业自身利益为唯一目的的创造力。第二，加强企业的营销道德建设，提高管理者的道德水平。借鉴中国传统文化的道德观，做到见利思义、义利两全，以形成企业内、企业与社会的良好互动关系。

（3）处理好人与自然的关系——开展绿色营销

在中国传统文化看来，人是整个宇宙的一部分，天人相互协调，天和人是同类。“天命之谓性，率性之谓道，修道之谓教”即认为人性与天性相通、人道与天道同源、人命与天命合一。先秦诸家以孟子为代表的天人合一思想，强调发挥人的主体性，思诚致仁，“尽心、知性、知天”，以人心昭显天下，体证天心，在精神领域完成天人合一的追求。

天人合一的思想，注重人伦道德教化，以人伦道德教化代替对物质世界的征服，以对人身理想的追求代替人身现实的享受，从而说明人与自然的关系不是征服与被征服的关系，而是人与自然间的相互适应、和平共处、相互促进的关系。在现实生活中，不是人与自然的对立，而是人和自然的和谐统一。

现代社会在飞速进步，人们改造自然的能力不断增强，在享受征服自然成果的同时，也遇到了自然资源有限的挑战。怎样正确处理人与自然的关系？怎样才能保证经济的可持续发展？中国传统文化“天人合一”的思想为这些问题指明了方向。这种以人为中心的天人整体观，促使人们去寻求自然界、人类社会及人类自身机体的普遍规律，不仅要推己及人，还要推己及物，追求人—社会—自然的和谐。中国传统文化关于人与自然关系的思想，符合可持续发展理论的要求，适应了现代社会发展环保的需要，体现在营销上就是树立绿色营销观念、实行绿色营销（green marketing）。绿色营销就是在充分满足消费者需求、争取适当企业利润的同时，兼顾社会环境利益，并由此开展的系统性营销活动。

（二）传统文化影响下的关系营销策划

受中国传统文化和儒家思想的影响，中国及其他东南亚国家人们的思维方式和商业伦理与关系营销诞生的西方国家不仅存在一定的契合之处，同时也的确存在很多不同之处。中国传统文化中的很多商业思想有比关系营销更高的境界，对企业实施关系营销提出了更高的要求。

1. 仁者爱人，重视内部关系营销

关系营销所涉及的市场包括内部市场。内部市场营销是关系营销的一个重要组成部分，也是传统关系营销观念所忽视的部分。虽然企业是市场营销的主体，但是企业的员工才是企业经营活动的具体实施者。企业的成功离不开企业各部门与员工的共同努力。内部市场实际上可以理解为企业的内部管理机制和倡导的文化。企业应该本着仁义平和的心态对待员工，用企业文化来感染员工，关心员工，时时处处想到他们的要求，为员工解决生活中的各种困难，给员工提供一个良好的工作环境。另外，儒家所提倡的传统社会组织形态中成员应具有的强烈的亲密感、归属感和由此产生的凝聚力、向心力及自我牺牲的奉献精神，对现代企业经营具有积极意义。重视人、培养人、使用人，充分发挥人才的知识优势，也正是知识经济下的人才观。由于员工是企业组织的成员，因此，从内部关系角度看是企业的对象，从外部关系角度看又成了主体，这是一种与关系主体最密切的公众。任何一个企业首先直接面对的是自己的员工，他们是企业赖以生存的活细胞，是企业产品的生产者、服务的承担者，对外又是企业形象的代表者，与企业的利益和目标关系最密切，企业的一切方针、政策、计划、措施，首先必须得到他们的理解和支持，并身体力行付诸实施。员工的技术水平、创新精神、职业道德、精神风貌、服务态度等直接影响社会公众对企业的整体印象和评价。

2. 以和为贵，重视与影响者建立长期的良好关系

随着现代社会通信手段的不断发展，信息传播的速度越来越快，传播的范围也越来越广，各种信息也在以前所未有的速度在社会上传播。对于企业来讲，这些信息包括对

企业有利的，也有很多不利的信息，如质量事故、消费者维权、员工维权等。俗话说“好事不出门，坏事传千里”，有时候对企业不利的信息比有利的信息传播的速度更快，传播的范围更广。在我国及其他东南亚国家，影响者对于企业的经营有时候起到至关重要的作用。前些年盛极一时的秦池酒业公司，由于媒体的一篇关于秦池“勾兑”的报道，使得消费者对其产品质量产生疑惑，公司在短时间内迅速垮掉。

因此，在受中国传统文化影响的市场环境中，影响者对企业经营的作用十分明显。影响者关系营销的重点就在于如何与他们保持良好、持久的关系。与影响者保持良好关系通常可借助以下公共关系活动模式来实施。

一是宣传型公共关系活动模式。即企业运用大众媒介和内部沟通方法开展宣传工作，树立良好的企业形象。其基本形式包括举办展览会、经验或技术交流会、座谈会、新闻报道、专题通讯、经验介绍、记者专访、记者招待会等。必要时可以“制造新闻”、利用名人发挥“名人效应”。

二是服务型公共关系活动方式。即企业通过向公众提供各种形式的实惠服务，强化企业信誉和形象，设身处地为顾客着想，为顾客当参谋，通过热情、周到的售前、售中、售后服务，使消费者得到最大程度的满足。

三是社会型公共关系活动方式。即企业利用举办各种社会性、公益性、赞助性活动，塑造企业形象，扩大企业的社会影响，提高社会声誉，赢得公众的支持。其主要形式有：以企业本身的重要活动为中心开展的活动，如开业剪彩、联谊会和周年纪念等；以赞助社会福利、慈善事业为中心开展的公共关系活动；资助大众传播媒介举办各种活动，借此提高企业的知名度和美誉度。

四是交际型公共关系活动方式。即企业在人际交往中开展公共关系工作。目的是通过人与人的直接接触，进行感情上的联络，为企业广结良缘，建立广泛的社会关系网络，形成有利于企业发展的人际环境。其方式是进行团体交际和个人交往。团体交际包括各式各样的招待会、座谈会、工作午餐会、宴会、茶话会、慰问、舞会等。个人交往有交谈、拜访、祝贺、个人署名、信件往来等。

五是征询型公共关系活动方式。即以采集信息为目的，了解民情、民意，了解社会舆论，为企业的决策者提供咨询。其主要形式有征询调查、民意测验、处理举报和投诉、建立信访制度等。

（三）《孙子兵法》中的中国传统谋略思想与企业营销策划

1.《孙子兵法》的主要谋略思想

（1）未战先算

《孙子兵法》的第一句就提出了遇事要进行调查研究的思想。“兵者，国之大事，死生之地，存亡之道，不可不察也。”关系人民生死、国家存亡的战争是这样，关系一切组织和个人生存发展的大事也是这样，必须认真考察研究。目前，市场营销已成为关系每一个组织和个人生存发展的关键，必须进行周密的调查研究和预测，在此基础上制定正确的营销战略和策略，才能在激烈的市场竞争中取胜。

（2）知彼知己

对未来的预测需要了解敌我双方的情况。其了解的程度决定着战争的胜败。“知彼知己，百战不殆；不知彼而知己，一胜一负；不知己不知彼，每战必殆。”因此，管理者不仅要有自知之明，更重要的是了解对手的情况。

（3）随机应变

为了掌握战争的主动权，要求其统帅必须根据战场上的形势变化做到随机应变。“兵无常势，水无常形；能因敌我变化而取胜者，谓之神。”讲的是必须根据自身条件的变化来制定战略策略。因此用兵的原则是，拥有十倍于敌人的兵力就包围敌人，拥有五倍于敌人的兵力就进攻敌人，拥有两倍于敌人的兵力就设法分散敌人，兵力相等就要努力抗击敌人，兵力少于敌人就要坚壁自守，兵力弱于敌人就要避免决战。“用兵之法，十则围之，五则攻之，倍则分之，敌则能战之，少则能逃之，不若则能避之。”“不可胜者，守也；可胜者，攻也。守则不足，攻则有余。”企业营销中的竞争战略就是依据兵法中的“随机应变”而制定的。

（4）避实击虚

兵家取胜的规律之一是“避实而击虚”。如果违背了这一规律，就必然吃败仗。避实击虚首先要真正了解对手的虚实，在此基础上制定自己的作战方案。“善用兵者，避其锐气，击其惰归，此治气者也。以治待乱，以静待哗，此治心者也。以近待远，以逸待劳，以饱待饥，此治力者也。”就是说，在战场上，要避开敌人初来的锐气，等到敌人松懈疲惫时再去攻打，这是考虑士气的作用。以自己的严整来对待敌人的混乱，以自己的镇静来对待敌人的轻狂浮躁，这是掌握军心的方法。以自己的部队靠近战场来对待敌人的长途跋涉，以自己部队的从容休整来对待敌人的鞍马劳顿，这是掌握战斗力的方法。企业在竞争中也应善于发现对手的弱势及优势，避开对手的优势，以自己的优势去攻对手的弱势。

（5）出奇制胜

《孙子兵法》的重要军事思想之一是“攻其无备，出其不意”。通过出奇兵取胜也是市场竞争的重要方法。出奇的核心是创新，只有通过创新，才能在战场上稳操胜券，因为“善出奇者，无穷如天地，不竭如江河”。用兵打仗是一种用计取胜的行为，“兵者，诡道也。”因此，出奇制胜要做到：能打装作不能打，要打装作不要打；要向近处装作要向远处，要向远处装作要向近处。对贪图小利的敌人就用利益引诱它；对混乱的敌人就乘机攻取它；对力量充实的敌人要注意防备它；对兵强马壮的敌人就暂时避开它；对于易怒的敌人要设法刺激它；对于谦卑慎行的敌人要使之骄横；对于休整良好的敌人要使之疲惫；对于内部和睦的敌人要离间它。要在敌人没有防备处发动攻击，在敌人意料不到时采取行动。出奇制胜的另一种表现是“兵贵神速”，“兵贵胜，不贵久。”就是说要选择敌人措手不及的时机，走敌人意料不到的道路，攻击敌人没有戒备的地方，以取得事半功倍的效果。

2.《孙子兵法》谋略思想在营销策划中的应用

（1）掌握“奇”“正”变化的规律，积极开展营销创新

作战的方式方法不过“奇”、“正”两种类型，“奇”是指作战的特殊方法，“正”是指作战的常规战法，“凡战者，以正合，以奇胜。”在战场上，人们总是用常规的方法进

行战斗，但总是出奇兵的能够取胜。“奇”和“正”是不断变化的，并且永远未可穷尽，当人们都熟悉了“正”的方式以后，只有“奇”才能取胜；当“奇”广为人知后，“奇”就变成为“正”；之后，新的“奇”出现。“奇”与“正”就是这样不断地相互转化，无始无终。在市场营销活动中，必须把握“奇”“正”变化的规律，并通过市场营销创新，出奇制胜。首先，要认识到出“奇”才能获利，为此必须学会不断创新。这是因为当人们面对一种特别的变化时，会在短时间内做出判断，并依此决定操作策略，而在短时间里对现状的本质做出判断，往往会欠缺深入的考虑，从而给创新者带来更大的利益。其次，掌握“奇”与“正”转化的时间。这一点判断起来较有难度，因为“奇”与“正”是相对的概念，当人们不熟悉它时，它就是“奇”；当人们熟悉它以后，“奇”就变成了“正”，此时“奇”的效果就会明显降低，再运用这种运用过的“奇”，得到的只是原来的“正”的效果。因此，在商海搏击的人要有预见性，以适应消费者的心理变化，提前拿出新的产品、新的方法和新的策略，争取市场上的更大成功。

（2）学会“以迂为直，以患为利”的辩证思维，掌握市场竞争的主动权

两军相争，懂得如何通过迂回曲折的途径达到直路，把不利条件转化为有利条件，才能把握战场的主动权。“军争之难者，以迂为直，以患为利。”在市场营销活动中，迂直之计有两层含义：一是在市场竞争中故意迂回而行，投以小利，落后于他人的行动，却先期到达目的地，收到别人没有收到的效果；二是由于工作出现失误，如产品出现质量问题，发现后通过加倍的努力，给用户提供适当的利益，结果使用户由不满意变成满意，使企业变不利为有利，变坏事为好事，达到意想不到的目标。目前，迂直之计已深入人心。无论国际上大的跨国公司，还是国内的中小企业，无不运用迂直之计指导自己的工作实践。外国企业进入中国市场过程中进行的公益赞助，中国企业给顾客提供的“超值服务”，都是迂直之计在市场营销中的最好体现。

（3）运用各种用兵策略，提高企业的市场运作水平

《孙子兵法》的用兵策略，在市场营销中主要运用在未战先算、避实击虚、出奇制胜、兵贵神速等方面。“未战先算”在营销中表现为决策前要进行调查研究和预测。作为行动的指南，已被广泛应用于企业的营销活动中。目前，市场调查和预测不仅应用在短期决策上，而且成为制定长期发展战略的基础。“避实击虚”在营销中主要体现在市场竞争上，指导企业的决策者如何针对竞争对手的不足之处展开攻击，从而一举占领该市场。避实击虚的基础是知己知彼，不仅要看得准，还要有胆有识。要充分利用自己的优势，寻找对手的薄弱环节，从而以最小的代价取得最大的成功。“出奇制胜”在营销中表现为靠别人意想不到的办法占领市场或提高市场占有率。目前，企业在营销中的“出奇制胜”可谓无奇不有，你的质量高，我的价格低，他的服务好；你在组织上创新，我在技术上创新，他在销售上创新；等等。需要说明的是，“奇”产生于深厚的理论功底和积极的创新意识，靠的是在全面分析市场情况基础上的整体设计，而不是靠某个人的“点子”。因此，要想“出奇制胜”，只能靠扎实的工作，而不能靠走捷径。“兵贵神速”被世人奉为战场上的“天条”，现已成为指导商场行为的“铁律”。时间对军队而言意味着战机，对企业来说就以为着收益。

小　结

文化营销，是指企业在市场营销中有意识地通过发现、甄别、培养和运用某种独特的核心价值观念为手段来达成企业经营目标的一种战略性营销活动。文化营销具有时代性、区域性、导向性、开放性和个性化的特征；文化营销策划渗透到营销的全过程，主要包括文化营销的产品策划、文化营销的品牌策划、文化营销的价格策划和文化营销的促销策划；所谓“传统文化”，一般是指在以往相当长的人类社会历史进程中形成和发展起来的文化，是特定民族从历史上沿传下来的民族文化。中国传统文化在文化营销策划中有很多丰富且重要的应用。

案例分析

中美电影文化营销个案研究

案例背景

一、《哈利·波特》的文化营销模式分析

（一）产品定位

“你可以说自己没有看过《哈利·波特》系列图书，也可以说自己没有看过《哈利·波特》系列电影，甚至可以说你讨厌那个魔法男孩，但你千万不要说自己从来没听说过哈利·波特，那将是你孤陋寡闻的铁证。”一位西方评论家在撰写《哈利·波特现象》一文的开头时如是说。在这个现象背后是一部系列类型电影文化营销的商业传奇。《哈利·波特》（Harry Potter），是英国女作家J.K.罗琳的系列文学作品，本系列共有7本，描写的是主人公哈利·波特在霍格沃茨魔法学校7年的学习生活和冒险故事。被翻译成62种语言，总销量为3亿本，仅次于《圣经》及《毛主席语录》。在J.K.罗琳已经出版的前6本中，已经由美国华纳兄弟电影公司把前4部作品拍摄成电影。其中有3部的电影票房收入都在6亿美元以上，排在历史总票房排名的前5名之列，分别是排在第3名的《哈利·波特与魔法石》6.57亿美元；第4名的《哈利·波特与密室》6.16亿美元；第5名的《哈利·波特与火焰杯》6亿美元。华尔街有分析师预计，待到7部电影全部完成，《哈利·波特》票房总收入可望超过100亿美元。

《哈利·波特》系列电影是美国电影工业化体制下，以类型电影为目标市场定位手段的营销方式的成功应用。类型电影是给电影分类最容易识别的手段之一，因为电影工业（尤其是好莱坞电影工业）乐于运用这种手段来促进市场销售。电影广告的风格与象征体系充分利用了观众的类型片知识。电影按照类型片进行市场营销，这样我们在买票的时候很清楚将会看到什么——预告片、海报及其他促销广告将无不清晰无误地标志着《哈利·波特》是一部魔幻电影。

类型片还在制片人和观众之间建立了一种关系，如果观众选择看《哈利·波特》，那么进入电影院时会期待着因这部电影而兴奋与感到进入奇妙的魔幻世界。电影的一系列广告活动充分利用了这些期待心理，令观众迅速进入情绪。类型片让我们知道自己应该期待从电影当中看到什么，这种手段满足了观众的虚荣心，令他们感觉到自己也是鉴赏家，并且促进了观众对类型片的认同感，这就建立起一个使类型片中情节不断得到强化的程式。

（二）营销推广

从1996年初次出版时只象征性地印了500册，到现今席卷全球的《哈利·波特》热，成功的营销是具有决定性的因素。而推动这场营销的正是美国时代华纳公司强势的传播力量。1998年，华纳兄弟电影公司看中了当时只是小有名气的《哈利·波特与魔法石》的市场前景，只用了50万美元就得到了《哈利·波特》系列前4部的电影版权和商品化经营权，并享有其后3部小说电影版权的特别优先权。得到电影版权之后，华纳并没有急于拍摄的准备工作，因为作为经营文化产业多年的大公司，华纳深知成功的营销比成功的作品更具有影响力。因此，华纳首先开始利用自己的各种媒体进行全方位的宣传造势：从美国在线到CNN再到华纳有线。从导演人选及摄制团队的确定到演员阵容的敲定，其新闻宣传持续了半年之久，每一次淘汰都像是华纳在告诉观众，电影绝对是忠于原著，绝对是精益求精，对于这部电影，据说时代华纳投资预算达1亿美元，目标只有一个——必须一鸣惊人！其次是开发电影后产品。世界上最大的3家玩具商分别以4000万～8000万美元不等的价格，获得了将《哈利·波特与魔法石》中人物、棋盘等做成玩具等产品的权利，离公映不到5个月时，商店里已经到处是《哈利·波特》的玩具了。然后是通过注册网站，清理私自注册的相关域名，利用网络资源进一步扩大影响力。最后是策划一些有创意的活动，如主人公的生日会、小魔法师比赛、模仿秀等，既宣传了影片，又使观众感受到了身为哈利·波特迷的不同文化气息。

《哈利·波特》第一部公映时，全球3600个影剧院8000个屏幕同时首映，上映10天后，总收入就超过1.5亿美元，超过了《星球大战》曾经创下的纪录。可是华纳的决策层没有利用其大热而不加节制地开发特许经营，而是看中了《哈利·波特》的长期商业潜力，因为少而精的策略会逐渐抬高投资回报率，避免影迷的反感情绪，从而将注意力集中到下一部上。这样，商品的生命周期就能更加延长。这种有节制的商品开发配以神秘感的商品发布，使影迷产生了心理归属感和欣赏期待，达到了很好的效果。华纳公司文化营销所带来的协同效应，以及对这个品牌的谨慎开发，使小魔法师的魔法充满了无限的商业潜力。

二、《英雄》的文化营销模式分析

电影是一种工业，影片是一种产品。和其他产品一样，今天的电影同样面对的是供大于求的买方市场，同样存在着各种各样直接竞争的产品，因此也就需要以适当的策略和手段“说服”人们购买、消费、享用，亦即需要以营销策略开拓市场。在这种新的形势下，就要求电影企业必须树立全方位的市场营销观念。

作为电影企业来说，各自都有自身的运作方式和特点，要形成符合经济规律要求的电影市场，就必须使各个环节协调合作，最大程度地发挥其优势，真正实现产、供、销一体化，通过市场来实现电影的社会效应和经济效应。面对市场，研究市场，了解观众需求，才能把握市场，开拓市场，赢得市场。2002年的票房大赢家《英雄》，其成功的商业营销运作充分显现了营销手段的精妙。张艺谋说：“《英雄》的发行商和制片商所做的工作是创举，他们尽量刺激市场，使之变成一个商业交流。”不少人观看《英雄》后颇有微词，认为影片表现平平。若果真如此，一部表现平平的影片创下了两亿多元的国内票房佳绩，我们就不得不为其营销手段的高超叫好了。

（一）产品定位

2002年，张艺谋以创造中国电影史上众多“第一”的《英雄》登场，树立起一个国产影片商业营销的成功标杆。1000万元的宣传费创下国产电影的宣传纪录。但《英雄》票房的成功，绝不仅仅依靠资金的大量投入，更由于事件策划者深谙营销心理学，以“间歇持续，不同卖点”的方式，在适当的时间，一层层掀开《英雄》头上的神秘面纱，在观众因不知情而好奇心愈甚的期待心理中将《英雄》一步步推至前台。2002年3月，《英雄》被张艺谋定论为“商业动作片”，给媒体“张艺谋的第一部武侠片”的卖点。

（二）营销推广

2002年7月，《英雄》被米拉麦克斯影业公司以2000万美元买断欧美发行版权的消息让国人人心大振。8月2日，张艺谋携章子怡等演员赴香港为《英雄》召开新闻发布会，正式拉开了《英雄》大规模公开宣传的帷幕。此后，影片公映前夕，书版《英雄》提前上市，纪录片《缘起》掀起《英雄》盖头，以及央视广告强化宣传，都将这种气势保持到影片公映，而剧组包专机赴京、穗、沪三地首映，并且在首映期间要求观众通过三道安检并出示身份证，出动多名保安昼夜不停地巡视剧场内外防止盗版等动作都为中国电影史上的首创之举。据业内人士统计，对影片《英雄》的报道，力度已经超过当年对《泰坦

尼克号》的宣传，有关《英雄》的商业运作也已与“上海申博”等一并入选“2002 年中国十大公关新闻”。《英雄》的巨额票房和相关娱乐新闻的多姿多彩让我们看到电影与大众媒体握手创下的“双赢”。

《英雄》与美国《哈利·波特》的营销有很多相似之处：在电影拍摄时成功地通过各种方式造势，吸引观众的眼球，同时将影片适当定位，使类型片影迷形成心理期待；在影片上映的前期，通过各种文化后产品的销售带动电影的营销，扩大影迷的群体；在广告投入上不惜重金，把一部电影的公映办得像是一场运动，使消费者心甘情愿地参与其中。因此，打破旧的经营模式，树立新的市场观念，建立新的市场运行机制，实施市场营销组合成了我国电影业发展的当务之急。

案例讨论

在美国的全球化战略中，好莱坞电影不仅可以在中国开辟一个仅次于美国本土的第二大市场，为美国带来丰厚的经济效益，而且还可以通过那些被注入了复杂的社会、心理欲望的男女明星，以及那些经过精心包装的英雄故事和爱情传奇，来编织一个个魅力无穷的美国寓言，从而不仅从经济上而且从文化上融入这一曾经具有世界上最悠久和辉煌文明的东方民族。美国媒介借助政府与传媒集团双方面所形成的传播的“超级力量”，好莱坞电影产业的资本实力、技术实力、开发实力、营销实力，都是目前的中国电影工业望尘莫及的。中国的电影企业不仅规模小、效益低，更重要的是根本没有形成工业化生产和销售的模式，目前几乎没有与好莱坞进行竞争的能力。

但是，对于中国民族电影来说，最显而易见的优势就在于中国有着自己完全不同于美国和其他西方国家的悠久的而且渗透到现代生活的各个层面的文化传统。中国有几千年的相对独立的文明发展历程，尽管从 19 世纪末以来，西方文化对中国产生了广泛影响，但中国人在生活方式、价值观念、语言使用方面，仍然与西方文化有着深刻的差异。尽管由于全球化进程的加快、地球村的形成，文化的民族疆界越来越模糊，但中国与西方世界毕竟有着巨大的文化传统的差异，这种差异不仅意味着好莱坞电影很难替代中国本土电影的文化亲同性，而且也意味着中国电影在亚洲、在世界的华人文化区都可能具有好莱坞电影所不能替代的文化亲同性。因此，中国电影如果能够创造性地利用中国的文化传统资源，不仅是题材的资源，而且也是价值观、审美观的资源，中国民族电影就可能在中国自己的电影市场，甚至亚洲和世界的华人电影市场乃至华人文化圈中获得广阔的位置。这也就是说，中国发展民族电影，走产业化的道路，必须注重商业包装与文化内涵的双重建构。

中国民族电影根深叶茂的基础在于中国电影业必须成为能够适应文化消费市场需要的真正意义上的现代电影产业，这种文化产业，不是仅仅模仿西方的，也不是固守本土的，而是借鉴西方的，以本土文化为基础的电影产业。走向市场是中国电影的一块试金石，而通过电影来传达的人文理想和意识形态观念也是中国电影文化传播的核心。适应市场需要进行产业化改革，而这种改革不应该是追求西方电影表面上的娱乐化与商业炒作模式，而是要借鉴其在电影营销过程中，如何成功地传递文化理念。立足本土市场与文化优势，开拓国际市场，这应该成为 21 世纪中国电影最重要的主题。

（资料来源：http://www.doc88.com/p-31475840073.html.）

思考题

1．文化具有哪些特征？
2．文化营销的主要功能包括哪些方面？
3．文化对企业营销有怎样的影响？
4．文化营销策划包括哪些主要的方面？应如何实施？
5．中国传统文化对企业营销策划的影响可以从哪些方面来理解？

第八章

企业形象 CI 策划

教学目标

了解企业形象与CI的关系；掌握CIS的三个构成部分：理念识别系统（MIS）的内容、行为识别系统（BIS）的内容、视觉识别系统（VIS）的内容；掌握企业CI策划的程序及主要步骤。

学习要点

- 掌握企业形象与CI的关系。
- 掌握CIS的构成部分及其内容。
- 掌握企业CIS策划的程序及主要步骤。

关键词

企业形象　企业识别（CI）　理念识别系统（MIS）　行为识别系统（BIS）　视觉识别系统（VIS）

导入案例

美津浓公司的形象策划

20世纪80年代中期，中国的观众经常可以见到一个简洁流畅的斜M形标志，出现在问鼎世界排坛的中国女排服饰上，这便是著名的日本美津浓公司。美津浓公司是一家生产运动器材和体育用品的企业。美津浓公司在导入CI时不失时机地抓住了“日本迎来体育新时代”、“公司迎来75周年庆”、“1980年四年一度的奥运会召开”这三个令人兴奋的“时间”交叉点。

1980年是奥运年，第二十二届奥运会将在莫斯科举行。公司从1978年9月开始，决定全面进入导入企业CI阶段。到1980年6月，美津浓公司塑造出了新的公司形象：确定了公司的标准色为天蓝和钻蓝两种蓝色，以代表运动的速度感和新鲜感；确定新的企业标志，使其形象能传达出体育运动的开放性和健全性；其审美性能适应从20世纪80年代到21世纪的时代变更，其格调能合乎一流体育运动产品的品位，同时能在各种媒体上和谐应用。确定企业的标语为“运动的世界”（The World of Sport），意思是要将体育运动普及到世界的各个角落，也有让每个角落都能见到“美津浓”的意思。

（资料来源：程回洲. 1998. 水利企业形象策划[M]. 北京：中国水利水电出版社.）

第一节　CI与企业形象

在同质化竞争的今天，面对同类产品，顾客往往很难选择，这时企业在社会公众心目中的形象的好坏就成为影响消费者选择的决定性因素。企业信誉好，知名度高，消费者对它的产品就会有信赖感，企业在激烈的市场竞争中才能赢得优势。因此，重视企业形象塑造，制定企业形象战略已经成为企业经营管理的重要内容。企业形象策划是策划理论在企业形象塑造活动过程中的具体运用，是营销策划的重要组成部分。

一、企业形象与企业形象策划

（一）企业形象的内容

从心理学的角度看，形象是人们通过视觉、听觉、触觉、味觉等各种感觉器官在大脑中形成的关于某种事物的整体印象，简言之是知觉，即各种感觉的再现。形象不是事物本身，而是人们对事物的感知，不同的人对同一事物的感知不会完全相同，因而其正确性受到人的意识和认知过程的影响。由于意识具有主观能动性，因此事物在人们头脑中形成的不同形象会对人的行为产生不同的影响。

企业形象是企业内外对企业的整体感觉、印象和认知，是企业状况的综合反映。它是企业在与社会公众（包括企业员工）通过传播媒介或其他接触的过程中形成的，其形成机制包括公众印象、公众态度和公众舆论三个层次，如图8-1所示。

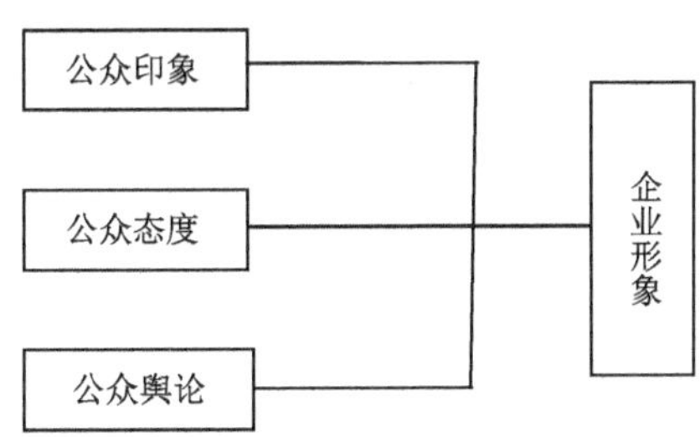

图8-1　企业形象的形成机制

（二）企业形象策划

企业形象策划，是指以分析预测为基础，以形象目标的确定和形象定位为重点，确定企业形象塑造活动的战略和策略，并制定出最佳计划方案的过程。其内涵可以从以下几个方面来理解。

第一，企业形象的策划者通常由三部分组成：一是具体操作者；二是组织指挥者；

三是专家。

第二，企业形象策划的基础是分析预测。这就是说，对企业形象进行科学的策划，必须以对环境的调查研究分析为依据，并对可能达到的结果做出预测。企业形象策划的分析预测包括企业形象分析、企业能力分析、企业环境分析等。企业形象策划是企业形象塑造活动的一个阶段、一个方面。因此，离开了分析预测，就不可能有企业形象策划。

第三，企业形象策划的重点是对企业形象目标的确定和形象定位。所谓企业形象定位，是指通过对形象调查得到的数据分析，确定企业在公众心目中的实际位置。只有实现正确的企业形象定位，才能进一步明确企业的形象目标，才能制定出塑造企业形象的战略、策略和计划方案。

第四，企业形象策划应包括战略、策略及计划方案等内容。企业形象是社会公众对企业的总的看法和评价。以企业的形象地位和形象要素看，企业形象是企业的总体印象和特殊印象的统一。

二、CI 的含义

自 CI 理论诞生半个世纪以来，各专家学者对其有不同的理解和研究侧重点，因而对 CI 的定义或解释不尽相同。

CI 是 corporate identity 的缩写。Corporate 是指一个单位、一个团体、一个企业。Identity 有如下两层含义：其一是指主体的识别性，主体有别于其他同类的个性化特征；其二是指主体的个性化特征要有完备的统一性，共同表达主体的识别性。可见，其基本意义是识别。因此，在大多数场合 CI 被译为企业识别。

所谓企业识别就是一个企业借助直观的标示符号和内在的理念等证明自身主体性与内在同一性的传播活动，其显著的特点是同一性和差异性。正如日本学者山田理英所说："从主体性的观点来看，identity 就是'我是谁'的疑问和解答；从同一性的立场来看，identity 是企业本身某些事物的共通性。"

CIS 即英文 corporate identity system 的缩写，一般译为企业识别系统、企业形象战略。这是日本赋予 CIS 的新解释。CIS 的出现，使企业差别化战略摆脱了单纯依赖视觉差别设计的情况，成为企业整体的、全方位的、系统的经营战略。

在我国，目前还没有一个权威统一的 CI 标准译法，为了避免混乱，本书仍直接使用英文缩写 CI。

CI 是随着社会的进步和发展而逐步成长起来的。最初 CI 的表述是：设计与展示一套区别于其他企业，体现企业自身个性特征的标志系统，以突出企业形象，并借以在市场竞争中取胜的经营战略。

随着时代的发展，CI 也经历了长期的发展与变革，但它始终围绕着"为企业解决问题"这一核心理念在运作，更明确地讲是解决企业与社会、自然的关系问题，它所使用的工具就是塑造企业形象，它解决问题的方式就是不断变革，创造新的企业形象以改善和推进企业与社会、自然的关系状况，并以此推动社会发展，维护企业、社会、自然的动态平衡。因此，CIS 的根基始终是放在企业自身形象的设计与开发上。所以日本的加藤邦宏说："CI 就是对企业整体进行设计工作，以企业整体的活动作为设计对象，使企业本身个性的表现合乎时代潮流。”从这个立场出发，加藤邦宏认为：“为了形成企业的形象而以设计开发为中心的活动才是所谓的CI。”

因此我们认为：CI是将企业的经营理念和个性特征，通过统一的视觉识别和行为规范系统，加以整合传达，使社会公众产生一致的认同感与价值观，从而达成建立鲜明的企业形象和品牌形象、提高产品市场竞争力、创造企业最佳经营环境的一种现代企业经营战略。

三、企业形象与CI的关系

企业导入CI的目的是为了塑造良好的企业形象，然而CI与企业形象是两个不同的概念。

CI的设计的起点是将构成企业形象的要素转化成统一的识别系统，然后再借助于信息传达将其准确、清晰地展示在公众面前，在信息传送者和接受者之间反复的相互作用过程（信息传递与信息回馈）中形成符合CI设计的企业形象。可见，“企业形象”既是CI的出发点，同时也是CI达成的目标。具体来讲，二者的关系可以概括如下。

（一）CI并不等同于企业形象

首先，CI与企业形象的概念在英文中的表述不同。企业形象的英文是corporate image。CI是英文corporate identity 的缩写，汉语译为企业识别。

其次，二者的含义不同。企业形象是指社会公众和企业职工对企业的整体印象和评价，也是企业的表现和特征在公众心目中的反映，这种印象和评价是公众综合认识的结果。CI是传达、塑造企业形象的工具和手段。

最后，构成要素不同。企业形象要素体现于产品形象、环境形象、职工形象、企业家形象、公共关系形象、社会形象、总体形象之中。也就是说企业形象是由上述形象要素组成的。CIS则由理念识别系统（mind identity system，MIS）、行为识别系统（behavior identity system，BIS）和视觉识别系统（visual identity system，VIS）构成，显然比企业形象具有更丰富的内涵。

CI是企业在行业结构和社会结构中的特定地位或个性化特征，它是通过不同的传播方式方法在公众心目中对企业产生认同或共有价值观的结果。

（二）CI是塑造企业形象的重要手段

由于公众印象与企业形象之间的不一致而造成了企业形象的不稳定，甚至出现企业形象的扭曲和颠倒，企业有必要利用CI的整合功能，使企业形象得以矫正和提升。

如果CI仅仅是对企业本身形象的社会传送，其作用就只限于为那些本来就具备良好的形象素质但信息传递力不强的企业进行信息传达设计。但事实上，大量的企业是因其形象不适应正在发展的信息时期形象竞争日趋激烈的需要，才求助于 CI 这一系统的手段，这也正是CI产生和发展的深厚基础。

CI是塑造企业形象最为快速、最为便捷的方式和手段。但它并不是一种万能的形象手段，更不是企业经营本身。CI侧重企业的传播。与营销、公关、广告相比，CI更具有系统性、整体性。

综上所述，从 CI 的定义中，我们可以清楚地了解 CI 的基本含义，其本质是一种以塑造企业（或其他组织）形象为目标的组织传播行为。因此，应该说 CI 的最终目的就是不断推进和开创企业新形象，它是企业形象策划的主要手段。

知识拓展

CI 的三种境界

1）风姿绰约，别具一格。这是企业成功开发 CI 的最初境界。这样的企业偏重 VIS 设计（MIS 和 BIS 尚处于初级阶段），致力于对自身新形象的宣传，给社会带来新气象，显示了企业的发展活力和起色，给人耳目一新的感觉。

2）左右逢源，独擅风流。这是企业成功开发 CI 的中级境界。在此状态下，企业完成了 VIS 的对外宣传而偏重于 BIS 的策划和实施，企业通过真心实意为社会及公众服务的重大举措的实施，扩大了知名度，提高了信任感，赢得了社会的支持认同和欢迎。

3）桃李不言，下自成蹊。这是企业成功开发 CI 的目标境界。企业的 CI 及其三个构成部分均已定型，企业的美好形象牢牢地矗立在市场上，企业拥有大量的忠诚客户，盛名之下顾客与合作者众多。

这三种境界是循序渐进的。企业形象策划就是要促进企业从表面引入深层，从形式导向实质，从设计推向实施，从投入趋向产出，使企业不仅以全新的面貌自立于市场，而且以骄人的业绩奉献给社会。

第二节 CIS 策划内容

一、CIS 的构成

如第一节所述，CIS 由理念识别系统（MIS）、行为识别系统（BIS）和视觉识别系统（VIS）三部分构成，如表 8-1 所示。

表 8-1 CIS 构成

CIS 结构	CIS 结构说明
MIS	最高决策层导入 CIS 的原动力，企业的经营理念与精神文化
BIS	动态的识别形式，对外的回馈、参与、活动，对内的组织、管理、教育
VIS	静态的识别符号具体化、视觉化的传达方式，项目最多、层面最广、效果直接

（一）理念识别（MI）

所谓 MI，是指确立企业自己独具特色的经营理念，企业对目前和将来一定时期的经营目标、经营思想、经营方式和营销状态进行总体规划和界定，是企业生产经营过程中设计、科研、生产、营销、服务、管理等经营理念的识别系统。MI 主要包括企业精神、企业价值观、企业信条、经营宗旨、经营方针、市场定位、产业构成、组织体制、社会责任和发展规划等，属于企业的意识形态范畴。

（二）行为识别（BI）

BI是企业以实践经营理念与创造企业文化的准则，对企业运作方式所做的统一规划而形成的动态识别系统。它是以经营理念为基本出发点，对内建立完善的组织制度、管理规范、职员教育与行为规范和福利制度；对外则开拓市场调查、进行产品开发，通过社会公益文化活动、公关活动、营销活动等方式来传达企业理念，以获得社会公众对CI认同的形式。通过一系列的实践活动将企业理念的精神实质推展到企业内部的每一个角落，汇集起员工的巨大精神力量。

（三）视觉识别（VI）

VI是以企业标志、标准字体、标准色展开的完整、系统的视觉传达体系，是将企业理念、文化特质、服务内容、企业规范等抽象语意转化成具体符号的概念，塑造出独特的企业形象。VI分为基本要素系统和应用要素系统两方面。

在CIS的三大构成部分中，其核心是MIS，它是整个CIS的最高决策层，给整个系统奠定了理论基础和行为准则，并通过BIS和VIS表达出来。所有的行为活动与视觉设计都是围绕MIS这个中心展开的，成功的BIS和VIS就是将企业的独特精神准确表达出来。

二、MIS设计的内容

（一）理念设计在企业形象策划中的地位

营销理念是指企业在组织和谋划企业的经营管理实践活动中所依据的指导思想和行为准则，是企业的经营哲学和思维方法的体现。营销理念的设计是企业灵魂的塑造，是将企业领导人的理念进行锤炼、抽象并形成企业管理人员和广大员工的共识，进而确定企业的经营宗旨和共同价值观的过程。

营销理念的设计在企业形象策划中占有重要地位。企业形象的策划从始至终应该围绕营销理念这个核心展开。整个策划过程就是寻找、提炼适合该企业的发展的某种价值法则、精神信条和理想追求目标。判定企业形象策划成功与否，主要也是看营销理念能否充分体现企业的发展活力和生机，能否振奋企业精神，推动企业进步，并产生巨大的感召力和凝聚力。在CI导入过程中，人们把VIS的设计比喻为“脸”的设计，BIS的设计比喻为“手”的设计，把MIS的设计比喻为“心”与“脑”的设计。

（二）MIS设计的内容

企业MIS是企业赖以生存的原动力，是企业价值的集中体现。企业MIS包括企业的经营方向、经营思想、经营道德、经营作风、经营风格等具体内容。

1. 经营方向

经营方向是指企业的事业领域（业务范围）和企业的经营方针。企业事业领域即表明企业在哪一个或哪几个行业、领域为社会提供服务；经营方针即企业经营战略目标及路线。1983年住友生命公司对日本的3600家公司就企业经营方针进行了调查，一般企业的方针如表8-2所示。

表 8-2　企业经营方针使用情况统计表

企业方针 / 使用企业	和谐	诚实	努力	信用	服务	责任	贡献	创造力	安全
企业数量	548	466	380	165	126	98	81	71	70
所占比重	15.2	12.9	10.6	4.6	3.5	2.7	2.3	2.0	1.9

2. 经营思想

经营思想是企业生产经营活动的指导思想和基本原则，是企业领导者的世界观和方法论在企业经营活动中的运用和体现。

（1）IBM 的宗旨

蓝色巨人 IBM 公司，自 1914 年老沃尔森创立该公司就确立了公司的经营宗旨，直到 1956 年小沃尔森导入 CIS 时，又重申了 IBM 的如下宗旨。

1）必须尊重每一个人。

2）必须创造最优秀、最出色的成绩。

3）必须为用户提供尽可能好的服务。

（2）索尼的经营格言

索尼公司的两位创始人井深大和盛田昭夫，不断提出一些经营格言，让员工们执行，具体有以下几条。

1）索尼应成为开路先锋，我们干别人没有干过的事，永不步别人后尘，披荆斩棘开创无人敢于问津的新领域。

2）自己研究，自己思考，自己判断，并拿出自己的东西来。

3）人的能力是有限的，而人的努力是无限的，你的任务就是唤醒你沉睡的智慧。

4）每个人都应该懂得，人的价值在于他的能力，对于一个人来说，干自己喜欢的工作是最大的幸福。

5）每个人都有做创造性工作的愿望，行政领导的工作就是给出课题，培养兴趣并鼓励真正的能力。

可见，经营思想的形成非一日之功，它是企业长期经营实践之后形成的精华，这正是企业成功之所在，也是企业要永远坚持和维护的“传家宝”。

3. 经营道德

企业的经营道德是人们在经营活动中应该遵循的，靠社会舆论、传统习惯和内心信念来维系的行业规范的总和。企业经营道德以“自愿、公平、诚实、信用”为基本准则。

中国海尔集团从 1984 年亏损 147 万元濒临破产，到 1991 年全面扭亏为盈，再到 1998 年实现销售额 162 亿元，创利税 10 亿元，其快速发展主要得益于海尔的企业文化，尤其是对经营道德的重视，海尔的理念如下。

1）无私奉献，追求卓越；要么不干，要干就干第一。

2）高标准，精细化，零缺陷，创造唯一和第一。

3）售后服务是我们的天职，卖信誉，不是卖产品。

4）人人是人才，高质量的产品是高素质的人干出来的。

4. 经营作风

经营作风是企业的行为方式和存在方式。拥有11 000多家特许店的麦当劳在先后运用"美国口味麦当劳"、"世界通用的语言——麦当劳"进行宣传时，同时强调以Q（quality，质量）、S（service，服务）、C（clean，清洁）、V（value，价值）为内容的麦当劳企业文化。麦当劳的企业文化十分突出其独具的经营作风，具体要求如下。

Q要求：汉堡包出炉限时10分钟，薯条出锅时限7分钟，逾时不再出售，保证其酥脆。

S要求：环境有家庭般的温馨，服务员脸上有亲切的笑容，让顾客有如宾至如归的感觉。

C要求：员工行为合乎规范，与其背靠墙休息，不如起身打扫卫生，员工不留长发，要带工作帽，客走桌面洁净等。

V要求：要提供更有价值的高品质物品给顾客，要努力增加附加价值，时时给人惊喜。

5. 经营风格

企业的经营风格是企业精神和企业价值观的体现。企业精神包括员工对本企业特征、地位、风气的理解和认同，由企业优良传统、时代精神和企业个性融会的共同信念，以及员工对本企业未来的发展抱有的理想和希望。企业价值观是全体员工对其行为意义的认识体系和所推崇的行为目标的认同和取舍。

日本松下公司从1917年的97美元起家，到现在已发展成为拥有20多万名员工的大企业，其领导人松下幸之助总结了该公司成功的经验，对企业理念做了如下概括。

1）用生存发展的观点看待一切事物，顺应自然的规律，顺应时代的变化，正确地认识企业的生命。

2）对人要有正确的看法，应该认为社会大众是公正的，要造就人才，要集思广益。

3）企业的经营管理是一种艺术，时刻不忘自主经营，实行"水库式的经营"，进行适度经营，树立一定成功的坚定信念。

4）贯彻共存共荣的思想，既对立又协调。

5）利润就是报酬。

6）要关心政治。

7）要心地坦诚。

企业MIS是个完整的体系，上述分层说明是为了表述的方便，其实它们是一个有机的整体，很难截然分开。

知识拓展

企业理念的实践阶段

企业理念的实践阶段可以分为以下几个。

第一阶段：了解企业理念。要使企业理念内化为企业及其员工的信念和自觉行动，必须尽快使全体员工知晓企业的宗旨、使命、经营方针、发展目标、价值观等，以便使企业理念至少在表层上能为员工所接受和把握。

第二阶段：领悟企业理念。企业员工了解企业理念及其具体内容只是理念实施过程的起点，要让员工从表层接触发展到心灵的契合，还要求员工对企业理论的把握上升到领悟程度。

第三阶段：实践企业理念。实践阶段作为企业理念的实施阶段，至关重要。它既是企业理念系统运作的起点，也是企业理念系统运作的归宿。

三、企业 BIS 的内容

企业 BIS 是 CIS 的动态识别系统，包括对外回馈、参与活动，对内组织、管理和教育。企业 BIS 可称为 CIS 的“做法”，是企业实现经营理念和创造企业文化的准则。企业的 BIS 基本上由两大部分构成：一是企业内部识别系统，包括企业内部环境的营造、员工教育及员工行为规范化；二是企业外部识别系统，包括市场调查、产品规则、服务水平、广告活动、公关活动、促销活动、文化性活动等。

（一）企业内部识别系统

企业内部识别就是对全体员工的组织管理、教育培训，以及创造良好的工作环境，使员工对企业理念认同，形成共识，增强企业凝聚力，从根本上改善企业的经营机制，保证对客户提供优质的服务。

1. 工作环境

工作环境的构成因素很多，主要包括两部分内容：一是物理环境，包括视觉环境、温湿环境、嗅觉环境、营销装饰环境等；二是人文环境，主要内容有领导作用、精神风貌、合作氛围、竞争环境等。

创造一个良好的企业内部环境不仅能保证员工身心健康，而且是树立良好企业形象的重要方面，企业要尽心营造一个干净、整洁、独特、积极向上、团结互助的内部环境，这是企业展示给社会消费大众的第一印象。

2. 员工的组织管理和教育培训

实施 CIS，需要企业全体员工的协作。员工是将企业形象传递给外界的重要媒介，如果员工的素质不高，将损害企业形象。因此要做好 CIS 的推行，必须对企业员工加强组织管理和教育培训，提高每位员工的素质，使每位员工认识到自己的一言一行都与企业整体形象息息相关。只有通过对员工长期地培训和严格地管理，才能使企业在提供优质服务和优质产品的基础上形成一种风气，形成一种习惯并且得到广大消费者的认可。

员工教育培训的目的是使行为规范化，符合企业 BIS 的整体性的要求。员工教育分为干部教育和一般员工教育，两者的内容有所不同。干部教育主要是政策理论、法制、决策水平及领导作风教育。一般员工教育主要是与日常工作相关的一些内容，如经营宗旨、企业精神、服务态度、服务水准、员工规范等。

3. 员工行为规范化

行为规范是企业员工共同遵守的行为准则。行为规范化， 既表示员工行为从不规范向规范的过程，又表示员工行为最终要达到规范的结果。它包括的内容有职业道德、仪容仪表、见面礼节、电话礼貌、迎送礼仪、宴请礼仪、舞会礼仪、说话态度、说话礼节和体态语言等。

4. 编唱企业之歌（厂歌、行歌）

在 CIS 中，为增强企业凝聚力可以借助厂歌来达到目的。因为经过行歌的编唱可以宣传企业的理念，又可以振奋员工的精神，缓解员工工作紧张的压力。特别是青年员工偏爱音乐，对这种形式喜闻乐见，易于接受。因此，有越来越多的企业为迎合员工这一心理，将企业理念谱写成自己的企业之歌，取得了良好的效果。此外，BIS 还包括福利制度、公害对策、作业合理化、发展策略等内容。

（二）企业对外识别活动

企业外部识别活动是通过市场调查、广告宣传、服务水平、开展各种活动等向企业外部公众不断地输入强烈的企业形象信息，从而提高企业的知名度、信誉度，从整体上塑造企业的形象。

1. 市场调查

企业要推销出适销对路的产品，就必须进行市场调查，以求得与消费需要的一致性，在此基础上进行新产品设计和开发。特别是要通过市场调查做好市场定位，即根据市场的竞争情况和本企业的条件，确定本企业的产品和服务在目标市场上的竞争地位，从而为产品创造一定的特色，赋予一定的形象，以适应顾客的一定需要和爱好。

2. 服务水平

服务，可以说是企业形象一道光环，优质服务最能博得客户的好感。就服务内容而言，包括服务态度、服务质量、服务效率；就服务过程而言，包括三个阶段，即售前、售中和售后服务。服务活动对塑造企业形象的效果如何，取决于服务活动的目的性、独特性和技巧性。服务来不得半点虚伪，它必须是言必行、行必果，带给消费者实实在在的利益。

3. 广告活动

广告可分为企业形象广告和产品形象广告。对 CIS，应更加重视形象广告的创造，以获得社会各界对企业及产品的广泛认同。企业形象广告的主要目的是树立商品信誉，扩大企业知名度，增强企业内聚力。产品形象广告不同于产品销售广告，它不再是产品本身的简单化再现，而是创造一种符合顾客的追求和向往的形象，通过商标、标志本身的表现及其代表产品的形象介绍，让产品给消费者留下深刻的印象，以唤起社会对企业的注意、好感、依赖与合作。

4. 公关活动

在市场调查的基础上进行必要的公关活动，是企业 BIS 的重要内容。通过公关活动可以提升企业的信誉度、荣誉度，能消除公众的误解，取得社会的理解和支持。公关活动的内容很多，有专题活动、公益活动、文化性活动、展示活动、新闻发布会等。

四、企业VIS设计的主要内容

（一）企业VIS的构成原理

企业VIS设计是以商标的造型和色彩计划为核心，将企业的经营理念、管理水平、产品特色及广告宣传融为一体，运用清晰而简洁的视觉传达沟通技术，使受众产生认同，在国内赢取社会信赖，以期实现市场拓展，为企业创造无形资产和经营业绩的营销战略目标。作为一种有效的传播手段，企业VIS是一个完备的符号系统，在未来的社会生活中将会产生越来越重要的影响。

在人的感觉所能接收的所有符号中，视觉是获取信息的主要来源。早在古希腊时期，人们就已经注意到媒介和事物之间存在着表征物和被表征物之间的符号关系。通过这些符号，人的生活经验得以普遍化并逐渐固定，人的思维意识亦由表象上升到概念得以高度发展，人的意识过程逐渐作为一个符号化的过程。作为认识媒介，符号是人类认识客观外界事物的沟通桥梁；作为信息载体，符号又是人类实现信息存储和记忆的重要工具；作为传播渠道，符号更是表达思想情感的物质手段。因此，在整个CIS中，VIS以其独特的符号特征和设计语言，成为涵盖形象项目最多、影响力最广、宣传效果最为直接的形象识别系统之一。

（二）VIS的构成要素

企业VIS的设计分为基本要素和应用要素两大类。基本要素主要包括企业名称、品牌标志、标准字、标准色、象征图案等；应用要素主要包括办公用品、办公设施、招牌旗帜、建筑外观、衣着服饰、产品设计、广告宣传、场区规划、交通工具、包装设计的等。本书下面的内容主要选取企业VIS整体传播系统中的枢纽和核心要素进行探讨，重点介绍标志、标准字、标准色和企业吉祥物的设计。

1. 标志的设计

标志是将抽象的企业理念精神，以具体的造型图案形式表达出来的视觉符号。在企业VIS设计中，标志是启动并整合所有视觉要素的主导和核心。

（1）意念开发

在对本企业和竞争企业的经营状况进行了全面了解之后，应分析比较各企业标志的优劣，进行市场调查，获取消费者的测试意向，掌握消费者对设计题材、造型要素、构成原理、表现形式的喜好偏向，为设计定位提供参考依据，以便进行标志的正式开发。

如果是经营规模庞大、资金实力雄厚、市场占有率高或品牌知名度高的企业，因无须凭借图案造型来捕捉视觉焦点，可直接采用文字标志的简洁造型。但如果是企业品牌知名度较弱的一般企业，可考虑采用具体图案或抽象符号构成的图形标志，这样使人产生亲切感，较易形成诉求力，获得社会大众的认可。

（2）方案选择

在募集大量的标准设计方案后，应从中选择能代表企业精神、表达经营实态和发展方向的方案进行深入的垂直培育。在确定标志设计的造型要素时，可选择点、线、面、

体等基本造型要素的表现方式，也可借实物变形夸张加以表现。在选择构成原理时，可选择变化与统一、条理与反复、对比与调和、均衡与张力、对称与呼应、比例与和谐、节奏与韵律等形式和法则加以灵活运用。

（3）细部调整

为了规范标志的应用，防止标志的变形和差异化，应按科学的制图法进行细部调整，按审美的要求放大与缩小，按媒体的特点进行变体设计。

2. 标准字的设计

标准字是将产品或企业的全称加以熔铸提炼，组合成具有独特风格的统一字体。通过文字的可读性、说明性和独特性，可以将企业的规模、特征与经营理念传达给社会公众。由于文字具有明确的说明性，容易产生视听同步印象，因此具有强化企业形象、补充标志内涵、增强品牌诉求力的功效，其应用频率绝不亚于标志出现的频率。

与普通铅字和书写体相比，标准字不仅造型外观不同，而且在文字配置关系上也有很大的不同。由于标准字的设计是根据企业品牌名称、活动主题而精心创作的，因此对于字间的宽幅、笔画的配置、线条的粗细、统一的造型要素等，都有细密的规划和严谨的制作要求。尤其讲究经视觉调整的修正来取得均衡的空间与和谐的文字配置结构。

（1）确定造型

在字体的设计表现上，首先应根据企业要求确定字体的外观造型（如方正、竖长、扁平、斜体，式样活泼或凝练庄重）。外形确定后，即可制作辅助线。

（2）选择字体

作为表意文字的汉字可以通过表象的手法、表意的手法或字形笔画的变化，实现视觉传达和沟通。

（3）配置笔画

字体的骨架、比例、黑白、空间、群体结合，是其内在的规律并富于变化的有机组织。当字体外形确定之后，就可以借助仪器实现字体设计的标准化和精细化。在此过程中，视觉调整的修正是字体造型的重要环节。

（4）统一字体

为了使标准字体准确地传达企业经营的内容和理念，可以通过线端形式与笔画弧度的表现来统一字体。

（5）排列方向

字体排列方向主要分为横向排列和直向排列两种。由于人眼生理运动变化的倾向，横列的视向排列成为排列方向的趋势。同时，当标准字体用于直长空间（如立式招牌、垂幅标语）时，应考虑排列方向变化的弹性组合。

（6）标准字的变形设计

除标准字的放大缩小与线条粗细的延展设计之外，标准字的变形设计还包括图底互换的反白表现、块面衬底以突出字体、字形线框的镂空填实、网点线条的变形及二次元字形向三度空间的立体转化等。

3. 标准色的设计

标准色是通过某一特定的色彩或一组色彩系统的视觉刺激和心理反应，传达企业的经营理念和产品特质的重要识别要素。大多数企业是基于微妙的视觉传达来选定标准色的。一般情况下，企业标准色的设定分为以下三种形式。

（1）单色标准色

单色容易记忆，视觉识别性强，可收到强烈的色彩印象。例如，红色容易让人联想到火、太阳、血等，可传达热忱、喜气、青春、警告等的抽象情感；橙色让人联想到橘、橙、秋叶等，可传达健康、温暖、喜悦、和谐的抽象情感等。除了视觉联想外，色彩还能引发人的听觉、嗅觉、触觉、味觉等其他知觉共鸣，产生冷热、酸甜、软硬等感觉。

（2）复色标准色

采取两种以上的色彩搭配，增强色彩的律动感，通过产生色彩组合的对比效果完整地说明企业的特征和性质。例如，法国航空公司的标准色为红与蓝，与其国旗标准色的蓝与红相统一，标志中斜线的安排与处理，不仅产生字母“F”形意同构的审美效果，而且通过斜线跃动的视觉冲击力暗喻了与飞机起飞相似的行业特征。

（3）标准色＋辅助色

为了区分业集团子母公司的不同，为了方便企业各部门或产品的分类识别，可以采用多色系统的标准色形式，利用色彩的差异性来设定标准色。

4. 吉祥物的设计

吉祥物是借助适宜的人物、动物或植物的具象化视觉效果，塑造企业形象识别的造型符号。通过幽默、滑稽的造型捕捉社会公众的视觉焦点，往往比抽象的标志、标准字更具视觉冲击力。因此选定并设计经装饰化后的特定形象作为企业吉祥物，容易唤起受众的亲切感和通俗感。

吉祥物的设定首先要注意宗教信仰的忌讳和风俗习惯的好恶，另外要注意企业经营的内容和产品特性。例如，食品业经常以创业者肖像作为传统风味的老牌象征；化妆品多用植物或动物来表现女性温柔典雅的风情万种。吉祥物的设计方向可以选择以下几种。

（1）故事性

吉祥如意是人类自古以来的希冀，从家喻户晓的童话故事或民间故事传说中，选择富有个性特征的角色充当吉祥物，是设计师常用的思维路径之一。

（2）历史性

缅怀过去，昭示历史，利用人们对历史文物和历史人物怀有的喜爱和崇敬之情，塑造传统文化、老牌风味的权威感，也是设计师常用的思维路径之一。例如，美国肯德基公司以创业者山德斯老先生的肖像作为企业造型，使快餐连锁店遍及全球。

（3）人物、动物和植物的特性

世间万事万物各具其禀性，动植物也不例外，它们的特性也有明显的差异。企业可就公司性格、品牌印象及产品特点，选择符合其精神的表现题材，再赋予其特定的姿势、动态，以传达独特的经营理念。例如，法国米其林公司是世界上最大的轮胎制造厂，其企业标志和吉祥物造型同一。该公司的商业造型就是广为人知的“轮胎男子”，自 1898 年以来“轮胎男子”以其幽默、强健的造型，充分展示了企业的亲和形象，并且已成为企业标志和吉祥物核心。

阅读资料

中国建设银行 CIS 设计

以古铜钱为基础的内方外圆图形，有着明确的银行属性，着重体现建设银行的“方圆”特性。方，代表严格、规范、认真；圆，象征饱满、亲和、融通。图形右上角的变化，形成重叠立体的效果，代表“中国”与“建筑”的英文缩写，即两个 C 字母的重叠，寓意积累，象征建设银行在资金积累过程中发展壮大，为中国经济建设提供服务。图形突破了封闭的圆形，象征古老文化与现代经营观念的融会贯通，寓意中国建设银行在全新的现代经济建设中，植根中国，面向世界。标准色为海蓝色，象征理性、包含、祥和、稳定，寓意中国建设银行像大海一样吸收容纳各方人才和资金。

（资料来源：http: // www.027art.com/design/vi/98952.html.）

第三节　企业 CIS 策划实务

一、确立 CIS 策划项目

企业在导入 CIS 之前，首先要检讨自己的导入动机，即为什么要导入 CIS，其目的是什么。而导入动机的认定，往往是由 CIS 倡议人或建议人在其倡议书或建议书中首先提出，在此基础上，由企业负责 CIS 导入的机构人员共同商定企业导入 CIS 所要达到的目的。

（一）明确 CIS 导入动机

企业导入 CIS 的动机是多种多样的，它不仅与企业内部的经营管理状况有关，同时也与国内外社会经济发展的环境相联系。

一般情况下，企业导入 CIS 的动机主要有以下几种。

1. 自觉完善企业内部管理

1）加强内部管理，能够简化管理系统的作业流程，缩短新员工培训和适应作业的时间，使管理更加便捷、规范、富有成效。

2）塑造企业文化，增强企业内部凝聚力。CIS 的导入，有助于企业文化的塑造和更新，从而使企业持续保持生存和发展的活力。企业文化强调企业目标和企业成员工作目标的一致性，强调群体成员的信念、价值观的趋同，强调企业成员之间的吸引力和成员对企业的向心力，因此它对企业成员有巨大的内聚作用，使企业成员团结在企业组织周围，形成一致对外的强大的生存发展力量。

3）提升企业形象与知名度。导入 CIS，通过组织化、系统化和统一化的企业形象策划，可以提升企业形象与知名度，消费者对于有计划的 CIS 易产生组织健全、制度完善的信赖感、认同感及良好的形象感。

2. 应对外来各种挑战

1）适应市场经济发展，转换企业经营机制。企业作为自由竞争的主体，其一切行为都必须围绕市场进行，在企业转换机制的过程中，以CIS的导入和运用来提高企业形象、创建名牌产品，对企业来说不失为一种良策。

2）培育国际市场竞争力。我国企业的产品走出国门，企业面对国内外市场上国外企业激烈竞争，只有导入 CIS，努力创建名牌产品和企业形象，才能发展成世界知名的大型企业，从而更好地迎接挑战。

3）增强投资者的好感和信心。CIS 的导入，进行企业形象策划，可以塑造良好的企业形象，增强投资者的安全感和信任感，获得银行等金融机构的支持和股民的信赖，扩大企业的融资能力。

4）迎接来自消费者的挑战。消费者对商品的购买，不仅是对产品功能和价格的选择，同时也是对企业形象、服务水平的选择。消费者选择名牌产品是对企业信任和认同的表现，同时名牌产品也给消费者带来了心理满足感。

5）迎接社会责任的挑战。企业要顺利生存和发展，就必须对社会做出应有的贡献，承担必要的社会责任，对社区负责，合理利用资源，关心社会福利事业，并通过优秀企业文化促进良好社会风气的形成。企业必须站在大众的立场上，积极致力于社会公益事业，塑造良好的企业形象。

（二）选择 CIS 导入的最佳时机

每一企业在导入 CIS 时，都有某个良好的具体时机。一般而言，企业进行 CIS 导入的具体时机有以下两种。

1. 新公司成立或合并成企业集团

新公司成立之际，由于没有传统的束缚，可以设立理想的经营理念与 VIS，同时可从头开始并较快建立起 BIS，是进行 CIS 策划的最佳时机。而企业合并、联营、集团化以后，经营的范围、规模及项目均较以前的老企业有所不同，企业理念、标志不统一，会给公众造成识别的障碍。此时进行 CIS 策划，可达到在公众面前树立企业全新形象的目的。

2. 企业扩大经营范围，朝多角化方向发展

企业经营内容多角化，企业生产的主要商品的比例发生变化，往往使得原有的企业标志、名称、经营理念等发生与生产性质、内容不符的情况。因此，进行 CIS 策划，改变公众对公司的原有理解和印象，建立符合企业实际情况和未来发展趋势的 CIS，才能统一新开发产品和企业的关系。

（三）成立 CIS 委员会

1. CIS 委员会人员构成

CIS 委员会成员由特定的个人和单位来担任，最好由三种人组成：企业内部人员（最好有企业主管和部门负责人）；企业外的 CIS 问题专家；专业公司的人员。

2. CIS委员会的职责

CIS委员会的职责大体有以下几个方面：确认CIS；策划前期调查事项，举办企业内容员工的有关CIS教育活动；设立CIS概念；制作配合理念表现和CIS的具体企划策略；按照被批准的识别系统计划，制作新识别设计开发要领，为开发新CIS而采取适当行动；审议设计所表现的具体内容；对公司内外发布开发CIS的结果；在企业内部贯彻实施CIS；整理结论，确认以后的活动计划和管理结构；及时对实施中出现的问题进行总结，为改进和实施新的CIS战略做准备。

二、CIS策划调研

企业在确定导入CIS并成立了专门委员会后，需要对企业的有关内外情况进行深入细致了解、分析，即进行CIS策划调研，这是CIS策划的前提。调研内容主要包括以下几方面。

（一）企业环境调研

企业环境调研包括市场需求调研、市场竞争调研、社会文化调研、政策法规调研等。

（二）企业运营状况调研与分析

企业运营状况调研与分析包括生产状况分析（生产效率和生产能力）、营销状况分析（目标市场、市场营销组合等）、财务状况分析（企业偿债能力、盈利能力和抵抗风险的能力）、人力状况分析（人员录用状况分析、在职人员的状况分析、激励制度分析）、管理状况分析（管理机制、管理制度等）。

（三）CIS现状分析

CIS现状分析包括以下三部分。

1. 理念识别系统分析

MIS分析一般按以下顺序进行：首先，企业是否有明确的经营理念；其次，经营理念能否反映出本行业的特色、本企业的个性和经营特色，能否反映社会、政治、经济、文化的要求，能否反映消费者的需求，经营理念是否明晰、有高度的概括性和可操作性等；最后分析公众是否接受该理念。

2. 行为识别系统分析

BIS分析包括企业是否有完整的BIS，在企业内部执行过程中是否始终保持前后一致。如不一致就会导致企业行为的多样化，使管理无法有效进行。BIS是否充分反映并贯穿了企业的经营理念，保证了整个CIS的同一性。

3. 视觉识别系统分析

VIS分析包括企业是否有一套统一的VIS，它是否反映了企业的MIS和BIS。具体可从以下方面分析：VIS的基本要素（如企业名称、企业品牌、品牌标准字、标准色、口号、标准语等）是否具备，应用要素（如办公用品、招牌、旗帜、衣着、产品设计、广告媒体传播策划等）是否贯彻实施了基本要素，VIS 的对内和对外传达是否一致等。

（四）企业形象调研与分析

企业形象调研与分析包括以下三部分。

1. 自我评价

自我评价一般从企业形象要素的分析来进行，如管理水平、人员素质、产品质量、服务态度、营销策略、合同履行、办事效率、企业规模等各个方面，通过对各形象要素的分析对企业的形象进行评价，从而发现问题。

2. 公众评价

公众评价可采取两种方式，一是企业形象地位分析（调查了解两个指标：知名度和美誉度），二是企业形象要素分析（经营方针、办事效率、产品质量、服务态度、创新能力、业务水平、公司规模等）。

3. 形象差距分析

形象差距分析即将企业的实际形象与自我期望形象进行比较，通过企业形象差距图进行分析，揭示二者之间的距离。

三、CI 设计与策划方案的撰写

（一）CI 设计

1. 设计原则

CI 设计关系到企业经营的各个方面，必须与企业的总体战略相一致，在 CI 设计过程中应遵循以下原则。

1）战略性原则。CI 设计一旦完成，就成为企业运作的依据。对企业未来的经营起方向性的指导作用，因而 CI 设计应立足于长远的规划，从战略性角度来完成。

2）民族化原则。从 CI 战略的发展可以看出，CI 设计应体现自己的民族特色。

3）个性化原则。CIS 的特征就是个性化：一是行业的个性化，即 CI 设计须体现行业特点；二是个体个性化，即体现出个体的特点。

4）社会化原则。CI 策划应遵循社会原则，使企业形象能得到社会的认可，把企业利益和社会利益结合起来，从而得到公众的支持，使企业取得更大的发展。

5）系统性原则，CI 是一个系统工程，须从企业的经营理念、宗旨、行为规范和视觉识别等方面进行全方位的系统设计。

6）同一性原则。企业向外界传达的任何信息必须突出同一形象：一是企业名称、商标、品牌名称的同一性；二是 MIS、BIS 和 VIS 三个系统的同一性。

7）规范性原则。CI 设计必须规范，即 MIS、BIS 和 VIS 的设计和应用，都必须规范化，在确定之后不能随意更改。

8）操作性原则。CI 设计只有具有了可操作性，才能在实际中得以应用。如果 CI 设计手册的内容多是华丽的词句，而没有实际的操作价值，则 CI 的导入就无法取得应有的效果。

2. CI 设计的内容

本书在此所阐述的 CI 设计内容主要是 CI 整体设计规划的工作内容。具体如表 8-3 所示。

表 8-3 CI 整体设计的规划工作内容

项　目	设计作业内容	设计作业方式	关　键	设计确认事项
CI 概念确立阶段	CI 规划目的；CI 规划效益；CI 导入重点；CI 执行评估；成立 CI 委员会	制定规划名称、意义和目的；双向沟通；制定推进程序	明确化	确认方向；规划作业；规划内容
企业实态调查阶段	经营者访谈；高级主管沟通；员工调查；外界认识调查；视觉现况调查	人员访谈；问卷设计；情报资料收集；统计分析；养成教育	具体化	问卷设计整理报告；情报资料分析报告
设计作业确立阶段	经营市场策略；经营理念；精神标语；形象策略概念；沟通策略	经营概念总构筑；视觉设计方向；行为规范的准则；活动推广的方向	视觉化	经营理念的确立；选定精神标语；企业定位的确立
设计作业展开阶段	识别概念；VI 设计；BI 教育训练；EI（环境识别）；event 活动规则	设计模拟、测试及调查的作业；完成设计规则制定标准	系统化	完成 VI 基本应用系统；完成 EI 环境规则；event 活动法
CI 导入阶段	宣导程序；信息发布；执行者教育；全面执行推广	教育训练；一致性的宣传；制作对内外的文案宣传资料与规范	行动化	定期 CI 教育训练；制定 CI 发表时间；整体活动串联效益
监督评估阶段	成立 CI 管理委员会；制作监督；定期评估；效应统计	定期评估、检讨，提出改进方案并执行；年度效益报表统计	标准化	制定 CI 权限；VI 手册标准化；EI 手册规格化；监督评估方式

（二）策划方案的撰写

在有关 CI 导入的动机、目的、基本方针、计划安排、措施保证、费用等有关项目都初步明确的基础上，CI 专案人员应向企业主管与董事会提交一份书面的 CI 导入策划方案。CI 导入策划方案是一份规划性的文件，其主要内容如下。

1）标题。

2）提案的目的与企业导入 CI 的背景说明。关于导入的理由应进行客观的分析和陈述，准确地判断该企业在现代社会、企业界与同业间的地位与现状。对于 CI 的导入与实施将能解决什么问题，取得何种预期效果，如不及时导入 CI 企业将面临什么样的问题，这些问题将在多大程度上影响该企业的发展等，都要明确说明。

3）导入 CI 的计划方针。这是企划书的一项重要内容，根据前面所述的问题与背景，提出推进 CI 的基本方针。例如，CI 的导入与实施是一项人人参与的运动，是企业经营与发展的有机组成部分。对 CI 的导入由谁负责，导入 CI 的计划重点等都应明确说明。

4）具体作业方案。包括导入日期、导入程序、导入的完成时间、CI 的长期维持措施、CI 专案负责机构、协作机构、CI 作业的总目标与效果预测。

5）CI 项目的费用预算。要尽可能地预测导入 CI 所需的费用，减少误差。当然也要留出一定的灵活空间。预算可列出一览表或预算表。

6）结尾。包括撰写日期、呈送单位和企划人。

四、CI 预算

（一）预算方法

1. 销售提成法

企业按年度计划销售总额提取一定百分比作为年度企业形象预算经费，该方法只能匡算出企业年度策划活动经费总额，只适用于年度预算。

2. 项目作业综合法

首先列出企业形象项目计划，即每项策划及其所需费用的细目和总额，核定单项策划活动预算；然后，将年度内各形象策划项目预算进行汇总，得出年度预算总额。

3. 平均发展速度预算法

运用历史资料计算企业形象经费实际开支的发展速度，然后确定计划期内策划活动的经费预算数额。

（二）CI 导入预算项目

CI 导入预算项目的内容如下。

1）劳动工时报酬。
2）咨询和培训费用。
3）行政办公费用。
4）二手资料费。
5）专项器材费。
6）企业形象广告宣传费用。
7）实际活动费。
8）提供赞助费。

五、CI 的实施

CI 实施包括实施督导、效果评估和调整改进三项工作内容。

（一）实施督导

当 CI 策划设计完成以后，对 CI 委员会应进行改组，建立相应机构监督 CI 计划的执行。CI 推行的管理主要是企业内部的事情，多涉及总经理办公室、人力资源管理部门、公关企划部门和市场营销部门的工作。CI 管理委员会应由这些部门的主管和专职人员负责。如果企业规模较大，可以聘用一位 CI 专家负责。CI 实施督导一般有三个环节，即对实施情况进行检查，对实施效果进行评价，对实施中的不足加以改进。如果在导入 CI 之后，有效的管理无法跟上，没有专门机构或人员来监督其运作，则前期所做的大量投入就有可能白费，无法取得预期效果。

（二）效果评估

对CI导入效果进行评估，了解CI导入所取得的成效，可以从中发现导入中的不足，对下一步的推行工作进行改进，以求取得更好的效果。因此，效果评估是CI推行中极其重要的一环。CI导入效果的评估可以从以下四个方面进行。

1. 企业内部

CI导入和实施应对CI的推行情况进行随时的了解，对企业员工进行随时的或定期系统的询问调查，询问的内容包括总体评价和具体作业两个方面的问题。例如，企业在导入和推行CI以来，各方面是否有了明显改观？新的企业理念能否顺利贯彻？CI制度是否只是形式主义？对新的标志是否满意？等等。对于企业内部的调查应及时对询问结果进行整理分析，同时注意信息的真实性问题。

2. 外部环境

外部环境测试评估须选择与企业有直接关系的组织或个人进行，导入效果评估应在调研的基础上进行。因此，在选择对象时应尽量选择原有被访者或回答问卷的人，这些人对企业形象状况有一定了解，而且经过调研阶段，会对企业的CI导入情况比较关注，从而提供更多的信息。

对于评估的内容而言，应集中在视觉设计项目的传播效果和企业总体形象上。视觉设计项目的传播效果可就一个基本设计项目进行专项评估，也可对几个设计要素的组合应用效果进行评估。进行评估时所提的问题应全面、系统，主要针对认识度与识别功能、视觉印象和设计品位三个方面。企业总体形象的评估问题可采用调研阶段的关键词作为问题，根据肯定回答者占接受测试总人数的比例，与调研阶段的结果相比较，分析企业在导入CI后企业形象的优化程度和在哪一方面取得了明显的改观。

3. 根据企业营运资料进行的CI效果评估

企业导入CI，提高企业知名度，建立企业高度识别性、统一性的形象系统，最终目的在于企业经济效益的提高。CI导入的实际效果直接体现在企业产品的市场占有率、销售额及利润的提高和营销费用的降低上。导入CI效果评估的一个重要方面即对企业营运业绩进行评估。从企业的经营业绩考察企业导入CI的效果，一般的做法是在企业营运报告中选取导入CI前后几年的数据进行统计分析，从市场占有率、销售额、利润的增长率中看出导入CI的效果。该方法的基本原则是，销售额和利润的增长高于因导入CI的费用增长，说明CI导入效果良好；反之，则导入效果不佳。

4. 目标检讨

CI的导入效果是与导入所确定的目标相对而言的，企业导入与实施CI过程中的所有作业项目，都是根据目标而确立的。而导入效果的评估，也应根据CI的目标而进行。根据企业导入CI的战略目标，可以确定评估内容的重点与评估标准。企业导入CI的目标在实施推进过程中逐步具体化，不仅有长期目标，还有中、短期目标，在不同的期限到来时，应及时对CI导入的效果进行评估，从而得到阶段性的效果评估结论。

（三）调整改进

通过对CI实施督导和及时进行效果评估，CI导入执行机构应对实施中发现的问题进行分析，改进推行实施方案，修正作业计划，完善CI的制度化惯例。若需调整改进推行方案，应写出书面报告，提交CI委员会讨论，根据此报告修改和进一步完善推行方案，由企业主管审批后执行，从而使CI的导入取得更佳效果。

小　结

本章首先阐述了企业形象与CI的关系，企业导入CI的目的是为了塑造良好的企业形象，然而CI与企业形象是两个不同的概念。企业形象是CI设计的起点，也是CI设计的目标。接着论述了CI设计的主要内容，主要包括企业理念识别系统（MIS）、行为识别系统（BIS）及视觉识别系统（BIS）三部分，并分别就这三个方面的地位与内容进行了详细的讲解。最后说明了企业CI设计的程序及几个重要步骤设计的注意事项。

案例分析

麦当劳独特企业CIS解析

案例背景

麦当劳公司是世界上最大的快餐集团，其著名的M形商标赫然闪耀，使人们容易辨认。麦当劳已成为一种全球商品，在世界市场上形成一种快餐文化，其企业形象已在消费者心中扎下了根。

案例分析

麦当劳的成功主要归功于它明确独特的CIS。麦当劳主要的产品是汉堡包。市场上绝大多数品牌的汉堡包质量较差，供应速度慢，服务人员态度不好，餐厅卫生条件差，环境嘈杂。面对这种情况，麦当劳决策者克罗克为适应顾客需求采取了CIS。具体地说，可分为以下几点。

1. 明确的企业理念

麦当劳的企业理念是“Q、S、C+V”，即向顾客提供高质量的产品，快速、准确、友善的优良服务，清洁优雅的环境，以及做到物有所值。麦当劳几十年遵守这个理念，始终如一地落实到每项工作和员工的行动中去。

1）Q（quality）即质量。麦当劳制定了一套严格的质量标准。例如，要求牛肉原料必须挑选精瘦肉，不能含有内脏等，脂肪含量也不得超过19%；牛肉绞碎后，一律按规定做成直径为98.5毫米、厚度为5.65毫米、重量为47.32克的肉饼；马铃薯要储存一定时间，以调整其淀粉和糖的含量，并使用可以调温的炸锅来炸不同含水量的马铃薯。麦当劳的食品达到了标准化，做到了无论是国内还是国外，所有分店的食品质量和配料都一样。公司还规定了各种操作规程和细节，如"煎汉堡包必须翻动，切勿抛转"等。在保证质量的同时，还竭尽全力以求"快"——要在50秒内制出一份牛肉饼、一份炸薯条及一杯饮料。

2）S（service）即服务。为了满足大批出门的旅客有休息和吃饭场所的需要，麦当劳在高速公路两旁和郊区开设了许多分店，在距离店铺不远的地方，装上许多通话器，上面标着醒目的食品名称和价格，使外出游玩和办事的乘客经过时，只需要打开车窗门，向通话器报上所需的食品，将车开到店侧小窗口，就能一手交钱一手取货，然后马上驱车赶路。为了让乘客携带方便，不使食品在车上倾倒或溢出来，汉堡包和炸薯条都被装进塑料盒或纸袋，塑料刀、叉、匙、餐巾纸、吸管等也用纸袋包好，随同食物一起交给顾客。如此周到的服务，使这种生意几乎被麦当劳一家独揽了。在麦当劳餐厅内就餐，还会享受到微笑服务。"微笑"是麦当劳的特色，所有店员都面带微笑，让顾客觉得很有亲切感。

3）C（clean）即清洁。麦当劳对员工的行为规范中明文规定：男士必须每天刮胡子，修指甲，保持口腔清洁，经常洗澡，工作人员不留长发；女士要带发网；顾客一走便要清理桌面，丢落在客人脚下的纸片要马上捡起来。所有员工必须遵守这样一条规定："与其背靠墙休息，不如起身打扫"。员工逐渐对这些规定形成认同，并养成良好的卫生习惯，只需几名服务员就可以使店面保持常新，做到窗明、地洁、桌面净。顾客在这样一个环境中就餐，也都习惯于在离开前自觉将原盛放食品的纸盒、纸杯等扔到店内专设的垃圾箱内。

4）V（value）即价值。麦当劳的企业理念，起初只有Q、S、C，后来又加上V，强调麦当劳"提供更有价值的高品质物品给顾客"的理念。

现代社会逐渐形成高品质的需求水准，消费者喜好也趋于多样化。如果企业只提供一种模式的商品，消费者很快就会失去新鲜感。虽然麦当劳已经很成功，但仍然需要适应社会环境和需求的变化。因此，麦当劳企业开始强调V，意即要附加新价值。

2. 严格统一的行为规范

为了使企业理念"Q、S、C+V"（质量、服务、清洁+价值）能够在连锁店贯彻执行，保持企业稳定，每项工作都做到标准化、规范化，即"小到洗手有程序，大到管理有手册"，克罗克指派麦当劳的主管用了几个月的时间，针对几乎每一项工作细节，反复、认真地观察研究，写出了营运手册。该手册被加盟者奉为神明，逐条加以遵循。与此同时，还制定出了一套考核加盟者的办法，使一切都有章可循。

麦当劳的行为规范包括如下几个方面。

1）麦当劳营运训练手册（Q&T manual）。麦当劳营运训练手册极为详细地叙述了麦当劳的方针、政策，以及餐厅各项工作的运作程序、步骤和方法。30多年来，麦当劳公司不断地丰富和完善营运训练手册，使它成为麦当劳公司运作的指导原则。

2）岗位工作检查表（station observation checklist，SOC）。麦当劳公司把餐厅服务系统的工作分成20多个工作站，如煎肉、烘包、调理、品质管理、大堂等，每个工作站都有一套SOC。按照SOC的详尽规定，员工进入麦当劳后将按照操作流程逐项实习，表现突出者晋升为训练员，然后由训练员负责训练新员工，训练员中表现好的可以晋升到管理组，也就是说，员工从最基层的实践培养做起，台阶式地逐级提升。

3）袖珍品质参考手册（pocket guide，PG）。麦当劳公司的管理人员每人分到了一本PG，其中详尽地说明各种半成品的接货温度、保鲜期、成品制作温度、制作时间、原料配比、保存期等与产品品质有关的各种数据。

4）管理发展手册（MDP）。麦当劳公司依靠餐厅经理和员工把企业的经营理念（Q、S、C+V）传递给顾客。该公司对餐厅经理和员工的培训极为重视，因此经理都从员工做起，也就是说，没有当过"战士"，就不能当"指挥员"。经理必须高标准地掌握所有岗位操作并通过SOC考评。MDP是麦当劳公司专门为餐厅经理设计的一套手册，一共四本。MDP采用单元式结构，循序渐进。其中介绍了各种麦当劳管理办法，也布置了大量作业。与 MDP 相配合的还有一套经理训练课程。

3. 麦当劳的企业标志

麦当劳（McDonald's）取其英文名称的第一个字母 M 为标志，标准色采用金黄色，标志用寓意和象征图形相结合的方法。M 既是公司英文名称的第一个字母，又设计成象征双臂打开的黄金双拱门，表示欢乐和美味，象征着麦当劳以"Q、S、C+V"像磁石一般不断把顾客吸进这座欢乐之门。

"麦当劳叔叔"是麦当劳的吉祥物，他亲切幽默，象征着祥和、友爱和欢乐，象征着"麦当劳叔叔"永远是顾客的朋友和社区的一分子，他时时刻刻为儿童和社区的发展贡献自己的一份力量。

总之，麦当劳的识别标志——金黄色双拱门"M"——简洁、醒目，"麦当劳叔叔"的形象喜庆、友善、可爱、可亲，这首先从视觉识别上、心理上吸引了顾客，给人们留下了深刻而良好的印象。

案例讨论

麦当劳是世界上食品餐饮业的杰出代表之一，也是导入 CIS 取得巨大成功的典范。它给我们了以下启示。

1. 以正确的企业理念为灵魂和核心

麦当劳公司几十年如一日，自始至终恪守克罗克首创的"Q、S、C+V"的企业经营理念，把它誉为神圣不可侵犯的最高信条，渗透到每个经理和员工的心中，使麦当劳区别于其他速食企业。

2. 规范化的行为识别

行为是理念的体现。麦当劳的创始人克罗克在提出明确理念的同时，又创造性地制定出一系列规范化的规章制度，并编制成手册，使经理和员工有所遵循，而不会各行其是，以保证"Q、S、C+V"理念能够落实在员工的行动之中。

3. 有特色的视觉识别形象

麦当劳兄弟参与设计的双拱门的餐厅标志与店名 McDonald's（麦当劳）的第一个字母极其相似。金黄色的微缩双拱门形作为麦当劳快餐店的招牌和商标图案，不但极具个性特色，而且有很强的穿透力和震撼力，成为麦当劳一绝。

尽管麦当劳快餐店是分散的、多点经营的，但克罗克在连锁店中运用统一理念、统一行为规范、统一视觉识别，使各连锁店保持一致性，增强了企业的整体实力，并注意运用广告、公关手段进行传播，从而提高了企业的知名度、美誉度，树立了麦当劳优良的企业形象，充分体现了 CI 的战略作用。

麦当劳的形象策划堪称世界一流，它的迅速发展也得力于形象策划使它在激烈的市场竞争中脱颖而出，成为世界最大的汉堡包快餐连锁企业。

（资料来源：http://www.redvi.com/vi_design/9294.html.）

思考题

1. 企业形象和 CI 的关系是什么？
2. 简要概括 CI 设计的主要内容。
3. CI 设计的关键步骤有哪些？

第九章

营销战术策划

教学目标

了解市场营销的各项战术策划，包括产品策划、价格策划、渠道策划和促销策划；深刻领会四种策划的互补互融的特性，抓住战术策划的要点：一是根据市场定位战略的要求，形成浑然一体的市场营销组合，二是依据市场营销组合的要求，对各种市场营销手段进行分别策划，抓住各项策划的核心。

学习要点

- 掌握营销组合的含义及基本内容。
- 熟练运用产品策划、价格策划、渠道策划和促销策划。
- 能综合运用营销组合策划。

关键词

市场营销组合　产品策划　价格策划　渠道策划　促销策划

导入案例

日本电视机企业进军中国市场的市场营销组合策略

在现代商品经济社会中，运用市场营销组合策略抢占市场，取得成功的事例很多。其中最典型的是日本电视机厂商运用营销组合策略，打开了中国的市场。1997 年，中国放宽了对家用电器进口的限制。当时，欧洲电视机厂商和日本电视机厂商都想进入中国市场。但是欧洲电视机厂商过去一直以我国香港高收入消费者为销售对象，不重视一般靠薪水谋生的阶层。

日本电视机厂商根据目标市场的特点，运用销售因素组合原理，制定了一套有计划的营销组合策略，并取得巨大成功。

一、产品策略

日本电视机厂商认为，日本电视机要适合中国消费者的需要，必须具备以下条件：①中国电压系统与日本不同，必须将电压从110伏改为220伏；②中国很多地区目前电力不足，电压不稳，电视机要装上稳压装置；③要适应中国消费者的消费习惯，电视机耗电量要小，音量却要大，并符合中国电视频道的情况；④提供质量保证和维修服务。

二、定价策略

考虑到当时尚无外国电视机商家竞争，因此，价格可以稍微比中国生产的电视机高些，人们也会乐意购买，造成“一分价钱一分货”的感觉，但高的幅度不宜过大。

三、销售渠道策略

当时没有中国国营公司作为正式渠道，因此要通过以下渠道销售：①通过中国港澳同胞携带进入中国内地；②由中国港澳国货公司和代理商、经销商推销；③由日本电视机厂商用货车将产品直接运到广州流花宾馆发货。

四、广告宣传策略

由日本代理商利用各种形式，如在我国香港电视台开展广告攻势，在我国香港《大公报》、《文汇报》等报纸大量刊登广告，在我国香港一些报纸和特刊中提供日本电视机知识的资料特稿等，尽量让中国人了解日本电视机的状况。由于日本电视机厂商重视前期的市场调查，制定了有针对性的市场营销组合策略，摸准了中国电视机市场的脉搏，结果，日本电视机在中国市场一炮走红，一度占据了相当的市场份额，获得了优厚的回报。

（资料来源：黄新建. 2000. 制胜营销[M]. 北京：民主与建设出版社.）

第一节 产品策划

企业如何开发满足消费者需求的产品，并将产品迅速、有效地传送到消费者手中，构成了企业营销活动的主体。企业生产什么产品？为谁生产产品？生产多少产品？这似乎是一些经济学方面的问题，但也是企业产品策划时必须回答的问题。

一、产品的内涵

产品是营销活动的中间媒介，只有通过它才能使生产者和消费者双方实现交换的目的。但对于产品的含义，人们却有不太相同的看法。狭义的产品是指生产者通过生产劳动生产出来的、用于满足消费者需要的有形实体。这一概念在生产观念盛行的时代极为流行，但在商品日益丰富、市场竞争日趋激烈的现代社会，狭义的、传统的产品概念已经不能适应时代需要了。因此，应从更为宽泛的意义上来理解产品这一概念，即产品是能够提供给市场，以引起人们注意，让人们获取、使用或消费，从而能够满足人们某种欲望或需要的一切东西。它可能是一种物质的实体、一种服务、一种意识（如价值观），或者是三者的某种有机结合。概括地说，现代市场营销中的产品就是能满足人的某种欲望和需要，提供给市场，被人们消费和使用的一切物品和劳务。现代产品的定义，体现了市场营销以市场为中心的观点，对做好市场营销和新产品开发，都有着重要的意义。

按照现代观念对产品的界定，产品的内涵已从有形物品扩大到服务（如美容、咨询）

和观念（如环保、公德意识）等；产品的外延也从其核心产品（基本功能）向一般产品（产品的基本形式）、期望产品（期望的产品属性和条件）、附加产品（附加利益和服务）和潜在产品（产品的未来发展）拓展。

二、产品策划的内涵与类型

产品策划就是运用人的高级思维，提高产品的知名度与美誉度，在消费者心目中树立起良好的形象，达到品牌的可持续发展。也就是如何将产品投放到市场，进而如何在市场中占有一席之地的一系列的思维活动。产品策划包括产品组合策划、产品生命周期策划、产品品牌及包装策划、新产品开发策划。以下介绍其中几种。

（一）产品组合策划

产品组合（product combination）又称产品搭配（product assortment），是决定企业生产经营的全部产品线、产品项目的组合方式。产品组合主要包括产品组合的宽度、深度、长度和相关度。产品组合的四个维度为企业制定产品战略提供了依据。产品组合策划就是适当地调整产品组合的长度、宽度和相关度。根据产品线分析，针对市场的变化，调整现有产品结构，进行产品组合策划，产品组合策划主要包括以下方案。

1. 扩大产品组合

1）增加产品线的数量。当企业预测现有产品线的销售额和盈利率在未来一段时间可能上升时，就应该考虑增加新的产品线。扩大产品组合的宽度，有利于企业充分利用现有资源，发掘生产潜力，更广泛地满足各类需求，占有更宽的市场面。

增加产品线包括产品线向下、向上和双向延伸。向下延伸即在原有的产品线下面增加一些低档次的产品项目。向上延伸是指原定位于低档产品的企业进入高档产品市场，在原来产品线上增加高档产品。双向延伸是指原定位于市场中端的企业在占据市场优势之后，向产品线的上下两个方向扩展，同时增加高档产品和低档产品。

2）提高产品组合相关度。产品组合的相关度越大，产品组合中各产品线的相关程度越高，对于巩固企业在行业中的地位，充分利用现有的生产条件、市场营销条件较为有利。

2. 缩减产品组合

1）减少产品线的数量。当市场不景气或能源、原材料供应紧张时，缩减组合中获利小的产品线，可以使企业集中资源，发展获利多的产品。缩减产品组合的宽度，便于企业集中力量，实行专门化生产或经营，更深入地满足某一类需求，容易管理，但风险加大。

2）降低产品组合相关度。产品组合的相关度越小，产品线之间的相似性越低，企业所涉及的生产领域或行业越广泛，就会加大产品组合管理难度，提高管理费用，因而对于中小企业应较多选择提高产品组合相关度的方案。

（二）产品品牌策划

1. 品牌内涵

品牌是现代产品的重要组成部分，是企业利益得以顺利实现的重要因素。品牌

（brand）一词来源于古挪威文字 brandr，意思是“烙印”。美国市场营销协会（AMA）对品牌的定义：品牌是一种名称、术语、标记、符号或图案设计，或是它们的组合运用，其目的是识别某个或某群销售者的产品或服务，使之同竞争对手的产品或服务区别开来。

2. 品牌策划内容

品牌策划作为产品策划的重要组成部分，一般包括以下内容。

1）品牌化决策，即决定企业生产的产品是否使用品牌。品牌对企业有很多好处，但是建立品牌的成本和责任不容忽视，故而不是所有的产品都要使用品牌。例如，市场上很难区分的原料产品，地产、地销的小商品或消费者不是凭借产品品牌决定购买的产品，可不使用品牌。

2）品牌归属决策，即决定采用制造商品牌、经销商品牌还是混合品牌。如果企业决定使用品牌，则面临着使用自己的品牌还是别人品牌的决策，如使用特许品牌或中间商品牌。对于实力雄厚、生产技术和经营管理水平俱佳的企业，一般都使用自己的品牌。使用其他企业的品牌的优点和缺点都很突出，要结合企业的发展战略来决策。

3）使用一个品牌还是多个品牌。企业在决定使用品牌后，将会面临进一步的选择，对本企业产品使用单一品牌还是不同的品牌？对于不同产品线或同一产品线下的不同产品品牌的选择，有以下四种策略。

① 个别品牌策略，即企业在不同的产品线上使用不同的品牌。例如，美国 P&G（宝洁）公司生产“飘柔”、“海飞丝”、“潘婷”洗发水，“汰渍”、“碧浪”洗衣粉，“玉兰油”护肤品，“舒肤佳”香皂等。这种策略可以使消费者易于识别并选择自己满意的产品，也可以将公司的声誉和个别产品的成败分开，不会因个别产品声誉不佳而影响到其他品牌。

② 单一品牌策略，即企业所有的产品采用同一品牌。例如，美国通用电气公司的产品都采用“GE”这个品牌。采用这一策略的好处是可以减少品牌的设计和广告费用，有利于节约新产品投入市场的成本。此外，如果该公司已经有良好的声誉，对产品的销售将大有帮助。

③ 同类统一品牌策略，即对同一产品线的产品采用同一品牌，不同的产品线品牌不同。因为如果公司所生产的产品种类各异且相差很大，就不合适使用同一个家族品牌。例如，美国的斯威夫特生产肥料和火腿两种截然不同的产品，就分别使用了“Vigoro”和“Premium”两种品牌。这种品牌策略可以兼顾个别品牌和单一品牌的好处。

④ 企业名称与个别品牌并列决定策略，即在不同的产品上使用不同的品牌，但是每一品牌之前冠以企业的名称。例如，通用汽车公司生产的各种小轿车分别使用“凯迪拉克”、“雪佛兰”、“庞蒂克”等品牌，而每个品牌前都另加“GM”字样，以表明是通用汽车公司产品。这种策略可以使产品享受企业已有信誉，而又各具特色。

4）品牌延伸策略，指企业尽量利用已经成功的品牌来推出改进型产品或新产品。品牌延伸策略既可以大大降低企业宣传新产品的大量费用，又可使新产品容易被大家所接受。但是，品牌延伸策略的风险也较大，一旦新产品不能令消费者满意，还可能会影响到消费者对同一品牌的其他产品的消费。

5）品牌重新定位。无论一种品牌在市场上最初的定位如何适宜，随着时间的推移，公司都必须重新审视其定位是否准确，并就是否重新定位进行决策。品牌重新定位决策往往是因为以下情况发生了变化。

①竞争者推出一个品牌，并将其定位于本公司品牌附近，侵占了本公司品牌的一部分市场定位，造成本公司品牌的市场占有率下降，迫使公司对品牌重新定位。

②消费者偏好随着时间推移而发生变化，原来偏好本公司品牌产品的消费者转而喜欢其他公司品牌，导致市场对本公司品牌产品的需求降低，迫使公司对品牌重新定位。

（三）产品包装策划

1. 包装内涵

据美国最大的化学工业公司——杜邦公司的调查表明，63%的消费者是根据产品的包装选择产品的。到超级市场购买的家庭主妇，由于精美的包装和装潢的吸引，所购物品通常超过她们出门时打算购买数量的45%，这就是著名的“杜邦定律”。那么，什么是包装呢？包装包括动态和静态两层含义。动态的包装指设计并生产容器将产品盛放或包裹起来的一系列活动，静态的包装指用来盛放或包裹产品的容器或包装物。简言之，包装就是产品的容器和外部包扎，是产品策略的重要内容。它属于广义产品的第二个层次——产品基本形式的范畴。

产品和它的包装在客户心中是一个整体。产品包装是一项技术性和艺术性很强的工作，除了保护商品的功能外，还传递着商品信息，具有识别、便利、美化、增值和促销等功能。正所谓“一个良好的包装就是无声的广告”。可口可乐的塑料瓶包装如同女性的腰，给人以美感。而包装功能的实现离不开好的包装设计。一个典型的包装设计包括商标、产品名称、公司名称、厂址、生产日期、保质期、执行标准及产品的规格、等级、主要成分的名称与含量等必要信息，而完成这些则离不开相应的文字、图案、色彩、形状及材料等内容的组合搭配。

2. 包装设计要求

包装的设计应符合以下要求：

1）造型美观大方，图案生动形象，不落俗套，避免模仿、雷同。尽量采用新材料、新图案、新形状，引人注目。

2）包装应和商品的价值或质量水平相配合，如贵重的商品、艺术品和化妆品包装要烘托出商品的高雅和艺术性。

3）包装要能显示出商品的特点和风格。

4）包装的造型和结构应考虑销售、使用、保管和携带的方便。

5）包装上的文字应能增加顾客的信任感并指导消费。

6）包装装潢的色彩、图案要符合消费者的心理需求，不与民族习惯、宗教信仰相抵触。

3. 产品包装策略

包装是产品不可分割的一部分，产品只有包装好后，生产过程才算结束。可选择的包装策略如下。

1）类似包装策略。即企业对其各种产品，在包装上采用相近的图案、近似的色彩和共同的特征。采用该策略，可使消费者形成对企业产品的深刻印象，也可降低包装成本，有利于新产品上市。但是如果企业各种产品质量过于悬殊，则会形成负面影响。

2）等级包装策略。即根据产品质量等级不同采取不同的包装，把高、中、低档产品分别按照不同的价值采取相应的包装，使产品的价值与包装相一致。一般产品采用普通包装，优质高档产品采用精美包装。

3）配套包装策略。也叫做综合包装、多种包装策略，即将不同类型和规格但是有相互联系的产品置于同一包装中，同时出售。这种包装策略为消费者购买、携带、使用和保管提供了方便，也有利于企业扩大销路，推广新产品。例如，将系列化妆品包装在一起出售，便是典型的配套包装。

4）赠品包装策略。这是目前国内外比较流行的包装策略，即在包装容器中附赠物品，以吸引消费者购买。例如，许多儿童食品的包装采用此种策略。而麦当劳之所以成为中国改革开放后最热销的快餐，每到节假日便座无虚席，就是因为吸引用餐者的不仅是卫生、快捷、可口的快餐，还有对小朋友具有较大吸引力的玩具赠品。孩子高兴了，带来了全家的消费，快餐店也用少量免费的赠品换来了丰厚的回报。

5）改革包装策略。即企业根据产品的更新和市场的变化，相应地改革包装设计。假如与同类产品内在质量相似，而销路不畅，有可能就是产品的包装不受欢迎。企业应及时采用新材料、新技术，精心设计新造型，不断改进产品包装，推出有新意的包装设计，可能会创造出优良的销售业绩。

此外还可采用复用包装策略、不同容器包装策略等。

（四）新产品开发策划

1. 新产品的界定

市场营销意义上的新产品含义很广，除包含因科学技术在某一领域的重大发现所产生的新产品外，还包括在生产销售方面，只要产品在功能或形态上发生改变，与原来的产品产生差异，甚至只是产品从原有市场进入新的市场，都可视为新产品。例如，商家已经投放了普通洗衣粉，接着又进行香味的延伸，开发出新品——带苹果香味的洗衣粉。这种新产品就是普通洗衣粉的延伸。在消费者方面，则是指能进入市场给消费者提供新的利益或新的效用而被消费者认可的产品。

2. 新产品开发程序

为了保证新产品开发工作有效开展，必须按照一定的科学程序来开发新产品。一个完整、科学的新产品开发过程要经历八个阶段：构思产生→构思筛选→概念发展和测试→营销规划→商业分析→产品实体开发→试销→商品化。

（1）新产品构思的产生

进行新产品构思是新产品开发的首要阶段。构思是创造性思维，即对新产品进行设想或创意的过程。缺乏好的新产品构思已成为许多行业新产品开发的瓶颈。企业通常可从企业内部和企业外部寻找新产品构思的来源。

（2）构思筛选

新产品构思筛选是采用适当的评价系统及科学的评价方法对各种构思进行分析比较，从中把最有希望的构思挑选出来的一个过滤过程。构思筛选要挑选有经验、有见识的人员或新产品开发的主管人员，对每个设想进行甄别。

（3）新产品概念的发展和测试

新产品概念是企业从消费者的角度对产品构思进行的详尽描述，即将新产品构思具体化，描述出产品的性能、具体用途、形状、优点、外形、价格、名称、提供给消费者的利益等，让消费者能一目了然地识别出新产品的特征。

（4）营销规划

营销规划包括三部分：第一部分是描述目标市场的规模、结构和消费者行为，新产品在目标市场上的定位，市场占有率及前几年的销售额和利润目标等；第二部分是对新产品的价格策略、分销策略和第一年的营销预算进行规划；第三部分则描述预期的长期销售量和利润目标，以及不同时期的营销组合。

（5）商业分析

商业分析主要是估测产品销售量的大小能否使企业获得满意的利润，审查类似产品的销售历史，了解风险的限度。这其中还包括对新产品概念进行财务方面的分析，即估计销售量、成本和利润，判断它们是否满足企业开发新产品的目标。如果销量、成本和利润预期能够符合企业目标，就可以进入到产品开发的下一个阶段。

（6）产品实体开发

新产品实体开发主要解决产品构思能否在技术上和商业上转化为可行产品这一问题。它是通过对新产品实体的设计、试制、测试和鉴定来完成的，是最具挑战性的一个阶段。产品实体开发需要非常专业的市场研究技术，在研究过程中，研究公司在过程控制、目标用户的定义、抽样设计、研究设计、数据分析直至结果解释的各个阶段，都要求较高，且必须具备特别的分析技术与经验。

（7）新产品试销

新产品市场试销的目的是对新产品正式上市前所做的最后一次测试，且该次测试的评价者是消费者的货币选票。新产品市场试销的首要问题是决定是否试销，并非所有的新产品都要经过试销。如果决定试销，通过将新产品投放到有代表性地区的小范围的目标市场进行测试，企业能真正了解该新产品的市场前景，也为新产品是否全面上市提供全面、系统的决策依据，为新产品的改进和市场营销策略的完善提供启示。

（8）商业化

新产品商业化阶段的营销运作，企业应在以下几方面慎重决策：何时推出新产品，首先进入、平行进入还是后期进入；何地推出新产品；如何推出新产品，制定详细的新产品上市的营销计划，包括营销组合策略、营销预算、营销活动的组织和控制等。

第二节　价格策划

一、价格策划的含义及原则

价格是营销组合中唯一产生销售收入的因素，其他因素则代表成本。狭义地说，价格是购买产品或服务所支付的货币数目。广义地说，价格是消费者为取得同等价值的产品或服务所愿意支付的货币数目。现代市场经济条件下，灵活多变的定价策略已经成为一种十分重要的营销手段。

价格策划是一个以消费者需求的经济价值为基础，综合考虑各种影响因素，确定价格的目标、方法和策略，制定和调整产品价格的过程。价格策划要遵循以下原则。

（一）价格策划的目的性原则

定价目标是整个价格策划的灵魂。一方面，它要服务于产品营销目标和企业经营战略；另一方面，它还是定价方法和定价策略的依据。产品定价的总目标是为了盈利。但是，盈利定价并不是唯一的，定价目的必须同时考虑三个范畴：①利润，即定价不可低于其投资报酬的最低水准；②竞争，即定价不可太高，以避免竞争厂商产生诱因进而扩充生产量；③市场占有率，即定价尽可能低于主要竞争厂商以扩大市场占有率。

（二）价格策划的出奇制胜性

价格策划应该出奇新颖，这样在实施时才能先发制人，达到有效目的。利用政策突然发动价格战而出奇制胜在我国家电行业就有典例。20 世纪 90 年代中期，因为政府将取消电视机一两个税种，引起了消费市场价格会跌的预期。当众厂家与消费者尚在等待政府政策出台之际，长虹电视机厂率先降价 30%，当 1 个月后各厂家纷纷降价跟进时，宝贵的时间差已让长虹从一个较好品牌跃升为同行业著名品牌，当年市场销售突破 150 万台，夺取了电视销售排行冠军。

（三）价格策划的适时变动性

价格相对稳定性是商家经营的基本原则，变化频率过高的厂家会失去消费者的信任。但是，相对稳定并不是说不能变化，只要时机选择得合适，企业仍然能利用价格因素直接获利或达到排斥竞争者的目的。如果错失良机就要在后期花费大量的人力、物力和财力才能得到补偿。

（四）价格策划的区间适应性

企业定价有上限和下限，企业的价格变动应该在这个上下限规定的区间里变动，突破这个区间有可能带来意想不到的负作用。如果长期将某一品牌定位在普通价位上，名牌在消费者心中的品位降低会反过来影响该品牌在市场中的销售。此外，价格策划除了要遵循价格本身的区间变化外，还要兼顾价格变化的时间区间，选择一个适宜的时间区间进行价格调整往往会收到意外的好效果。

（五）价格策划的定位原则

产品定价实际上体现出了企业产品的定位。例如，奥迪 A6L 前几年公布的 46.22 万～64.96 万元的价格，就是要向外界正式传达一个信息：奥迪已经完完全全成为与奔驰、宝马同类的超豪华品牌。与老 A6 相比，新奥迪 A6L 车身更长（加长了 10 厘米）、排量更大（最高达 4.2 升）、配置更高。经过重新配备，新奥迪 A6L 已经完全脱胎换骨，其品质完全可与奔驰、宝马媲美，甚至在某些方面高出一筹。通过这样的价格定位，奥迪就将一直将其视为对手的皇冠、天籁抛在身后，同它们划清了界限。

二、价格制定程序和影响因素

（一）价格制定程序

虽然价格策略并不是影响消费者决策的唯一因素，但是价格策略是企业营销策略的重要组成部分。整个产品定价程序共包括以下八个步骤。

1）设定策略定价目标。设定策略定价目标反映的是公司在目标市场中的产品定位及意图，是整个策划的第一步。

2）需求评估。需求评估是指公司在既定定价目标下，根据消费者所能接受的产品价格变动范围，确定最佳的产品价位及其与销售量的关系。需求评估常用的方法是需求曲线及其弹性分析。

3）成本评估。成本评估是指分析不同销售量下的成本变化关系。

4）竞争者价格及成本分析。通过竞争者价格及成本的分析，营销人员可估计对手的竞争能力及行动，从而发展公司最有效的营销策略。

5）决定定价方式。决定定价方式即公司决定采取成本导向法或竞争导向法还是顾客导向法。

6）制定价格策略。根据不同的市场竞争环境来制定相应的价格策略，如新产品价格策略、产品组合价格策略或者价格调整策略。

7）确定产品价格。确定产品价格是为了进行销售，除了考虑消费者的反应外，还应照顾各种分销商的需求。

8）市价调整及修正。价格策略实施后，企业还必须建立追踪系统，针对反馈回来的效果和市场的实际情况变化不断对市价进行调整及修正。该追踪系统包括：第一，对所有报价资料实施统一管理；第二，将有关价格的信息（包括竞争对手的价格信息）分类制成图表；第三，研究数据图表，讨论分析价格策略实绩如何，哪些措施取得显著成绩，哪些有待改进，竞争对手价格策略的要点在哪里等。

（二）产品定价的影响因素

在价格决策的选择上，要根据产品成本、市场需求和竞争状况三要素来选择定价方法，定价可分为成本导向定价、顾客导向定价和竞争导向定价。在上述方法的基础上，进行产品价格策划还要考虑其他因素。产品定价策划需要考虑以下几种关系。

1）定价与产品的关系。产品的质量、性能是制定价格的重要依据。如果策划的产品质量好、功能多、信誉好、包装美，就能把价格定得比一般产品高；相反，价格要低一些。

2）定价与同类竞品的关系。产品定价时，先要看市场上同类竞品的终端售价、各级批发价，将这些资料进行收集、汇总、比较、研究，确定一个自己的产品进入市场的上限价格。然后结合本身产品定位，是走中高档路线，还是要做成大众消费品，确定自己的产品定价是高于还是低于竞品价格。

3）定价与销售渠道的关系。在产品成本的基础上加上各项营销运作费用，作为这个产品的下限价格。如果把产品大量批发给中间商，则价格应定得低一些；如果直接销售给消费者，价格就要定得高一些。最终价格体系要包括出厂价、批发价、零售价、返利、运费、促销费、广告费和业务员费用等。

4）定价与消费者的关系。产品定价与目标消费群和目标消费市场有关，因而在制定有效价格策略时，应该研究情景，研究消费者的价格敏感度。定位于高收入群体，消费者对价格不敏感的，价格就可以高一些，反之就要低一些。例如，航空公司的顾客中，公务乘客考虑的因素着重于有更多航班的选择、登机迅速、舒适、准时、服务优良等，价格被排在一个次要位置，而个人旅行者则对价格的敏感程度要高得多。如果航空公司并不清楚个人旅行者和公务乘客的区别，对所有的顾客实行统一的价格优惠，实际上失去了给公务乘客制定较高的价格、获取更大利润的机会。同时，也因为统一的低廉价格，公司只能提供同质的服务，无法满足公务乘客的真正需求。

三、定价策略策划

基本的产品价格策略可以分为三类：新产品价格策略、产品组合定价策略、价格调整策略。此外，针对不同的产品和市场情况，还可以实行差别定价。

（一）新产品价格策略

新产品价格策略是在产品生命周期的引进阶段推出新产品时所采用的策略。针对创新产品的定价策略有以下几种。

1. 撇脂定价策略

撇脂定价策略是一种高价格策略，是指在新产品上市初期，产品生命周期的最初阶段，价格定得高，以便在较短的时间内获得最大利润。这种定价策略因类似于从牛奶中撇取奶油而得名。

撇脂定价法成功的条件：①有充足的市场需求量，顾客对该产品有很高的需求并愿出高价购买；②市场价格敏感度低，需求弹性小；③在小规模的生产成本下仍有充足利润；④高价短期内不至于吸引更多竞争者；⑤高价格可以树立高品质的产品形象。公司还通过使用专利权、版权、优质名牌产品的声誉、稀缺资源的使用权、最佳分销渠道的优先权等保护形式，阻止提供低价产品的竞争对手的进攻，维持长期利润。

2. 渗透定价策略

与撇脂定价策略相反，渗透定价策略是一种低价格策略，即在新产品投入市场时，企业把它的创新产品价格定得相对较低，目的是在短期内加速市场成长，牺牲高毛利以期获得较高的销售量及市场占有率，进而产生显著的成本经济效益，使成本和价格得以不断降低。

市场渗透定价法成功的条件：①有足够大的市场需求；②消费者对价格高度敏感而不是具有强烈的品牌偏好；③大量生产能产生显著的成本经济效益；④低价策略能有效打击现实及潜在的竞争者。

3. 仿制新产品的定价策略

仿制新产品的定价策略需要企业决定：在产品质量和价格上，其产品应定位何处。就新产品质量和价格而言，企业有 9 种可供选择的方式：①优质高价；②优质中价；③优质低价；④中质高价；⑤中质中价；⑥中质低价；⑦低质高价；⑧低质中价；⑨低质低价。如果市场领导者正采取优质高价，新来者就应采取其他策略。

4. 满意定价策略

满意定价策略是一种介于撇脂定价策略和渗透定价策略之间的价格策略。所定的价格比撇脂定价低，而比渗透定价要高，是一种中间价格。这种定价策略由于能使生产者和消费者都比较满意而得名，有时又称“君子价格”或“温和价格”。

（二）产品组合定价策略

产品组合定价策略是为确定产品组合的整体定价关系所采用的策略。当产品属于产品组合的一部分时，个别产品的定价需考虑产品组合的整体定价关系。产品组合定价应从企业整体利益出发，对有关产品所定的价格进行修订。

1. 产品线定价策略

企业必须适当安排产品线内各个产品之间的价格梯级。若产品线中两个前后连接的产品之间的价格差额小，顾客就会购买先进的产品。此时，若两个产品的成本差额小于价格差额，企业的利润就会增加；反之，价格差额大，顾客就会更多地购买较差的产品。

2. 任选品定价策略

许多企业不仅提供主要产品，还提供某些与主要产品密切关联的选择产品，这些与主要产品密切关联的可任意选择的产品即任选品。最常见的例子，顾客去饭店吃饭，除了饭菜以外，还会点酒水等，在此酒水为任选品。企业为任选品定价常用的有两种方法：①把任选品价格定得较高，靠它多盈利；②把任选品的价格定得低一些，以此招徕顾客。例如，有的饭店，饭菜的价格定得较低，而酒水的价位定得较高；另外一些饭店，正好相反，饭菜的价格定得较高，而酒水的价格定得较低。

3. 互补品定价策略

互补品定价策略也称连带产品定价策略。许多大企业往往是主要产品定价较低，互补品定价较高。以高价的互补品获取利润，补偿主要产品低价造成的损失。例如，柯达公司给它的照相机制定较低的价格，而它的胶卷定价较高，增强了柯达的市场竞争能力，销售柯达胶卷赚钱，保持了原有的利润水平。而不生产胶卷的中小企业，为了获取相同的利润，就只好把照相机的价格定高，其市场竞争力自然要受影响。

（三）价格调整策略

根据定价目标、选择某种定价方法所制定的价格常常并不就是该产品的最终价格，而只是该产品的基本价格。为了提高产品的竞争力及对顾客的吸引力，还应考虑一些其他的因素，对基本价格进行适当调整。调整价格主要有两种情况：一种是市场供求环境发生了变化，企业认为有必要主动调整自己的价格；另一种是竞争者的价格有所变动，企业不得不被动做出相应反应。价格调整的方向有升有降，调整的时间有长有短，调整的幅度有大有小，调整的方法灵活多样，一切都要以市场为转移标准。调整也不可能一次就完成，市场环境变化，价格就要再调整，直至产品生命周期结束，产品离开市场。

1. 维持原价策略

维持原价策略通常用于市场环境虽改变，但厂商本身的市场区隔却未受影响时。例如，汽油价格虽上调，但进口车高价位却未受影响，则可维持原价。另外，当厂商考虑有必要变动价格，却又不知道变动幅度应该为多少，或价格变动是否可能损及产品形象，或伤害本公司其他产品时，宁可维持原价。

2. 降价策略

厂商采取降价行为的理由有以下三个。

1）激烈的价格竞争使得企业的市场占有率下降，当竞争厂商削价求售时，本公司只好降价以防御。

2）利用经验曲线的效益，在单位成本降低后，随之降低产品价格，以作为掠取市场占有率的攻击性策略。通常，技术进步也可能降低产品成本，而使厂商有余地采取降价策略，扩大市场占有率。

3）供大于求，当市场上供应的同类产品数量大于消费者的需求量时，生产能力过剩，产品出现积压，采取降价策略。

但是，调低价格的风险是易造成低质量的形象；通过降低价格获得的市场占有率是脆弱的。低价会买到市场占有率，但买不到市场的忠诚，顾客会转向价格更低的公司。采取降价策略最好能满足三个条件：①市场对价格有一定的敏感性，当低价格为刺激顾客购买的先决条件时，低价格会推动市场的成长；②随着生产的积累，产品成本和销售成本不断下降；③低价格可以阻止现实和潜在的竞争对手的进入，提升行业的准入门槛。

企业的销售收入由销售量和价格共同决定。当前，很多企业的营销策略仅仅立足于扩大销售量，一味地降价、降价、再降价，企业竞争战略雷同，竞争策略单一，市场博弈的结果往往是两败俱伤。价格作为营销策略四大基本手段之一，有时已失去了其积极的意义，只是一种市场破坏的手段。因此，价格战是应该尽量避免的。

3. 涨价策略

在下列几种情况下，企业会考虑涨价。

1）成本上升。材料、燃料、人工费、运费、科研开发费、广告费等不断上涨，导致企业压低了利润的幅度，因而也引起了公司要定期地提价，提高的价格往往比成本增加的要多。

2）供不应求。当公司的产品在市场上处于不能满足所有消费者的需求时，可能会涨价。

3）产品品牌声誉提高，产品附加值提升，价格随之上涨。

4）新产品采取渗透定价后，对市场已有一定程度的控制。

在涨价过程中，应注意的问题：第一，要掌握好适当的涨价幅度，充分考虑需求弹性、行业竞争的激烈程度；第二，要选择合适的时机，有些行业常在通货膨胀时期调高价格，而且调价幅度超过通货膨胀率；第三，要注意和消费者的沟通，应通过一定的渠道让消费者知道涨价的原因，并听取他们的反映意见，公司的推销人员应帮助顾客找到经济实用的方法。必须考虑的是，涨价之后可能引起需求减弱，因此涨价幅度也须审慎测定。

（四）差别定价策略

1. 差别定价的前提

差别定价需具备以下条件才会有效。

1）市场必须可以细分，而且各个细分市场对该产品或服务的需求强度有所不同。

2）差别定价的产品在各个细分市场之间不能流通。

3）在差别定价的高价细分市场部分，不存在竞争者削价促销产品的活动。

4）差别定价所带来的利润必须超过其所带来的管理成本。

5）这种差别定价不至于招致顾客不满。

6）差别定价是合法的。

2. 差别定价的形式

1）顾客差别定价。对同样的产品和服务，不同顾客支付不同的数额，如公交公司对成年人和身高在 120 厘米以下儿童收取不同的费用。

2）产品差别定价。产品的品种、规格、牌誉和样式不同，制定的价格也不同。自行车、服装款式能吸引人的话，价格会比同类产品高。

3）地点差别定价。不同地点、区域、场所、位置、方位等可制定不同价格。例如，戏院的包厢收取的费用就高；剧场中间和前面座位票价高，边座和后座票价低；飞机前舱票价高于后舱票价。

4）时间差别定价。不同时期，不同钟点，都可以采用季节性的变动价格。如长途电话在晚间及节假日比平常便宜，旅游区在淡季和旺季也收费不同。

5）心理差别定价。心理定价策略是一种根据消费者心理所使用的定价策略，是运用心理学的原理，依据不同类型的消费者在购买商品时的不同心理要求来制定价格，以诱导消费者增加购买，扩大企业销量。具体策略包括以下几种。

①尾数定价策略。在确定零售价格时，以零头数结尾，使用户在心理上有一种便宜的感觉；或者是按照风俗习惯的要求，价格尾数取吉利数，也可以促进购买。该策略适用于非名牌和中低档产品。

②整数定价策略。与尾数定价策略相反，利用顾客“一分价钱一分货”的心理，采用整数定价，该策略适用于高档、名牌产品或者是消费者不太了解的商品。

③声望定价策略。主要适用于名牌企业、名牌商店和名牌产品。由于声望和信用高，用户也愿意支付较高的价格购买公司的产品，但是，滥用此法，可能会失去市场。

④特价定价策略。这是利用部分顾客追求廉价的心理，企业有意识地将价格定得低一些，达到打开销路或者是扩大销售的目的，如常见的大减价和大拍卖，就属于这种策略。该策略主要适用于竞争较为激烈的产品。滥用此法，会损害企业的形象。

阅读资料

电子书的定价策略

Sacha Greif和Jarrod Drysdale是两位著名的设计师，2012年3月，他们于同一天不约而同地发布了自己撰写的电子书。不同的是，Sacha将自己的电子书定价为3美元（此后发布了6美元的版本），而Jarrod电子书的定价则高达39美元。

在48小时内，Sacha的电子书售出了1476 份，获利6663美元，而Jarrod的电子书虽然只卖了242份，不过为他带来了8753美元的收入。因为这种鲜明的对比，Smart Bear Software的创始人Jason Cohen邀请Sacha和Jarrod在Smart Bear的官方博客上撰文分享各自的定价策略。Sacha的文章叫*How Perfect Pricing Got Me 1500 Sales in 2 Days*，Jarrod的是*Perfect Pricing Part Deux — More money From Fewer Sales*。从文章标题中我们就不难看出Sacha和Jarrod各自定价的核心思想，而另一位名为Nathan Barry的设计师正巧也要发布自己的电子书，于是他在读完这二位的文章后，便开始进行了一系列的试验。

Nathan出售的第一本书叫*The App Design Handbook*。他将Sacha和Jarrod的模式做了一些结合：*The App Design Handbook*学习Jarrod采用了39美元的高定价，也学习Sacha为电子书设计了多种定价组合版本——售价79美元包含示例代码和视频文件的升级版与售价169美元包含代码、视频教材、Photoshop素材的高级版，并依次发布。最后，在48小时的销售后，这个组合发布的策略为Nathan带来了322份销量和19547美元的销售额，要远高于Sacha和Jarrod在相同时间内获得的收入。

随后，在自己的第二本电子书*Designing Web Applications*的销售上，Nathan做了更大胆的尝试——他将电子书组合的价格提升到了39美元、99美元和249美元，并且，这一次，他将各版本的发布顺序完全调转过来，先发布了249美元的高级版，然后才是99美元版本和39美元版本。最后的结果是，这本书在48小时内总共售出了404 套，获得了34605美元的收入。显然，价格的上涨似乎并没有影响电子书的销售。

最后，看着自己远超Sacha和Jarrod的销售业绩，Nathan提出了电子书定价的两个要素——高价格和多组合设计。Nathan说，高定价是为了帮你排除那些只愿为电子书低付费的用户，高付费用户的付费能力足以弥补这些失去这些销售量带来的损失。而多组合的策略帮助你避免了用户将你的产品与他人的产品进行比较，将他们的注意力全部放在你自己产品的内部对比上来，使他们购买你产品的可能大大增加。

（资料来源：http://tech.ifeng.com/internet/detail_2013_05/24/25666088_0.shtml）

第三节　渠道策划

一、营销渠道的含义、作用与类型

（一）营销渠道的含义

营销渠道也称贸易渠道或分销渠道，是指当产品从生产者向最后消费者或产业用户移动时，直接或间接转移所有权所经过的途径。

在商品经济条件下，产品必须通过交换，发生价值形式的运动，使产品从一个所有者转移到另一个所有者，直至消费者手中，这称为商流。同时，伴随着商流，还有产品实体的空间移动，称为物流。商流与物流相结合，使产品从生产者到达消费者手中，便是分销渠道或分配途径，对此环节的规划、协调便是营销策划的主要内容之一——渠道策划。

（二）营销渠道的作用

各级中间商是营销渠道的重要组成部分，在市场营销中，中间商至少具有如下作用。

首先，中间商的存在能为生产者和消费者带来方便。因为对买主来说，中间商可以提供包括更多的花色品种、合适的时间地点、灵活的付款条件、周到的售后服务等各种方便。而对生产企业和贸易企业来说，中间商是大买主，还能为卖主联系千千万万的用户，使企业的销路有了保证。

其次，中间商的存在可以缓和产需之间在时间、地点、商品数量和种类方面的矛盾。同时，中间商又是架设企业和市场之间的桥梁，中间商可以向企业反馈市场信息，了解市场，还可以利用自己在当地市场上多年经营形成的商誉为企业的产品提供无形保证，使市场了解企业。另外，中间商通过存货、赊销等方式为生产和零售企业减轻了资金负担，从而有利于这些企业资金的周转和融通，促进经济的发展。

（三）营销渠道的类型

按流通环节的多少，可将分销渠道划分为直接渠道与间接渠道；间接渠道又分为一级、二级和三级渠道。直接渠道与间接渠道的区别在于有无中间商。据此还可以分为短渠道和长渠道几种类型。

根据渠道每一层使用同类型中间商的多少，即根据渠道的宽度结构可以划分为宽渠道和窄渠道。分销渠道的宽窄是相对而言的，它取决于渠道的每个环节中使用同类型中间商数目的多少。企业使用的同类中间商多，产品在市场上的分销面广，称为宽渠道。例如，一般的日用消费品（毛巾、牙刷、开水瓶等），由多家批发商经销，又转卖给更多的零售商，能大量接触消费者，大批量地销售产品。企业使用的同类中间商少，分销渠道窄，称为窄渠道。它一般适用于专业性强的产品，或贵重耐用消费品，由一家中间商统包，几家经销。它使生产企业容易控制分销，但市场分销面受到限制。

按渠道成员相互联系的紧密程度，分销渠道还可以分为传统渠道系统和整合渠道系统两大类型。

二、渠道策划内容

（一）营销渠道系统设计

营销渠道设计应考虑商品因素、市场因素、竞争者因素、制造商因素、中间商因素和环境因素等。渠道合理系统设计主要涉及渠道成员的选择、渠道结构的构建及分销方式的选择。

（1）渠道成员的选择

渠道成员的选择，就是从众多的相同类型的分销成员中选出适合公司渠道结构的能有效帮助完成公司分销目标的分销伙伴的过程。渠道成员包括批发商、零售商、代理商、中介机构等，他们在渠道中扮演的角色不一样，在商品交易中所担负的交易职能不同。

对中间商的选择重点应考虑如下因素。

1）中间商的渠道营销能力是每个制造商在选择中间商时首先考虑的问题，也往往是衡量中间商的能力与参与程度的第一个标准。其中又包括销售额的大小、成长和盈利记录、偿付能力、平均存货水平和交货时间等内容。

2）中间商的参与热情也是评价中间商的一个重要标准。一个十分有能力的中间商不积极配合制造商的营销活动，其结果可能比一个普通的中间商积极配合制造商的活动的效果要差许多，甚至可能会危害到制造商目标的完成。衡量中间商参与程度的内容包括对损坏和遗失商品的处理，与公司促销和培训计划的合作情况，以及中间商应向顾客提供的服务等。

由于中间商往往是经营多种品牌或多种类型的产品。因此也可以通过对中间商经销的其他产品进行调查来衡量中间商的能力。如果中间商的经营品种多，总体的销售量大，那么说明该中间商是十分具有实力的。同时，还可以从中了解到自己的产品销量在中间商销售的产品总量中占有多少比例，处于什么样的地位，从而决定对中间商进行的激励着重于哪一个方面。

（2）渠道结构的构建

渠道结构反映了渠道内部各要素的排列组合方式，厂家应在以下几个方面多下工夫：第一，渠道的广度与密度。前者是指分销网络的覆盖区域，后者是指某一市场区域布点数量。第二，直接渠道与间接渠道。前者意味着厂家直接将产品销售给消费者，后者则表明产品到达消费者将经过若干中间商。第三，长渠道与短渠道，即决定渠道中不同类型的中间商数量的多少。

（3）分销方式的选择

厂家可以选择的分销方式主要有两种: 第一，独家经销、总经销、选择性分销及密集性分销；第二，总代理、独家代理与多家代理。厂家应主要依据产品特性及购买者的购买习惯加以选择。

（二）营销渠道的控制

公司在确定了方案，选择了渠道成员后，营销渠道就建立起来了。但这并不意味着公司的工作就结束了。营销渠道必须作为企业的一项宝贵资源而加以长期地、有效地管理。这就意味着企业必须对渠道的每个成员管理工作，进行必要的激励、评价，从而对营销渠道进行很好的控制。此外，随着时间的变化，渠道必须调整以适应新的市场状况和环境变化。

（1）渠道成员激励

中间商作为一个独立经营的商业企业，它必然会追求利润。因此，从某种意义上讲，中间商首先是充当一个顾客的采购代理人，其次才是他的供应商的销售代理。他对顾客希望从他那里买到的任何产品感兴趣。所以，如果企业能及时地向中间商提供市场热销的产品，那么中间商就会感到企业对他的重视。而且，出于自身的利益，中间商也会更为热情地投入销售制造商的产品中去。

（2）渠道成员控制

对渠道成员进行激励的目的是为了更好地对渠道成员进行管理、控制，使渠道能够符合企业的发展目标。营销渠道的目的是促使商品不断地、更好地向消费者或用户运动，而只有所有渠道成员的目标相一致时，渠道才能很好地运转。因此控制渠道的首要任务是使中间商了解企业的营销目标。此外，制造商的任务不能仅限于设计一个良好的渠道系统，并推动其运转。

（三）调整分销渠道

考虑到营销渠道运作环境、消费者需求的变化及渠道长期运作中积淀的惰性， 对营销渠道进行定期或不定期的评估和调整是必要的。经过评估，若发现渠道模式与市场环境要求存在差距，应对渠道做出适当调整。通常渠道评估的标准有三个：经济性、可控性和适应性，其中最重要的是经济标准。

阅 读 资 料

得渠道者得市场

自古交战，兵马未动，粮草先行。产品渠道为王，得渠道者得市场。作为国内首屈一指的打印品牌，联想打印早就意识到了渠道的重要性，在 2012 年便规划了 PC 与 NON PC 双渠道策略，并针对各渠道特征推出了适应产品，引领了双面打印的普及，巩固了联想打印在双面打印市场的 NO.1 地位。而“猎鹰计划”等一系支持渠道拓展计划的推出，更是让联想打印的渠道策略如虎添翼。

独树一帜力推双渠道

打印市场竞争很残酷，渠道战是重中之重。联想打印作为打印品牌中的佼佼者，不仅在产品品质上费尽了心思，而且在渠道的布局中更是别出心裁，推出了 PC 与 NON PC 的双渠道策略。据了解，PC 与 NON PC 双渠道策略，完全是从用户的需求角度出发，在不同的渠道联想打印推出了相对应的产品。在 PC 渠道，联想则推出了 LJ2400、M7400 等主流销量 激光打印产品，这些产品以更高速的输出速度、更低廉的使用成本、更高效的办公效率赢得了用户的青睐，成为用户最为得力的打印帮手。这一渠道策略及对应产品的推出不仅使得联想的目标用户更为细分，同时也为联想在 PC 渠道的成功提供了助推力。

在 PC 渠道取得成功的基础上，联想在 NON PC 开始大展身手，主推双面打印策略，推出了 M7650DF、LJ2600D、LJ3700D、LJ3800DW 等系列标配自动双面功能的产品，以满足不同用户对于绿色节省打印的要求；并且全国范围内免费上门服务。联想的优势在 NON PC 渠道展现得淋漓尽致，双面打印机、双面多功能一体机获得良好的市场反响，短短两年拿下双面打印市场的 NO.1，双面打印产品像一把尖刀，在中高端产品领域提升联想的领导力。2013 年，联想打印还将继续深耕 NON PC 市场，并将目标客户定位于中小企业市场和成熟市场，为这类用户提供更有竞争力的产品和服务。

高瞻远瞩深耕渠道

2013 年联想打印将在业已形成的良好的渠道体系下继续深耕，以形成一个更有竞争力的渠道体系。在原有的 PC 与 NON PC 双渠道策略的基础上，联想打印还将持续推出“猎鹰计划”以支持竞品渠道的拓展，帮助经销商完成店面分级细化管理，以提升渠道的竞争力。

阅读资料

联想打印还将持续扩大渠道布局。据了解，2013 年联想打印计划发展 300～500 家专业打印渠道和 200 家专业耗材渠道。伴随渠道数量的增加、渠道队伍的壮大，联想打印的渠道正在不断地向全国各地渗透，为用户提供更多更好的购买体验。此外，联想打印还注重给渠道带来更好的产品和服务感受，增加客户黏性，带来更多的行业销售机会。而针对经销商和店面分级管理的“猎鹰计划”也将为联想渠道商提供更专业给力的支持。

2013 年联想打印渠道深耕之路还将继续。据悉，2013 年联想打印将召开 10 场专业渠道招募巡展活动，以加强对联想打印渠道的推广和宣传，强化用户对于联想打印品牌的认知度与认同感，促进渠道销售。

（资料来源：http://www.hanzhong123.com/home/news-20991.html）

第四节　促销策划

一、促销策划内涵

销售促进（sales promotion，SP）简称促销，是指企业通过直接或间接的方式向消费者传达企业的信息和产品（或服务）信息，以促使其接受和认可企业的产品和服务，进而做出购买决策的活动。营销中的促销有狭义和广义之分。狭义的促销也称营业推广，有时也被商家简单地称为促销活动，是不包含广告、公共关系等在内的。

从核心和实质上来看，促销就是一种信息沟通，通过各种各样的手段和方式，实现企业与中间商、企业与最终用户之间的各种各样的信息沟通。另外，通过信息沟通又能够传递最终用户和中间商对生产者及有关产品的各种各样的评价。促销策划是根据企业销售促进的目标，对企业销售促进活动的各个环节及销售促进中的预期问题进行全面、细致、客观的安排和规划，设计出有影响力的、有效的行动方案，并将方案付诸实施，以达到激励士气、销售产品的目的。

促销的形式虽然多种多样，但是，促销策划的原则却只有新奇制胜、突出特征和利益诱导三大原则。企划人员在进行促销策划时，究竟选择哪种原则指导策划，要依据本企业的实际情况及环境的具体情况而定。企划人员策划时应力求促销内容与促销形式（工具、地点、时间、人物、事件等）的巧妙结合，用形式烘托主题，以达到最大的促销目的。另外，在促销策划的步骤上要注意每个环节的衔接，只有这样才能确保促销策划的准确、严密、完整，从而提高策划方案的有效性。总之，在具体的促销计划制订过程中，公司必须根据实际情况，注意准确地选择切实可行的销售促进目标。

二、促销策划类型

促销活动的形式包括人员促销和非人员促销两类。促销策划的类型也分为人员促销策划和非人员促销策划。

人员促销是指企业的促销员（推销员）直接与顾客或潜在顾客接触、洽谈，介绍产品，以达到促进销售的活动过程。人员推销的最大特点是具有直接性。非人员促销主要是指借助广告、公关和各种各样的销售促进方式进行信息沟通，达到引发、刺激消费者产生购买欲望直至发生购买行为、实现企业产品销售的目的。一般来说，人员促销针对性较强，但影响面较窄，而非人员促销影响面较宽，针对性较差。企业促销时，只有将两者有机结合并加以运用，方能发挥其理想的促销作用。

三、促销策划的步骤

一个合适的工作流程，能避免工作的随意性和盲目性，提高工作的效率和效果。一般说来，促销策划须遵循八个步骤。

（一）确定促销活动的目的和目标

确定促销活动的目的和目标是为整个促销活动确定一个总体构想，为以后的工作计划、方案创意、实施和控制、评估促销效果提供一套标准和依据。没有目的和目标，促销活动就不能做到有的放矢，以后的所有促销活动将会失去方向，成为“失去航标的帆船”。

（二）进行资料收集和市场研究

“没有调查就没有发言权”，调研工作的重要性不言而喻，然而很多促销方案不是在调查研究的基础上设计的，促销活动的成功和失败就只能靠“碰运气”了。促销活动的市场研究应该着重在三个方面：市场促销环境，竞争对手的促销策略及促销方案，顾客的消费心理、消费行为。促销调研方法一般有直接调研和间接调研两种。直接调研就是通过实地观察统计、调查问卷、直接访问等方法收集第一手资料。间接调研一般通过查阅文献、调查报告等方法收集第二手资料。促销调研最终要形成书面的调查报告，为以后促销创意、方案设计等提供依据。

（三）进行促销创意

好的促销创意是促销成功的一半，创意对促销的重要性不言而喻。在市场促销环境、竞争对手促销策略和方案、消费者心理和行为研究的基础上，需要我们产出具有针对性，能够吸引消费者兴趣，激发消费者购买冲动，且便于操作的创意。总的说来创意具有新、奇、特、简这四个特点。促销创意一般包括选择适当的促销工具、确定促销主题等内容。

（四）编写促销方案

促销方案又称促销策划书，是实施促销活动的指导性文件，促销活动必须严格按照促销方案执行。促销方案一般包括：促销活动的目的；促销活动主题；促销活动宣传口号或广告词；促销活动的时间、地点、日程安排；促销活动的内容；执行促销活动人员；促销活动准备物资清单；促销经费预算；促销活动注意事项等内容。

在制定具体的促销方案时，需要注意以下问题：第一，必须确定所提供刺激的大小。若要使促销成功，最低限度的刺激物是必不可少的。第二，要指定参与的条件。刺激物品可向每个人或者经挑选的团体提供，赠品可提供给那些能证明购买的消费者等。第三，要确定促销所持续的时间，时间过短，许多客户可能来不及再次购买，感觉不到促销带来的好处；时间过长，会失去其应有的效力。第四，要选择好分发的方式和途径。第五，要准确把握促销时机。最后要拟定促销预算，根据所选用的各种促销工具来估算它们的总费用。

另外，在促销方案中，促销预算应该清晰明了。公司想在促销方面投入多少费用，需要事先做出预算。常用的促销预算方法有以下几种。

1）量入为出法：公司在估量了自己所能承担的能力后安排促销预算。这种方法的不足之处在于它完全忽视了促销对销售量的影响，导致年度促销预算的不确定性，给制订长期的市场计划带来困难。

2）销售百分比法：很多公司以一个特定的销售量或销售额的百分比来安排他们的促销费用。其优点在于它的灵活性，促销费用可以因公司的承担能力差异而变动。另外，可以促使管理层以促销成本、销售价格和单位利润的关系为先决条件进行思考，使竞争的公司在促销方面的花费按销售百分比计算保持平稳。

3）竞争对等法：公司按竞争对手的大致费用来决定自己的促销预算。

4）目标和任务法：公司或营销人员首先要明确自己的特定的目标，确定达到这一目标所必须完成的任务，以及估算完成这些任务所需要的费用，来决定促销预算。

（五）试验促销方案

促销活动尤其是大型促销活动事前测试是相当必要的，很多促销活动没有试验这样一道程序。促销创意、方案一旦制定，直接拿去市场上去操作，一旦失败，损失很难弥补。因此，为了降低促销活动失败所带来的损失，这一程序必不可少。如何进行试验呢？通常的做法是在一个比较小的市场上进行短期操作试验一次。或者是由公司内部一些专家（营销经理、一线市场人员等）对这次促销活动的各个方面的问题进行质疑答辩。

促销事前测试的常用方法有以下几种。

1）意见征询：促销活动实施前的意见征询是快速而低成本的方式，多用于小规模促销活动。意见征询的主要方法有随机访谈和集中征求意见两种方式。

2）对比试验：在小范围内对消费者分组进行促销活动的实施和非促销活动的实施的反应结果对比试验，可对促销活动的效果取得更具体、直接的认知。对此促销活动试验的地点可选择：①环境条件相似的零售店里进行；②可在零售店外进行对比实验；③可在同一市场内进行对比实验。

此外，对经销商的测试也比较重要。经销商对促销活动的接受程度会直接影响促销活动的成败，因此必须在事前即获得经销商的支持。对经销商的促销活动测试主要从意见征询、深入访谈和综合市场分析、交易因素等得出经销商对促销活动策划有价值的信息。对经销商的事前测试同时也有助于树立经销商对促销活动的了解和信心。

（六）改进完善促销方案

对促销活动试验进行总结，对促销方案不妥或不完善的地方进行修改，或完全放弃促销方案另做促销方案（一般而言，编写促销活动创意在三个左右，以备选择）。没有效果甚至产生负面影响的促销不做也罢。

（七）推广实施促销方案

促销活动方案在通过试验改进完善之后，进入正式推广实施阶段。在这个阶段，要注意严格按照促销方案和预算执行。促销活动负责人主要职责是监督、指挥、协调和沟通。所有的准备工作必须到位，包括最初的计划工作、设计工作，以及包装材料的分发，配合广告的准备工作和销售点材料，通知现场的销售人员，为个别的区域指定配额，购买或印制特别赠品，预期存货的生产，存放到分销中心准备在特定的日期发放，最后，还包括给零售商的分销工作。

（八）总结评估促销方案

在活动过程中或完成后，参与促销活动人员要对该次促销活动进行总结、评估。总结评估的主要内容是活动的目的、目标有没有达到？经费预算执行得如何？促销活动组织有什么突发事件，是如何处理的？是什么原因？如何才能避免类似问题的出现？促销活动评估总结同样要形成完整的书面报告，为下次进行促销活动做准备。

促销事后评估的方法有以下几种。

1. 比较销售额的变动

比较销售额的变动即选取开展促销活动之前、中间与进行促销时的销售量进行比较。一般会出现十分成功、得不偿失、适得其反等几种情况。

1）十分成功：在采用促销活动后，消费者被吸引前来购买，提高了销售量，取得了预期的效果。该次促销活动不仅在促销期，而且对公司今后的业绩和发展均有积极影响。

2）得不偿失：促销活动的开展，对超级市场的经营、营业额的提升没有任何帮助，而且浪费了促销费用。

3）适得其反：促销活动虽然在进行过程中提升了一定的销售量，但是促销活动结束后，超级市场的销售额不升反降。

2. 消费者调查法

超级市场可以组织有关人员抽取合适的消费者样本进行调查，向其了解促销活动的效果。例如，调查有多少消费者记得超级市场的促销活动，他们对该活动有何评价，是否从中得到了利益，对他们今后的购物场所选择是否会有影响等，从而评估超级市场促销活动的效果。

最后，促销策划应该注意，严密监控促销活动可能对销售网点、消费者产生的影响，如发生任何疏忽，都有可能使消费者丧失对企业的信任，这并非一朝一夕所能挽回的。因此进行促销活动时，必须采取适当措施，包括预测和监控措施。

四、促销策划创新

基于目前“渠道制胜、决胜终端”的营销趋势、基于产品多元化与同质化的激烈竞争，促销之风愈演愈烈，平淡促销容易被淹没，促销必须创新，才能真正构建产品与消费者之间沟通互动的有效平台。不仅要保证与消费者形成科学、连续的互动，更要针对消费者接触点进行艺术化设计，最大化了解产品、提升品牌，提高促销创新度，使消费者产生兴趣购买。

1. 主题创新

好的促销主题可以给消费者一个购买理由，有效规避价格战带来的品牌损害。因此主题一定要与促销需求相吻合，以简洁、大气、亲和力强的语言来表达，在不偏离品牌形象的基础上做到易于传播、易于识别、时代感强、冲击力强，而不是司空见惯的“买一送一、震撼热卖、特价酬宾”字样。具体创新方法有悬念型、事件型、节日型、区域型、联合型等。

2. 内容创新

创造打动消费者的独特形式和内容，满足消费者求新、求异、求实惠的心理需求，并产生情感共鸣，从促销工具、手段上来寻找创新空间，将买赠、套餐、抽奖等形式优化组合、推陈出新。例如，纳入区域特色，利用产品属性，实施优化组合，自造节日促销，拓展异业联盟，选择特色赠品等。

3. 物料创新

营造影响消费者的靓丽终端，通过创意物料让终端亮起来，让产品借助物料在竞争商品的海洋中脱颖而出，率先冲击消费者的眼球，以营造良好氛围来影响消费者购买，提升促销效果。例如，展示生动化，视觉冲击化，陈列最大化，物料异性化等。

4. 人员创新

强化训练感动消费者的促销团队，实现“临门一脚，实效促销”，在对消费者心理、企业产品、竞争者产品的把握和了解的基础上，从言语、行动、细节处来创新，来感动消费者。例如，形象品牌化，用语差异化，演示生动化，人气聚拢化等。

促销是一个完整的系统，在追求促销环节进行创新时，更要注意促销执行中的关键环节，以保证促销有效性和良好效果。追求表面创新而执行不到位的促销只是绣花枕头——好看不中用。促销更要在创新的基础上为销量、盈利来服务。

阅读资料

福盈门促销失败案例

福盈门品牌食用油是国内某集团旗下的高端品牌，虽然在国内排不上第一名，但凭借集团的雄厚实力和不差的质量，在食用油市场一直也有稳定的表现。郑州市场是公司的重点市场，进入淡季以来，销售一直不畅。进入6月，公司蔡经理便考虑在大的卖场进行一次统一的促销活动，以便提升销量。经过客户走访，特别是促销主管张丽极力建议，认为福盈门是名牌不错，但美誉度一直比不上第一品牌年有余，因此在商超直接面对消费者促销时，关键是真正的让利和实惠，这样的话销量肯定会大幅增长。

阅读资料

促销形式：现场对消费者进行促销，针对销售最好的品种花生油5升进行让利促销。

1）5升花生油进行特价销售，价钱从原来的每桶79.9元优惠到每桶73.5元。

2）购买5升花生油一桶，赠送900毫升花生油一瓶。

3）现场进行抽奖活动，每购买一桶花生油，均有一次抽奖机会，奖品从笔记本计算机到900毫升小瓶油不等，中奖率为47%。

同期的年有余品牌5升花生油价格为85元一桶，而福盈门这么大的力度，不信没人买！蔡经理似乎看到了人员排着长队在等着购买福盈门，而公司的货已经供不应求的局面的出现！

周六上午，家乐福北环店，9:00点正式营业后，顾客陆续到来，但是能走到最后靠里福盈门展架的稀稀疏疏，尽管促销员大声招揽，临时促销员也很尽力地吆喝，但展架前的人一直很少，直到上午10:30，统计一下，共销售20桶，和往常周六销售15桶相比，几乎没有多大效果。这次活动已经基本宣告失败。

促销活动是个系统的组织活动。不管促销活动规模大小，都要进行周密的组织和策划。任何一个促销活动都强调独特的主张和利益，但是仅有这一利益点是根本支撑不了活动的成功的。上述活动过多重视了活动的让利与优惠，同时也考虑了让消费者参与的互动。但是，这些优惠的实现是依靠消费者知道信息为前提的。此次促销活动缺少活动前期的预热，促销商品没有陈列优势，造成消费者和商品永远有“最后一公里”的距离，没有人能看到也是活动失败的原因之一。另外，上述促销活动中，福盈门的促销主管穿着便服，临时促销员穿着工装，而促销员穿着一般的T恤衫，三个人三种服装，三个形象，怎会让人有对企业美好形象的联想呢！总结来讲，上述活动重让利，轻策划，最后彻底失败。

上述促销活动要素中，没有一项是复杂到一般的销售人员干不了的。但是一家大集团的名牌产品的失败促销活动就这样在我们身边进行着。

（资料来源：http://www.doc88.com/p-905291427244.html.）

小　结

产品是能够提供给市场，以引起人们注意，让人们获取、使用或消费，从而能够满足人们某种欲望或需要的一切东西。产品策划包括产品组合策划，是决定企业生产经营的全部产品线、产品项目的组合方式，即产品组合的宽度、深度、长度和相关度，并进行调整；以及产品品牌策划，主要包括品牌化决策、品牌归属决策、多品牌策略、品牌延伸策略、品牌重新定位等；也包括产品包装策划和新产品开发策划，主要有八个方面工作：构思产生→构思筛选→概念发展和测试→营销规划→商业分析→产品实体开发→试销→商品化。

价格策划是一个以消费者需求的经济价值为基础，综合考虑各种影响因素，确定价格的目标、方法和策略，制定和调整产品价格的过程。价格策划应该遵守目的性、出奇制胜性、适时变动性、区间适应性和定位原则。根据产品成本、市场需求和竞争状况三要素来选择定价方法，定价可分为成本导向定价、顾客导向定价和竞争导向定价。整个产品定价流程共包括八个步骤，基本的产品价格策略可以分为新产品价格策略、产品组合定价策略、价格调整策略和差别定价策略。

营销渠道也称贸易渠道或分销渠道，是指当产品从生产者向最后消费者或产业用户移动时，直接或间接转移所有权所经过的途径。按照不同的标准，渠道可以划分为直接渠道与间接渠道、宽渠道和窄渠道、传统渠道和整合渠道等。营销渠道设计应考虑商品因素、市场因素、竞争者因素、制造商因素、中间商因素和环境因素等。渠道合理布局主要涉及渠道成员的选择、渠道结构的构建及分销方式的选择。

促销是指企业通过直接或间接的方式向消费者传达企业的信息和产品（或服务）信息，以促使其接受和认可企业的产品和服务，进而做出购买决策的活动。促销策划分为人员促销策划和非人员促销策划两类。促销策划须遵循八个步骤：确定促销活动的目的和目标、进行资料收集和市场研究、进行促销创意，以及对促销方案的编写、试验、改进完善、组织实施和总结评估。

案例分析

星巴克的“数字味道”

2012 年 11 月，星巴克出价 6.2 亿美元收购美国茶商品牌 Teavana。“我们相信茶饮料已经到了再创新和快速发展的时机。”舒尔茨对这次收购做出如此解释，“对 Teavana 控股的收购将使得我们在重新整理并领导市场上有了极好的定位，就像我们三十年前重新发展了浓缩咖啡一样。”这笔金额并不显眼的收购，意味着星巴克在不断寻找业绩的增长空间，向咖啡以外的领域伸出触角，但同时又要注意不忘最根本的东西——增强顾客体验。

除了一杯上好口味的咖啡，新科技也是星巴克提高客户体验的手段之一。星巴克鼓励消费者参与数字化业务，其中之一是未来几年将采用移动支付系统。今年 8 月，星巴克向移动支付公司 Square 注资 2500 万美元，舒尔茨加入了 Square 董事会。合作之后，Square 将负责“搞定”在星巴克美国本土店的信用卡和借记卡交易，用户也可在星巴克使用 PaywithSquare 应用程序。尽管现在已有基于近场通讯的支付系统，星巴克还打算在 iPhone 和 Android 系统中植入 2D 条形码扫描系统，也就说你可以在手机中嵌入一张星巴克卡。这个支付系统在 2011 年 1 月推出后的确很受欢迎，这样的移动支付交易已经进行了几千万次。

基于传统连锁运营能力及新兴技术的运用，星巴克无可争议地成为了咖啡第一帝国。星巴克 2012 财年总营收 133 亿美元，运营利润 20 亿美元，在全球拥有 1.8 万家门店（其中 9405 家直营店）。中国计划在 2014 年成为美国之后的第二大市场。到 2012 年年底，在中国超过 60 个城市中拥有 700 家星巴克门店。同时，星巴克计划到 2015 年，在中国将开设 1500 家门店，遍布中国 70 个城市，员工人数也将从 1.8 万人增长到 3 万人。

“第四空间”

霍华德•舒尔茨支持的数字化重组已经进行了 4 年，2011 年 3 月 9 日，星巴克数字风险投资前高级副总裁 AdamBrotman 被赋予了新的职务——首席数字官。随之，将所有的星巴克数字项目——网页、手机、社交媒体、数字营销、StarbucksCard 和电子商务、Wi-Fi、星巴克数字网络、新兴的店内消费技术——合并在一起并交由 Brotman 打理。Brotman 解释道，星巴克的数字业务对公司的持续成功与它卖出咖啡一样重要。“数字化帮助我们的店员和公司述说我们的故事，建立我们的品牌，并与我们的顾客联系在一起。”Brotman 说。当星巴克的倡导的“第三空间”已为大家所熟知的时候，它又在迅速地打造以移动互联网为平台的“第四空间”。“我们正在拥抱不同的创新数字平台、社交网络以及社交平台，这都是我们和消费者 360 度全方位交流的渠道。”星巴克中国区市场及产品副总裁韩梅蕊（MarieHanSilloway）告诉《环球企业家》说。在中国，星巴克的“第四空间”指的是通过手机 APP、微博和微信为主的各类社交媒体和消费者连接的平台。星巴克的手机 APP 也是一个整合的社交渠道，能够给星巴克提供更深入的培养消费者关系的方法，并且将门店中的体验衍生到门店之外。“星巴克相信的是内容创意（Contentcreation）。”智威汤逊的董事总经理李巍说，“星巴克很少购买媒体，而是用有限的资源进行内容的制作，增强消费者的体验，从而使他们变成粉丝。星巴克一直用这种方法带动品牌的关注度和在影响力。”

体验至上

不论何种营销的方式，星巴克始终贯穿在其中的一条主线是“咖啡文化”。而不论是被门店吸引而入的顾客或者是被手机带入的顾客都将会在门店中获得最佳的体验，这样才能保证源源不断的“回头客”。越来越多围着“黑围裙”的咖啡大师出现在星巴克的门店中。身着黑围裙的咖啡大师们不仅拥有更深厚的咖啡知识及更高超的咖啡技艺，而且还都是乐于和善于分享咖啡文化和星巴克人文精神的爱好者和传播者。星巴克也运用科技来更好地服务新顾客。在星巴克的咖啡机背后有一系列管理工具，记录门店运营数据，店长排班时系统会分析前两月运营状况、客流大小，提出排班建议，只需填入员工名字即可。同样系统也会分析门店对物料的需求，店长根据预测申请。星巴克运营之道是流程标准化、简单化，避免个人喜好的随意性。

采用现有的单点销售系统，咖啡师接到一个订单时，需要将订单翻译成机器语言：先要确定订单是大杯、小杯还是中杯，然后要确定饮料类型，接下来要选择添加物。不管顾客是否有这些要求，这些步骤都要一步一步完成。最新的销售系统可以实现“谈话式订单”——如果顾客说的是“大杯拿铁，加一点香草”，咖啡师一次就能准确地执行订单。在中国，忠诚度最高的客户每月会光顾星巴克门店四到五次甚至六次，但尽管如此，星巴克认为提高客户光顾频率方面还有很大空间。顾客的每一次来店的消费都会通过会员卡被记录下来。“我们的星享卡以及其他的会员活动让我们获知了我们顾客对于产品的偏好，星巴克的研发部门也可以通过会员卡收集的信息来回顾新研发的产品是否受到市场欢迎。”杰夫•米勒说。

通过数字技术，星巴克可以随时随地掌握当地目标消费者的口味以及对于品牌的反馈，这对于星巴克中国的扩张来说尤为重要。舒尔茨在最近一次的会议上说，美国公司纷纷来中国淘金，但事实上，其中很多公司不会取得长久的成功。他说，关键是要确保公司业务具有本土相关性，只有这样星巴克才不会像其他美国潮流一样在中国转瞬即逝。

（资料来源:中国 MBA 网）

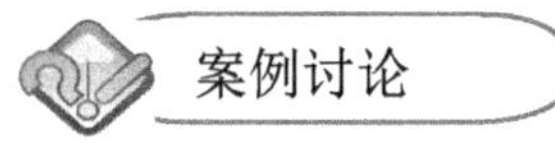

案例讨论

评述星巴克“数字味道”实现的营销策略。

思考题

1．现代观念对产品是如何界定的？
2．产品品牌策划包括哪些内容？
3．新产品的策划过程包括哪些环节？
4．新产品价格策略分为哪几种？
5．举例说明产品组合定价和差别定价法在现实生活中的应用。
6．试比较不同渠道类型的优劣关系。
7．如何设计最佳营销渠道？
8．怎样进行营销渠道控制与评估？
9．促销活动包括哪些？它们有什么异同？
10．促销策划的实质是什么？
11．促销策划包括哪些步骤？

第十章

广 告 策 划

教学目标

掌握广告策划的内涵、原则，并能够在实际的广告策划活动中，依照广告策划的评判标准和基本程序，进行广告预算和广告媒体的选择，开展广告效果的事后评估，从而促进营销目标的实现。

学习要点

- 掌握系统可行性分析的方法。
- 熟练运用数据流程图解决实际问题。

关键词

广告　广告预算　广告媒体　广告效果

导入案例

两个问题广告的启示

一、索尼音响与信息管理

日本索尼公司音响产品在开拓泰国市场的时候，由于在相当长的时间内难以取得预计的效果，于是制作了这样的一个广告：如来佛祖闭着眼睛在半寐的状态下接受善男信女的膜拜，似乎无动于衷；就在这个时候，渐渐地，如来突然动起来，并睁眼四处寻找；而声音也渐渐响了起来，随着优美的旋律，如来终于喜不自禁跳起了迪斯科，而一侧的索尼音响也赫然显现。

我们姑且不论这个广告片的优劣，但它的轰动效应却是立竿见影。泰国是一个佛教国家，而索尼却冒昧地拿佛祖来为其产品“闻鸡起舞”，无疑是犯了众怒，于是，泰国责令索尼立即停止播放此广告，同时规定，在随后的一年里，索尼公司不得在任何公众媒体刊登任何有关索尼的信息。在这个著名的“索尼广告风波”当中，对于当初仍算是中小企业的索尼来说，无疑是犯了一个极为低级的错误。事实上，到现在也有相当多的中小企业老板在信息收集方面往往因为局限于公司的实力而无法更多地了解产品推广地的信息，从而导致灭顶之灾。

二、丰田“问题广告”事件

丰田汽车公司是日本最大的汽车制造厂家，同时也是世界十大汽车制造厂商之一。广告事件缘起于接近岁末丰田所做的两则广告。其一是霸道广告：一辆霸道汽车停在两只石狮子之前，一只石狮子抬起右爪做敬礼状，另一只石狮子向下俯首，背景为高楼大厦，配图广告语为“霸道，你不得不尊敬”。其二为“丰田陆地巡洋舰”广告：该汽车在雪山高原上以钢索拖拉一辆绿色国产大卡车，拍摄地址在可可西里。为此，众多网友在新浪汽车频道、TOM 等专业网站发表言论，指出狮子是中国的图腾，有代表中国之意，而绿色卡车则代表中国的军车，因此认为丰田公司的两则广告侮辱了中国人的感情，伤害了国人的自尊，并产生不少过激的言论。在随后的危机过程中，刊登“丰田霸道”广告的《汽车之友》杂志率先在网上公开刊登了一封致读者的致歉信。

因两则“问题广告”使公众舆论沸沸扬扬的丰田公司也承认了错误。危机爆发后，日本丰田汽车公司和一汽丰田汽车销售公司联合约见了十余家媒体，称“这两则广告均属纯粹的商品广告，毫无他意”，并正式通过新闻界向中国消费者表示道歉。在致歉信中，丰田表示，“对最近中国国产陆地巡洋舰和霸道的两则广告给读者带来的不愉快表示诚挚的歉意”，“目前，丰田汽车公司已停止这两则广告的投放”。丰田表示，将停止广告刊发并通过媒体向公众道歉，并已就此事向工商部门递交了书面解释。

（资料来源：管理人网）

广告是企业直接对目标消费群和公众进行说服性沟通的主要工具之一。在现代市场经济条件下，广告为企业树立组织形象、传播信息、指导消费提供了一种有效手段。企业想最大限度地提升企业的销售业绩和品牌实力，就需要投放广告，也只有制定出符合市场规律的广告策略才能有效提升企业的销售业绩和品牌实力。

第一节 广告策划概述

一、广告的内涵

（一）广告的含义与特征

广告的含义，严格地来说可划分为广义和狭义两种。广义的广告即“广而告之”，是指向广大公众传递信息的手段和行为；狭义的广告，确切地讲即商业广告，是指企业为扩大销售获得盈利，以付酬的方式利用各种传播手段向目标市场的广大公众传播商品或服务信息的经济活动。

广告的特征包括以下几点。

1）传播面广。由于传播媒体能大量地复制信息并广泛地进行传播，所以广告的信息覆盖面相当大，可以使企业及其产品在短期内迅速扩大影响。

2）间接传播。由于是通过传播媒体进行宣传，广告主同广告的接受者并不直接见面，所以广告的内容和形式对于广告的宣传效果就会产生很大影响。

3）媒体效应。由于消费者是通过传播媒体来获得产品和服务信息的，所以媒体本身的声誉、吸引力及其接触的可能性都会对广告信息的传播效果产生正反两方面的效应。

4）经济效益。由于广告对传播媒体的利用是有偿的，所以企业的广告活动就必须重视经济效益，必须对广告费用的投入及其产生的促销效果进行核算和比较。

（二）广告的分类

广告的分类是指为适应广告决策和策划的需要，按照一定的标准将广告活动划分为不同的类型，也称广告形态。了解广告的分类，有利于企业围绕其营销目标，恰当地选择广告种类和手法，准确地传达广告信息和主题，合理地进行广告安排和组合。

按照媒体方式不同，可将广告划分为如下几类。

1）平面广告，包括报纸广告、杂志广告、画册广告、招贴广告（海报）等。

2）影视广告，包括电视广告、电影广告、幻灯片广告等。

3）广播广告，是指利用无线电或有线广播为媒体发布的广告。

4）户外广告，包括路牌广告、灯箱广告、交通车辆广告等。

5）邮寄广告，采用邮递方式传递给消费者或用户的广告。

6）POP 广告，即售点广告，是在购物场所内外所做的广告。按外在形式可以分为传单式、直立式、悬挂式、墙壁式和柜台式；按广告位置可以分为室内 POP 广告和室外 POP 广告。

7）网络广告，即在互联网上发布的广告，是信息时代借助网络媒体而兴起的一种新型广告方式。

除此之外，按广告的内容，可将广告划分为商品广告、服务广告、公共关系广告、启示广告；按广告的目的，可将广告划分为显露广告、认知广告、竞争广告、扩销广告；按广告的诉求方式，可将广告划分为感情诉求广告、理性诉求广告；按照广告产品的生命周期不同，又可将广告划分为导入期广告、成长期广告、成熟期广告、衰退期广告等。

二、广告策划内涵

所谓广告策划，就是根据广告主的营销计划和广告目标，在广告调查的基础上，制定出一个与市场情况、产品情况、消费者群体相适应的经济有效的广告企划方案，并且通过实施和检验，为广告主的整体经营提供全面服务的活动。

从广告策划涉及的广告活动来看，广告策划可以分为两种。一种是单一性的，针对具体的行为和事件，对一个或几个广告的策划。单一广告策划目的明确，内容单一，策划活动相对简单。例如，对新产品上市而进行的广告策划活动即属此类。另一种是系统性的，具有较大的规模，是为同一目标而做的一连串各种不同的广告活动的策划，也就是整体广告策划。整体广告策划针对企业和产品某一时期的全部广告活动进行策划，涉及企业发展的方方面面，内容复杂，策划活动也比较复杂，但它是现代广告活动的必然发展趋势，已为国际上许多大型企业和大的广告公司所采用。

广告策划是一项复杂的系统工程，是一个动态的活动，它要完成一系列的决策，包括对广告目标、广告对象、广告媒体、广告时机、广告空间、广告主题、广告策略等的策划。

1）广告目标，是指广告活动要达到的目的。它可以归纳为以下三种类型。

① 创牌广告目标。创牌广告多用于新产品上市前或产品刚刚上市时期。目的在于开

发新的产品和开拓新市场。在广告宣传中，着重通过产品的性能、特点等方面的宣传，提高消费者对产品商标、厂牌的理解度和记忆度，从而提高产品的知名度。

② 保牌广告目标。这类广告目标主要是巩固已有的市场，在广告宣传中，着重劝说和诱导消费者如何对已有商品增强好感、信任和信心。

③ 竞争广告目标。目的在于提高产品的市场竞争能力。在广告宣传中，把重点放在宣传本产品与同类产品比较的优异之处。

2）广告对象，是指广告信息的传播对象，即广告信息的接收者。不同的产品要销售给不同的消费者，所以不同产品广告的诉求点也是不一样的。因此，企业在做广告之前，首先应寻找出现实的和潜在的消费者。针对这些具有不同的年龄、文化、生活背景、经历的消费者，进行有的放矢的广告宣传，这样广告才有意义。

3）广告媒体策划，就是对广告媒体的恰当选择。由于不同媒体具有不同的特征，不同的消费者对各种媒体的接触程度也不同，所以企业的广告活动必须对媒体进行策划，目的是能用尽量少的成本取得尽量好的广告效果。广告活动可以使用单一媒体，也可以使用多种媒体组合。

4）广告时机策划，是对广告发布时机的策划。从宏观上讲，由于产品销售具有时间性，对产品具有促销作用的广告活动也具有了时间性，所以应注意广告时间与其他促销活动的配合。从微观上讲，就是要注意广告的黄金时间段。

5）广告空间策划，是指广告位置与范围的策划。任何一种产品不可能面对一切市场、一切消费者，它的销售在客观上呈现为明显的区域性。因此广告必须与此相适应，针对不同的空间就应做不同的广告。

6）广告主题策划，是对广告主题的选择。广告一般都是选择产品的独特个性部分进行多方面的表现，既给产品定了位，又突出了产品的意义，这样易引起消费者的购买行为，以达到广告目的。

7）广告策略，是实施广告规划的手段和方法。它贯彻在广告活动的全过程，主要包括广告产品策略、广告市场策略、广告心理策略、广告媒体策略、广告时间策略、广告表现策略。广告策略策划，实际上是对广告具体战术进行的选择。

三、广告策划原则

广告策划作为一个创造性的思维活动过程，有其自身的规律性，必须遵循一定的原则。

（一）信息原则

广告策划者必须建立多层次、多渠道、多角度、多类型的信息网络。从收集信息内容看，应分为：①环境信息，包括政治和经济形势、市场动态、科学发展状况、产品换代和发展趋势、广告主的广告战略等方面；②市场信息，包括市场需求信息和产品供应信息；③消费群体信息，包括消费结构、消费习惯、消费态度等方面；④竞争对手态势信息，即竞争对手有谁，能力如何，包括竞争对手的资金、技术、产品、人员、管理等。

（二）系统原则

在广告策划活动中，要从系统的概念出发，坚持策划活动的整体性和全局性，注意每一个变量的变化可能引起的其他量的变化及其产生的影响，如广告量的变化会影响销售量、市场占有率、知名度、利润率的变化。

（三）可行性原则

广告策划者应在计划选择之前，对达到策划目标的可能性、可靠性、价值性和效益性等方面做出分析、预测和评估。可行性分析的内容包括决策目标的可行性、实现目标的内外条件的可行性、对各个环节的实施方案之间的相互配合和协调的可行性，以及对社会效益、经济效益的可行性研究。

（四）效益原则

广告策划的任务，就是要使企业产出大于投入。但是除了追求经济效益之外，广告策划应同样注重社会效益，顾大局，识整体。例如，“非典”期间，白云山制药借大量以“防治病毒，白云山献爱心”为主题的公益广告赢得了消费者好评，股票也逆势上涨。

（五）优化原则

优化原则即将广告活动中的各分支系统的目标对象，视为广告策划目标的一部分，以整体最优化为目标，建立可数量化的目标函数；通过调查研究，运用数字或逻辑分析的方法，求出广告目标和广告指标的最优方案。同时，重视人的主观能动性，发挥广告策划人才的集体智慧。在广告活动中，强调运用现代科学技术成果和有助于决策的方法论来编制广告计划。

第二节　广告策划的程序

广告策划是企业整体营销活动的重要组成部分，它是按照一定程序，有计划、有步骤地进行的。广告策划的一般程序：市场调查—确定广告目标—确立广告主题与创意—制定广告策略—制定广告计划书—广告决策与实施—广告效果分析—总结报告。

（一）市场调查

市场调查主要是分析环境，明确要求。在这一阶段，主要了解企业、产品、市场和消费者的基本情况，并在此基础上开展广告研究和分析，剖析企业的优势、产品的特性和行销记录，分析市场营销资料、竞争状况和企业或产品的市场竞争能力，找出存在的问题，并提出改进意见。对消费者的需求状况、消费特征和消费动机等进行解剖，找出消费者的需求热点和潜在需求，从而为企业进行产品改造和新产品开发提出咨询意见。同时，还必须对产品市场环境进行详细的了解，研究市场的环境因素对产品市场的影响，分析在产品销售中充分利用环境因素的有利方面，突破市场封闭的可能性，为企业对产品的外观、色泽、造型、包装装潢、商标、图案等能唤起消费者的情感联想的因素进行改进而提供意见和建议。

（二）确定广告目标

产品生命周期中的不同阶段对应不同的购买对象。随着产品的生命周期中购买对象不同，广告策划具体的广告目标也不同。

1）导入期：属于产品的发售阶段，需要重视产品的知名度调查，购买者的评判调查，经销店的意见调查等。广告策划的任务主要是告知产品品牌及产品的特征。促销手段包括大众媒体广告发布，开展向经销者提供促销物品、分发广告传单，实施店头广告及实地展销等活动。

2）成长期：成长期的重点在于扩大需求，提升企业知名度，以提高利润，增加生产量等。在这一阶段，要以扩大需求，提高消费者喜爱的程度为促销目标；通过抽样调查测量知名状况及购买状况，开展视听率调查及活动效果调查；促销主题着重实用性、效果性、机能性等，制造大众流行使用氛围。

3）成熟期：此阶段要尽量扩大需求已不太可能，因此重点应放在回收研究开发费用及市场开拓费用上。在这一阶段促销目的是延长成熟期，产品差别性再强调，扩大市场占有率；促销主题突出差别性、实利性，开展适应竞争的各种促销活动，如赠奖品；对经销店的再指导也不容忽视，着重在经销店确认本身产品与竞争产品的调查。

4）衰退期：在此期间已不可能拓展销售量，即使降低价格也无法扩大需求，产品在市场呈现衰退的倾向，企业利益也在下跌。此阶段的促销主题应放在强调产品的实用性上，以求维持产品销售量。

（三）确立广告主题与创意

广告主题是广告所要表达的中心思想；广告创意是在广告策划全过程中确立和表达广告主题的创意性思维活动。广告创意贵在创新，只有新的创意、新的格调、新的表现手法才能吸引公众的注意，才能有不同凡响的心理说服力，加深广告影响的深度和力度，给企业带来无限的经济价值。广告创意策略有以下几种。

1）目标策略：一个广告只有针对一个品牌、一定范围内的消费者群，才能做到目标明确、针对性强。目标过多、过奢的广告往往会失败。

2）传达策略：广告的文字、图形避免含糊、过分抽象，否则不利于信息的传达。要讲究广告创意的有效传达。

3）诉求策略：在有限的版面空间、时间中传播无限多的信息是不可能的。广告创意要诉求的是该商品的主要特征，要把主要特征通过简洁、明确、感人的视觉形象表现出来，使其强化，以达到有效传达的目的。

4）个性策略：赋予企业品牌个性。使品牌与众不同，以求在消费者的头脑中留下深刻的印象。

5）品牌策略：把商品品牌的认知列入重要的位置，并强化商品的名称、品牌，对于瞬间即逝的视听媒体广告，通过多样的方式强化，适时出现、适当重复，以强化公众对其品牌的深刻的印象。

（四）制定广告策略

为了将广告主题和广告创意付诸实施，并且取得理想的广告效果，必须对各种媒体、表现方式、地区、时机等进行多方面的研究，从而选择最合适的广告媒体、广告方式、广告的范围及合适的广告时机，选择最佳组合方案更好地实现广告目标。

（五）制定广告计划书

完整的广告计划书一般包括八个方面的内容：前言、市场分析、广告战略、广告对象、广告地区、广告战术、广告预算及分配、广告效果预测。

1. 前言

在广告计划书的前言中，应详细说明广告计划的任务和目标，必要时还应说明广告主的营销战略。

2. 市场分析

市场分析主要包括四个方面的内容：企业经营情况分析、产品分析、市场分析和消费者研究。应该根据产品研究的结论，说明广告主的产品所具备的条件；再根据市场研究的结论与市场中同类商品的情况列表进行一一比较，并指出消费者的爱好和偏向。如有可能，提出产品改进和产品开发建议。

3. 广告战略

根据产品定位和市场定位研究的结果和广告层次研究的结论，列明广告策略的重点。说明用什么方法使商品在消费者的心目中建立深刻而难以遗忘的印象；用什么方法刺激消费者产生购买兴趣；用什么方法改变消费者的使用习惯，使消费者改变品牌偏好，改为使用广告主的商品；用什么方法扩大广告产品的销售对象范围；用什么方法使消费者形成购买习惯。

4. 广告对象

根据定位研究可计算出广告对象有多少人、多少户。根据人口研究结果列出有关人口的分析数字，如人口总数，人口地区分布，人口的年龄、性别、职业、文化程度、阶层、收入等的分布和构成，求出广告诉求对象的数字，说明他们的需求特征、心理特征、生活方式和消费方式等。

5. 广告地区

根据市场定位和产品定位研究结果，决定市场目标，并确定目标市场的选择，说明选择理由和地区分布。

6. 广告战术

根据广告战略中所列的重点，详细说明广告实施的具体细节。

1）在报纸媒介方面，说明选择哪一家或哪几家、选择理由、刊登的日期、次数和版面，并说明每次刊登的面积大小。

2）杂志媒介，同样说明选用的媒介单位、选用理由、刊登次数、每次的面积和刊发日期。

3）选择哪一家电视台、哪一个频道或哪几个频道，分别选择什么时间播放，说明选择的理由、计划播映次数、每次播映的时间长短、广告片的形式和播映日期。

4）广播电台。说明选用的媒介单位、插播还是专题、播出时间和日期、选用的理由，以及计划播出次数和每次播出时间的长短。

5）说明促销活动的举办日期、地点、方式、内容及赠品、奖品等，说明举办的理由和主持人。

6）选择其他媒介，如海报、招贴、售点广告、邮寄广告、传单和说明书等，均应说明印制的数量和分发方式、分发日期等内容。在选用多种媒介时，对各类媒介的刊播如何进行交叉配合，亦需加以说明。

7. 广告预算及分配

根据广告策略的内容，详细列出媒介选用情况、所需费用（按媒介单位的顺序分家列出）、每次刊播的价格，最好能编成表格。广告预算的确定是广告目标确定之后更为重要的实际工作，要求广告部门与企业营销部门、财务部门一起确定广告预算总投资，进而对广告费进行具体的预算分配。

8. 广告效果预测

广告效果预测主要说明在广告主同意按照广告计划实施广告活动的前提下预计可达到的目标。这一目标应以广告计划书前言部分规定的任务为准则。

（六）广告决策与实施

在制定广告策划书时，确定广告活动实施的步骤、方法，按既定方案一步步实行的过程，必须定期对实施过程进行考核监督。在实施中就要及时调整方案，变换对策，在竞争中取得主动权，从而取得策划的成功。

（七）广告效果分析

在广告策划及实施的过程中，要及时地进行信息反馈，经常对广告效果进行科学的、准确的分析，以调整广告整体策划。广告效果分析，可在广告前进行，也可在广告后进行。它既有阶段性，又有连续性。

（八）总结报告

一般而言，总结报告包括前言、工作总结、主要成绩、存在问题和改进措施与建议五项内容。

1）前言。同广告计划书一样，前言部分主要对这次广告的目的和效果做简要介绍。

2）工作总结。主要回顾前段工作过程，详细介绍广告宣传活动的规模、范围和影响，概括总结工作成绩和工作经验，并说明是否已达到预定广告目标。

3）主要成绩。在这一部分，应结合广告活动的过程和广告效果调查的结果，详细介绍此次广告活动在产品创牌、广告创意、产品促销效果和公共关系等各方面的工作成绩，详细介绍产品品牌在消费者中的印象深刻程度、广告创意的号召力和感染力，介绍产品的销售成绩和公共关系的发展层次。尤其是对新闻单位的报道，应该收集剪报，作为附件存查。同时，在这一部分，还应对广告活动中和广告效果调查中所发现的产品的优异特点和广告的优秀特色，予以充分的肯定，对广告成绩做出合理评价。

4）存在问题。在这一阶段，主要有总结广告活动本身存在的问题和产品本身存在的问题两方面的内容。在广告活动本身的总结中，应指出广告创意、广告表现和广告表达方式等方面尚不如意之处，以待在今后的工作中加以改进。同时，如果在广告战略和策略等方面存在应予修正的内容，也应指出。另外，根据消费者对产品的反应的测试调查结果，在“存在问题”这一章节中，对产品本身存在问题应该如实评价。例如，产品的品牌形象是否合适，产品有何质量问题，产品款式外观是否尽如人意等，均应一一指出。

5）改进措施与建议。在这里要针对广告活动和广告主产品两方面的问题，提出改进意见和建议，对改进今后的广告活动提出具体的措施，对企业的促销和产品生产提出具体的建议，履行为广告主全面负责的职责。

知识拓展

广告策划法则

（一）USP策略

USP（unique selling proposition，独特的销售主张或独特卖点）策略由罗塞·瑞夫斯在20世纪50年代提出。该理论强调把沟通内容中最主要的特色信息传达给客户，包括三大核心要素：第一，每一则广告必须向消费者说明一个主张，必须让消费者明白，购买广告中的产品可以获得什么具体的利益；第二，所强调的主张必须是竞争对手做不到的或无法提供的，必须说明其独特之处，在品牌和说辞方面是独一无二的，强调人无我有的唯一性；第三，所强调的主张必须是强而有力的，必须聚焦在一个点上，集中打动、感动和吸引消费者来购买相应的产品。

（二）形象论

20世纪60年代广告大师大卫·奥格卫根据自身的广告和品牌创建实践，提出了与USP策略完全不同的理论，这个理论就是形象论。形象论认为，一个好的广告应该不让人们认为这是一个广告，不应该强卖，而是应该让顾客在无意识下购买你的产品。这个思想与USP策略的观点完全不同。该观点要求：第一，广告目标为品牌服务；第二，每则广告都应对塑造品牌整体形象做出贡献，同时也是为建立品牌所做的长期投资；第三，产品同质化程度越高，消费者在选择品牌时，越少用理性思考；第四，广告应帮助品牌创造突出个性，忠于个性，永久不变。

（三）AIDMA法则

消费者从广告媒体认识商品到购买行动产生的一连串过程，从心理的反应上依次表现为attention（引人注目）、interest（发生兴趣）、desire（激起欲望）、memory（留下记忆）、action（开展行动），这就是广告策划的AIDMA法则。广告的一个重要目标就是吸引目标受众的注意，因而就有了“注意力经济”、“眼球经济”的概念。成功广告对受众的作用过程和消费者对产品从认知、好感、信赖、购买的过程是一致的，即让顾客“情迷之、心服之、行随之”。

知识拓展

（四）互动说

互动说是针对 USP 策略的单向线性传达方式将消费者置于被动接受地位的不足，在消费者主体意识觉醒的时代所倡导的双向互动式广告传播形式。互动式广告有三个递进的层面：第一，满足需求，广告不仅满足消费者的物质需求，而且还能够满足人们更多精神层面的需求；第二，调动参与，广告调动了人们所有的感官，使消费者仿佛置身其中；第三，产生联想，广告深深地打动消费者，给他们创造了更多想象的空间，从而使得产品和事件之间形成了某种关联。

（五）锐利广告

锐利广告是中国广告界的一种比较新锐流行的观点，它要求：第一，广告必须简洁有力，在任何时候都只说最有用的东西；第二，广告必须让人兴奋、激动，或者令人痛苦、讨厌……必须像锥子一样锐利，不需用力，就能“刺痛”消费者；第三，广告必须始终重复相同的核心内容，不管别人怎么说。

第三节 广告策划的内容

一、广告媒体策划

广告媒体策划指选择传播广告信息的广告媒体，包括在广告媒体上的发布频率和具体媒介工具的选择等。

（一）广告频率策划

广告频率是指在一段特定时间内广告发布的次数，是影响广告能否达到效果，是否存在浪费的重要因素。广告频率策划的主要意图是强化广告的重复率和冲击力。按照克鲁格曼（Krugman）博士 1972 年提出的“三打理论”，他认为人们普遍相信的“广告需要不断强化才能防止受众忘却”的观点是片面的。广告的不断显露并不如广告最初接受的两次或三次有效。消费者第一次看见广告时知道是什么商品，第二次看广告则了解商品的特征，第三次接触时对商品是否符合自己的需求可以明确了解，以后再看多少次，其效果是一样的。这一理论虽然没有定论，却具有一定的指导意义。当然影响广告发布有效频率的因素有多种，从产品方面看，所处的产品生命周期和产品的复杂程度会影响广告的有效频率；从市场状况看，市场定位的准确性、市场份额的高低、目标群体的接受度和广告竞争的激烈程度会影响广告的有效频率；从广告自身看，广告创意的高低、广告规格的设定及媒体组合的有效性也会影响广告的有效频率。

媒体专家衡量一个广告出现次数的方法，是将该广告可以接触到的人数乘以平均接触频率。例如，在某个月，美国《商业周刊》有 100 万名读者。一个出现在该期杂志中的广告，有 20 万名读者会接触到一次，有 40 万名读者会接触到两次，其余的 40 万名读者会接触到三次。广告频率的计算是根据下列算式：

[（200 000×1）+（400 000×2）+（400 000×3）]÷1 000 000=2 200 000÷1 000 000=2.2

在一定的预算水平下，还要弄清楚广告的覆盖面和频率的成本效益的最佳组合是什么。一般而言，当推出新产品、侧翼品牌、扩展著名品牌或追求一个界定不清楚的目标市场时，覆盖面是最重要的；当存在强有力竞争者、想要传达的信息复杂、购买者阻力高或购买次数频繁时，频率是最重要的。

（二）广告媒体选择

媒体类型的选择必须了解各主要媒体在覆盖面、频率和影响方面的差别，如表 10-1 所示。

表 10-1 各主要媒体分析

媒　体	优　点	不　足
报　纸	制作速度快、灵活、及时，区域市场覆盖面大，能广泛地被接受，可信赖性强。广告所占版面大小、形状可以满足要求，信息传播对象具有选择性	杂乱，针对性差，信息可能传递给永远的非客户；保存性差，复制质量低，传阅者少；浪费发行量；容易引起竞争对手关注
电　视	综合视觉、听觉和动作，富有感染力，能引起高度注意，触及面广；有线电视台可以提供面向当地观众的新机会；能很好地建立形象	制作成本快速攀升；干扰多，瞬间即逝，观众选择性少；大多数广告只有 10～30 秒，可传送的信息量有限
广　播	大众化宣传，区域和人口方面的选择性较强，成本低	只有声音，不像电视那样引人注意，瞬间即逝；听众无法重复感兴趣的部分
邮　寄	接收者有选择性，灵活，个性化；信息可以充分表达内容；属于“隐蔽”媒介，信息在得到反应之前对竞争者都是隐蔽的	打印和邮寄信件的前置时间长；相对来说成本较高；需要得到并保存好邮寄名单
杂　志	区域性、人口可选择性强，可信并有一定的权威性；复制率高，保存期长，传阅者多	广告购买前置时间长，有些发行量是浪费的，版面位置无保证；篇幅成本和创意成本较高
户外广告	灵活，费用低，竞争少；广告展示时间长，可获得令人高度注意的知名度	观众没有选择，缺乏创新；很难对准目标市场；广告缺乏动感
网　络	实时性、持久性强，覆盖范围广泛、信息容量大，视听效果具有综合性；以消费者为导向，一旦消费者选择点击广告条，心理上已经首先认同，有助于后期引导	杂乱，成本逐渐上升，干扰多

如何利用报纸、杂志、广播、电视、网络五大广告媒体的特点和长处，扬长避短，进行广告媒体分配，对于企业广告来说是一种十分重要的广告和广告媒体策略。广告媒体选择分为以下几个步骤。

第一，决定使用何种广告媒体，如报纸、杂志、电视或其他。在进行媒体选择时，首先要考虑的问题是广告活动的对象是谁，属于哪一个地区哪一个阶层，用什么方式才能有效地把信息传递给广告活动的对象。这就是所谓的明确媒体目标，即使用什么媒体。

第二，决定该媒体中的某种或数种媒体类别，如电视媒体中的综艺节目、影集或晚会，杂志媒体中的文艺类、经济类等。根据广告目标的要求，决定媒体的使用方式和媒体类别，包括使用时间及各种不同媒体的配合。这些都需要企业在做广告之前对广告媒体特定对象进行发行量、视听率及有关指标进行调查。

第三，决定某种媒体中的特别媒体，因为各种媒体各有特性，而接触媒体的对象、层次不同，因此为了达到充分传播效果，各种媒体必须组合或交错使用。各种媒体有其特定对象，如果要运用一种以上的媒体，必须考虑每种媒体的预算比例，研究多少用于新闻，多少用于电视、海报；同时也要考虑广告活动时间及时节的配合，如庆典、重要节目的媒体配合等。

在进行媒体选择时要考虑如下要素。

1. 市场方面的因素

1）要考虑消费者的属性：人总依其个人品位来选择适合的媒体，不同教育或职业的消费者，对媒体的接触习惯都不相同，因此要配合消费者的性别、年龄、教育程度、职业及地域性等来决定应用何种媒体。

2）要考虑商品的特性：各种商品的特性不一样，应该按商品特性来考虑媒体的选用。例如，消费者生活用品广告和工业用品广告的媒体策略完全不同，前者的对象是全体的消费大众，后者的对象是特定的工厂、老板或董事；很显然，千万元的别墅广告和普通中低档公寓广告的媒体使用应当有所不同。

3）要考虑商品的销售范围：这关系到广告接触者的范围大小，由此才可决定选择何种较经济有效的媒体，以免使用不适当的广告媒体而毫无传播效果。

2. 媒体方面的因素

1）要考虑媒体量的价值：如报纸的发行量、杂志的发行量、电视的收视率、广播电台的收听率等。

2）要考虑媒体的价值：要考虑媒体的接触层次，应仔细分析其类型，以期与产品消费者的类型符合。同时需考虑媒体的特性、优缺点，节目或编辑内容，是否与广告效果有关。

3）要考虑媒体的经济价值：要慎重考虑各媒体的成本费用，不仅要考虑“绝对成本”，即媒体的实际支付费用，同时也应考虑“相对成本”，如印刷媒体每天的读者数，或电波媒体的每分钟每千人的视听成本。

选择一个最基本的考虑指标就是每千人成本率，即计算某一特定媒体工具接触 1000 人的平均成本。例如，刊登在某报纸上的整版广告费用为 8800 元人民币，其读者约 300 万人，则此报纸广告发生的千人成本率是 8800×1000÷3000000≈2.9 元。广告主就可以将不同广告媒体的千人成本率进行排列，从而选择成本比较低的广告媒体。

3. 广告主方面的因素

1）要考虑广告主销售方法的特征：销售方式究竟以推销员为主还是以零售商为主，还要看用什么样的销售策略，销售策略不同选择媒体的标准也不同。

2）要考虑广告主的促销战略：如计划一个赠送样品的广告活动，就要用能配合赠送活动的媒体。

3）要考虑广告主活动的基本目的及广告预算的分配额和广告主的经济能力。此外，对于同行业竞争者使用广告媒体的情况与战略也应列入媒体考虑范围。

4. 消费者分析

消费者是广告所追求的目标，要想广告产生效果，产品畅销，一定要对消费者人格、消费者购买行为模式、消费者态度及消费者的文化、家庭背景等加以分析研究。只有这样，才能提高广告策划的针对性，做最有效的企划活动。

（1）消费者人格

人的个性差异会影响购买心理。著名心理学家哥汉将人分为三类：①柔顺者：希望别人赞美，符合别人期望，这类人大多用大众化品牌的商品；②积极者：要求最优秀及最大的成就者，常用有领导性品牌的商品；③分离者：要求独立和与他人不一致，用比较个性化的商品。

（2）消费者购买行为模式

1）消费者个人的决策受到“示范商品”的影响。

2）消费者的决策过程由“感觉需要”进入“对产品认识”，从而对产品产生好恶。

3）消费者评估产品价值，形成行为趋向，产生购买行为。

（3）消费者态度

消费者态度指消费者对某商品、品牌或公司经由接触而有一致的喜好或不喜欢的反应倾向。广告企划人员通常运用“态度”来预测消费者对其商品的反应。一般地，消费者态度形成的原因主要有：①过去对此产品或相关产品的经验；②对产品广告的注意；③亲朋好友所提供的劝告与资料；④消费者个人的风格；⑤商品价值能对特定需要的满足。

（4）消费者行为受社会环境影响的因素

1）文化：文化对人类行为的影响是重大而长远的。

2）次文化：由于人口的增加使得文化失去一致性，因而形成地区性的次文化。例如，南方风气较开放，北方则较保守。

3）社会阶层：社会依据财富、技巧、权势来划分成若干阶层，各阶层有不同的生活态度和方式。因此在区隔市场和预测反应时，社会阶层便成为一个重要而独立的因素。

4）参考团体：是指个人愿意与之认同，如电影明星、歌星、风头人物等的穿着、打扮甚至一举一动会为人们所模仿。

5）面对面的团体：是指一种直接影响到一个人嗜好、意见的团体，包括所有直接接触的小型社会，如家庭、邻居、同学、同事等。目前社会心理学家实验证实个人行为受小团体影响很大。

6）家庭：家庭对个人态度、行为有相当大的影响，而且家庭中对产品购买也能互相影响。例如，小孩子使父母去注意玩具、糖果等物品。消费者分析更随着时代、环境有所改变，随着妇女角色的改变，使家庭主妇在家庭购买行为中居重要地位。由于人们富裕了，不必精打细算，行动性购买行为增加，所以，商品的陈列、包装色彩更趋重要。由于休闲时间增加，所以休闲产品系列（如旅行、划船）兴起。因此，营销中要随时掌握环境变化，做最有效的企划活动。

二、广告预算控制

（一）广告预算的考虑要素

广告预算是广告计划的核心组成部分，广告计划的实施要由广告预算来支持。广告预算的内容，主要包括广告活动中所需的各种费用：市场调研费、广告设计费、广告制作费、广告媒体使用租金、广告机构办公费与人员工资等项目。广告预算的制定要考虑以下因素。

1. 产品生命周期阶段

新产品一般需花费大量广告预算以便建立知名度和取得购买者的使用。已建立知名度的品牌所需预算在销售额中所占的比例通常较低。

2. 市场份额

市场份额高的品牌只求维持其市场份额，因此其广告预算在销售中所占的百分比较低。而通过增加市场销售或从竞争者手中夺取份额来提高市场份额，则需要大量的广告费用。

3. 竞争

在一个有很多竞争者和广告开支很大的市场上，一种品牌必须更加大力宣扬，以便高过市场上竞争者的声音使人们听得见。即使市场上一般的广告不是直接对品牌的竞争，也有必要大做广告。

4. 广告频率

把品牌信息传达到客户需要的重复次数，也会决定广告预算的多少。

5. 产品替代性

在同一产品种类中的各种品牌需要做大量广告，以树立有差别的形象。如果品牌可提供独特的利益或特色时，广告也有作用。

6. 不同媒体的选择

就报纸、杂志而言，一般来说，凡是发行范围广、发行量大的，大多数受到广告客户的青睐，广告源源不断，收入不断增长。就广播、电视而言，一般来说，凡是收视（听）率高的节目，企业广告投入就多。

（二）广告预算的制定方法

制定广告预算的方法目前为广告界所采用的有数十种之多。常见的有七种：销售额百分比法、利润百分比法、销售单位法、目标达成法、竞争对抗法、支出可能额法和任意增减法。

1. 销售额百分比法

销售额百分比法是以一定期限内的销售额的一定比例计算出广告费总额。由于执行标准不一，又可细分为计划销售额百分比法、上年销售额百分比法和两者的综合折中——平均折中销售额百分比法，以及计划销售增加额百分比法四种。

2. 利润百分比法

利润额根据计算方法不同，可分为实现利润和纯利润两种百分比计算法。这种方法在计算上较简便，同时，使广告费和利润直接挂钩，适用于不同产品间的广告费分配。但是对新上市产品不适用，新产品上市要做大量广告，掀起广告攻势，广告开支比例自然就大。

3. 销售单位法

销售单位法以每件产品的广告费分摊来计算广告预算。按计划销售数为基数计算，方法简便，特别适用于薄利多销商品。运用这一方法，可掌握各种商品的广告费开支及其变化规律。同时，可方便地掌握广告效果。其公式如下：

广告预算＝（上年广告费÷上年产品销售件数）×本年产品计划销售件数

4. 目标达成法

目标达成法是根据企业的市场战略和销售目标，具体确立广告的目标，再根据广告目标要求所需要采取的广告战略，制订出广告计划，进行广告预算。这一方法比较科学，尤其对新上市产品发动强力推销是很有益处的，可以灵活地适应市场营销的变化。广告阶段不同，广告攻势强弱不同，费用可自由调整。目标达成法是以广告计划来决定广告预算。广告目标明确也有利于检查广告效果，其公式如下：

广告费＝目标人数×平均每人每次广告到达费用×广告次数

5. 竞争对抗法

竞争对抗法是根据广告产品的竞争对手的广告费用来确定本企业的广告预算。在这种方法中，广告主明确地把广告当成了进行市场竞争的工具。其具体的计算方法有两种，一是市场占有率法，二是增减百分比法。

市场占有率法的计算公式如下：

广告预算＝（对手广告费用÷对手市场占有率）×本企业预期市场占有率

增减百分比法的计算公式如下（注：此法费用较大，采用时一定谨慎）：

广告预算＝（1±竞争者广告费增减率）×上年广告费

6. 支出可能额法

支出可能额法是根据企业的财政状况可能支出广告费的多少来设定预算的方法，适用于一般财力的企业。但是此法还要考虑到市场供求出现变化时的应变因素。

7. 任意增减法

依据上年或前期广告费作为基数，根据财力和市场需要，对其进行增减，以计算广告预算。此法无科学依据，多为一般小企业或临时性广告开支所采用。此外，其他计算广告预算的方法还有很多，在此限于篇幅，不再详述。

三、广告效果评价

一个成功的广告策划，应该紧扣广告目标，充分有效地利用内外部资源，并通过创造性劳动而形成市场方案。它所达到的效果应当是全方位的，绝不能一叶障目，顾此失彼。在对广告效果进行评价时，除了看其社会效果，即是否符合社会公德、伦理道德和价值观念等，还应该重点评估其传播效果。

广告的传播效果指广告能让多少人听到或看到，能让多少人认可、理解所传播的信息，认可程度如何，如表 10-2 所示。

表 10-2 广告的传播效果

传播指标	评估说明
提示知名度	在提示广告内容的情况下，广告接收者能否回忆起接触过的广告； 反映出广告通过媒体传送的“量”是否充足，针对接收者的广告到达率和接触频率是否足够； 广告创意是否有冲击力，对建立提示知名度有无帮助
未提示知名度	在未提示广告内容的前提下，广告接收者能否回忆起接触过的广告； 反映出一定广告到达率后，接触率是否达到使购买者主动记忆的程度； 广告创意的冲击力对购买者主动回忆的帮助程度
第一提及知名度	在未提示状况下，广告接收者首先提及的品牌或产品信息； 比较受检验品牌与竞争品牌的记忆强度； 评价广告传播频率、媒体行程的安排合理性； 与竞争对手比较广告创意的说服力、冲击力对购买者记忆的影响程度
广告理解度	购买者对广告所传达的信息理解的程度如何； 评价广告选用媒体的类别、方式是否完整传递广告信息； 广告创意对信息的表现是否准确、清楚
品牌的偏好度	购买者对广告品牌的接受喜爱程度； 广告创意的诉求是否从购买者的利益出发，迎合购买者的好感； 检查媒体目标接受对象是否与广告创意的目标对象相吻合； 评价广告品牌购买者的使用经验的正负影响程度
购买意向率	购买者被广告说服并对品牌有偏好后，产生购买意向程度； 评价广告是否针对有产品需求的目标对象； 与竞争品牌相比，对购买者综合价值的体现程度； 评价广告创意对购买者的说服和诱导程度
实际购买率	顾客决定购买本品牌的实际购买率是多少； 评价广告媒体投资重点是否与市场购买潜力相吻合

广告播出的效果还可以用广告效果指数来衡量，广告效果指数用 AEI 来表示：

$$\text{AEI}=[A-(A+C)\cdot B/(B+D)]/(A+B+C+D)$$

式中，A——看过广告而购买的人数；

B——未看过广告而购买的人数；

C——看过广告而未购买的人数；

D——未看过广告而未购买的人数。

例如，某公司在推出新产品的半个月后，做过一次市场调查，合计抽样人数 50 人。其中，看过广告而购买的人数为 12 人；未看广告而购买的人数为 7 人；看过广告而未购买的人数为 17 人；未看过广告而未购买的人数为 14 人。故 AEI=[12－（12+17）×7/（7+14）]/50≈4.7%。

另外，可以用广告对销售的效果来衡量广告的传播效果，看广告能帮助促进销售多少产品，即销售量增加多少。评价广告对销售的效果有下列方法。

1）直接询问法：在销售现场或广告发布结束后，以拦截的直接方式询问购买者，从而统计出是因为广告而产生购买的比例。

2）销量对比法：在条件基本相同的情况下，选择年度时间或测试区域对广告发布前后进行比较，得出广告投入与销量变化的比较值。

第四节　广告策划书的一般模式

根据广告策划书的内容要点，参照营销计划书的一般模式和许多广告策划者在实践中总结出来的广告策划书的格式，广告策划书的内容与结构的一般模式如下。

一、封面

一份完整的广告策划书文本应该包括一个版面精美、要素齐备的封面，以给新闻记者以良好的第一印象。

二、广告策划小组名单

在策划文本中提供广告策划小组名单，可以向广告主显示广告策划运作的正规化程度，也可以表示一种对策划结果负责的态度。

三、目录

在广告策划书目录中，应该列举广告策划书各个部分的标题，必要时还应该将各个部分的联系以简明的图表体现出来，一方面可以使策划文本显得正式、规范，另一方面也可以使阅读者能够根据目录方便地找到想要阅读的内容。

四、前言

在前言中，应该概述广告策划的目的、进行过程、使用的主要方法、策划书的主要内容，以使广告客户可以对广告策划书有大致的了解。

五、正文

（一）市场分析

这部分应该包括广告策划的过程中所进行的市场分析的全部结果，以为后续的广告策略部分提供有说服力的依据。

1. 营销环境分析

（1）企业市场营销环境中宏观的制约因素

1）企业目标市场所处区域的宏观经济形势：总体的经济形势、总体的消费态势、产业的发展政策。

2）市场的政治、法律背景：是否有有利或者不利的政治因素可能影响产品的市场？是否有有利或者不利的法律因素可能影响产品的销售和广告？

3）市场的文化背景：企业的产品与目标市场的文化背景有无冲突之处？这一市场的消费者是否会因为产品不符合其文化而拒绝产品？

（2）市场营销环境中的微观制约因素

微观制约因素包括企业的供应商与企业的关系、产品的营销中间商与企业的关系。

（3）市场概况

1）市场的规模：整个市场的销售额、市场可能容纳的最大销售额、消费者总量、消费者总的购买量；以上几个要素在过去一个时期中的变化；未来市场规模的趋势。

2）市场的构成：构成这一市场的主要产品的品牌有哪些？各品牌所占据的市场份额如何？市场上居于主要地位的品牌是什么？与本品牌构成竞争的品牌是什么？未来市场构成的变化趋势如何？

3）市场构成的特性：市场有无季节性？有无暂时性？有无其他突出的特点？

4）营销环境分析总结：①机会与威胁；②优势与劣势；③重点问题。

2. 消费者分析

（1）消费者的总体消费态势

消费者的总体消费态势包括现有的消费时尚、各种消费者消费本类产品的特性。

（2）现有消费者分析

1）现有消费群体的构成：现有消费者的总量、现有消费者的年龄、现有消费者的职业、现有消费者的收入、现有消费者的受教育程度、现有消费者的分布。

2）现有消费者的消费行为：购买的动机、购买的时间、购买的频率、购买的数量、购买的地点。

3）现有消费者的态度：对产品的喜爱程度、对本品牌的偏好程度、对本品牌的认知程度、对本品牌的指名购买程度、使用后的满足程度、未满足的需求。

（3）潜在消费者

1）潜在消费者的特性：总量、年龄、职业、收入、受教育程度。

2）潜在消费者现在购买行为：现在购买哪些品牌的产品？对这些产品的态度如何？有无新的购买计划？有无可能改变计划购买的品牌？

3）潜在消费者被本品牌吸引的可能性：潜在消费者对本品牌的态度如何？潜在消费者需求的满足程度如何？

（4）消费者分析的总结

1）现实消费者：机会与威胁、优势与劣势、重要问题。

2）潜在消费者：机会与威胁、优势与劣势、主要问题。

3）目标消费者：目标消费群体的特性、目标消费群体的共同需求、如何满足他们的需求。

3. 产品分析

（1）产品特征分析

1）产品的性能：产品的性能有哪些？产品最突出的性能是什么？产品最适合消费者

需求的性能是什么？产品的哪些性能还不能满足消费者的需求？

2）产品的质量：产品是否属于高质量的产品？消费者对产品质量的满足程度如何？产品的质量能继续保持吗？产品的质量有无继续提高的可能？

3）产品的价格：产品价格在同类产品中居于什么档次？产品的价格与产品质量的配合程度如何？消费者对产品价格的认识如何？

4）产品的材质：产品的主要原料是什么？产品在材质上有无特别之处？消费者对产品材质的认识如何？

5）生产工艺：产品通过什么样的工艺生产？在生产工艺上有无特别之处？消费者是否喜欢通过这种工艺生产的产品？

6）产品的外观与包装：产品的外观和包装是否与产品的质量、价格和形象相称？产品在外观和包装上有没有缺陷？外观和包装在货架上的同类产品中是否醒目？外观和包装对消费者是否具有吸引力？消费者对产品外观和包装的评价如何？

7）与同类产品的比较：在性能上有何优势？有何不足？在价格上有何优势？有何不足？在材质上有何优势？有何不足？在工艺上有何优势？有何不足？在消费者的认知和购买上有何优势？有何不足？

（2）产品生命周期分析

1）产品生命周期的主要标志。

2）产品处于什么样的生命周期。

3）企业对产品生命周期的认知。

（3）产品的品牌形象分析

1）企业赋予产品的形象：企业对产品形象有无考虑？企业为产品设计的形象如何？企业为产品设计的形象有无不合理之处？企业是否将产品形象向消费者传达？

2）消费者对产品形象的认知：消费者认为产品形象如何？消费者认知的形象与企业设定的形象是否符合？消费者对产品形象的预期如何？产品形象在消费者认知方面有无问题？

（4）产品定位分析

1）产品的预期定位：企业对产品定位有无设想？企业对产品定位的设想如何？企业对产品的定位有无不合理之处？企业是否将产品定位向消费者传达？

2）消费者对产品定位的认知：消费者认为的产品定位如何？消费者认知的定位与企业设定的定位符合吗？消费者对产品定位的预期如何？产品定位在消费者认知方面有无问题？

3）产品定位的效果：产品的定位是否达到了预期的效果？产品定位在营销中是否有困难？

（5）产品分析的总结

1）产品特性：机会与威胁、优势与劣势、主要问题。

2）产品的生命周期：机会与威胁、优势与劣势、主要问题。

3）产品的形象：机会与威胁、优势与劣势、主要问题。

4）产品定位：机会与威胁、优势与劣势、主要问题。

4. 企业和竞争对手的竞争状况分析

1）企业在竞争中的地位：市场占有率、消费者认识、企业自身的资源和目标。

2）企业的竞争对手：主要的竞争对手是谁？竞争对手的基本情况、竞争对手的优势与劣势、竞争对手的策略。

3）企业与竞争对手的比较：机会与威胁、优势与劣势、主要问题。

5. 企业与竞争对手的广告分析

1）企业和竞争对手以往的广告活动的概况：开展的时间、开展的目的、投入的费用、主要内容。

2）企业和竞争对手以往广告的目标市场策略：广告活动针对什么样的目标市场进行？目标市场的特性如何？有何合理之处？有何不合理之处？

3）企业和竞争对手的产品定位策略。

4）企业和竞争对手以往的广告诉求策略：诉求对象是谁？诉求重点如何？诉求方法如何？

5）企业和竞争对手以往的广告表现策略：广告主题如何？有何合理之处？有何不合理之处？广告创意如何？有何优势？有何不足？

6）企业和竞争对手以往的广告媒介策略：媒介组合如何？有何合理之处？有何不合理之处？广告发布的频率如何？有何优势？有何不足？

7）广告效果：广告在消费者认知方面有何效果？广告在改变消费者态度方面有何效果？广告在消费者行为方面有何效果？广告在直接促销方面有何效果？广告在其他方面有何效果？广告投入的效益如何？

8）总结：竞争对手在广告方面的优势、企业自身在广告方面的优势、企业以往广告中应该继续保持的内容、企业以往广告突出的劣势。

（二）广告策略

1. 广告的目标

1）企业提出的目标。

2）根据市场情况可以达到的目标。

3）对广告目标的表述。

2. 目标市场策略

（1）企业原来市场观点的分析与评价

1）企业原来所面对的市场：市场的特性、市场的规模。

2）企业原有市场观点的评价：机会与威胁、优势与劣势、主要问题；重新进行目标市场策略决策的必要性。

（2）市场细分

1）市场细分的标准。

2）各个细分市场的特性。

3）各个细分市场的评估。

4）对企业最有价值的细分市场。

（3）企业的目标市场策略

1）目标市场选择的依据。

2）目标市场选择策略。

3. 产品定位策略

（1）对企业以往的定位策略的分析与评价

1）企业以往的产品定位。

2）定位的效果。

3）对以往定位的评价。

（2）产品定位策略

1）进行新的产品定位的必要性：从消费者需求的角度、从产品竞争的角度、从营销效果的角度定位。

2）对产品定位的表述。

3）新的定位的依据与优势。

4. 广告诉求策略

1）广告的诉求对象：①诉求对象的表述；②诉求对象的特性与需求。

2）广告的诉求重点：①对诉求对象需求的分析；②对所有广告信息的分析；③广告诉求重点的表述。

3）诉求方法策略：①诉求方法的表述；②诉求方法的依据。

5. 广告表现策略

1）广告主题策略：①对广告主题的表述；②对广告主题的依据。

2）广告创意策略：①广告创意的核心内容；②广告创意的说明。

3）广告表现的其他内容：①广告表现的风格：②各种媒介的广告表现；③广告表现的材质。

6. 广告媒体策略

广告媒体策略包括：①对媒体策略的总体表述；②媒体的地域；③媒体的类型；④媒体的选择（媒体选择的依据、选择的主要媒体、选用的媒体简介）；⑤媒体组合策略；⑥广告发布时机策略；⑦广告发布频率策略。

（三）广告计划

1）广告目标。

2）广告时间：在各目标市场的开始时间、广告活动的结束时间、广告活动的持续时间。

3）广告的目标市场。

4）广告的诉求对象。

5）广告的诉求重点。

6）广告表现：①广告的主题；②广告的创意；③各媒体的广告表现（平面设计、文案、电视广告分镜头脚本）；④各媒体广告的规格；⑤各媒体广告的制作要求。

7）广告发布计划：①广告发布的媒体；②各媒体的广告规格；③广告媒体发布排期表。

8）其他活动计划：①促销活动计划；②公关活动计划；③其他活动计划。

9）广告费用预算：①广告的策划创意费用；②广告设计费用；③广告制作费用；④广告媒体费用；⑤其他活动所需要的费用；⑥机动费用；⑦费用总额。

（四）广告活动的效果预测和监控

1）广告效果的预测：①广告主题测试；②广告创意测试；③广告文案测试；④广告作品测试。

2）广告效果的监控：①广告媒体发布的监控；②广告效果的测定。

六、附录

在策划文本的附录中，应该包括为广告策划而进行的市场调查的应用性文本和其他需要提供给广告主的资料，具体包括市场调查问卷、市场调查访谈提纲、市场调查报告。

小　结

广告有广义和狭义之分，按照不同的划分标准，广告也可以有不同的分类。广告策划是一项复杂的系统工程，是一个动态的活动，包括对广告目标、广告对象、广告媒体、广告时机、广告空间、广告主题、广告策略等的策划。广告策划法则包括 USP 策略、形象论、AIDMA 法则、互动说和锐利广告。广告策划的一般程序：市场调查—确定广告目标—确立广告主题与创意—制定广告策略—制定广告计划书—广告决策与实施—广告效果分析—总结报告。广告媒体策划指选择传播广告信息的广告媒体，包括在广告媒体上的发布频率和具体媒介工具的选择等。制定广告预算的方法主要有七种：销售额百分比法、利润百分比法、销售单位法、目标达成法、竞争对抗法、支出可能额法和任意增减法。广告效果的评价主要看其传播效果（广告效果指数和对销售的促进作用）。广告策划书的一般模式包括封面、广告策划小组名单、目录、前言、正文和附录六大部分。

案例分析

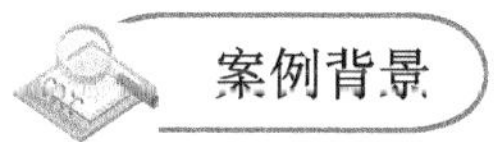

1. 背景资料

随着中国信息产业市场多元化进程的加快，电信市场的竞争日趋激烈。迫于目前严峻的形势，中国移动通信公司必须寻求新的经济增长点来取胜于激烈的竞争。移动梦网是中国移动通信集团公司推出的移动数据业务商业计划，基于移动梦网的技术平台所具备的声讯、WEB、WAP、SMS 和 STK 接入方式，提供客户以移动信息为服务内容的信息查询、点播、个性化定制和电子交易业务。本策划书首先着眼于开拓西安高校市场，向广大大学生进行移动梦网的广告宣传，然后辐射全社会，提升移动梦网在广大互联网用户中的形象。

2. 业务简介

目前新推出的数字业务主要有主叫显示、WAP 业务、国际自动漫游、移动 QQ、信息点播、英汉字典、“神州行”储值卡。

3. 市场前景分析

“移动梦网”是中国移动通信集团公司（以下简称“中国移动”）对外信息的窗口，通过数字新业务的技术平台，依托中国移动的雄厚实力，从真正意义上实现移动互联，引领时代的潮流。据初步统计，西安高校在校大学生手机普及率为 6%～8%，上网人数比例超过 93%，手机持有者基本全部上网。但在所有上网同学中知道移动梦网的同学不足 20%，登录过或了解其数字业务的则更少。由此可见，中国移动通信公司对移动梦网及其新业务在大学生中的宣传力度还不足。

从长远战略看，大学生在未来 2～5 年内 80%以上都会成为手机用户，这是一个巨大的潜在消费市场。并且大学生毕业后分散到各行各业，通过他们能够带动和影响部分社会消费者，从而将市场拓向全社会。

大学生思想先进，易于接受新的事物，这更有利于宣传。因此，在高校宣传对移动通信的发展及新业务的开展都有举足轻重的作用。综上分析，高校市场潜力巨大、前景广阔。因而在大学生中做好移动新业务的宣传是非常重要的。

4. 市场细分及市场定位

（1）目标市场

以目前在校大学生作为目标消费者，对移动梦网及其业务进行宣传，既可以争取现有的市场份额，又极大地开拓了未来广阔的潜在市场。以高校宣传作为首要切入点，是一个很明智的选择。根据移动梦网的业务特点，将目标人群分为：①目前没有手机，但即将拥有手机的群体；②目前拥有手机，将来需要移动新业务的群体。

（2）消费者分析

目标消费者定位于文化程度较高，经济状况较好，经常上网，拥有手机的人群层次，对于已经拥有手机的群体，应让他们了解并应用新业务，尽力争取这份市场；对于目前没有手机，将来会拥有手机的群体，应首先发展为中国移动的用户，然后让他们了解并应用新业务。

（3）市场竞争态势

从目前的移动通信市场来看，有联通、网通、铁通等多家通信运营商，随着我国加入 WTO，将有更多、更强的外国电信公司参与竞争，移动通信市场将变得更加激烈、残酷。从互联网的角度看，网民首选的是比较著名的专业门户网站，而很少选择别的网站（如我国网民一般选择“新浪”、“搜狐”、“网易”等网站），只有将二者结合起来，才能增强移动梦网的竞争实力。

（4）市场优势机会

移动梦网将移动通信与互联网很好地结合在一起，实现了移动互联的统一。这在目前看来，属于首家，比单纯的移动通信或互联网存在更大优势，尚未存在很大竞争威胁，需尽早抢占商机，并利用移动梦网做好互联网上的移动新业务宣传。

（5）业务定位

如果说以前很多人是通过电子邮件来了解互联网，那么现在则是通过 QQ 来了解的，而高校中上网的同学中每人至少拥有一个 QQ 账号，所以在高校中将主要的宣传业务定位于移动 QQ，让他们通过对

QQ的了解及应用去了解别的业务，从而全面拓展中国移动的数字业务。

5. 行销组合策略

（1）户外广告

为了增强消费者注意力，形成印象积累效果，在大学校园内设立户外广告牌、灯箱、霓虹灯等，使人们以欣赏艺术的轻松心情，自然地接受广告信息。具体地点可以选择在人流集中的地方，如食堂、阅报栏、校园主干道、草地、球场等。

广告应着眼于宣传移动梦网清新亮丽的形象及其新业务，要避免过于商业化，结合大学的校园文化，着重体现企业形象及企业文化，使同学们易于接受。

广告语言应着重体现出移动互联的业务特点及移动企业的形象，应选择生动活泼、表意丰富的广告语言，如“移动梦网，把移动的梦变成现实”，“沟通无极限”等。让移动梦网的广告牌成为西安高校中既体现中国移动的企业文化与人文精神，又成为一道亮丽的风景线，融中国移动的企业文化于高校的校园文化。

（2）领导讲座

利用大学生对成功的渴望及对成功人士的创业经验的渴求，请中国移动的领导做一些讲座。讲座内容可以结合各高校不同的人文环境和科学环境，以展望大学生的美好前景，定位于以中国移动倡导的移动互联，展望未来的美好生活，穿插中国移动的企业文化，使同学们对移动梦网产生一定的探索欲望，进而产生购买欲望，达到营销的目的。

讲座时间应选在学期开始至中间的某个周末，以避免与学期末的考试复习相冲突。讲座主题可以选取“移动互联，未来生活新时尚”，“移动通信的发展前景”，“中国移动的人才战略”，“陕西移动领导谈成功经历”等大学生感兴趣的题目。

讲座中注意适量穿插中国移动企业及业务介绍，但要避免过于商业化，更多地体现出人情味，表现出中国移动对人才的重视和渴求，并愿意为人才的发展提供更多的机遇和更好的环境，使同学们对移动公司产生亲切感。

讲座同时向听众散发企业的业务及形象宣传材料，也可分发小纪念品。

（3）“移动杯”足球赛

结合2002年中国足球队“入世”所营造的浓厚的足球氛围及大学生对足球的热爱，立足于各高校每年都要举行的足球赛，可由移动通信公司牵头，每校选拔一支队伍参加，借鉴甲A联赛的经验，按地域将高校分为四组，实行主客场制，小组赛选出八强角逐冠军。

提前在比赛学校设立宣传点，进行全方位宣传，并可和学报、广播站、足球协会等组织连手，制造浓厚氛围。在球场边制作氢气球条幅广告，悬挂横幅，并设立移动宣传资料发放点。此外，由中国移动统一冠名队服广告。

比赛时向球迷免费赠送小喇叭，上面系一张制作精美的移动梦网及中国移动的宣传资料；对于足球情结不浓的，可制作一些精美的过塑的书签，上面简洁明了地显出移动梦网及中国移动的企业形象，向同学们免费赠送，使每位同学每天一翻书就能看到移动梦网及中国移动的形象，将宣传活动提升到高潮阶段。

在活动中可邀请社会媒体进行跟踪报道，增强宣传力度，提高社会影响力。

（4）文艺巡回演出

可结合元旦或国庆之际学生组织的文艺演出节目，由中国移动统一策划，并承担一部分文艺节目，在各校轮流巡回演出。移动通信公司负责演员全部的服饰及部分设备，以中国移动的节目为基础，将各高校的节目穿插于中国移动的节目中。

在演出前进行为期一周的海报等宣传，营造气氛。整个活动突出移动梦网的形象，在演出的高潮阶段进行一段专业品位的宣传表演，加深同学们对移动梦网的了解。

（5）设立奖学金

由于获奖同学都是学校的精英，他们都获得过较多的奖项，对多一份中国移动的奖励，不会产生更多的好感。但如果向获奖的同学附一份中国移动的领导给获奖同学的贺信，同时寄一份宣传中国移动的企业形象及新型业务的材料，并向他们表示将来欢迎他们到中国移动工作，让他们了解中国移动对人才的重视，必然会让获奖本人产生很大的亲切感和自豪感，这样效果会更加理想。据和部分同学交谈，贺信的作用会比奖金的心理作用更大，而且如果能将他们中的大部分吸收到中国移动来，对移动的发展很有益处。

颁发奖金时可举行隆重的由中国移动领导亲自出席的颁奖仪式，并发表热情洋溢的讲话，扩大移动通信公司的影响力。

（6）移动——环保

针对当前全社会关注的热点问题——环保，提高大学生的环保意识，体现中国移动的社会责任感。

由中国移动组织，从各校环保协会选出精英组成“移动环保考察小组”，对陕西9条河流的污染情况进行分站考察，同时对经过之处进行环保宣传，散发由中国移动制作的环保宣传资料，并邀请媒体全方位跟踪报道。

之后，进行考察结果摄影展览，同时举行报告会。在各校举行“移动环保有奖征文”活动。

（7）宣传材料

对以上各活动中使用的宣传材料，在其制作上应力求精美、务实地宣传中国移动的新业务。形式可以是招贴、挂历、图卡、广告小装饰品、公司纪念品等，结合不同的目标消费层次，有的放矢地对新业务进行宣传。例如，在高校大学生中重点宣传“移动QQ”、“手机短信息”等，社会成功人士重点宣传“主叫显示”、“WAP业务”等。

（8）消费者信息反馈

召开消费者意见采纳会，广开言路；成立“移动消费者信息处理中心”，设立消费者意见热线电话、意见信箱。定期做市场问卷调查，动态掌握消费热点及消费心理，并根据反馈信息及时调整战略。

6. 效果评估

从广告的经济效果看，通过以上长期及短期的广告宣传和诱导，自然会吸引一部分学生消费群体，获取一定的市场份额，给企业带来利润。更重要的是稳定了大部分未来的、潜在的消费者，从而达到广告的最基本、最重要的效果——经济效果。

从广告的社会效果看，定位于高校，赞助高校各项活动，就是对社会文化教育的贡献，对社会主义精神文明和物质文明的促进，从而产生深远的影响和意义。

从广告的心理效果看，通过对各种活动的赞助，拉近了消费者与企业和产品的距离，培养了消费者对产品的信任和好感，树立了良好的品牌形象和企业形象。

（资料来源：http://manage.org.cn/article/200305/295.html.）

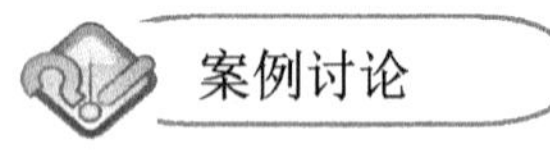

案例讨论

根据以上案例分析，结合中国移动的一项业务或一个品牌，进行相应的广告策划。

思考题

1．广告策划包含哪些内容？
2．试对几大广告媒体进行比较分析。
3．广告策划法则有哪些？
4．如何进行广告媒体选择？
5．如何计算广告效果指数？

第十一章

公关策划

教学目标

了解公关策划的含义、目的和原则；掌握公关策划的工具；能够组织一些大型公关专题活动；具备处理危机公关事件和开展关系营销的能力。

学习要点

- 掌握公关策划的工具。
- 熟练运用公关策划的程序解决实际问题。

关键词

公共关系　公关策划　危机公关　关系营销

导入案例

杜邦“特氟龙”危机公关的启示

美国环保署表示杜邦“特氟龙”的关键原料——全氟辛酸铵，可能会致癌或影响生育，消息传开后，不仅杜邦公司遭受重大危机，对于使用“特氟龙”为原材料生产不粘锅的厂家来说，更是打击沉重，这场风波在中国市场引起了强烈的反响，杜邦不粘锅销售量急剧下降，众多商场停售杜邦不粘锅，国家相关机构开始介入。

“特氟龙”事件浮出水面后，媒体好奇、消费者担忧、厂家商家左右为难、竞争对手暗自高兴、政府相关部门密切关注。在此次重大危机面前，杜邦表现出了一家具有200多年历史的跨国企业危机公关的智慧和行动。杜邦公司通过各种形式以迅雷不及掩耳之势，在全国各地的主流新闻媒体，进行了一系列的及时的危机公关活动。

7月15日，杜邦在我国香港召开紧急会议，商讨“特氟龙”事件应对之策。香港杜邦公司公共事务部透露，杜邦中国集团有限公司[以下简称“杜邦（中国）公司”]已要求总部派出技术专家，前往中国内地进行支援，解答国家有关部门、客户、消费者及媒体提出的所有技术问题。

7 月 15 日，杜邦（中国）公司常务副总经理任亚芬、杜邦（中国）公司氟应用产品部技术经理王文莉做客新浪嘉宾聊天室，就“特氟龙事件”进行了大量的事实举证，以及与消费者进行感情沟通。

7 月 18 日，“特氟龙俱乐部自在下午茶”活动在上海举行，杜邦（中国）公司的代表徐军接受记者访问。他表示，目前杜邦正在等待相关部门的检测结果，希望以此来证明“清白”。由于杜邦坚信特氟龙产品对人体不会构成伤害，所以公司“完全没有必要考虑研发、生产类似的不粘锅代用品”。

7 月 19 日，杜邦（中国）公司北京分公司公共事务部经理徐旸在接受记者电话采访时表示目前媒体对杜邦不粘锅的报道与事实有偏差，主要是技术和概念上出现偏差，而此次媒体见面会的主要目的就是沟通，让美国总部的技术专家来回答媒体记者及消费者的问题，把事实的真相告诉消费者。

7 月 20 日下午，杜邦（中国）公司在北京召开媒体见面会。杜邦（中国）公司总裁查布朗在新闻发布会上与记者见面，三位在杜邦美国总部负责“氟产品”的技术专家也携带相关技术资料来到北京，主要目的是回答媒体记者及消费者的问题，把事实的真相告诉消费者。

美国杜邦总裁贺利得接受《人民日报》记者独家采访。贺利得向外界宣称：“我们可以拿整个杜邦公司的名誉做担保，杜邦不粘锅绝对安全。”此篇专访被多家报纸和网站转载。

杜邦此次的媒体危机公关，让我们看到了一个跨国企业应对危机公关的丰富智慧、良好素质、有序管理和果断行动。其危机管理，有序而到位；其危机公关行动，及时而主动；其态度，坚决而诚恳；其方法，有效而有力，充分整合新闻媒体资源，进行说服教育。我国企业在这方面与跨国企业有很大的差距，如何整合新闻媒体资源，为自己的企业发展、品牌打造服务（特别是在遇到突发事件时），将是我国企业要学习的重要一课。一个典型的现象是，我国企业缺乏“忧患意识”，缺乏应对危机的一整套管理体系和方法。在企业平安无事时，我国企业一般不会有“未雨绸缪”的防范意识和战略考虑，不会注重媒体公关；即便出现了影响企业发展的突发负面事件，也往往是“病急乱投医”，进行无序的媒体危机公关，远远谈不上“有序管理危机和果断采取行动”。要知道，作为一个有一定品牌影响力的企业，任何一个小问题经过媒体的曝光后，都可能使企业陷入严重的困境。“巨人”、“三株”、“秦池”、“爱多”等，“其兴也勃，其亡也忽”，“昙花一现”的企业悲剧，可算“前车之鉴”。

杜邦“特氟龙”危机公关对我国企业的启示，至少应包括以下几点。

1）须有危机公关的意识，逐渐形成危机公关管理智慧和体系，不断摸索有效的危机公关方法。

2）成也媒体，败也媒体。企业应具有新闻策划的意识，危机公关的一个最重要和有效的渠道，就是针对新闻媒体的危机公关。

3）新闻媒体的危机公关必须主动、积极。主动性是危机公关的总原则。“特氟龙”事件发生后，杜邦迅速进行了从内到外、自上而下、各种形式的新闻公关，积极而主动。

4）新闻媒体的危机公关必须统一、及时。危机具有危害性，甚至是灾难性。如果不能及时而统一地对信息进行控制，将可能影响到企业的生存死亡，所谓“千里之堤，溃于蚁穴”。

5）新闻媒体的危机公关必须诚恳、权威，“至诚能通天”。杜邦处理此次危机的态度极为诚恳，为示权威，杜邦不惜从美国总部请来专家与中国记者见面，杜邦总裁贺利得则接受了中国最权威媒体《人民日报》的独家专访，诚恳和权威最能说服消费者。

（资料来源：http://www.globrand.com/2005/10856.shtml.）

第一节　公关策划概述

一、公关策划内涵

PR 是 public relations 的缩写，中文翻译为公共关系，指为维护和促进企业知名度和美誉度所做的努力。公关策划，即公共关系策划，就是公共关系人员根据组织自身形象的现状和目标要求，分析现有条件，对公关活动的主题、手段、形式和方法等进行构思和设计，制定最佳活动方案的过程。

公关策划目的主要有两个：一是促进公共认知，提高企业的美誉度及公众的信任感、认知度、美誉度、和谐度；二是实现公共利益，提高经济效益。

公共关系策划的原则有以下四个。

（一）实事求是原则

实事求是原则，是公共关系策划的一条最基本原则。

（二）尊重公众原则

尊重公众原则，并不是要组织完全牺牲自身利益，而是要求组织在考虑自身利益与公众利益的关系时，始终坚持把公众利益放在首位，更多地为社会做出贡献。

（三）系统整合原则

系统整合原则，是指从系统的整体与部分之间的相互依存、相互制约的关系中，揭示系统的特征及其运动规律，实现整体最优。

（四）独特创新原则

与广告和销售促进一样，公共关系是另一种重要的营销工具。公司不仅要与客户、供应商和经销商建立良好的工作关系，而且还要与大量感兴趣的公众建立关系。公众有促进或阻碍公司达成其目标的能力。大多数公司都设有一个专门的公共关系部门，具体策划和管理与公众的关系，如监视公司各种公众关系，发布和传播有关公司的产品或服务及公司本身的信息，以建立良好的信誉。

二、公关策划工具

常用的公关策划工具如表 11-1 所示。

表 11-1　公关策划工具

工　具	描　述
公开出版物	公司大量依靠各种传播材料去接近和影响其目标市场。这些传播材料包括年度报告、小册子、文章、视听材料及公司的商业信件和刊物。在向目标客户介绍某种产品是什么，如何试用，如何安装方面，小册子往往起很重要的作用。由公司经理撰写的富有思想和感染力的文章可以引起公众对公司及产品的注意。公司的商业信件和刊物可以树立公司的形象，向目标市场传递重要信息。视听材料（如幻灯、录像和 VCD 等）越来越多地用于促销
事　件	公司可以通过安排一些特殊的事件来吸引对其新产品和该公司其他事件的注意。这些事件包括记者招待会、讨论会、展览会、竞赛、论坛及周年庆祝活动，以接近目标公众
新　闻	公关人员一个重要的任务就是创造对公司、公司产品或服务、公司人员有利的新闻。新闻的编写要基于一定的事实基础之上，要善于构思。一个出色的公关媒体负责人应当清楚，新闻界需要的是有趣而及时的情节，文笔漂亮和能吸引注意力的新闻报道。这需要公关媒体负责人尽可能多地接触新闻编辑人员和记者，以便使公司获得较多较好的新闻报道
演　讲	公司负责人应该经常通过宣传工具圆满地回答各种问题，并在各种公开论坛活动和销售会议上演说，以树立公司的形象
公益活动	公司可以向一些公益事业捐赠，以提高其公众信誉，如向慈善事业捐款、赈灾及其他公益活动
形象识别	在一个高度交往的社会中，公司必须努力赢得注意。至少应创造一个公众能迅速辨认的视觉形象。视觉形象可通过公司的广告标志、文件、小册子、招牌、公司模型、名片、支付标志等来传播

第二节 公关策划实务

一、公关策划的设计程序

公关策划可分为两个阶段、九个步骤。策划的前一个阶段为前期准备阶段，分为判断形势和目标定位两个步骤；后一个阶段为实际策划阶段，可分为分析公众、设计主题、策动新闻、选择时机、媒体配伍、预算经费、审定方案七个步骤。

（一）公关策划的准备工作

1）判断形势。即在把握组织形象现状及原因分析的基础上，认识组织自身的公关状况。

2）目标定位。所谓定位，就是"确定位置"，对公关策划来说，就是要弄清自己"想干什么"，"想达到什么目的"。

（二）公关策划的实质性工作

1. 分析公众

目标公众的确定必须建立在公众分析的基础上：①鉴别公众的权力要求；②对公众的各种权力要求进行概括和分析，先找出各类公众权力要求的共同点和共性问题，把满足各类公众的共同权力要求作为设计组织总体形象、策划总体公共活动的基础；③分析各类公众的特殊要求，对带有个性的特殊公众必须采取有针对性的公关活动。

2. 设计主题

公关活动的主题是对公关活动内容的高度概括，是公关活动的主线和灵魂，对整个公关活动起着指导作用。公关活动主题的表现形式是多种多样的，可以是一句口号，可以是一个陈述或是一种表白。设计一个好的主题，必须考虑四个因素，即公关目标、社会组织个性、公众需求心理和审美情趣。首先，公关活动的主题必须与公关目标相一致；并且能准确概括目标；其次，公关活动的主题表述要做到"新颖、亲切、简明、中肯"；最后，公关活动主题的设计要有美感，表述语言要有文采，有语感，甚至不乏幽默。

3. 策动新闻

所谓策动新闻，即制造新闻，又称"新闻事件"或"媒介事件"，指社会组织为吸引媒体的报道和社会公众的关注，以事实为基础，按照新闻报道工作的规律有意策划的，既对自己有利又使公众受益的一种宣传活动。

怎样才能成功地策划新闻呢？第一，要善于发掘由头，寻找结合点。所谓由头，是指一项活动得以开展的依据和价值。由头必须具有新闻价值和情感价值，符合公众利益、组织的总体目标和自身利益。第二，不落俗套，勇于创新。

4. 选择时机

明智的策划者也总是善于择智而从，见愚而疏，审时度势，因势利导。

1）选择公关时机的原则。选择公关时机要考虑两个因素：一是公众的可接受程度；二是对社会组织的生存与发展的关系程度。选择公关时机的两个原则：其一，时机的选择要服从整体公关策划，有利于公关目标的实现；其二，时机的选择要尽可能满足公众的需求。

2）几种常见的公关时机：组织成立或开业庆典之际、组织推出新的产品或服务之际、组织发展平稳而声誉尚未树起之际、组织出现失误或受到误解之际、组织遇到突发事件之际等。要注意利用或避开重大节日；要注意利用或避开国内外重大事件；不要在同一天或同一段时间里同时开展两项重大的公关活动，以免其效果相互抵消；要注意把握公众的心理时机，避免逆反心理。

5. 媒体配伍

1）媒体配伍的原则：既可以根据公关目标定位去配伍，或者根据不同对象进行媒体配伍；也可以根据传播内容或者经济条件进行媒体配伍。

2）媒体配伍的组合形式，既有报纸与广播搭配，电视与广播搭配，报纸、刊物和户外公关广告的搭配，也有电视、广播、售点（POP）和直邮（direct mail，DM）相搭配，以及公关活动与广告活动相搭配，还要求大胆使用新媒体、新技巧。

6. 预算经费

公关经费预算的内容构成主要包括工作人员的劳务费、管理费用、材料设备费和项目经费开支。

7. 审定方案

审定方案主要包括方案优化、方案论证和策划报告的书写与审定三个层次的工作。

1）方案优化。方案优化工作可以从三个方面进行：一是增强方案的目的性；二是增强方案的可行性；三是降低成本耗费。

2）方案论证。方案论证主要包括对目标进行分解，对方案的有效性、制约因素和潜在问题进行分析。

3）书面报告与方案审定。书面报告的内容分为活动背景介绍、目标定位、公众分析、活动内容与进度、经费使用和方案论证六部分。

二、公关策划的实施与评估

公关策划的实施是指公共关系方案被审定采用后，将方案所确定的内容和目标付诸实践，变成结果的具体操作过程。

（一）公关策划实施的障碍

1）方案自身的内容障碍，是指方案中由于目标定位不明确甚至不正确，缺乏操作性，或由于方案制定的活动偏离目标而给实施带来障碍。为了避免这些障碍，在检查过程中主要考虑内容是否切合实际并且能够实现，是否具有可行性和可控性；是否体现出了所期望的结果；是否是实施者职权范围内所能完成的；检查完成期限是否合适。

2）实际过程的沟通障碍，主要有语言、习俗、观念、心理、机构、文化、政治、技术、方法、生理、年龄等。排除沟通障碍的方法可以是选择信息有效的沟通，也可以灵活运用媒介传播。

3）突发事件的干扰，主要有人为的恶性突发事件，人为纠纷危机，以及不以人的意志为转移的自然突变。为应付突发事件，要以最快速度建立危机控制中心，不断了解危机控制进展情况，同时了解公众意见，把握公众情绪；邀请公正权威机构帮助，尽快发布有关背景情况，不要发布不准确的消息，及时更正媒体不实报道；与媒体保持良好关系，确保处理中有一系列对社会负责的行为。

（二）公关效果的评估方法

1）民意测验法。选择一定数量的目标公众通过问卷等形式征求他们对公关活动的意见，并加以分析、统计，说明公关工作的效果。

2）专家评估法。请有关专家对公关工作提出自己的观点和意见，从不同角度来分析公关工作的效果。

3）访问面谈法。由公关人员通过个别交谈和集体访谈的方式，了解公众对公关工作的意见和看法，借以评估公关工作的效果。

4）观察法。公关人员通过观察目标对象对公关工作的反应来评估公关工作的结果。

5）资料分析法。通过对企业生产经营资料、销售数据的变化来分析公关工作的效果。

三、公关专题活动策划

（一）庆典活动

庆典活动是围绕重要节日或开幕而举行的庆祝活动，是提高组织知名度、扩大社会影响的活动。现代企业的经营者都想方设法地、合情合理地利用庆典活动。庆典活动主要包括开业庆典、周年纪念庆典和剪彩仪式。庆典活动应该把握好准备工作和仪式过程两个环节。

1. 准备工作

精心拟出邀请宾客的名单；拟定程序表；布置场地；安排接待工作；安排礼仪小姐；准备贵宾留言册；安排接待服务人员；准备馈赠礼品；提前试验音响。

2. 仪式过程

1）签到。宾客来到后，有专人请他们签到。如此时组织有关于产品经营项目及公司全方位说明的资料，均可发给到来的宾客，以扩大组织的知名度。

2）接待。宾客签名后，由接待人员引到备有茶水、饮料的接待室，让他们稍事休息并相互认识。

3）剪彩。剪彩者穿着端庄整齐的服饰，并保持稳重的姿态，走向彩带，步履稳健，全神贯注，不和别人打招呼。拿剪刀时，以微笑向服务人员、礼仪小姐表示谢意；剪彩时，向手拉绸带或托彩花的左右礼仪小姐微笑点头，然后神态庄严地一刀剪断彩带；待剪彩完毕时，转身向四周观礼者鼓掌致意。

4）致辞。由主客双方领导或代表致辞。无论是开幕词、贺词、答谢词均应言简意赅、热烈庄重，切忌长篇大论。

5）节目。典礼完毕，宜安排些气氛热烈的节目，如敲锣打鼓、舞狮子等。在允许燃放烟花爆竹的地区，还可燃放鞭炮、礼花、礼炮等。

6）参观、座谈或聚会。主持人宣布仪式结束，即可引导客人参观工程、组织、公司或商店。

7）赠送纪念品。其目的是使员工感到主人翁的优越意识，使来宾们有受到尊重的感觉，以此达到感情的交流。还可以进行职工文艺表演，以示庆祝；也可以举行大型促销活动。

（二）记者招待会

记者招待会又称新闻发布会，是政府、企业、社会团体等把各新闻机构的记者召集在一起，宣布某一有关消息并且让记者就此问题进行提问，然后由召集者回答的一种特殊会议。

1. 记者招待会的准备工作

1）确定举行记者招待会的必要性。对于一个组织（商家）来说，举行记者招待会是为公布与解释组织（商家）的重大新闻。例如，在新产品的开发、组织首脑或高级管理人员的更换、组织合并、组织创立周年纪念日、重大的人身伤亡事故等事件发生时，都可以举办记者招待会，发布这些消息。

2）选择举行记者招待会的地点和时间。

3）拟定邀请记者的范围。

4）选定记者招待会的主持人、发言人。

5）准备材料。

6）组织记者参观的准备。

7）小型宴请的安排。

8）会场的布置与安排。

2. 记者招待会的注意事项

1）会议主持人应充分发挥主持的组织作用，以轻松、富有幽默感的言谈和感染力，活跃整个会议气氛，引导记者踊跃提问。

2）对于不愿发表和透漏的事项，应婉转地向记者解释，记者一般会尊重组织者的意见。

3）不要随便打断记者的提问，也不要以各种动作、表情和语言对记者表示不满。

4）遇到回答不了的问题时，不能简单地说“不清楚”、“不知道”、“我不能告诉你”等，应采取灵活而又合乎情理的办法回答。

5）所发布的消息必须准确无误，若发现错误应及时予以更正。

（三）展览会

1. 展览会的特点

展览会是一种通过实物、文字、图表来展现成果、风貌、特征的宣传形式。其特点如下：

1）直观、形象、生动，能产生强烈效果。

2）能有效地引起社会公众及新闻媒体注意。

3）能给组织提供与公众直接双向沟通的机会。

4）是一种高效率的沟通方法。

5）在一定的程度上起到了“二传手”的作用。

2. 举办展览会的步骤

（1）确定时间、地点

展销会时间依据展销内容和规模而确定。展销会地点可以在室内或露天。室内展览显得较为隆重，且不受天气影响，时间相对不受限制，但布局较复杂，费用较多。在露天举办展销的可以是大型机械、农产品等。

（2）确定展销会的内容

展销会可分为综合性产品（商品）或专项产品（商品）展销会。综合性产品展销会可容纳多家不同产品进行同时展销；专项产品展销会，即围绕一项专业或一个专题举办的展销会。

（3）确定展销会工作人员及其责任

1）安排好产品介绍人员。产品介绍人员应对展销产品有较全面的了解，还要有一定的语言表达能力，在服务中应着装整齐、仪容端庄、面带微笑、尊重每一位顾客，可以着绶带，绶带上印有厂家名称，也可佩戴标签。

2）安排团体订货室及工作人员。工作人员应懂得订货知识，并按组织订货的有关规定进行工作；工作中应热情接待客户，主动介绍订货规定及优惠政策。

3）安排迎宾礼仪小姐。礼仪小姐既要热情迎客，也要做引导工作。

4）广告及新闻报道。新闻报道工作人员要安排展销会的广告制作，策划各种产品及展销会的广告内容及形式，确定新闻发布的内容、时机、范围和形式。

5）领导机构。展销会领导机构应分工明确、责任到位。

（4）确定展销会的费用预算

具体列出展销会的各项费用，进行核算，有计划地分配资金。

（5）公关活动安排

采用一些公关技巧，使展销会办得生动活泼、别具一格。举行展销会开幕式，应邀请有关知名人士出席，并为消费者签名。展销厅最好的位置一般在一楼的入口附近，展销位置不好的组织应设法以一些新奇事物来吸引客人。

（6）做好展销会的效果测定

为了组织有更好的发展，每举办一次活动都应做事后效果测定工作，可采取问卷调查、统计参观人数、销售利润、有奖问答等多种方式来进行该项工作。

（四）社会赞助

1. 社会赞助的一般原则

1）优先考虑对各种社会福利事业和活动、公共设施及教育事业的赞助。

2）任何形式的赞助，都不能超过企业的承受能力。

3）对明显不能满足其要求的征募者，应坦率和诚恳地解释企业的有关政策。

2. 参与社会赞助的步骤

1）前期研究。企业在赞助之前应做好深入细致的调查研究，调查组织自身的公共关系状况、经济状况、赞助活动的影响、被赞助者的公共关系状况等。在此基础上，研究赞助项目的必要性、可行性、有效性。

2）制订计划。赞助计划一般应包括：赞助的目标、对象、形式；赞助的财政预算；为达到最佳赞助效果而选择的赞助主题和传播方式；赞助活动的具体实施方案等。应做到有的放矢，同时应考虑应变方案。赞助计划是赞助研究的具体化，可以做到有的放矢，控制赞助范围，防止赞助规模超过组织承受力，节制浪费现象。

3）审核评定。每进行一次具体项目的赞助，都应由赞助委员会对此项目进行详细的分析研究；结合该年度的赞助计划进行逐项的审核评定，确定可行性、赞助的具体方式和款额，以及赞助的时机，以便制定此项赞助的具体实施方案。

4）具体实施。应派出专门的公关人员负责各项赞助实施方案的具体落实。

5）效果测定。对完成活动的经验加以总结，对活动效果不理想的应找出原因。赞助活动的效果应由组织自身和专家共同测评，尽可能做到符合客观实际。

四、危机公关的处理

现代社会商战无情，企业随时可能遭遇危机——经营管理不善、市场信息不足、同行竞争、对手的恶意破坏及自然灾害、事故等。在传媒十分发达的今天，企业发生的危机可以在很短的时间内迅速而广泛地扩散，其负面作用可想而知。稍有不慎，会对企业形象和品牌信誉造成毁灭性的打击，甚至危及生存。于是，危机公关应运而生。

（一）危机公关的概念与处理危机的原则

危机公关是指政府、企业或社会团体从公共关系的角度对突如其来的危机事件进行有效处理。作为公共关系的危机，它具有突发性、难以预测性、严重的危害性、舆论的关注性四个特点。

掌握危机处理的原则可以指导组织更顺利地处理危机。这些原则可概括为以下五个。

1）及时。及时是处理危机的第一原则。

2）诚恳。处理危机的基本态度是诚恳，对问题是非分明，是自身的责任绝不推诿。

3）准确。准确是处理危机、确定方案、正确判断的前提。

4）专门化。处理危机专门化是工作效率的保证。

5）积极。积极是赢得时间、争取主动的心理动力。

（二）企业应对危机公关的做法

1. 建立危机预警系统

通过公司已经建立的渠道和关系，在客户市场的范围内建立起预警系统。一方面来自客户内部的质量体系，由公关部门向质量管理系统定期发布来自市场的反馈；另一方面来自客户的外部通向消费者的媒体，由公关部门向媒体沟通，并通过媒体与消费者进行沟通。

2. 危机处理

危机事件的出现是令厂商不愿面对的事情。但谁也没有把握保证企业或者其通向最终用户的道路上一帆风顺。关键是怎样处理这些危机，并使之化险为夷，转危为安。

公关危机发生后的处理方法如下。

1）要迅速掌握危机的全面情况。

2）事故发生后对相关公众的做法。

①对内部公众：首先，应把事故情况及组织对策告诉全体员工，使员工同心协力共渡难关。其次，如有人员伤亡，应立即通知其家属，并提供条件满足家属探视、吊唁的要求，组织周到的医疗和抚恤工作，由专人负责；如果是设备损失应及时清理。

②对事故受害者：首先，对受害者应明确表示歉意，慎重地同他们接触，冷静地倾听受害者的意见和他们提出的赔偿要求。然后，应该同他们坦诚、冷静地交换意见，同时谈话中应避免给人造成推卸责任、为本组织辩护的印象。

③对新闻传播媒介：首先，应及时向新闻界通报事故的真相。其次，在说明事故时应简明扼要、通俗易懂。再次，应该明确，一旦事件作为新闻报道出去，就将留在公众的记忆中，因此，一定要谨慎行事，实事求是，既不掩盖事实真相，也不随意猜测、添枝加叶、夸大事故。最后，及时组织召开新闻发布会，有时还需要连续发布。

④对上级领导部门：危机发生后，应及时向组织的直属上级领导汇报情况，不能文过饰非，不允许歪曲真相、混淆视听。

⑤对企业所在社区：组织公关部门应向当地居民登门道歉，根据事故的性质也可以挨门挨户道歉。必要时可以在全国性或地方性报纸上刊出致歉广告，直到给以经济赔偿。

第三节　关系营销策划

公共关系与市场营销有机结合形成的关系市场营销概念，源于20世纪80年代欧洲工业品市场和服务市场的营销实践，最先是由美国营销学者巴巴拉·杰克逊于1985年提出的，菲利普·科特勒在其《营销管理》第六版中也有论述。从20世纪80年代起，关系营销在企业界得到了较为广泛的应用，在理论上也得到了更为深入的探讨，影响越来越大。

一、关系营销内涵

所谓关系营销（relationship marketing），是把营销活动看成一个企业与消费者、供应商、分销商、竞争者、政府机构及其他公众发生互动作用的过程，其核心是建立和发展与这些公众的良好关系。

关系营销与传统的交易营销在对待顾客上的不同之处主要在于以下几点。

1）交易营销关注的是一次性交易，关系营销关注的是如何保持顾客。

2）交易营销较少强调顾客服务，关系营销则高度重视顾客服务，通过顾客服务提高顾客满意度，培育顾客忠诚。

3）交易营销往往只有少量的承诺，关系营销则有充分的顾客承诺。

4）交易营销认为产品质量应是生产部门所关心的，关系营销则认为所有部门都应关心质量问题。

5）交易营销不注重与顾客的长期联系，关系营销的核心就在于发展与顾客的长期、稳定关系。关系营销不仅将注意力集中于发展和维持与顾客的关系，而且扩大了营销的视野，它涉及的关系包含了企业与其所有利益相关者间所发生的所有关系。

知识拓展

关系营销成本测定——顾客分析

1. 顾客盈利能力

关系营销涉及吸引、发展并保持同顾客的关系，其中心原则是创造“真正的顾客”。这些顾客不但自己愿意与企业建立持续、长期的关系，而且对企业进行义务宣传。企业的顾客群体可能在产品的使用方式、购买数量、作用重要性等方面有很大不同，因此企业需要对以下几个方面的顾客素质进行分析：相对于企业能力的购买需求、顾客的增长潜力，顾客固有侃价实力，顾客的价格敏感性等。只要有可能挑选，企业就应向最可能盈利的顾客推销产品。

2. 顾客维系成本

科特勒对维系顾客成本进行研究，提出下面四个测定步骤：测定顾客的维系率，即发生重复购买的顾客比例；识别各种造成顾客损失的原因，计算流失顾客的比例；估算由于不必要的顾客流失，企业将损失的利润；企业维系顾客的成本只要小于损失的利润，企业就应当支付降低顾客损失率的费用。

3. “漏桶”原理

丹尼尔·查密考尔这样分析“漏桶”原理：在环境宽松时，企业不注意维系顾客，使得顾客就像漏桶里的水一样流走，这样，当买方市场形成时，企业就会受到惩罚。进攻性营销的成本大于防守营销成本，因此，最成功的企业应修补桶上的洞，以减少顾客流失。

二、关系营销的层次

在关系营销实践中的各关系方联系的紧密程度及深度是由浅到深、由表及里、分层次发展起来的，一般可分为五个层次，这里以商店与顾客的关系进行说明。

（一）基础层次

基础层次指公司、企业与关系方最先接触的表层。例如，商店的商品被顾客购买后，顾客可能永远不再来这个商店了。商店与顾客仅有一次交易活动的接触，以后再没有什么联系了。

（二）反应式层次

反应式层次指各关系方在第一次接触后再继续相互传递信息并有所反应。例如，商店将商品出售给顾客后，主动向顾客征求商品使用后的问题。

（三）责任层次

责任层次指各关系方相互承担责任。例如，商店营业员将商品出售给顾客后，不但主动听取顾客意见，而且对商品使用中存在的问题承担责任，让顾客满意。

（四）主动式层次

主动式层次指各关系方经常交流信息，彼此进一步增强了解，使关系一方感到另一方在关心他们的需要，由满意到产生好感甚至忠诚。例如，商店将商品出售给顾客后，不仅做好售后服务，而且经常将这种产品新的系列或新的性能向顾客传递，这样就加深了商店与顾客的情感关系。

（五）伙伴式层次

伙伴式层次指各关系方之间已建立长期稳定的共生共荣的伙伴关系。公司（企业）与各关系方建立了长期伙伴关系，特别是与原材料供应商建立这种关系营销，就可以采用适时管理，即制造商把供应商看成自己的原材料车间，而供应商又把制造商看成自己忠诚的顾客，这样双方都能得到稳定的利润。如果任何一方随意改变这种关系都会花费高昂的成本，只有相互为对方提供更多的附加值或服务，才有利于彼此合作和发展。

三、关系营销的实质

在买卖关系的基础上建立非交易关系，以保证交易关系能持续不断地确立和发生。关系营销的本质特征可以概括为以下几个方面。

（一）双向沟通

在关系营销中，沟通应该是双向而非单向的。只有进行广泛的信息交流和信息共享，才可能使企业赢得各个利益相关者的支持与合作。

（二）合作

一般而言，关系有两种基本状态，即对立和合作。只有通过合作才能实现协同，因此合作是双赢的基础。

（三）双赢

双赢即关系营销旨在通过合作增加关系各方的利益，而不是通过损害其中一方或多方的利益来增加其他各方的利益。

（四）亲密

关系能否得到稳定和发展，情感因素也起着重要作用。因此关系营销不只是要实现物质利益的互惠，还必须让参与各方能从关系中获得情感需求的满足。

（五）控制

关系营销要求建立专门的部门，用以跟踪顾客、分销商、供应商及营销系统中其他参与者的态度，由此了解关系的动态变化，及时采取措施消除关系中的不稳定因素和不利于关系各方利益共同增长因素。此外，通过有效的信息反馈，也有利于企业及时改进产品和服务，更好地满足市场的需求。

四、关系营销策划的过程

与企业运营相关的公众中，顾客无疑是关系营销成败与否的最终决定者，因此关系营销的关键是顾客满意。针对顾客的关系营销策划一般分为以下三个阶段。

（一）创立阶段

在创立阶段中，一般要经历对顾客关系的识别、接触、销售、反馈四个过程。首先，企业根据网络中大量的数据库，识别潜在顾客群，筛选出值得和必须建立关系的顾客。通常选择几名最大的顾客，那些成长表现特别好的或新行业的发展先驱也可列入。然后根据不同顾客，采取不同方式进行接触，建立起交易关系。最后根据交易结果与信息反馈，重新完善数据库。

（二）维持阶段

维持阶段主要是运用协调、沟通等方式，使顾客关系长期化、稳固化。避免矛盾，避免因企业人员升迁、转行等人事变动对顾客关系造成的影响。最后一点应注意的是，要使顾客有被重视的感觉，让企业更快了解其需求与渴望。通常对筛选出的顾客指派专人负责，明确职责范围。目前正为顾客服务的销售人员，应当接受关系管理的训练，或者由对关系管理更内行的人取代。确定关系经理的工作范围，每个客户由关系经理负责，关系经理应当是所有与其负责客户交易的中心点，而且每位关系经理只能负责处理一个或少数几个关系顾客的事宜。

（三）提升阶段

提升是一种积极的维持。要使顾客与企业关系不断深化，就要求企业不断用合适的产品与服务来满足顾客新的需求，实现其新的价值。可以采用交叉销售和顾客定做的方式，进一步密切二者关系。也可以分别制订长期的和年度的工作计划，经常与关系对象进行联络和沟通，及时进行反馈和追踪，测定长期需求，了解顾客兴趣。

阅读资料

关系营销的中心——顾客忠诚

在关系营销中，怎样才能获得顾客忠诚呢？发现正当需求——满足需求并保证顾客满意——营造顾客忠诚，构成了关系营销中的三部曲：

企业分析顾客需求、顾客需求满足与否的衡量标准是顾客满意程度：满意的顾客会对企业带来有形的好处（如重复购买该企业产品）和无形的（如宣传企业形象）。

有营销学者提出了导致顾客全面满意的七个因素及其相互间的关系：欲望、感知绩效、期望、欲望一致、期望一致、属性满意、信息满意；欲望和感知绩效生成欲望一致，期望和感知绩效生成期望一致，然后生成属性满意和信息满意，最后导致全面满意。

阅读资料

由此可以看出，期望和欲望与感知绩效的差异程度是产生满意感的来源，因此，企业可采取下面的方法来取得顾客满意：提供满意的产品和服务；提供附加利益；提供信息通道。

顾客维系：市场竞争的实质是，争夺顾客资源，维系原有顾客，减少顾客的叛离，要比争取新顾客更为有效。维系顾客不仅仅需要维持顾客的满意程度，还必须分析顾客产生满意感的最终原因，从而有针对性地采取措施来维系顾客。

小　结

公关策划，即公共关系策划，就是公共关系人员根据组织自身形象的现状和目标要求，分析现有条件，对公关活动的主题、手段、形式和方法等进行构思和设计，制定最佳活动方案的过程。

常用的公关策划工具有公开出版物、事件、新闻、演讲、公益活动、形象识别等。

公关策划可分为两个阶段、九个步骤。策划的前一个阶段为前期准备阶段，分为判断形势和目标定位两个步骤；后一个阶段为实际策划阶段，可分为分析公众、设计主题、策动新闻、选择时机、媒体配伍、预算经费、审定方案七个步骤。

危机公关是公共关系学上的概念，指政府、企业或社会团体从公共关系的角度对突如其来的危机事件进行有效处理。作为公共关系的危机，它具有突发性、难以预测性、严重的危害性、舆论的关注性四个特点。

所谓关系营销，是把营销活动看成一个企业与消费者、供应商、分销商、竞争者、政府机构及其他公众发生互动作用的过程，其核心是建立和发展与这些公众的良好关系。

案例分析

大型公关策划活动的成功典范
——TCL手机形象代言人韩国影星金喜善西安之行活动实录

一切营销活动的终极目标就是迅速提升产品终端销量、扩大市场占有率，任何没有最终实现这个目标的公关营销活动都不能称为成功的营销活动。因为这些营销活动不是纸上谈兵，就是空中楼阁，更关键的是劳民伤财。2001年12月，TCL手机成功通过韩国影星金喜善西安之行大型公关营销活动（以下简称“西安之行”），达到迅速提升品牌知名度和影响力的目的，从而乘势而起在西北地区激烈的市场竞争当中脱颖而出，率先在全国实现行业销售前三强的目标，而活动总体费用不过60多万，成为业界最为成功的经典案例。究竟具体是如何实施的则是使业界惊羡的地方。笔者期间恰好是整个活动方案的撰写者及整个活动实施的组织参与者，回顾总结编成此文，以供营销界朋友评鉴。

一、天时、地利、人和

1. 天时

“西安之行”活动时间选择在12月6～8日，正是元旦和春节来临之际，各个厂家必将花大笔资金对产品销售进行宣传造势，而TCL移动通信公司出其不意地开展服务品牌宣传，以金喜善12月来华进行“事件营销”，开展公关活动，请金喜善出任“移动天使”，吸引消费者的注意力，将服务作为市场竞争的重要因素进行推广，拉开服务营销的序幕。此举必将引起媒体和公众的高度关注，进一步塑造TCL手机高品质、高价值品牌形象，形成良好的口碑效应，从而提升TCL手机整体品牌的美誉度。

2. 地利

古都西安是一个享誉世界的文化旅游城市，先后有14个王朝建都，时间共计1064年；西安拥有全国排名第三的院校数量，共有近50个大中专院校，几万多名学生的潜在消费市场；西安更是西北地区经济龙头，这里人杰地灵，人文和商业气氛都相当浓厚，前任美国总统克林顿访华第一站就定于西安。更主要的是西安—西北地区是TCL发家的地方，是当年TCL王牌彩电的腾飞之地，TCL集团现任高层的多名管理者均出自西安，西安在整个TCL集团的历史地位和现实地位都相当重要。

3. 人和

TCL 移动通信当年管辖西北大区的营销总监戴克先生是整个“西安之行”活动的灵魂人物，更是一个魅力超群的营销高手，“激情营销”的倡导者，至今在业界留有声望。之前通过不断的渠道整合，凝聚了一支忠诚度高、执行力强的各级经销商队伍；也经过主动沟通和多次合作，结识了大批媒体朋友、广告合作伙伴；更在于吸引和培养了相当一批向心力强、业务素质精良的内部营销人员。此外，TCL移动通信总部在活动期间也派驻公关传媒、售后部门等领导和专门人员进行协助。尤其是TCL集团李东生总裁的亲临，更增强了“西安之行”活动的人气。

二、活动整体概述

“西安之行”活动在12月6～8日展开，以大南门入城仪式为热身，以“移动天使　移动服务”新闻发布会为核心，以商场签名促销活动为高潮，以参观兵马俑博物馆活动为完美结局，整个3天活动安排一气呵成，中间穿插TCL移动通信西北大区金钻经销商俱乐部成立大会活动。活动对象直接触及消费者、零售商、包销商、内部全体员工、兄弟单位、新闻媒体、政府机构、竞争对手等，持续效果长达一年多。具体活动安排如表11-2所示。

表11-2　“西安之行”活动安排

活动项目	日　期	地　点
大南门入城仪式	12月6日	西安市大南门古城门楼
“移动天使　移动服务”新闻发布会	12月7日	西安凯悦（阿房宫）饭店（五星级）
商场签名促销活动	12月7日	西安市中心的开元商城
TCL移动通信西北大区金钻经销商俱乐部成立大会	12月7日	西安市好世界大酒店
参观兵马俑博物馆活动	12月8日	西安市临潼兵马俑旅游区

三、前期精心的准备

采取“空中轰炸＋地面冲击”相结合的策略进行组合式传播，运用广泛的宣传载体，包括报纸、电视、广播、户外大型荧屏、候车亭广告、海报、单张、条幅、刀旗等，力求最大化告知受众人群，极大地提高关注度。

1. 硬性广告

“西安之行”活动前一个月就开始安排实施在收视率很高的西安电视台二台和收听率最高的西安音乐台插播广告，在签名促销活动商场入口处的户外大型LED荧屏投放广告并插播活动预告倒计时固定字幕等；前一周在《华商报》、《西安晚报》等当地优势报媒刊发硬性广告宣传。具体情况如表11-3所示。

表 11-3 “西安之行”活动广告投放情况

媒 体 单 位	广 告 形 式	广告主要内容	广告时间
西安音乐台	30 秒	整点报时播放产品广告，穿插活动预告广告	11 月 18 日～12 月 18 日每天
西安电视台二台	15 秒	协助播放韩国电影，尤其是金喜善主演的电影，插播金喜善形象产品影视广告，穿插活动预告流动字幕	11 月 25 日～12 月 10 日每天
户外大型 LED 荧屏	30 秒	每半小时播放金喜善形象产品影视广告＋活动预告倒计时固定字幕	11 月 18 日～12 月 18 日每天
《华商报》	1/4 版[新闻版]黑白	金喜善形象产品平面广告＋活动预告广告	12 月 2 日
《华商报》	1/4 版[新闻版]黑白	金喜善形象产品平面广告＋活动预告广告	12 月 4 日
《华商报》	1/4 版[新闻版]黑白	金喜善形象产品平面广告＋活动预告广告	12 月 6 日
《华商报》	1/3 版[通讯版]彩色	金喜善形象客服平面广告	12 月 8 日
《西安晚报》	1/4 版[新闻版]黑白	金喜善形象产品平面广告＋活动预告广告	12 月 1 日
《西安晚报》	1/4 版[新闻版]黑白	金喜善形象产品平面广告＋活动预告广告	12 月 3 日
《西安晚报》	1/4 版[新闻版]黑白	金喜善形象产品平面广告＋活动预告广告	12 月 5 日
《西安晚报》	1/3 版[通讯版]彩色	金喜善形象客服平面广告	12 月 7 日
《西安商报》	1/3 版头版套红	金喜善形象客服平面广告	12 月 7 日
《今早报》	1/3 版头版套红	金喜善形象客服平面广告	12 月 7 日

2. 软性宣传

众所周知，软性宣传相对于硬性广告具有信息量大、可读性强、费用低廉等优点。TCL 移动通信西安分公司一方面在总部发放的软文基础上因地制宜修改整理；另一方面自行结合公司发展现状和侧重点撰写相关软文，在配合当地媒体关于韩国影星金喜善来西安的自主宣传上加大其他内容软文（包括产品介绍类、公司文化类、促销活动类、企业动态类等）的信息发放量，使得韩国影星金喜善和 TCL 移动通信、TCL 手机能够密切、有机地结合在一起。具体情况如表 11-4 所示。

表 11-4 “西安之行”活动软性宣传情况

媒 体 单 位	宣传主要内容	广 告 时 间
西安音乐台	金喜善个人资料；TCL 手机有奖问答内容；现场直播金喜善来西安活动	11 月 25 日～12 月 10 日每天
西安电视二台	新闻追踪报道；娱乐资讯报道；活动现场直播	11 月 25 日～12 月 10 日每天
《华商报》	金喜善、产品相关软文宣传、新闻报道	11 月 20 日～12 月 10 日每周不少于两次
《西安晚报》	金喜善、产品相关软文宣传、新闻报道	11 月 20 日～12 月 10 日每周不少于两次
《三秦都市报》	金喜善、产品相关软文宣传、新闻报道	11 月 20 日～12 月 10 日每周不少于两次
《西安商报》	金喜善、产品相关软文宣传、新闻报道	11 月 20 日～12 月 10 日每周不少于两次
《今早报》	金喜善、产品相关软文宣传、新闻报道	11 月 20 日～12 月 10 日每周不少于两次
《消费者导报》	金喜善、产品相关软文宣传、新闻报道	11 月 20 日～12 月 10 日每周不少于两次

3. 终端建设

终端是实现销售的最前沿阵地，没有掌控终端就绝不可能促进销售，更不要谈市场占有率的提升。终端形象建设又是其中最为核心的工作内容。TCL 移动通信西安分公司借“西安之行”活动之机，在全市各个主要通讯商城：海星通讯商城、新移动通讯商城、通济通讯广场、开元蜂星手机市场、国美商城、西部电子商城等战略要地展开了持续性激情式的市场终端建设。

“铺天盖地”——在零售终端包装方面，TCL 移动通信西安分公司打起“攻坚战役”：海报战、模具战、机架战、条幅战、吊旗战、单张战、立牌战、易拉宝战、台牌战、手提袋战等。组织行动小组每两天分片区进行全面“作战”，其中最感人的是其中一个市场督导竟然用上行李推车来搬运海报、单张等宣传物料开展工作。就是这样 TCL 移动通信西安分公司迅速、高效、持续有力地将带有金喜善形象的产品海报、单张等各种宣传品布置到核心终端和有效终端。

“排山倒海”——在大卖场包装方面，TCL 移动通信西安分公司按照总部最新 VI 标准，增加和更

新了自身核心销售区域的门头、灯箱、背景墙等硬终端，TCL 手机以崭新的硬终端形象、高效的建设速度在通信市场引起了震撼。由于 TCL 手机硬终端形象 VI 色调以红色为主，显得格外引人注目。

在“西安之行”活动之前，TCL 移动通信西安分公司更趁机抓起校园宣传，组织内部营销人员兵分三路在西安市重点院校广泛发送带年历的海报、单张，并进一步与校学生会积极洽谈校园营销活动。

四、销售促进

销量的提升是一切营销活动的终极目标。TCL 移动通信西安分公司在“西安之行”活动前半个月，就开始精心挑选并抢占了如海星通讯商城、新移动通讯商城、开元蜂星手机市场、国美商城、西部电子商城等通讯市场要害区域，针对消费者部署并阶段性开展不同主题、形式多样的销售促进活动：“购买 TCL 手机，赠送金喜善主演并签名的《飞天舞》正版 VCD 碟片一盒”，“购买 TCL 手机，送 8 重超级大礼包优惠大活动”，“购买 TCL 手机，赠送 TCL 移动通信健康秤一台”等。与此同时也全面开展以“免费检测　免费清洗　免费换壳”为主题的服务营销活动，并赠送带年历的海报、单张来回馈广大 TCL 手机用户。

针对零售商，则制定实施下列销售政策，以不断刺激 TCL 手机的终端销量：①一周销售 10～20 台，奖 TCL 金能碱性电池一箱/金龙鱼色拉油（5 升）两桶；②一周销售 20～30 台，奖 TCL 美之声子母机一台/美宝莲彩妆品一套；③一周销售 30～40 台，奖美的高档微波炉一台；④一周销售 40～50 台，奖 TCL 王牌 VCD 碟机一台。这些销售政策极大刺激了零售商的销售积极性。

1. 大南门入城仪式

大南门是西安市古城墙最气势磅礴的城门楼，在盛唐时期是皇帝接见外国使节、知名人士等的重要场所。前任美国总统克林顿访华第一站在西安，政府领导也是在这里举行了隆重的迎接仪式。金喜善“西安之行”活动第一炮，TCL 移动通信西安分公司史无前例地策划并成功举行了盛大的大南门入城仪式，传达 TCL 手机这个不断崛起民族品牌的强大号召力和至尊地位的信息，引起社会各界极大的关注。当天傍晚仅一个半小时的仪式整个大南门外广场观众高达数万人，不得不请求公安、武警协助维持秩序。TCL 手机代言人韩国影星金喜善在西安大南门举办入城仪式，通过新闻媒体报道迅速响遍全国，达到了活动的初衷。当时竟然激起某竞争品牌在通信市场不断扬言即将邀请李汶也来西安。

2. “移动天使　移动服务”新闻发布会

在 2001 年，TCL 手机虽然经过两年多的发展，行业地位和市场销售都得到了一定的提升，但与此同时，TCL 手机客服战线却遇到了极大的挑战，服务瓶颈对 TCL 移动通信品牌形象建设的影响巨大，更是直接影响到了产品的销售，为了配合客服形象提升，2001 年 12 月，以金喜善“西安之行”为契机策划一起具有高度公众关注度的服务品牌提升事件，从而有利于 TCL 移动通信品牌形象的提升，便于客服工作向广度和深度的方向开展，更进一步促进整体销售工作的开展。

“移动天使　移动服务”新闻发布会安排以下主要内容：金喜善作为 TCL 手机“移动天使”形象代言人授权仪式；TCL 集团李东生总裁向优秀经销商颁发客服专用车仪式；金喜善颁发“TCL 手机质量监督员”仪式；TCL 移动通信总经理万明坚宣布“百万用户大回访”活动正式启动。

“移动天使　移动服务”新闻发布会邀请到诸如新华通讯社、人民日报、中国青年报、中国经营报、经济日报、经济观察报、21 世纪经济报道、北京青年报、南方都市报、中国消费者报、中央电视台、广东卫视、湖南卫视、上海卫视、凤凰卫视、新浪、搜狐、中国营销传播、硅谷动力、赛迪、TOM、潇湘晨报、扬子晚报、华西都市报、楚天都市报、重庆晚报、春城晚报、大河报、齐鲁晚报、燕赵都市报、陕西日报、西安晚报、华商报、三秦都市报、消费者导报、陕西电视台、西安电视台、西安音乐台、西安新闻台、西安经济台等来自全国各地 98 家媒体机构的记者，进行广泛而密集的信息传播，所带来的公众关注度是前所未有的。

TCL 移动通信西安分公司充分利用“移动天使　移动服务”新闻发布会成功地展开卓有成效的政府公关。新闻发布会前，特别安排 TCL 集团李东生总裁等公司领导与陕西省副省长、西安市市长、陕西省信息产业厅厅长等政府领导进行了轻松而愉快的座谈。另外，还特意邀请了省政府、市政府、陕西省信息产业厅、省市技术监督局、省市工商管理局、省市国税务局、省市地税务局、省市消费者协会、陕西省通信产品质量监督检验站、西安市质量技术监督稽查所、西安市市容综合监察总队等40多名陕西省各级政府机构领导，为以后营销工作的顺利开展奠定了基础。

TCL移动通信西安分公司也邀请到省市移动通信公司、省市联通公司等行业单位领导，以及TCL王牌电器、TCL计算机、TCL通讯、TCL金能电池、TCL国际电工、TCL网络等兄弟单位西北区域负责人，对促进联合促销活动起到积极作用。TCL手机西北地区50多家核心包销商和主干零售商也荣幸被邀请到会，激动之情溢于言表。

整个新闻发布会在紧张愉快、有条不紊的气氛中顺利举行，致力于传播TCL手机行业内率先实现“三包”、金喜善代言TCL手机“移动天使”、TCL手机不断提升产品品质和服务质量为顾客创造价值等信息。这是五星级西安凯悦（阿房宫）饭店自接待前任美国总统克林顿以来规模最大的企业新闻发布会活动。

3. 商场签名促销活动

TCL移动通信西安分公司借TCL手机形象代言人金喜善来西安之际，充分利用金喜善良好的个人形象及个人魅力，通过签名售机活动，塑造TCL手机强势品牌的公众形象，极大提高TCL手机在西安乃至西北地区的销售力。

签名促销活动以购买TCL手机获金喜善现场签名为主要内容，并赠送金喜善主演的《飞天舞》正版VCD碟片一盒；活动中间穿插现场劲舞表演、手机秀和有奖游艺活动。

活动安排在上午10:00开始，在早上7:00我们布置会场时就已经积聚很多影迷和购机用户；活动即将开始时已经集结多达上万人，把位于西安市中心的整个开元广场围得水泄不通，大大出乎我们的意料。虽然考虑安全原因，我们不得不匆匆结束签名促销活动，但是开元蜂星手机市场当天销售TCL手机高达100多台，创造迄今为止历史最高纪录。

4. 参观兵马俑博物馆活动

世界文化遗产秦始皇兵马俑号称“世界第八大奇迹”，每年接待中外宾客几百万人。“西安之行”最后一站安排在兵马俑博物馆的用意并不在于放松旅游，而是利用这个独特的旅游窗口使TCL手机得到更大的信息传播，不因金喜善“西安之行”活动而局限于西安区域。

整个参观活动安排了陕西传统的锣鼓队表演、希望小学代表献花环迎接仪式，并在游览兵马俑博物馆时进行摄影摄像留念。事先在沿路布置了几百面TCL手机＋金喜善形象的刀旗，参观车队由两辆警车开道，在整个旅游区域充分展现TCL手机的品牌实力和号召力，引来现场中外游客的格外注目。

5. TCL移动通信西北大区金钻经销商俱乐部成立大会

对渠道的掌控和管理是TCL移动通信的优势所在。金喜善“西安之行”活动特别邀请了TCL手机西北地区50多家核心包销商和主干零售商，在整个活动过程中，经销商心情澎湃、斗志激昂，被TCL手机的大气魄、大手笔所感染，顺势召开独具特色的金钻经销商俱乐部成立大会，无疑进一步增强了经销商对TCL手机的认可和信心，以及对TCL移动通信的忠诚度和向心力。

TCL移动通信西北大区金钻经销商俱乐部成立大会主要进行：TCL移动通信西北大区金钻经销商俱乐部章程的宣读、秘书长和副秘书长等人员的推选、2001年营销工作总结及2002年营销工作的部署等。与会经销商信心百倍地阐述和展望2002年各自营销工作的开展和规划，直接导致后来TCL手机在西北地区率先在全国实现行业销售前三强的目标。

五、强健的组织执行力

没有执行力，哪有战斗力。高效率的组织执行力决定企业发展的未来。金喜善“西安之行”活动的顺利实施与TCL移动通信高效的组织执行力息息相关，否则再好的策划方案也如同石沉大海、难以为继。

1. 人员培训

商场如战场。公司持续、稳健、高效的发展，需要培养和锻炼一大批训练有素的人，真正领悟和掌握服务客户或顾客的方法，才能在激烈的市场竞争中脱颖而出。TCL移动通信西安分公司特别强调日常培训基础工作的重要性，期望不断提升经销商、服务商队伍及内部各级营销员工的工作技能和管理水平。在“西安之行”活动前一个月，特别针对促销员、营业员、市场督导、业务代表、售后督导等市场一线人员有针对性地开展了一系列培训考核活动，并实施优胜劣汰，致力于不断提高产品卖点、销售技巧、售后服务等知识的掌握。尤其是要求促销员达到统一服装、统一胸牌、统一口径，以专业素质和面貌面对消费者。

2. 分工明确

对于任何公关营销活动工作，TCL 移动通信西安分公司都提倡专人负责制度，分工明确，职责清晰；不提倡盲目的多劳，因为经常由于某人的多劳反而影响别人的工作进度。在“西安之行”活动前两个月就开始着手将整个工作分配到人，并进行项目管理；先后成立了终端建设组、媒体宣传组、礼仪接待组、公关组、培训组、后勤保障组等。虽然有些人同时分配到几个组，但也是完全按照轻重缓急的处理方法协调开展所负责的工作项目。

3. 例会制度

例会制度的实施使整个公关营销活动的各项工作进程一目了然，对于“西安之行”这样规模庞大的活动，TCL 移动通信西安分公司通过每天 8:00 晨会、19:00 晚会来不断发现、修正、解决出现的各种问题。尽管个别人员由于事务缠身无法及时到现场，也要通过通信方式一起参与，使得“西安之行”整体活动有条不紊地开展。

4. 奖惩管理

奖惩措施的公布实施目的在于提升内部营销人员工作的积极性、主动性、高效性。TCL 移动通信西安分公司在“西安之行”活动前一个月，公布采取以下措施：①所负责的工作项目圆满顺利地完成，并视具体情况给予 1000 元、500 元、300 元的奖励；②所负责的工作项目发生主观性的重大事故，并视具体情况给予 1000 元以下罚款、降级、撤职的处分；③所有人员活动期间必须 24 小时开机，出现一次无法通话罚款 50 元，两次 150 元，三次以上停止报销话费一个月等。这进一步保证了“西安之行”整体活动的高效运作。

TCL 手机成功通过金喜善“西安之行”大型公关营销活动，不仅迅速提升了品牌知名度和影响力，更主要在于锻炼和培养了内部营销人员团队合作的意识，加强了 TCL 手机经销商对产品的认可和信心，以及对公司的忠诚度和向心力，从而形成了一支无坚不摧、战斗力旺盛、合力强大的联合部队，在西北地区激烈的市场竞争当中脱颖而出，率先在全国实现行业销售前三强的目标。

（资料来源：http://www.em-en.com/wenxue/2007/121043.shtml.）

1. 请总结上述案例中公关策划活动的成功经验。
2. 上述案例中的公关策划活动运用了哪些公关策划的工具？请做出评价。

思考题

1. 举例说明公关策划如何实施。
2. 企业如何应对危机公关？
3. 关系营销与传统营销的区别在哪里？

第十二章

网络营销策划

教学目标

理解网络营销的概念及其与传统营销的区别；了解网络营销的职能、网络营销的常用方法和效果；掌握网络营销策划的基本原则、基本步骤；初步具备网络营销策划能力。

学习要点

- 网络营销的概念及其与传统营销的区别。
- 网络营销的职能、网络营销的常用方法和效果。
- 网络营销策划的基本原则、基本步骤。
- 营销网站、市场调研、产品、价格、渠道、促销、服务等策略的策划。

关键词

网络营销　搜索引擎　网络广告　网上商店

导入案例

星巴克：爱情公寓虚拟旗舰店

想法来源

星巴克一直以来采用的都不是传统的营销手法，而是采取颇具创意的新媒体形式。此次星巴克联手SNS网站爱情公寓尝试虚拟营销，将星巴克徽标做成爱情公寓里“虚拟指路牌”广告，是星巴克首次尝试SNS营销。

iPart 爱情公寓为两岸三地唯一一个以白领女性和大学女生为主轴设计的交友社区网站（Female Social Networking），尽全力帮网友打造一个女生喜爱的温馨交友网站。品牌形象中心思想关键词为：

清新、幸福、温馨、恋爱、时尚、艺文、流行。

创意：第一间虚拟星巴克咖啡店

在爱情公寓的虚拟公寓大街内建造一个星巴克咖啡店，在虚拟世界里的星巴克也营造“温馨舒适的好去处”感，不分时间不分地点，随时随地都可以看见星巴克。同时，线上活动结合了线下活动的概念，让礼包和实体店面同样以大礼盒的形象出现，并于圣诞节当天，神秘礼包与上海星巴克滨江店将同时开张。

制作过程：

一、（礼包展开前）神秘礼物活动预热

1. 神秘礼包：线上活动结合了线下活动的概念，送给网友神秘礼物，便会出现在网友小屋当中，虚拟的神秘礼包与实体的上海星巴克滨江店同日开张，礼包和实体店面同样以大礼盒的形象出现。

2. 星巴克情缘分享：网友上传自己生活当中与星巴克接触照片并写下感言，以口碑与体验的方式来塑造出星巴克式的生活态度是被大家认可、受欢迎的。

二、（礼包展开后）品牌旗舰店

打造一个品牌大街，店家周围环境设计以享受生活的感觉为主，不过度热闹繁华，以高品质的生活感受来凸显品牌的层次感。另外，结合爱情公寓内的产品来提升曝光度与网友参与、互动，让网友更加了解品牌个性与特色所在。

三、投放立意：第三空间——除了家和办公室之外的第三个好去处

虚拟咖啡店延伸实体星巴克第三空间的概念，并且把重点放在 STARBUCKS 自己举办的活动上，特别追踪报道及推广宣传 STARBUCKS 活动，引导 iPart 的网友也参与其中。活动重点在 STARBUCKS 自己举办的活动上，特别追踪报道及推广宣传 STARBUCKS 活动，引导 iPart 的网友也参与其中。

总结

星巴克在爱情公寓的虚拟店面植入性营销被众多业界人士称赞，甚至成为哈佛大学教授口中的案例。星巴克想让他们的消费者了解到他们的态度，因此他们做了一系列活动，包括从品牌形象到虚拟分店开幕、新产品推出，再到赠送消费者真实的优惠券等等。这一系列营销非常符合星巴克的愿望——不让消费者觉得他们是在做广告。这是很成功的。

但是，如果星巴克每天发信息告诉你哪里有他们新开的店面，哪里有新出的产品，让你赶快来买他们的产品，短时间可能会起到销售的效果，但是这种不断地强迫行为会让消费者产生强烈的厌烦之感，反而会彻底毁灭星巴克在我们心中良好的形象。

（资料来源：http://www.wm23.com/wiki/2563.htm）

第一节 网络营销概述

一、网络营销的概念

互联网的兴起对全球化、贸易环境、市场营销、新闻传媒、流行文化、个人生活等人类社会的各个方面产生了巨大的影响。网络营销伴随着互联网而来，自从互联网诞生开始，市场营销人员就同时在网络上展开营销活动了。

什么是网络营销？与许多新兴学科一样，网络营销同样也没有一个公认的、完善的定义。广义地说，凡是以互联网为主要手段进行的、为达到一定营销目标的营销活动，都可称为网络营销。也就是说，网络营销贯穿于企业开展网上经营的整个过程，包括网络广告、产品推广、信息传播、数据挖掘等。无论企业是为了增加网上交易，还是促进

线下销售，网络营销都已变成了营销中的重要内容。

从营销的角度出发，将网络营销定义为：网络营销是企业整体营销战略的一个组成部分，是建立在互联网基础之上，借助互联网的渠道、技术和资源来实现营销目标的一种市场营销方式，是企业以互联网为营销工具，开展营销活动的过程。因为网络营销是企业整体营销战略的一个组成部分，所以网络营销活动不可能脱离一般营销环境而独立存在。网络营销理论也是传统营销理论在互联网环境中的应用和发展。网络营销也称网络市场营销（internet marketing，network marketing），指在互联网上的市场营销。

为了更加正确、全面地理解网络营销这一概念，下面再给出以下几点说明。

1）网络营销不能脱离传统的市场营销环境而孤立存在。网络营销不是孤立的。它是企业整体营销战略的一个组成部分，网络营销活动不可能脱离一般营销环境而独立存在，它是建立在传统营销理论基础之上的，不是简单的营销网络化，是传统营销理论在互联网环境中的应用和发展。应当说，网络营销永远也不会取代传统的营销，市场营销永远都会包含比网络营销更丰富的内容。有学者指出，离开了传统营销配合的网络营销还不如离开了网络营销的传统营销。可见，网络营销不应该而且也不可能同市场营销割裂开来。

网络营销就其实质是指利用网络这一手段，最大限度地满足客户的需求，来达到开拓市场、增加盈利的经营过程。其目的仍然是千方百计地满足客户的需求和实现企业产品、服务的销售与盈利。因此，无论是网络营销还是传统营销，基本的营销目的和原理是相同的，只是由于网络营销依赖互联网的应用环境而具有自身的特点，因而有相对独立的理论和方法体系。在企业营销实践中，往往是传统营销和网络营销并存。当然，网络营销也离不开现代信息技术，它是以互联网为主要手段，借助通信技术、计算机技术等来实现营销目标的一种营销活动。

2）网络营销不等于网上销售。网络营销是为实现产品销售目的而进行的一项基本活动，但网络营销本身并不等于网上销售。这可以从以下四个方面来说明。

①网络营销的效果表现在多个方面，如提升企业品牌价值、加强与客户之间的沟通、拓展对外信息发布的渠道、改善顾客服务水平等；网上销售是网络营销发展到一定阶段而产生的效果，但不是唯一效果。

②网络营销的目的并不仅仅是为了促进网上销售。很多情况下，网络营销活动并不一定能实现网上直接销售的目的，但是可能会促进销售总额的增加，并且增强顾客的忠诚度。

③网上销售只是网络营销内容的一部分，而不是其必备的内容。许多企业网站并不具备网上销售产品的条件，主要是企业发布产品信息的一个渠道。

④网站的推广手段通常不仅仅靠网络营销，往往还要采取许多传统的方式，如在传统媒体上做广告、召开新闻发布会、印发宣传册等。在我国，上网人数占总人口的比例还较小，即使对于已经上网的人来说，由于种种因素的限制，可能有人根本不知道如何在互联网上查询信息。因此，一个完整的网络营销方案，除了在网上做推销之外，还很有必要利用传统营销方法进行网下推广。这与传统营销一样，营销和销售是两个既相联系又相区别的概念，销售是营销的结果，营销服务于销售，销售更多的是一种操作过程，是营销的实现；而营销则是一种艺术过程，一种吸引顾客注意力的艺术。

3）网络营销不等于电子商务。网络营销和电子商务是一对既紧密相关又具有明显区别的概念，许多人对它们的认识还存在一定的误区。网络营销的定义已经指出：网络营销是企业整体营销战略的一个组成部分，是借助互联网手段来实现一定目标的营销活动；而电子商务是一个比较宽泛的概念，它主要强调的是电子化的交易。可以简单地把电子商务理解为利用电子化手段从事的商业活动，但是，这里的商业活动包含的内容比较多，交易前、交易中和交易后的商业活动都属于电子商务的范畴。而网络营销本身并不是一个完整的商业交易过程，而只是促进商业交易的一种手段。可见，网络营销只是电子商务的一部分。从这种意义上说，电子商务可以被看作网络营销的高级阶段。一个企业在完全开展电子商务之前，同样可以开展不同层次的网络营销活动。

此外，网络营销是电子商务的基础。电子商务主要是指利用互联网进行的各种商务活动的总和，即交易方式及相关商务活动的电子化。其强调的是交易行为和方式，因此就必须解决与之相关的法律、安全、技术、认证、支付和配送等问题。其最终目的是实现交易过程的电子化。而网络营销活动的内容在于如何利用互联网和企业网站做好与客户之间的信息交流。可见，网络营销为电子商务的顺利开展做了前期的铺垫。可以说，网络营销是电子商务的基础，开展电子商务离不开网络营销，但网络营销并不等于电子商务，电子商务与网络营销的主要分界线就在于是否有交易行为的发生。为最终产生网上交易所进行的推广活动属于网络营销的范畴，因此，当一个企业的网上经营活动发展到可以实现电子化交易的程度时，就认为是进入了电子商务阶段。

4）网络营销不是“虚拟营销”。网络营销不是独立于现实世界的“虚拟营销”，它是传统营销的一种扩展，即向互联网的延伸，所有的网络营销活动都是实实在在的。网络营销的手段也不仅仅限于网上，而是注重网上网下相结合。网络营销与网下营销并不是彼此独立的，而是一个相辅相成、互相促进的营销体系。

5）网络营销是手段而不是目的。网络营销是凭借网络媒介综合利用各种营销方法、工具并协调其间的相互关系，从而更加有效地实现企业营销目的的手段。网络营销的主要目的是提升企业品牌形象、增进顾客关系、改善顾客服务水平、开拓网上销售渠道并最终扩大销售。

二、网络营销与传统营销的区别和联系

网络营销可视为一种新兴的营销渠道，它并非一定要取代传统的渠道，而是利用信息技术的发展，来创新与重组营销渠道。无论是传统营销还是网络营销，营销的目标是使顾客的需要和欲望得到满足和满意，网络营销只不过是借助互联网络、计算机通信和数字交互式媒体的功能来实现这一目标。网络营销和传统营销两者之间既有区别又有联系。

1. 网络营销与传统营销区别

营销涵盖了营销创意、营销观念、产品、价格、促销和分销渠道六个要素，下面就围绕这六个要素对网络营销和传统营销进行比较。

（1）营销创意

互联网络超越时空限制，传播信息速度快，容量大，能检索，可交互，具备传送文字、声音、动画和影像的多媒体功能，较之传统的媒体，表现要丰富得多，正可发挥营

销人员的创意。例如，网上广告可提供充分的背景资料，可随时提供最新信息，可静可动，有声有像，并可一对一定制。

（2）营销观念

在当代，面对日益激烈的市场，企业要在竞争中生存并立于不败之地，唯有了解和满足目标顾客的需要和欲望，树立以顾客为中心、以顾客为导向的服务观念。但传统的营销难以做到这一点，而网络超越时空的双向互动特性，使得网上营销能与顾客进行一对一地充分沟通，从而真正了解顾客需求和欲望。此外，顾客利用网络可以参与产品的设计，获得贴近自己兴趣的、高度满意的个性化的产品和服务。

（3）产品

并非所有产品都适合在网上销售，如需要根据嗅觉、味觉、触觉等测试的结果才能做出购买决策的产品，而有些产品特别适合在网上销售，如计算机软件等数字化产品。一般而言，适合在互联网络上销售的产品通常具有下述两个基本特性：第一，消费者根据网上信息，即可做出购买决策的产品；第二，网上销售的费用远低于其他的渠道。

由于互联网络具有很好的互动性和引导性，用户通过互联网络在企业的引导下对产品或服务进行选择或提出具体要求，企业可以根据顾客的选择和要求及时进行生产并提供及时服务，使得顾客跨时空得到满足要求的产品和服务；另外，企业还可以及时了解顾客需求，并根据顾客需求组织及时生产和销售，提高企业的生产效益和营销效率。

（4）价格

传统营销以成本为基准定价，其中营销成本在综合成本中占有相当大的比例，因为传统营销是依赖层层严密的渠道，并以大量人力与宣传投入来争夺市场的。网上营销中，传统的定价模式不再适用，代之的是以顾客能接受的成本来定价，并依据该成本来组织生产和销售的模式。这种定价模式既符合网上营销的实现真正意义上的以顾客为中心的服务观念，网上营销的低成本也使得这种定价方式成为可能。在未来，人员营销、市场调查、广告促销、经销代理等传统营销手法，将与网上营销相结合，并充分利用网上的各项资源，形成以最低成本投入，获得最大市场销量的新型营销模式。

企业以顾客为中心定价，必须测定市场中顾客的需求及其对价格认同的标准。传统营销难以做到这一点。网络上则可以很容易实现，顾客通过互联网络提出可接受的价格，企业根据顾客提出的价格提供柔性的产品设计和生产方案供用户选择，直到顾客认同确认后再组织生产和销售。

（5）促销

促销是利用广告、销售促进、直接营销、公共关系和人员推销五种工具，与消费者沟通，把产品的存在和价值传统递给目标顾客。但五种营销工具在传统营销和网上营销中的有效性和地位是不同的。例如，人员推销在传统促销组合中起着很重要的作用，在购买过程的某个阶段，特别是在建立购买者的偏好、信任和行动时，是最有效的工具；而在网上促销组合中，就显得无足轻重。直接营销则相反，在传统营销组合中，直接营销虽有邮购、电话购买、电视购买等多种形式，但效果不明显，一般只作为一种辅助手段，而在网上促销组合中，直接营销却占有举足轻重的地位。其根本原因在于网络这一媒体的双向平等互动和跨越时空限制等卓越特性，把买卖双方紧密联系在一起，使双方能进行充分、高效的沟通。广告在传统促销和网上促销组合中都是最重要的工具，不同

的是网上促销利用的广告媒体主要是被称作“第四媒体”的网络，而传统广告依赖的是报刊、广播和电视三大传统媒体，网络融合了传统三大广告媒体的优点，但又青出于蓝而胜于蓝。网络广告的形式有静有动，传递的信息多，传达的范围广（理论上任何一个上网的人都可以见到），沟通的效率比传统媒体高得多（由交互性带来），信息反馈直接、准确、及时（据此可为顾客设计个性化的广告内容和创意），同时，成本比传统广告低廉得多。

总体来说，传统促销是一对多的、单向的、强迫性的、非个性化的、高成本的促销，而网上促销是一对一的、双向的、理性的、消费者主导的、非强迫性的、循序渐进式的、个性化的、低成本的促销，因此符合分销与直销的发展趋势。

（6）分销渠道

分销渠道是促使产品或服务顺利地被使用或消费的一整套相互依存的组织。传统营销，大多数生产者都无法将产品直接出售给最终用户，被迫把部分销售工作委托给诸如批发商、零售商、代理商之类的营销中间机构。

传统的营销通路：生产者→批发商→经销商→销售店→消费者。为此，生产者不得不费时费力费钱去进行渠道决策、设计、选择、评估和管理，更重要的是这意味着生产者对部分营销工作失去控制，某种程度上是把自己的命运放在中间机构手里。无所不及、超越时空，将渠道、促销、电子交易、互动顾客服务及市场信息收集分析与提供多种功能集于一体的互联网络的出现，带来了营销渠道的革命，弱化了中间渠道的作用，甚至很多产品生产者完全可以无须借助各类中间商就可直接将产品出售给最终用户。

典型的网上营销通路：生产者→网站→物流系统→消费者。由此，生产者不仅大大缩短了分销过程，节约了大量的分销成本，而且紧紧将命运掌握在了自己的手里，同时，由于减少了大量的交易环节，也大大降低了交易成本。

2. 网络营销与传统营销的联系

网络营销虽然以新的媒体（互联网）、新的方式、方法和理念实施营销活动，但它脱胎于传统营销，两者有着不可分割的联系。下面几点说明了这种联系。

1）两者有着相同的目标，都是使顾客的需要和欲望得到满足和满意，只不过借助网络，网络营销更容易、也能更好地实现营销的这一目标。

2）网络营销的基本要素仍然是产品、价格、促销和分销渠道四个方面，虽然这四个要素的内容有较大的变化。

3）两者并行不悖，谁也无法取代谁，而且往往两者互相配合。网络营销手段可为传统商务服务，传统营销手段也可为网上的电子商务服务。

3. 网络营销的利弊分析

网络营销作为一种全新的营销方式，与传统营销方式相比具有明显的优势。

第一，网络媒介具有传播范围广、速度快、无时间地域限制、无时间版面约束、内容详尽、多媒体传送、形象生动、双向交流、反馈迅速等特点，有利于提高企业营销信息传播的效率，增强企业营销信息传播的效果，降低企业营销信息传播的成本。

第二，网络营销无店面租金成本，且有实现产品直销，能帮助企业减轻库存压力，降低经营成本。

第三，国际互联网覆盖全球市场，通过它，企业可方便快捷地进入任何一国市场。

尤其是世界贸易组织第二次部长级会议决定在下次部长级会议之前不对网络贸易征收关税。网络营销更为企业架起了一座通向国际市场的绿色通道。

第四，在网上，任何企业都不受自身规模的绝对限制，都能平等地获取世界各地的信息及平等地展示自己，这为中小企业创造了一个极好的发展空间。利用互联网，中小企业只需花极小的成本，就可以迅速建立起自己的全球信息网和贸易网，将产品信息迅速传递到以前只有财力雄厚的大公司才能接触到的市场中去，平等地与大型企业进行竞争。从这个角度看，网络营销为刚刚起步且面临强大竞争对手的中小企业提供了一个强有力的竞争武器。

第五，网络营销能使消费者拥有比传统营销更大的选择自由。消费者可以根据自己的特点和需求在全球范围内不受地域、时间限制，快速寻找满足品，并进行充分比较，有利于节省消费者的交易时间与交易成本。此外，互联网还可以帮助企业实现与消费者的一对一沟通，便于企业针对消费者的个别需要，提供一对一的个性化服务。

当然，万物各有所长，也各有所短。作为新兴营销方式，网络营销具有强大的生命力，但也存在某些不足。例如，网络营销尤其是网络分销无法满足消费者个人社交的心理需要，无法使消费者以购物过程来显示自身社会地位、成就或支付能力等。尽管如此，网络营销作为21世纪的营销新方式势不可挡，将成为全球企业竞争的锐利武器。

三、网络营销的职能

在传统的市场营销中，产品（product）、价格（price）、销售渠道（place）和促销（promotion）被称为4P营销组合或网络营销组合，也是整个市场营销学的基本框架。那么，网络营销的理论基础是什么呢？在互联网环境下，国外一些营销学家认为4C是网络营销的理论基础，4C即顾客的欲望和需求（consumer’s wants and needs）、满足欲望和需求的成本（cost to satisfy want and needs）、方便购买（convenience to buy），以及与消费者的沟通（communication）。表面看来，4C的确反映了网络营销的一些特征，并且在不同的网络营销手段中发挥着作用，但作为一个理论体系，其严密性、概括性、可操作性等方面显然无法与4P同日而语，因此4C也就难以成为完整的网络营销理论基础。不过，这并不否认4C在网络营销中具有一定的指导作用。

网络营销不在于有多少高深的理论，更多的在于实践经验的总结，比较注重操作方法和技巧，因此有时容易给人造成一种感觉，即很难把握网络营销的精髓。似乎网络营销就是一些操作方法的罗列，而不是一个完整的网上经营体系。由此产生的直接结果是网络营销缺乏系统性，并且难以用全面的观点去评价网络营销的效果，甚至难以确立网络营销在企业经营战略中的地位，互联网在企业中的价值也不能充分发挥出来。

网络营销的基本职能表现在八个方面：网络品牌、网址推广、信息发布、销售促进、销售渠道、顾客服务、顾客关系、网上调研。

1）网络品牌。网络营销的重要任务之一就是在互联网上建立并推广企业的品牌。知名企业的网下品牌可以在网上得以延伸，一般企业则可以通过互联网快速树立品牌形象，并提升企业整体形象。网络品牌建设是以企业网站建设为基础，通过一系列的推广措施，达到顾客和公众对企业的认知和认可。在一定程度上说，网络品牌的价值甚至高于通过网络获得的直接收益。

2）网址推广。这是网络营销最基本的职能之一。在几年前，人们甚至认为网络营销就是网址推广。相对于其他功能来说，网址推广显得更为迫切和重要，网站所有功能的发挥都要以一定的访问量为基础，因此，网址推广是网络营销的核心工作。

3）信息发布。网站是一种信息载体，通过网站发布信息是网络营销的主要方法之一，同时，信息发布也是网络营销的基本职能。因此也可以这样理解，无论哪种网络营销方式，结果都是将一定的信息传递给目标人群，包括顾客/潜在顾客、媒体、合作伙伴、竞争者等。

4）销售促进。营销的基本目的是为增加销售提供帮助，网络营销也不例外。大部分网络营销方法都与直接或间接促进销售有关，但促进销售并不限于促进网上销售，事实上，网络营销在很多情况下对于促进网下销售十分有价值。

5）销售渠道。一个具备网上交易功能的企业网站本身就是一个网上交易场所，网上销售是企业销售渠道在网上的延伸，网上销售渠道建设也不限于网站本身，还包括建立在综合电子商务平台上的网上商店，以及与其他电子商务网站不同形式的合作等。

6）顾客服务。互联网提供了更加方便的在线顾客服务手段，从形式最简单的 FAQ（常见问题解答），到邮件列表，以及 BBS、聊天室等各种即时信息服务，顾客服务质量对于网络营销效果具有重要影响。

7）顾客关系。良好的顾客关系是网络营销取得成效的必要条件，通过网站的交互性、顾客参与等方式在开展顾客服务的同时，也增进了顾客关系。

8）网上调研。通过在线调查表或者电子邮件等方式，可以完成网上市场调研，相对传统市场调研，网上调研具有高效率、低成本的特点，因此，网上调研成为网络营销的主要职能之一。

开展网络营销的意义就在于充分发挥各种职能，让网上经营的整体效益最大化，因此，仅仅由于某些方面效果欠佳就否认网络营销的作用是不合适的。网络营销的职能是通过各种网络营销方法来实现的，网络营销的各个职能之间并非相互独立的，同一个职能可能需要多种网络营销方法的共同作用，而同一种网络营销方法也可能适用于多个网络营销职能。

四、网络营销常用方法和效果

1. 网络营销的常用方法

网络营销的职能的实现需要通过一种或多种网络营销手段，常用的网络营销方法除了搜索引擎注册，还有关键词搜索、网络广告、交换链接、信息发布、邮件列表、许可 E-mail 营销、个性化营销、会员制营销、病毒性营销等。按照一个企业是否拥有自己的网站来划分，企业的网络营销可以分为两类：无站点网络营销和基于企业网站的网络营销。有些方法在两种情况下都适用，但更多方法需要以建立网站为基础，基于企业网站的网络营销显得更有优势。

网络营销的具体方法很多，其操作方式、功能和效果也有所区别，下面简要介绍十种常用的网络营销方法及效果。

（1）搜索引擎注册与排名

搜索引擎注册与排名是最经典，也是最常用的网络营销方法之一。现在，虽然搜索引擎的效果已经不像几年前那样有效，但调查表明，搜索引擎仍然是人们发现新网站的基本方法。根据中国互联网络信息中心（CNNIC）发布的第 33 次《中国互联网络发展状况统计报告（2014 年 1 月）》，2013 年 12 月底有 79.3%的用户通过搜索引擎了解新的网站。因此，在主要的搜索引擎上注册并获得最理想的排名，是网站设计过程中就要考虑的问题之一。网站正式发布后尽快提交到主要的搜索引擎，是网络营销的基本任务。目前主要的中文搜索引擎仍为免费登录，只要适合网站登记的条件，通常都可以在适当的类别中登记自己的网站。部分中文搜索引擎和多数知名英文搜索引擎都是要收费的，通常需要交纳 199 美元甚至更多的费用，网络用户的网站登记请求才可以获得被审核的资格，也就是有了被加入网站目录的可能，但并不保证能够登记成功。

知识拓展

搜索引擎营销概述

搜索引擎营销，是英文 search engine marketing 的翻译，简称为 SEM。简单来说，SEM 就是基于搜索引擎平台的网络营销，利用人们对搜索引擎的依赖和使用习惯，在人们检索信息时尽可能将营销信息传递给目标客户。SEM 追求最高的性价比，以最小的投入，获取最大的来自搜索引擎的访问量，并产生商业价值。

SEM 的最主要工作是扩大搜索引擎在营销业务中的比例，通过对网站进行搜索优化，更多地挖掘企业的潜在客户，帮助企业实现更高的转化率。

1. SEM 的主要服务方式

1）竞价排名，顾名思义就是网站付费后才能出现在搜索结果页面，付费越高者排名越靠前，竞价排名服务，是由客户为自己的网页购买关键字排名，按点击计费的一种服务。客户可以通过调整每次点击付费价格，控制自己在特定关键字搜索结果中的排名，并可以通过设定不同的关键词捕捉到不同类型的目标访问者。

在国内最流行的点击付费搜索引擎有百度、雅虎和 Google。值得一提的是，即使是做了 PPC（pay per click，按照点击收费）付费广告和竞价排名，最好也应该对网站进行搜索引擎优化设计，并将网站登录到各大免费的搜索引擎中。

2）购买关键词广告，即在搜索结果页面显示广告内容，实现高级定位投放，用户可以根据需要更换关键词，相当于在不同页面轮换投放广告；

3）搜索引擎优化（search engine optimizatiom，SEO），就是通过对网站优化设计，使得网站在搜索结果中靠前。SEO 包括网站内容优化、关键词优化、外部链接优化、内部链接优化、代码优化、图片优化、搜索引擎登录等。

4）按照有效通话收费（pay per call，PPC），如“TMTW 来电付费”就是根据有效电话的数量进行收费。购买竞价广告也被称为 PPC。

目前，SEM 正处于发展阶段，它将成为今后专业网站乃至电子商务发展的必经之路。

2. SEO 和 SEM 的区别

SEM 是 SEO 发展的产物，并对 SEO 产生了深远的影响。SEO 属于 SEM 的一部分。

SEO 和 SEM 最主要的是最终目标的不同：①SEO 主要是为了关键词的排名、网站的流量、网站的结构、搜索引擎中页面收录的数据；②SEM 是通过在 SEO 技术基础上的扩展，为搜索引擎中所带来的商业价值，策划有效的网络营销方案，包括一系列的网站运营策略分析，并进行实施，以及对营销效果进行检测。

知识拓展

3. SEM 的实现

SEM 主要的实现方法包括竞价排名（如百度竞价），分类目录登录（开放目录，如 www.dmoz.org），搜索引擎登录、付费搜索引擎广告、关键词广告、TMTW 来电付费广告、搜索引擎优化（搜索引擎自然排名）、地址栏搜索、网站链接策略等。

利用搜索引擎工具可以实现四个层次的营销目标：①被搜索引擎收录；②在搜索结果中排名靠前；③增加用户的点击（点进）率；④将浏览者转化为顾客。在这四个层次中，前三个可以理解为搜索引擎营销的过程，而只有将浏览者转化为顾客才是最终目的。在一般的搜索引擎优化中，通过设计网页标题、meta 标签中的描述标签、关键词标签等，通常可以实现前两个初级目标（如果付费登录，当然直接就可以实现这个目标了，甚至不需要考虑网站优化问题）。实现高层次的目标，还需要进一步对搜索引擎进行优化设计，或者说，设计从整体上对搜索引擎友好的网站。

SEM 的方式主要有搜索引擎登录、搜索引擎优化、关键词广告、付费搜索引擎广告、竞价排名等。目前最常用的就是搜索引擎优化和竞价排名。

（资料来源：http：//baike.baidu.com/view/521629.htm）

（2）交换链接

交换链接又称互惠链接，是具有一定互补优势的网站之间的简单合作形式，即分别在自己的网站上放置对方网站的 logo 或网站名称并设置对方网站的超级链接，使得用户可以从合作网站中发现自己的网站，达到互相推广的目的。交换链接的作用主要表现在几个方面：获得访问量、增加用户浏览时的印象、在搜索引擎排名中增加优势、通过合作网站的推荐增加访问者的可信度等。不过关于交换链接的效果，业内还有一些不同看法，有人认为可以从链接中获得的访问量非常少，也有人认为交换链接不仅可以获得潜在的品牌价值，还可以获得很多直接的访问量。CNNIC 的统计表明，用户得知新网站的主要途径仅次于搜索引擎为其他网站所做的链接，占将近 53%，网站链接的作用由此可见一斑。更重要的是，交换链接的意义已经超出了可以增加访问量，比直接效果更重要的在于业内的认知和认可，因为一般来说，互相链接的网站在规模上比较接近，内容上有一定的相关性或互补性。

（3）病毒性营销

病毒性营销并非真的以传播病毒的方式开展营销，而是通过用户的口碑宣传网络，信息像病毒一样传播和扩散，利用快速复制的方式传向数以千计、数以百万计的受众。病毒性营销的经典范例是 hotmail。Hotmail 是世界上最大的免费电子邮件服务提供商，在创建之后的 1 年半时间里，就吸引了 1200 万名注册用户，而且还在以每天超过 15 万名新用户的速度发展。令人不可思议的是，在网站创建的 12 个月内，hotmail 只花费了很少的营销费用，还不到其直接竞争者的 3%。Hotmail 之所以呈爆炸式的发展，就是因为利用了病毒性营销的巨大效力。其实，原理和操作方法很简单：hotmail 在每一封免费发出的邮件信息底部附加一个简单提示“Get your private，free email at http:// www.hotmail.com”，接收邮件的人将看到邮件底部的信息。然后，收到邮件的人们继续利用免费 hotmail 向朋友或同事发送信息，会有更多的人使用 hotmail 的免费邮件服务。于是，hotmail 提供免费邮件的信息不断在更大的范围扩散。现在几乎所有的免费电子邮件提供商都采取类似的推广方法。

（4）网络广告

几乎所有的网络营销活动都与品牌形象有关，在所有与品牌推广有关的网络营销手段中，网络广告的作用最为直接。标准标志（banner）广告曾经是网上广告的主流（虽然不是唯一形式），尽管现在还出现在大部分网络媒体的页面上，但显然已经走过了自己的辉煌时期，banner 广告的平均点击率从最初的 30%降低到 0.4%以下。2001 年，网络广告领域发起了一场轰轰烈烈的创新运动，新的广告形式不断出现。最具代表性的是 360×300 像素的巨型广告，由于克服了标准条幅广告条承载信息量有限的弱点，这种巨型广告目前获得了相对比较高的点击率。不过，有研究表明，网络广告的点击率并不能完全代表其效果，网络广告对那些浏览而没有点击广告的、占浏览者总数 99%以上的访问者同样产生作用，影响力甚至可以持续相当长一段时间，因此现在的广告客户已经不再单纯追求点击率，而更加重视品牌形象展示和广告效果的转化率。除了投入预算发布网络广告之外，也可以采用交换广告的方式，通常与专业的广告交换网或者与合作伙伴相互交换广告。

（5）信息发布

信息发布既是网络营销的基本职能，又是一种实用的操作手段，通过互联网，不仅可以浏览到大量商业信息，同时还可以自己发布信息。在网上发布信息可以说是网络营销最简单的方式，网上有许多网站提供企业供求信息发布，并且多数为免费发布信息，有时这种简单的方式也会取得意想不到的效果。不过，最重要的是将有价值的信息及时发布在自己的网站上，以充分发挥网站的功能，如新产品信息、优惠促销信息等。研究表明，大多数消费者访问制造商的网站是为了查找公司联系信息和（或）产品基本信息，网站提供的有效信息越详细，用户的满意程度越高。如果一个网站的更新周期以季度为单位，甚至整年都是一个“老面孔”，自然不会受到用户欢迎，也很难取得好的网络营销效果。

（6）许可 E-mail 营销

基于用户许可的 E-mail 营销与滥发邮件（SPAM）不同，许可营销比传统的推广方式或未经许可的 E-mail 营销具有明显的优势，如可以减少广告对用户的滋扰、增加潜在客户定位的准确度、增强与客户的关系、提高品牌忠诚度等。开展 E-mail 营销的前提是拥有潜在用户的 E-mail 地址，这些地址可以是企业从用户、潜在用户资料中自行收集整理，也可以利用第三方的潜在用户资源。

（7）邮件列表

邮件列表实际上也是一种 E-mail 营销。与 E-mail 营销一样，邮件列表也是基于用户许可的原则，用户自愿加入、自由退出。稍微不同的是，E-mail 营销直接向用户发送促销信息，而邮件列表是通过为用户提供有价值的信息，在邮件内容中加入适量促销信息，从而实现营销的目的。邮件列表的主要价值表现在四个方面：作为公司产品或服务的促销工具、方便和用户交流、获得赞助或者出售广告空间、收费信息服务。邮件列表的表现形式很多，常见的有新闻邮件、各种电子刊物、新产品通知、优惠促销信息、重要事件提醒服务等。利用邮件列表的营销功能有两种基本方式：一种方式是建立自己的邮件列表，另一种方式是利用合作伙伴或第三方提供的邮件列表服务。

（8）个性化营销

个性化营销的主要内容：用户定制自己感兴趣的信息内容、选择自己喜欢的网页设计形式、根据自己的需要设置信息的接收方式和接受时间等，如网易的个性化网页设计(my.163.com)。个性化服务在改善顾客关系、培养顾客忠诚及增加网上销售方面具有明显的效果，但个性化服务的前提是获得尽可能详尽的用户个人信息，这两者之间存在一定的矛盾。据研究，为了获得某些个性化服务，在个人信息可以得到保护的情况下，用户才愿意提供有限的个人信息，这正是开展个性化营销的前提保证。个性化服务是一个循序渐进的过程，需要在一定的基础条件下进行，如完善的网站基本功能、良好的品牌形象等。

（9）会员制营销

会员制营销是拓展网上销售渠道的一种有效方式，主要适用于有一定实力和品牌知名度的电子商务公司。会员制营销已经被证实为电子商务网站的有效营销手段，国外许多网上零售型网站都实施了会员制计划，几乎已经覆盖了所有行业。从2000年后半年开始，会员制营销方式开始被国内一些电子商务网站采用，如当当网上商店等，尽管还处于初级阶段，但已经看出电子商务企业对此表现出的浓厚兴趣和旺盛的发展势头。除了对网上销售具有直接的促进作用之外，会员制营销方法也可以产生良好的广告效果。

（10）网上商店

从根本上说，网络营销的目的直接或间接与销售有关，无论这种销售是网上的还是网下的。建立在第三方提供的电子商务平台上、由商家自行经营网上商店，如同在大型商场中租用场地开设商家的专卖店一样，是一种比较简单的电子商务形式。网上商店除了通过网络直接销售产品这一基本功能之外，还是一种有效的网络营销手段。因为如果从企业整体营销策略和顾客的角度考虑，网上商店的作用主要表现在两个方面：一方面，网上商店为企业扩展网上销售渠道提供了便利的条件；另一方面，建立在知名电子商务平台上的网上商店增加了顾客的信任度，从功能上来说，对不具备电子商务功能的企业网站也是一种有效的补充，对提升企业形象并直接增加销售量具有良好效果，尤其是将企业网站与网上商店相结合，效果更为明显。

网络营销的方法并不限于上面所列举的内容，并且由于各网站内容、服务、网站设计水平等方面有很大差别，各种方法对不同的网站所发挥的作用也会有所差异，网络营销效果也受到很多因素的影响。有些网络营销手段甚至并不适用于某个具体的网站，需要根据自己的具体情况选择最有效的策略。

2. 网络营销方法与职能的关系

由于网络营销有多种营销手段，每种营销方法对网络营销职能所发挥的作用是不同的，每种职能也往往需要通过多种不同网络营销方法来实现。网络营销职能与网络营销方法之间的关系如表12-1所示。其中“√”表示“相关”。

表 12-1 网络营销方法与职能的关系

职能 方法	网络品牌	网址推广	信息发布	销售促进	销售渠道	顾客服务	顾客关系	网上调研
搜索引擎注册与排名	√	√	√	√				
网站合作（交换链接）								
网络社区营销	√	√	√	√				
病毒性营销	√	√	√	√				
网站排名	√	√						
网络广告	√	√	√	√				
信息发布			√	√		√	√	√
许可 E-mail 营销	√	√	√	√	√		√	√
邮件列表	√	√	√	√	√		√	√
个性化营销	√	√	√	√				
会员制营销	√	√	√	√	√			
网上商店	√	√	√	√	√	√		√

知识拓展

网络社区营销

一、网络社区的概念

网络社区是指包括 BBS/论坛、讨论组、聊天室、博客等形式在内的网上交流空间。同一主题的网络社区集中了具有共同兴趣的访问者，由于有众多用户的参与，不仅具备交流的功能，实际上也成为一种营销场所。

早期的网络社区（如 BBS 和讨论组等）是网络营销的主要场所，营销人员通过发布广告信息等方式达到宣传的目的。但随着网络社区逐步走向规范化，往往不欢迎发布广告信息，即使有专门的广告发布区，浏览者通常也比较少，依靠网络社区营销的成功率很低，因此逐渐失去了网络营销价值。

二、网络社区营销的主要作用

1）可以与访问者直接沟通，容易得到访问者的信任。如果你的网站是商业性的，你可以了解客户对产品或服务的意见，访问者很可能通过和你的交流而成为真正的客户，因为人们更愿意从了解的商店或公司购买产品。如果是学术性的站点，则可以方便地了解同行的观点，收集有用的信息，并有可能给自己带来启发。

2）为参加讨论或聊天，人们愿意重复访问你的网站，因为那里是和他志趣相投者聚会的场所。除了相互介绍各自的观点之外，一些有争议的问题也可以在此进行讨论。

3）作为一种顾客服务的工具，利用 BBS 或聊天室等形式在线回答顾客的问题。

4）可以与那些没有建立自己社区的网站合作，允许使用自己的论坛和聊天室。当然，那些网站必须为进入你的社区建立链接和介绍，这种免费宣传机会很有价值。

5）建立了论坛或聊天室之后，可以在相关的分类目录或搜索引擎登记，有利于更多人发现你的网站。

6）方便进行在线调查。无论是进行市场调研，还是对某些热点问题进行调查，在线调查都是一种高效廉价的手段。在主页或相关网页设置一个在线调查表是通常的做法。然而对多数访问者来说，由于占用额外的时间，大都不愿参与调查。即使提供某种奖励措施，参与的人可能仍然不多。如果充分利用论坛和聊天室的功能，主动、热情地邀请访问者或会员参与调查，参与者的比例一定会大幅增加。同时，通过收集 BBS 上顾客的留言也可以了解到一些关于产品和服务的

知识拓展

反馈意见。

三、网络社区营销——博客营销

博客营销，简单来说，就是利用博客这种网络应用形式开展网络营销。博客具有知识性、自主性、共享性等基本特征，正是博客这种性质决定了博客营销是一种基于个人知识资源（包括思想、体验等表现形式）的网络信息传递形式。因此，开展博客营销的基础问题是对某个领域知识的掌握、学习和有效利用，并通过对知识的传播达到营销信息传递的目的。

与博客营销相关的概念还有企业博客、营销博客等，这些也都是从博客具体应用的角度来进行描述，主要区别那些以个人兴趣甚至个人隐私为内容的个人博客。

四、网络社区营销——社区营销

网络社区营销是网络营销主要营销手段之一。社区就是把具有共同兴趣的访问者集中到一个虚拟空间，达到成员相互沟通的目的，从而达到商品的营销效果。网络社区是网站所提供的虚拟频道，让网民产生互动、情感维系及资讯分享；从网站经营者的角度来看，网络社区经营成功，不仅可以带来稳定及更多的流量，增加广告收入，注册会员更能借此拥有独立的资讯存放与讨论空间。会员多，人气旺，还给社区营销造就了良好的场所。一个优秀的网络社区的功能包括BBS、电子邮件、聊天室、讨论组、回复即时通知和博客的功能。网络社区主要包括综合性的社区和专业性的社区。专业性的社区分为自己建设网络社区和通过其他网站的专业社区。例如，新浪网上社区内容囊括了社会生活的方方面面，而Alibaba.com内容定位是网上商人。网络社区营销比较明显的，还是像Alibaba.com那样的为广大商人服务的专业性社区为主。因为其定位比较明确，会员多，且会员的结构比较具有购买能力，商品信息受众的反应率比较高。

五、网络社区营销——营销策略

网络社区宣传，虽然花费精力，但是效果非常好。网络营销，细节制胜，网站推广，全面出击。网络社区宣传要选择自己潜在客户所在的网络社区，或者人气比较好的网络社区。网络社区宣传注意一下几个策略。

1）不要直接发广告。这样的帖子很容易被当作广告帖被删除。

2）用好头像、签名。头像可以专门设计一个，宣传自己的品牌，签名可以加入自己网站的介绍和连接。

3）发帖要求质量第一。发帖不在乎发帖的数量多少、发的地方多少，而帖子的质量特别重要，为什么呢？因为发得多，但总体流量不多。我们发帖，关键是为了让更多大多数人看，变相地宣传自己的网站，所以追求的是最终流量。因此发高质量的帖子，专注一点，可以花费较小的精力，获得较好的效果。

4）适当推进。在论坛，有时候为了帖子的气氛、人气，可以适当地找个网络推手，也可以自己注册两个账号互相推进。

网络社区有能力成为一个真正意义上的聚会的场所，在大多数情况下，可以取代人们在现实生活中的聚会场所。随着网络速度的提高，更多的用户开始全新的上网体验，轻松方便的电子商务通过口碑的力量进行大规模的网络营销，会员会在整个过程中努力创建个人及专业的伙伴关系。网络社区要坚持这些成功的原则并注重家庭化的价值，以一种整合的方式允许任何拥有电子邮箱的新人参与。成功的网络社区甚至会将网下的现有的各种规模的社团加入其中。网络社区的这些理念一旦被全体会员理解，不久就会为世人瞩目。

知识拓展

六、网络社区营销——未来创新

（1）公益营销成为未来的内容亮点

网络营销的优势在于低成本和有效传播。如果希望将该优势更好地发挥，企业需要在内容创新方面有新想法。配合政策环境、实施公益营销也是方向之一。对于网民而言，在习惯了“满天”娱乐新闻之后，或许会存在“审美疲劳”。适当挖掘人性本善的理念，以当前社会主流文化为依托，配合企业产品适时推出公益营销将成为今后内容创新的又一亮点。

（2）广告载体日趋丰富，精准营销走向大众

门户网站的banner广告已经不是最有效的方式之一。播客、SNS（social networking service，社会性网络服务）、交友、分类广告、垂直搜索、共享社区、数字杂志和P2P流媒体等新兴服务已经吸引了部分企业的目光。从目前来看，上述网站虽然访问量和覆盖率远不可与门户网站相比，但是其独特的用户群和黏性的服务是优势所在。

如何最大限度降低单个客户的营销费用是广告主需要解决的问题。而广告载体的丰富性则为精准营销的实现创造了可能。精确地把广告推给目标客户，不但会有效降低单人营销费用，也可以减小对非目标客户的干扰，提高广告的满意度。

（3）视频广告成为主要形式

进入2006年之后，视频广告正在成为众所瞩目的焦点。视频广告备受瞩目主要有三个原因：首先是技术的成熟和完善。P2P技术降低了网站的产品投入并提高了广告主的认可度。其次是互联网视频文件的丰富。只有调动网民的积极性和创造力，视频文件才真正有可能在网上流行。家用DV的普及有利于提高网民对视频文件的接受度和点击率。最后是视频广告载体的多样性。以往视频广告通常出现在门户网站，清晰度较差，无法实现用户精准定位。目前，在视频共享网站、数字杂志和视频搜索等网站中均出现了视频广告。该广告相比以往，清晰度有很大提高，而且还可以实现精准定位。但是也存在一定问题，如播放器格式不统一，需要单独下载，提高用户使用条件等障碍。

第二节　网络营销策划概述

一、网络营销策划的定义

网络营销策划，是企业在特定的网络营销环境和条件下，为达到一定的营销目标而制订具体的网络营销策略和活动计划。

网络营销策划是一项复杂的系统工程。它属于思维活动，但它是以谋略、计策、计划等理性形式表现出来的思维活动，是直接用于指导企业网络营销实践的。它包括对网站页面设计的修改和完善，搜索引擎优化，付费排名，以及与客户的互动等诸多方面的整合，是网络技术和市场营销经验的协调作用的结果。它也是一个相对长期的工程，期待网站的营销在一夜之间有巨大的转变是不现实的。一个成功的网络营销方案的实施需要通过细致的规划设计。

根据不同的网络营销活动，以及要解决的问题，营销策划方案也会有很大区别。应根据目前国际流行的电子商务和网络营销观念，制定行之有效的且符合企业自身情况的网络营销方案。但从网络营销策划活动的一般规律来看，有些基本内容和编制格式具有共同性或相似性。

二、网络营销策划的层次

目前中国企业的网络营销策划大致可分为以下三层。

1. 信息应用层策划

信息应用层是最简单、最基本的一层。在这个层次上，企业主要通过利用互联网来发布信息，并充分利用网络优势，与外界进行双向沟通。在这个应用层中，不需要企业对信息技术有太高的要求，只是最基本的使用。

例如，通过发电子邮件与消费者进行沟通、交流，定期给客户发各种产品信息邮件、产品推荐邮件、电子刊物等，加强与顾客的联系；建立企业主页，将一些有关企业及其产品、服务的介绍放在上面，辅之以精美的图文，供访问者浏览；通过专用数据专线上网。

2. 战术营销层策划

在战术营销层策划中，企业主要进行下列工作。

1）网络营销调研。利用互联网在线调研可以轻松地完成有关信息调研工作，能够充分满足各种统计数据的要求，提高营销调研的质量。由于它使用网络大大减少了数据输入工作，缩短了调研时间。

2）网上销售。这是目前网络营销最具诱惑力的地方之一，大量的产品在网上“安营扎寨”，销售产品种类繁多。而现实中，这个企业也许仅仅就是一台计算机。没有员工，没有办公大楼。他们是网上的“虚拟巨商”，却又是如此的真实，运用的是一种信息时代的营销手段。

3）营销战术系统。主要包括一些用于管理库存的子系统，能连接网站的子系统，以及用于答复用户意见、反馈信息的子系统。决策者们利用网上的这一系统分析工具，进行着各种各样的决策活动。

3. 战略营销层策划

战略营销层是建立在战术营销层基础上，将整个企业营销组织、营销理念等完全融入网络，依靠网络指定方针，开展战略部署，实现战略转移，缔结战略决策。

三、网络营销策划的基本原则

1. 系统性原则

网络营销是以网络为工具的系统性的企业经营活动，它是在网络环境下对市场营销的信息流、商流、制造流、物流、资金流和服务流进行管理的。因此，网络营销方案的策划，是一项复杂的系统工程。策划人员必须以系统论为指导，对企业网络营销活动的各种要素进行整合和优化，使“六流”皆备，相得益彰。

2. 创新性原则

网络为顾客对不同企业的产品和服务所带来的效用和价值进行比较带来了极大的便利。在个性化消费需求日益明显的网络营销环境中，通过创新，创造和顾客的个性化需求相适应的产品特色和服务特色，是提高效用和价值的关键。特别的奉献才能换来特别的回报。创新带来特色，特色不仅意味着与众不同，而且意味着额外的价值。在网络营销方案的策划过程中，必须在深入了解网络营销环境尤其是顾客需求和竞争者动向的基础上，努力营造旨在增加顾客价值和效用、为顾客所欢迎的产品特色和服务特色。

3. 可操作性原则

网络营销策划的第一个结果是形成网络营销策划方案。网络营销策划方案必须具有可操作性，否则毫无价值可言。这种可操作性，表现为在网络营销策划方案中，策划者根据企业网络营销的目标和环境条件，就企业在未来的网络营销活动中做什么、何时做、何地做、何人做、如何做的问题进行了周密的部署、详细的阐述和具体的安排。也就是说，网络营销策划方案是一系列具体的、明确的、直接的、相互联系的行动计划的指令，一旦付诸实施，企业的每个部门、每个员工都能明确自己的目标、任务、责任，以及完成任务的途径和方法，并懂得如何与其他部门或员工相互协作。

4. 经济性原则

网络营销策划必须以经济效益为核心。网络营销策划不仅本身消耗一定的资源，而且通过网络营销策划方案的实施，改变企业经营资源的配置状态和利用效率。网络营销策划的经济效益，是策划所带来的经济收益与策划和方案实施成本之间的比例。成功的网络营销策划，应当是在策划和方案实施成本既定的情况下取得最大的经济收益，或花费最小的策划和方案实施成本取得目标经济收益。

四、网络营销策划的基本步骤

网络营销方案的策划，首先是明确策划的出发点和依据，即明确企业网络营销目标，以及在特定的网络营销环境下企业所具有的优势、劣势、机会和威胁（即 SWOT 分析）。然后在确定策划的出发点和依据的基础上，对网络市场进行细分，选择网络营销的目标市场，进行网络营销定位。最后对各种具体的网络营销策略进行设计和集成。

1. 明确组织任务和远景

要设计网络营销方案，首先就要明确或界定企业的任务和远景。任务和远景对企业的决策行为和经营活动起着鼓舞和指导作用。

企业的任务是企业所特有的，也包括了公司的总体目标、经营范围，以及关于未来管理行动的总的指导方针。区别于其他公司的基本目的，它通常以任务报告书的形式确定下来。

2. 确定组织的网络营销目标

任务和远景界定了企业的基本目标，而网络营销目标和计划的制订将以这些基本目标为指导。表述合理的网络营销目标，应当对具体的营销目的进行陈诉，如利润比上年增长12%，品牌知名度达到50%等。网络营销目标还应详细说明达到这些成就的时间期限。

3. SWOT分析

除了企业的任务、远景和目标之外，企业的资源和网络营销环境是影响网络营销策划的两大因素。作为一种战略策划工具，SWOT分析有助于公司经理以批评的眼光审时度势，正确评估公司完成其基本任务的可能性和现实性，而且有助于正确地设置网络营销目标并制订旨在充分利用网络营销机会、实现这些目标的网络营销计划。

4. 市场调研

通过市场调研的手段，对市场做一次真正的了解，主要是了解客户群体，以及客户群体的日常行为和思维方式。知道了自己的客户是谁，客户会在哪儿，客户的需求量等情况，才可能真正地利用网络资源成交业务。

5. 市场定位

市场定位就是根据所做的市场调研，判断能否通过网络进行营销。网络空间虽然很大，但并不是所有的公司都适合通过网络来成交业务，因此一定要根据自身的情况去考虑。

6. 网络营销平台的设计

这里所说的平台，是指由人、设备、程序和活动规则的相互作用形成的能够完成的一定功能的系统。完整的网络营销活动需要五种基本的平台：信息平台、制造平台、交易平台、物流平台和服务平台。

7. 网络营销组合策略

网络营销组合策略是网络营销策划中的主题部分，主要包括4P策略（产品策略、价格策略、渠道策略、促销策略）的设计等。

8. 网络营销策划书

形成网络营销策划书面形式。

9. 方案的执行

根据以上制定的方案，逐渐地去推进完成，把客户最想要的以客户最希望的方式展示给他们，并且要方便快捷。

10. 效果评估及策略调整

对方案执行情况进行科学的定位，以及时调整方案。其中主要评估的标准是客户关注度和客户咨询量，以及客户咨询量和客户成交量的对比，从而找出在网络营销中提升的方法以进行实行。

第三节　网络营销策划实务

网络营销作为新的营销方式和营销手段，其内容非常丰富。一方面，网络营销要针对新兴的网上虚拟市场，及时了解和把握网上虚拟市场的消费者特征和消费者行为模式的变化，为企业在网上虚拟市场进行营销活动提供可靠的数据分析和营销依据；另一方面，网络营销在网上开展营销活动来实现企业目标。因此，网络营销作为信息技术、信息产业、信息基础设施在营销领域的延伸拓展，使消费品、工业品市场的营销迎来了一个变更的时代，传统的营销组合将有所增减，营销各环节的革新也不可避免。

一、营销网站策划

营销网站是企业网络营销体系的心脏，要想获得成功，必须精心策划。

1. 构建实用有效的营销网站

策划企业网站的思路与做法主要有以下几点。

1）站点应提供必要的资源和工具。页面可以提供现存的数据库。互联网的指南、图像库和文件库等有价值的工具和资源可供查询者使用。工具和资源的设计取决于潜在访问者的兴趣。例如，运动鞋店为访问者提供介绍运动知识的数据库，并提供与著名球员和球队的网页的超文本链接。如果这个问题解决得好，就可以吸引顾客反复访问自己的网站。

2）站点提供的信息一定要有新鲜感。站点既是橱窗又是广告，同时还是公关和主要促销活动的场所。网上冲浪者停留在你的站点的重要原因，常常是为了满足好奇心理。满足好奇心理，是网站吸引网民的重要手段。

3）站点设计要有个性。因为网上的站点实在太多，没有个性的网站会在网民的冲浪过程中一带而过，很难留住网民。

4）站点的内容要经常更新。站点应保证其页面内容经常处于变化之中。让顾客每次访问时都有新鲜的感觉。要使访问者见到的网页能反映公司每天的变化；呆板和重复的网页是多数顾客所讨厌的，这也是我国很多企业常见的疏漏之处——很多企业都有了自己的网址，半年之后再去访问还是老面孔，提供的信息大都已经过时了。

5）开展站点活动。在站点上开展各种竞赛、有奖活动，或者提供一些知识解答，请有关专家回答公众关心的热点问题，都可以提高公众对本企业站点的兴趣，这些活动可以通过电子邮件的方式进行也可以在线进行。

6）使站点实现超值服务。实现站点超值服务也是吸引网上公众的重要方式之一。超值服务的范围很广，应用较普遍的服务内容有免费软件下载、虚拟图书馆、天气预报、金融信息、旅游指导、电影等。各个站点的超值服务各式各样，目的只有一个——吸引公众上网。

7）设计自己与同业的链接。顾客买东西往往是要货比三家，特别是在网上购物时更为认真。想通过信息不对称来赚取超额利润相对较难，因为顾客通过查询软件很容易做到信息对称，而且会造成企业形象上的不良后果。在站点上提供同业链接，方便了顾客，效果反而更好。

8）在传统媒体上宣传自己的站点。在信息传播中，传统媒体依然是不可替代的重要的信息传播渠道。企业应在一切可能的传统场合，向公众告知自己的站点地址，宣传自己的超值站点服务。

9）及时、认真地回复电子邮件。由于电子商务是一个虚拟的过程，大多数人并不习惯，往往在访问后出于好奇而留下电子邮件，就像商场的顾客看一下商品，问一下价钱一样，企业一定要给予及时的答复，这是发信人下次上网时访问你的站点的前提。这方面的常见问题是，有的商家信件不多时集中起来一起回复，或者信件太多时回复特别慢或者根本不回复。

2. 建立网络营销站点的三大准备步骤

目前绝大部分企业所面临的和要解决的，还只是电子商务的第一阶段，即建立网站、发布信息及简单的网上订货机制。这一阶段实现的步骤主要由以下三步构成。

第一步：申请域名。域名像商标一样也有国别之分，我国用户通常情况下都选择注册两种域名，即国内域名和国际域名。

第二步：租用磁盘空间，选用配套服务。此步骤是让用户能够有足够的空间来放置自己的信息，并有充足的配套服务可供使用。例如，是否培训，是否提供电子邮箱、网页及拨号等。

第三步：发布信息。将要发布的信息做成网页放在租用的空间上，或将供查询的数据放入网上数据库。

这三步工作均已完成时，网站也就建立起来了。但是这并不意味着工作的结束。建立网站是一个长期性的工作，需要经常地维护和更新。另外，企业网络营销是否得当，还基于网站营销策略与方法的策划。

二、市场调研策略策划

网络的互动功能（即双向或多通道信息交流）为企业提供了一个高效率、低成本的市场调研途径。它包括直接在网上通过问卷进行调查，以及通过网络来收集市场调查中需要的一些二手资料。利用网上调查工具，可以提高调查效率和调查效果。在利用互联网进行市场调查时，重点是如何利用有效工具和手段实施调查和收集整理资料；获取信息不再是难事，关键是如何在信息海洋中获取想要的资料信息和分析出有用的信息。

1. 通过电子邮件或来客登记簿询问访问者

因特网能在营销人员和顾客之间搭起一座友谊的桥梁，起关键作用的是电子邮件和来客登记簿（guest book）。电子邮件可以附有 html 表单，顾客能在表单界面上单击相关主题并且填写附有收件人电子邮件地址的有关信息，然后回发给公司。来客登记簿是让顾客填写并回发给公司的表单。如果公司营销人员愿意的话，所有的顾客都能读到有关公司情况的内容。营销人员通过电子邮件和来客登记簿能获得有关访问者的详细信息。如果有相当人数的访问者回应，营销人员就能统计分析出公司的销售情况。

2. 若想确定地区平均收入，只需查询邮编

营销状况在不同地区是有差别的，因此营销策略也应因地而异。营销人员应了解某一地区的平均收入情况，以便采取适当的营销策略。在因特网上，营销人员确定访问者的邮编后，就能查询到访问者所在的地区，从而对该地区的平均收入情况做出估计。

3. 给予访问者奖品或者免费商品

如果访问者被告知能获得一份奖品或者免费商品，他们肯定会告诉你该把这些东西寄到何处。你可以很容易地得知他们的姓名、住址和电子邮件地址。这种策略被证明是有效可行的。它能减少因访问者担心个人站点被侵犯而发出不准确信息的数量，从而使营销人员提高调研的工作效率。

4. 要求访问者注册从而进入访问者的个人主页

如果你用大量有价值的信息和免费使用软件来诱惑访问者，他们可能会很愿意告诉你有关个人的详细情况。Industry.net 是专门登载工业贸易信息的站点。这个站点提供大量的免费信息，允许访问者下载软件，同时鼓励访问者提供包含个人姓名、职位、所在公司、所在行业的有关信息。这种策略同样适用于因特网上的其他直销站点。

5. 向访问者承诺物质奖励

因特网上有为数不多的站点能给访问者购买商品打折或给予奖金，但这需要访问者填写一份包括个人习惯、兴趣、假期、特长、收入等个人情况的调查问卷。因为有物质奖励，许多访问者都会完成由这些站点提供的调查问卷。

6. 用软件来检测访问者是否完成了调查问卷

访问者经常会无意地遗漏一些信息。营销人员能通过一些软件程序来确定他们是否正确地填写了调查问卷。如果访问者遗漏了调查问卷中的一些内容，调查问卷会重新发送给访问者要求其补填。如果访问者按要求完成了调查问卷，他们会在个人计算机上收到证实完成的公告牌。但是，这种策略不能保证调查问卷上所反映信息的真实可靠性。营销人员在电话调查和商业展示会发出的调查问卷中面临着同样的问题。

三、产品策略策划

1. 网上产品的特性

作为信息有效的沟通渠道，网络可以成为一些无形产品（如软件和远程服务）的载体。作为网上产品，必须结合网络特点重新考虑产品的设计、开发、包装和品牌的传统产品策略。传统的优势品牌在网上市场并不一定是优势品牌。一般而言，目前适合在互联网上销售的产品通常具有以下特性。

1）产品性质。由于网上用户在初期对技术有一定要求，因此用户上网大多与网络等技术相关，因此网上销售的产品最好是与高技术或与计算机、网络有关。一些信息类产

品（如图书、音乐等）也比较适合网上销售。还有一些无形产品（如服务）也可以借助网络的作用实现远程销售，如远程医疗。

2）产品质量。网络的虚拟性使得顾客可以突破时间和空间的限制，实现远程购物和在网上直接订购，这使得网络购买者在购买前无法尝试或只能通过网络来尝试产品。

3）产品式样。通过互联网对全世界国家和地区进行营销的产品要符合该国家或地区的风俗习惯、宗教信仰和教育水平。同时，由于网上消费者的个性化需求，网络营销产品的式样还必须满足购买者的个性化需求。

4）产品品牌。在网络营销中，生产商与经营商的品牌同样重要。一方面，要在网络浩如烟海的信息中获得浏览者的注意，必须拥有明确、醒目的品牌；另一方面，由于网上购买者可以面对很多选择，同时网上的销售无法进行购物体验，因此，购买者对品牌比较关注。

5）产品包装。作为通过互联网经营的针对全球市场的产品，其包装必须适合网络营销的要求。

6）目标市场。网上市场是以网络用户为主要目标的市场，在网上销售的产品要适合覆盖广大的地理范围。如果产品的目标市场比较狭窄，可以采用传统营销策略。

7）产品价格。互联网作为信息传递工具，在发展初期是采用共享和免费策略发展而来的，网上用户比较认同网上产品价格低廉的特性；另外，由于通过互联网络经营销售的成本低于其他渠道的产品，在网上销售产品一般采用低价位定价。

2. 网络营销的产品和服务策划

在基于互联网的网络营销中，企业的产品和服务要有针对性，其产品形态、产品定位和产品开发要体现互联网的特点。

1）产品形态。在互联网上，信息产品和有形产品的销售是不一样的。信息产品直接在网上销售，而且一般可以试用；而有形产品只能通过网络展示，尽管多媒体技术可以充分生动地展示产品的特色，但无法直接尝试，而且要通过快递公司送货或传统商业渠道分销。因此，网络营销的产品和服务应尽量是信息产品和服务、标准化的产品、在购买决策前无须尝试的产品，才能有利于在网上销售。

2）产品定位。在消费者定位上，网络营销的产品和服务的目标应与互联网用户一致，网络营销所销售产品和服务的消费者首先是互联网的用户，产品和服务要尽量符合互联网用户的特点。在产品特征定位上，互联网用户的收入水平和教育水平都较高，喜欢创新，对计算机产品和高技术产品情有独钟，因此，要考虑产品和服务是否与计算机有关，是否属于高技术。

3）产品开发。在产品开发中，企业可以迅速向顾客提供新产品的结构、性能等各方面的资料，并进行市场调查，顾客可以及时将意见反馈给企业，从而大大地提高企业开发新产品的速度，也降低了开发新产品的成本。通过互联网，企业还可以迅速建立和更改产品项目，并应用互联网对产品项目进行虚拟推广，从而以高速度、低成本实现对产品项目及营销方案的调研和改进，并使企业的产品设计、生产、销售和服务等各个营销环节能共享信息、互相交流，促使产品开发从各方面满足顾客需要，以最大限度地实现顾客满意。

四、价格策略策划

网络交易导致支付方式更加简便、灵活，数字货币、电子支票的发展更使商业信用达到极致。企业应不断改进技术，提高网络支付方式和财务结算的安全性、简便性、灵活性。因此，安全的结算系统显得尤为重要。

网络营销中产品和服务的定价要考虑以下因素。

1）国际化。由于互联网营造的全球市场环境，企业在制定产品和服务的价格时，要考虑国际化因素，针对国际市场的需求状况和产品价格情况，以确定本企业的价格对策。

2）趋低化。由于网络营销使企业的产品开发和促销等成本降低，企业可以进一步降低产品价格。同时由于互联网的开放性和互动性，市场是开放和透明的，消费者可以就产品及价格进行充分的比较、选择，因此，要求企业以尽可能低的价格向消费者提供产品和服务。

3）弹性化。由于网络营销的互动性，顾客可以和企业就产品价格进行协商，也就是可以议价。另外，企业也可以根据每个顾客对产品和服务提出的不同要求，来制定相应的价格。

4）价格解释体系。企业通过互联网，向顾客提供有关产品定价的资料，如产品的生产成本、销售成本等，建立价格解释体系，为产品定价提供理由，并答复消费者的询问，使消费者认同产品价格。

此外，网络营销中提供产品和服务的价格依然要根据产品和服务的需求弹性来指定，同时又要考虑网络营销的特点。企业在网上可以向顾客提供价格更低的产品和服务，但向顾客提供更多的方便和闲暇时间是不可忽视的重要因素。

五、渠道策略策划

如果说互联网对企业营销影响最大是什么，那应该是对企业营销渠道影响最大。国际互联网络对在线订购、采购订单、存货、送货跟踪等电子贸易活动提供支持，因此，企业应将更多精力投向直销产品，推行电子函购销售，建设高效的物流系统。

网络渠道的构成主要有以下类别。

1. 会员网络

网络营销中一个最重要的渠道就是会员网络。会员网络是在企业建立虚拟组织的基础上形成的网络团体。通过会员制，可以促进顾客之间的联系和交流，以及顾客与企业的联系和交流，培养顾客对企业的忠诚，并把顾客融入企业的整个营销过程中，使会员网络的每一个成员都能互惠互利，共同发展。

2. 分销网络

根据企业提供的产品和服务的不同，分销渠道也不一样。如果企业提供的是信息产品，企业就可以直接在网上进行销售，需要较少的分销商，甚至不需要分销商。如果企业提供的是有形产品，企业就需要分销商。企业要想达到较大规模的营销，就要有较大规模的分销渠道，建立大范围的分销网络。

3. 快递网络

对于提供有形产品的企业，要把产品及时送到顾客手中，就需要通过快递公司的送货网络来实现。规模大、效率高的快递公司建立的全国甚至全球范围的快递网络，是企业开展网络营销的重要条件。

4. 服务网络

如果企业提供的是无形服务，企业可以直接通过互联网实现服务功能。如果企业提供的是有形服务，需要对顾客进行现场服务，企业就需要建立服务网络，为不同区域的顾客提供及时的服务。企业可以自己建立服务网络，也可以通过专业性服务公司的网络实现顾客服务目的。

5. 生产网络

为了实现及时供货，以及降低生产、运输等成本，企业要在一些目标市场区域建立生产中心或配送中心，形成企业的生产网络，并同供应商的供货网络及快递公司的送货网络相结合。企业在进行网络营销中，根据顾客的订货情况，通过互联网和企业内部网对生产网络、供货网络和送货网络进行最优组合调度，可以把低成本、高速度的网络营销方式发挥到极限。

六、促销策略策划

新型网络营销的促销策略有以下几种方式。

1. 网上折价促销

折价又称打折、折扣，是目前网上最常用的一种促销方式。因为目前网民在网上购物的热情远低于商场超市等传统购物场所，因此网上商品的价格一般都要比传统方式销售时要低，以吸引人们购买。由于网上销售商品不能给人全面、直观的印象，也不可试用、触摸等，再加上配送成本和付款方式的复杂性，造成顾客网上购物和订货的积极性下降。而幅度比较大的折扣可以促使消费者进行网上购物的尝试并做出购买决定。目前大部分网上销售商品都有不同程度的价格折扣。

2. 网上赠品促销

赠品促销目前在网上的应用不算太多。一般情况下，在新产品推出试用、产品更新、对抗竞争品牌、开辟新市场情况下利用赠品促销可以达到比较好的促销效果。赠品促销的优点：可以提升品牌和网站的知名度；鼓励人们经常访问网站以获得更多的优惠信息；能根据消费者索取赠品的热情程度来总结分析营销效果和产品本身的反映情况等。

3. 网上抽奖促销

抽奖促销是网上应用较广泛的促销形式之一，是大部分网站乐意采用的促销方式。抽奖促销是以一个人或数人获得超出参加活动成本的奖品为手段进行商品或服务的促销，网上抽奖活动主要附加于调查、产品销售、扩大用户群、庆典、推广某项活动等。消费者或访问者通过填写问卷、注册、购买产品或参加网上活动等方式获得抽奖机会。

4. 积分促销

积分促销在网络上的应用比起传统营销方式要简单和易操作。网上积分活动很容易通过编程和数据库等来实现，并且结果可信度很高，操作起来相对较为简便。积分促销一般设置价值较高的奖品，消费者通过多次购买或多次参加某项活动来增加积分以获得奖品。积分促销可以增加上网者访问网站和参加某项活动的次数；可以增加上网者对网站的忠诚度；可以提高活动的知名度等。

七、服务策略策划

网络营销的顾客服务通过实施交互式营销策略，提供满意的顾客服务，正是许多企业网络营销成功的关键所在。网上顾客服务的主要工具有电子邮件、电子论坛、常见问题解答等。

例如，目前许可 E-mail 营销已占据主流，它可以广泛应用于会议培训、机票、鲜花、酒店、旅游线路等产品与服务的营销上。再如，在网站个性化服务中，计算机系统可以跟踪记录用户的操作习惯、常去的站点和网页类型、选择倾向、需求信息及需求与需求之间的隐性关联，据此更有针对性地提供用户所希望的信息，形成良性循环，满足客户的个性化需求。

知识拓展

网络营销的理论基础

客观现实和技术基础是现有市场营销理论赖以形成和发展的根基。网络强大的通信能力和电子商务系统便利的商品交易环境，改变了原有市场营销理论的根基。

在网络环境和电子商务中，信息的需求和传播模式发生了很大的变化。信息的传播由单向的传播模式逐步演变成一种双向的交互式的信息需求和传播模式，即在信息源积极地向用户展现自己信息产品的同时，用户也在积极地向信息源索要自己所需要的信息。

同时，市场的性质也发生了深刻的变化。生产厂商和消费者可以通过网络直接进行商品交易，从而避开了某些传统的商业流通环节。原有的以商业作为主要运作模式的市场机制将部分地被基于网络的网络营销模式所取代，市场将趋于多样化、个性化，并实现彻底的市场细分化。

另外，在网络环境下，生产者和消费者在网络的支持下直接构成商品流通循环。其结果使得商业的部分作用逐步淡化。消费者参与企业营销的过程、市场的不确定因素减少，生产者更容易掌握市场对产品的实际需求。同时，由于网络和电子商务系统巨大的信息处理能力，为消费者挑选商品提供了空前规模的选择余地。

由于这些变化，使得传统营销理论不能完全胜任对网络营销的指导。但是网络营销仍然属于市场营销理论的范畴，它在强化了传统市场营销理论的同时，也提出了一些不同于传统市场营销的新理论。目前网络营销主要建立在以下基础理论之上。

1. 网络整合营销理论

在传统市场营销策略中，由于技术手段和物质基础的限制，产品的价格、宣传和销售的渠道、商

知识拓展

（或厂家）所处的地理位置及企业促销策略等构成了企业经营、市场分析和营销策略的关键性内容。美国密歇根州立大学的麦卡锡将这些内容归纳为市场营销策略中的4P组合，即产品（product）、价格（price）、地点（place）和宣传（promotion）。

传统的以 4P 理论为典型代表的营销理论的经济学基础是厂商理论，即利润最大化。因此 4P 理论的基本出发点是企业的利润，而没有把顾客的需求放到与企业的利润同等重要的位置上，它指导的营销决策是一条单向的链。而网络互动的特性使得顾客能够真正参与到整个营销过程中来，顾客不仅参与的主动性增强，而且选择的主动性也得到加强。在满足个性化消费需求的驱动之下，企业必须严格地执行以消费者需求为出发点、以满足消费者需求为归宿点的现代市场营销思想，否则顾客就会选择其他企业的产品。因此，网络营销首先要求把顾客整合到整个营销过程中来，从他们的需求出发开始整个营销过程。这样，要求企业同时考虑顾客需求和企业利润。

据此，以舒尔兹教授为首的一批营销学者从顾客需求的角度出发研究市场营销理论，提出了4C 组合。其要点如下。

第一，先不急于制定产品策略（product），而以研究消费者的需求和欲望（consumer's wants and needs）为中心，卖消费者想购买的产品。

第二，暂时把定价策略（price）放到一边，而研究消费者为满足其需求所愿付出的成本（cost）。

第三，忘掉渠道策略（place），着重考虑怎样给消费者方便（convenience）以购买到商品。

第四，抛开促销策略（promotion），着重于加强与消费者沟通和交流 （communication）。

也就是说，4P 反映的是销售者关于能影响购买者的营销工具的观点。从购买者的观点来看，每一种营销工具都是为了传递顾客利益（即所谓的 4C）。也就是说，企业关于 4P 的每一个决策都应该给顾客带来价值，否则这个决策即使能达到利润最大化的目的也没有任何用处，因为顾客在有很多商品选择余地的情况下，他不会选择对自己没有价值或价值很小的商品。但反过来讲，企业如果从 4P 对应的 4C 出发（而不是从利润最大化出发），在此前提下寻找能实现企业利益的最大化的营销决策，则可能同时达到利润最大和满足顾客需求两个目标。因此，网络营销的理论模式应该是：营销过程的起点是消费者的需求；营销决策（4P）是在满足 4C 要求的前提下的企业利润最大化；最终实现的是消费者需求的满足和企业利润最大化。而由于消费者个性化需求的良好满足，他对企业的产品、服务形成良好的印象在他第二次对该种产品产生需求时，会对本企业的产品、服务产生偏好，他会首先选择本企业产品和服务。随着第二轮的交互，产品和服务可能更好地满足他的需求。如此循环往复，一方面，顾客的个性化需求不断地得到越来越好的满足，建立起对企业产品的忠诚意识；另一方面，由于这种满足是针对差异性很强的个性化需求，就使得其他企业的进入壁垒变得很高。

也就是说，其他生产者即使也生产类似产品，也不能同样程度地满足该消费者的个性消费需求。这样，企业和顾客之间的关系就变得非常紧密，甚至牢不可破，这就形成了“一对一”的营销关系。这种理论框架称为网络整合营销理论。它始终体现了以顾客为出发点及企业和顾客不断交互的特点，它的决策过程是一个双向的链。

2. 网络软营销理论

网络营销是一种软营销。这是网络营销中有关消费者心理学的另一个理论基础。导出这个理论基础的原因仍然是网络本身的特点和消费者个性化需求的回归。

强势营销是工业化大规模生产时代的营销方式。传统营销中最能体现强势营销特征的是两种促销手段：传统广告和人员推销。这两种营销模式企图以一种信息灌输的方式在消费者心中留下

知识拓展

深刻印象，而不管消费者是否需要和喜欢（或憎恶）它的产品和服务。在网络上这种以企业为主动方的强势营销（无论是有直接商业利润目的的推销行为还是没有直接商业目标的主动服务），是遭到唾弃并可能遭到报复的。网络营销必须遵循一定的规则，这就是网络礼仪。网络礼仪是网上一切行为都必须遵守的规则。网络营销也不例外。软营销的特征主要体现在“遵守网络礼仪的同时通过对网络礼仪的巧妙运用从而获得一种微妙的营销效果”。概括地说，软营销和强势营销的一个根本区别就在于，软营销的主动方是消费者，而强势营销的主动方是企业。个性化消费需求的回归也使消费者在心理上要求自己成为主动方，而网络的互动特性又使他成为主动方真正有了可能。他们不欢迎不请自到的广告，但他们会在某种个性化需求的驱动下自己到网上寻找相关的信息、广告。此时的情况是，企业在那儿静静地等待消费者的寻觅，一旦消费者找到企业了，这时企业就应该活跃起来，使出浑身解数把他留住，更美好的未来是永久的忠诚！

3. 网络直复营销理论

网络直复营销简称网络直销，是指生产厂家通过网络直接分销渠道直接销售产品。目前常见的做法有两种：一种做法是企业在因特网上建立自己独立的站点，申请域名，制作主页和销售网页，由网络管理员专门处理有关产品的销售事务；另一种做法是企业委托信息服务商在其网站上发布信息。企业利用有关信息与客户联系，直接销售产品。虽然在这一过程中有信息服务商参加。但主要的销售活动仍然是在买卖双方之间完成的。

网络直销的优点是多方面的。第一，网络直销促成产需直接见面。企业可以直接从市场上搜集到真实的第一手资料，合理地安排生产。第二，网络直销对买卖双方都有直接的经济利益。由于网络营销大大降低了企业的营销成本，企业能够以较低的价格销售自己的产品，消费者也能够买到大大低于市场价格的产品。第三，营销人员可以利用网络工具，如电子邮件、BBS 等，随时根据用户的愿望和需要，开展各种形式的促销活动，迅速扩大产品的市场占有率。第四，企业能够通过网络及时了解到用户对产品的意见和建议，并针对这些意见和建议提供技术服务，解决疑难问题，提高产品质量，改善经营管理。

仅从销售的角度来看，网络营销是一种直复营销。直复营销中的“直”（其实是“直接”，direct），是指不通过中间分销渠道而直接通过媒体连接企业和消费者。网络上销售产品时顾客可通过网络直接向企业下订单付款。直复营销中的“复”（其实是“回复”，response），是指企业与顾客之间的交互，顾客对这种营销努力有一个明确的回复（买还是不买）。企业可统计到这种明确回复的数据，由此可对以往的营销效果做出评价。网络上的销售最大的特点就是企业和顾客的交互，不仅可以以订单为测试基础，还可获得顾客的其他数据甚至建议。所以，仅从网上销售来看，网络营销是一类典型的直复营销。

网络营销的这个理论基础的关键作用是要说明网络营销是可测试、可度量、可评价的。有了及时的营销效果评价，就可以及时改进以往的营销努力，从而获得更满意的结果。因此，在网络营销中，营销测试是应着重强调的核心内容。

小　结

广义地说，凡是以互联网为主要手段进行的、为达到一定营销目标的营销活动，都可称为网络营销。从营销的角度出发，将网络营销定义为：网络营销是企业整体营销战略的一个组成部分，是建立在互联网基础之上，借助互联网的渠道、技术和资源来实现营销目标的一种市场营销方式，是企业以互联网为营销工具，开展营销活动的过程。

网络营销可视为一种新兴的营销渠道，它并非一定要取代传统的渠道，而是利用信息技术的发展，来创新与重组营销渠道。无论是传统营销还是网络营销，营销的目标是使顾客的需要和欲望得到满足和满意，网络营销只不过是借助互联网络、计算机通信和数字交互式媒体的功能来实现这一目标。网络营销和传统营销两者之间既有区别又有联系。

网络营销的基本职能表现在八个方面：网络品牌、网址推广、信息发布、销售促进、销售渠道、顾客服务、顾客关系、网上调研。

网络营销的职能的实现需要通过一种或多种网络营销手段，常用的网络营销方法除了搜索引擎注册，还有关键词搜索、网络广告、交换链接、信息发布、邮件列表、许可 E-mail 营销、个性化营销、会员制营销、病毒性营销等。按照一个企业是否拥有自己的网站来划分，企业的网络营销可以分为两类：无站点网络营销和基于企业网站的网络营销。

网络营销策划，是企业在特定的网络营销环境和条件下，为达到一定的营销目标而制订具体的网络营销策略和活动计划。

目前中国企业的网络营销策划大致可分为三层：信息应用层策划、战术营销层策划、战略营销层策划。

网络营销策划的基本原则：系统性原则、创新性原则、可操作性原则、经济性原则。

网络营销策划的基本步骤：明确组织任务和远景、确定组织的网络营销目标、SWOT 分析、市场调研、市场定位、网络营销平台的设计、网络营销组合策略、网络营销策划书、方案的执行、效果评估及策略调整。

传统营销由于受到网络营销的冲击，必须要在市场调研、产品、价格、渠道、促销、服务等策略方面进行创新。

案例分析

案例一

世上最好的工作——昆士兰旅游局网络营销策划案例

案例背景

为宣传澳大利亚大堡礁，推动当地旅游业的发展，澳大利亚昆士兰旅游局希望向全球推广宣传大堡礁。通过什么方式既节约成本而且效果又最好呢？澳大利亚昆士兰旅游局“策划”了通过互联网向全球招聘大堡礁岛屿看护员（图 12-1）。

图 12-1 澳大利亚昆士兰旅游局推出的“世界上最好的工作”

2009年1月9日澳大利亚昆士兰旅游局网站发布招聘通告，并为此专门搭建了一个名为“世界上最好的工作”的招聘网站（www.islandreefjob.com），网站提供了多个国家语言版本。短短几天时间网站吸引了超过30万人访问，导致网站瘫痪，官方不得不临时增加数十台服务器。

截至澳大利士亚昆士兰当地时间2月23日上午9时59分，“世界上最好的工作”全球招聘活动正式报名截止。昆士兰旅游局提供的数据显示，在报名期间，“世界上最好的工作”共吸引了来自全球200多个国家和地区的近3.5万人竞聘，包括11 565名美国人、2791名加拿大人、2262名英国人和2064名澳大利亚人，来自中国的申请者就有503位。这样一次招聘活动吸引了全球的目光，据昆士兰旅游局称，目前，公关价值已经超过7000万美元。

1.“世界上最好的工作”的相关情况

（1）大堡礁岛屿看护员到底是做什么工作的

① 探索和汇报：看护员工作时间比较有弹性，其主要职责是探索大堡礁的群岛，以更加深入地了解大堡礁。他/她须通过每周的博客、相簿日记、上传视频及接受媒体的跟踪访问等方式，向昆士兰旅游局（及全世界）报告其探奇历程。这将是一个最难得的宣扬大堡礁美妙的群岛的机会。

② 喂鱼：大堡礁水域有超过1500种鱼类。试想各式各样珍贵鱼类蜂拥而上的场景会是多么震撼！（不用担心，我们不会要求看护员去喂每一条鱼！）

③ 清洗泳池：泳池虽然装有自动过滤器，但如果看护员发现水面上有一片飘落的树叶，那下水清洗泳池绝对是畅泳的好借口！

④ 兼职信差：探险旅程期间，看护员可参与航空邮递服务，这将是在高空俯览大堡礁美景的绝佳机会。

（2）这份工作将获得的报酬

在大堡礁上居住本身已相当吸引人，更何况成功的申请者于6个月合同期内可获取150 000澳元的薪金。此外，往返经济舱机票（距申请人所在国首都最近的机场）、住宿、在哈密尔顿岛上的交通费、合同期内的旅游保险、计算机、上网服务、具有录影功能的数码相机、往来大堡礁岛屿间的交通费均全部由昆士兰旅游局提供。

（3）获得这份工作的条件

不同方面的经验均会获得考虑，但成功的申请者须有良好的沟通技巧，良好的英语听写能力，喜欢探索、冒险的态度，乐意尝试新鲜事物，热爱大自然，良好的游泳技巧，热爱潜浮及（或）潜水，至少一年以上相关经验。

（4）获得这份工作的途径

全世界任何人都可通过官方网站报名，并提交60秒的视频即可。

2. “世界上最好的工作”病毒营销（事件营销）的要点

（1）正确的时间做正确的事

2008 年美国金融风暴席卷全球，大量工厂裁员，工人失业。在这个人心惶惶的时刻谁能够拥有一份稳定、高薪的工作，真的是很惬意的事情。澳大利亚昆士兰旅游局恰当其时推出以惬意的工作环境和工作内容为吸引点，以每小时1400美元的超高待遇全球招聘，仅仅“岛屿看护员”“半年10万美元工资”就足够吸引眼球。

（2）向目标客户通过合适的传播渠道进行传播

当澳大利亚昆士兰旅游局这份面向全世界招聘的工作一经发布，在全球迅速刮起了应聘热潮，美国《纽约时报》、英国《独立报》等都对这份令人难以置信的工作进行了报道。就连遥远的中国电视媒体、网络媒体、报纸媒体也无不大篇幅进行介绍，更重要的是跟踪报道。

为什么澳大利亚的这份招聘新闻会引起国内各大媒体的关注？习惯上中国人比起美国等国家的人来说对于探险、猎奇、好玩的确有差距，然而中国有503人报名应聘这个工作，入选50强的竟达到了3人！于是整个网络沸腾了，新闻、博客、视频等相关媒体全面进行宣传。

中国是旅游大国，也是出国游的大国。澳大利亚的大堡礁、昆士兰旅游局，一定会非常重视在中国的宣传和营销。中国在这次经济危机中受到的影响可能是最小的，广大人民的财产没有受到多大损失，内需一直在刺激拉动中，澳大利亚昆士兰旅游局怎能不重视这样一个具有庞大消费能力的客户群！

（3）无论是网络营销还是传统营销，要的不是一时吸引眼球

“世界上最好的工作”招聘活动还在继续，3 月 3 日面向全球公布了入围 50 强的名单。这些佼佼者还将接受一系列在线心理测试，最终选出 11 人前往大堡礁哈密尔顿岛进行最后的角逐。值得关注的是 11 人中有一人将是“外卡”候选人。何谓“外卡”？简单说就是在网站上获得投票数最高的一名，直接获得最终面试机会。有点类似当年赢在中国的虎符选手。

中国拥有全世界数量最多的网民，昆士兰旅游局代理局长（中国内地、香港、台湾）沈俐说，“对于这名由网民投票产生的选手，我觉得中国选手胜出的可能性很大。因为中国网民数量庞大，我希望有中国选手去澳大利亚进行最后的面试。”

招聘还在继续，营销还在继续，相信进入 50 强的选手的国家和地区的网民在关注，全世界 200 多个国家和地区网民也都在关注。

无论是病毒营销还是事件营销，都存在一个时间的问题，一般都是时间不长就快速淡出人们的视线，如“封杀王老吉”等。而昆士兰旅游局在策划本次营销事件的时候，在候选人本职工作中尤其突出了一条:“他/她须通过每周的博客、相簿日记、上传视频及接受媒体的跟踪访问等方式”，这可能也是所有工作职责内最重要的一条，因为这种持续的对大堡礁的宣传，并能够每次都吸引全世界网民的眼球与关注才是最重要的工作内容。

2009 年 7 月 1 日，获得“世界上最好的工作”的幸运儿上岗后，估计新一轮的营销会更加壮观，人们可能会经常去看看她（他）的博客、视频，让我们这些可能去不了大堡礁的人士也能够随时随地感受大堡礁，体验大堡礁，还可以与“岛主”进行互动，即便到不了大堡礁，依然可以享受来自大堡礁的美妙体验。

（4）营销的价值是一种精神与价值的传递

通过“世界上最好的工作”网络营销之事件营销，最基本的层面是让我们即便不了解澳大利亚大堡礁的人也能对其有所了解。本次事件营销更让我们充分了解了澳大利亚风景之外的体验、精神与价值。旅游不是看热闹，也不仅仅是去欣赏风景，更需要的是一种完全融入其中的和谐共处。

（资料来源：http://www.boyan.cn/News/20093/boyan_N_341.html.）

案例讨论

1. 昆士兰旅游局网络营销策划案例中主要采用了哪种网络营销方法？该营销方法实施时应注意哪些要点？

2. 试举出一个和本案例采用相同方法的网络营销策划案例。

案例二

百事可乐的网络营销策略

案例背景

百事可乐建立了与其公司形象和定位完全统一的中英文网站，以游戏、音乐、活动为主题，其背景

则依然是创新的标志和年轻的蓝色。

百事可乐的网络营销策略，具体体现在以下三个方面：

1. 媒介策略——与 Yahoo 携手

2000 年 4 月，百事可乐公司首先宣布与 Yahoo 进行全面网络推广合作；在音乐站点（如 MTV.com）的投放力度加大；同时还涉足体育类网站，如 NBA.com、美国棒球联盟等。

网络广告投放活动是长期行为，从 2000 年 1 月至今从未间断。每年 3～4 月随着气温的升高，伴随饮料消费高峰期的来临，网络广告投放高峰期便告开始，通常会延续至当年 11 月。

2. 创意策略——推崇激情

与可口可乐的传统广告相比，百事可乐的网络广告较为活泼，无论是画面构图，还是动画运用，都传达着一种"酷"的感觉。在 2000 年这一年间，便有拉丁王子瑞奇·马丁、小甜甜布莱妮和乐队 Weezer 先后出现在百事可乐的广告中。从 NBA 到棒球，从奥斯卡到古墓丽影游戏和电影，百事可乐的网络广告总能捕捉到青少年的兴趣点和关注点。

2001 年中国申奥成功，百事可乐的网络广告独具匠心，气势非凡的画面采用了有动感的水珠，传达出了百事可乐品牌的充沛活力。醒目的文字表达出百事可乐对北京申奥的支持。广告方案利用"渴望无限"和"终于解渴了"的双关语，将中国人对奥运的企盼巧妙地与百事可乐产品联系在一起，并与其他宣传高度一致。

3. 竞争策略——针锋相对

1）体育角逐。可口可乐被选为冬奥会的指定饮料，可以借冬奥会大做宣传。而百事可乐则利用 NBA 和美国棒球联盟寻找平衡点。在中文网站设有百事足球世界、精彩足球，包括 2001 年百事可乐足球联赛、百事全能挑战足球赛、百事预祝十强赛中国足球超越梦想等。

2）音乐角逐。这是百事可乐最精彩的策略之一，包括百事音乐的主题活动、巨星、新星、音乐卡片、音乐流行榜、竞投场等。

3）活动角逐。这是为自己创造并吸引品牌注意力的最好机会之一。例如，百事在网上发动网民投票评选百事可乐最佳电视广告片等。

百事可乐的网络营销及策略给我们的启示：第一，日常消费品的网络营销广告应当成为一种长期行为，同时，在旺季还要抓住重点集中投放；第二，要设法利用网络营销广告吸引目标消费群；第三，必须保持线上、线下营销广告的连续性和一致性；第四，注意媒介组合的多样性；第五，注意各期营销广告活动内在的连续性，即营销广告主体的一致性；第六，自己的营销广告要有独特性，必须与对手有所不同。

（资料来源：http://www.wm23.com/wiki/5897.htm.）

案例讨论

1. 百事可乐采用了哪些网络营销策略？
2. 百事可乐的网络营销及策略对我国日常消费品企业实施网络营销有什么启示？

思考题

1．网络营销的基本职能表现在哪几个方面？
2．网络营销的常用方法有哪些？
3．网络营销策划程序一般包括哪几个步骤？

第十三章

顾客满意策划

教学目标

了解顾客满意的内涵、内容和基本特征；了解顾客满意的功能和影响因素；掌握顾客满意度理论及测评流程；掌握顾客满意度测评指标体系的建立步骤和方法。

学习要点

- 掌握顾客满意度理论和测评流程。
- 熟练应用顾客满意度策划方法解决实际问题。

关键词

顾客满意　顾客满意度指数　顾客忠诚

导入案例

CS战略：戴尔直销背后的战略

戴尔（Dell）公司因为其出色的表现，引发了对其成功奥秘的探讨。人们常常过多关注戴尔独特的直销模式，却忽略了其背后所蕴含的“顾客至上，让顾客满意”的核心战略思想和支持这个战略的其他一些细节性模式。

戴尔公司在经营过程中进行了充分的顾客细分，并根据顾客需求和实际购买行为的差异研发不同的产品。戴尔将顾客细分为“交易型”和“关系型”两种。其中40%的顾客（大部分是大企业）被纳入到关系型中；30%的顾客（大部分是小企业）被划分到交易型中；剩下的30%作为二者的混合。交易型顾客是那些需要不断做出购买决策的个人或者企业。这类顾客关注的是购买的经济性，注重性能、规格、特征、折扣等因素，他们从不同的厂商那里购买产品，并且在做出购买决策时，使用评测、评论、广告和口碑等各种信息渠道。而关系型顾客关注的是交易的总成本，价格只是其中一部分。这类顾客大多数包括中型以上的商务、政府或者教育部门，他们关注的是服务、可信度、厂商声誉和产品标准等特征。

戴尔公司创建了"按需配置，按单生产"的直销模式。戴尔的每件产品都是按照每个用户的个别需求订做而成。这不仅充分满足了顾客个性化的需求，而且也使得顾客产生了"拥有量身订做的独一无二的产品"的超值满意感。在按照客户的要求设计生产并交付产品后，戴尔公司还想方设法地了解顾客使用产品的体验以获得修改设计或改变制造程序的灵感。公司技术支持工程师通过拜访重要客户、接听顾客打入的免费技术咨询电话获得相关信息，经过归纳整理后交给公司研发部门进行进一步的分析和研究。因而，戴尔的主导产品始终能够围绕顾客的使用体验不断改进，新产品开发也始终适应了顾客需求的发展趋势。

戴尔公司还创立了将零部件的生产制造外包给专业化公司的合作方式。戴尔公司遵循的原则是拥有尽可能少的合伙人，而这些合伙人必须长期在技术和质量方面保持行业领先地位。经过不断筛选，戴尔公司的原料供应商已从发展初期的 140 多家精简到现在的 50 多家。戴尔一方面通过效率超常的供应链降低了产品成本，另一方面也通过"零库存"和直销增强了产品价格竞争力。值得一提的是戴尔独创的 Dell Plus 服务项目。通过 Dell Plus 程序，在初始建立系统时就执行了用户的所有硬件和软件一体化安装，即在一个无缝的生产过程中安装。这样的"一次性"方法意味着：排除了重复的工作，减少了错误的机会，提高了生产效率，其结果是增加了戴尔品牌的忠实追随者。

戴尔公司利用先进的计算机技术、便捷的现代通信手段和蓬勃发展的互联网络，使大规模订制生产得以完美实现。通过计算机控制的生产设备使工厂较易快速调整装配线，条形码扫描仪使技术人员能够跟踪每一个零部件和产品；数据库现有的数万亿字节的信息，使数字打印机可即刻改变不同产品的包装说明；先进的后勤和供货渠道管理服务软件使其在密切协调制造和销售的同时还保证了较低的成本。由于最大限度地满足了顾客个性化的需求，由此带来了顾客满意度和忠诚度的不断提高。特别是对于一些全球大客户，戴尔对个性化需求的满足更是做到了细致入微的程度。以福特汽车为例，戴尔公司为福特不同部门的员工设计了各种不同的配置。当通过互联网接到福特公司的订单时，戴尔公司马上可知是哪个工种的员工，订的哪种机型，且迅速组装好合适的硬件和通过 Dell Plus 所订制的软件，甚至包括一些专有密码，然后以最快的速度交运到顾客的手中。

戴尔还专门成立了顾客服务部来统筹和顾客服务相关的一切事宜。顾客的任何感受和意见，都可以拨打 800 免费专线向客服部反映。经过严格专业培训的服务人员会将所有顾客反映的问题记录在案，并对能立即解决的予以答复和执行。经过客服部专业优质的服务，大多数顾客的不满都得到了补偿，补偿的力度甚至超过了顾客的期望，从而将顾客从不满意状态转化为满意状态。为了全面了解顾客的满意程度，戴尔公司还成立了 CE（customer experience）小组，由销售部、技术服务部、顾客服务部、生产部、质量部等部门的代表组成，每周一次的例会将影响顾客体验的各因素进行详细分析，并各就各位地予以解决。

戴尔之所以短短十几年间就发展成为个人计算机市场的领导者，正是由于它逐步形成了较为完善的产品满意、服务满意、生产满意和组织结构满意系统，成功地运用了 CS（customer satisfaction，顾客满意）战略，从而在竞争中尽显优势。

（资料来源：http: // www.docin.com/p-46714112.html.）

第一节　顾客满意概述

当前市场的竞争主要表现在对顾客的全面争夺，而是否拥有顾客取决于企业与顾客的关系，取决于顾客对企业产品和服务的满意程度。顾客满意程度越高，企业的市场占有率通常就越大，企业的效益就越好。著名管理学家彼得·德鲁克曾指出：营销的目的在于充分认识及了解顾客，使产品或服务能适应顾客需求。菲利普·科特勒甚至认为，“市场营销是指在可盈利的情况下提供给顾客满意。”

一、顾客满意相关概念

（一）顾客的含义与分类

顾客是指接受产品或服务的组织或个人，包括广义顾客和狭义顾客。广义顾客包括企业内部顾客和外部顾客，狭义顾客仅指外部顾客（图 13-1）。

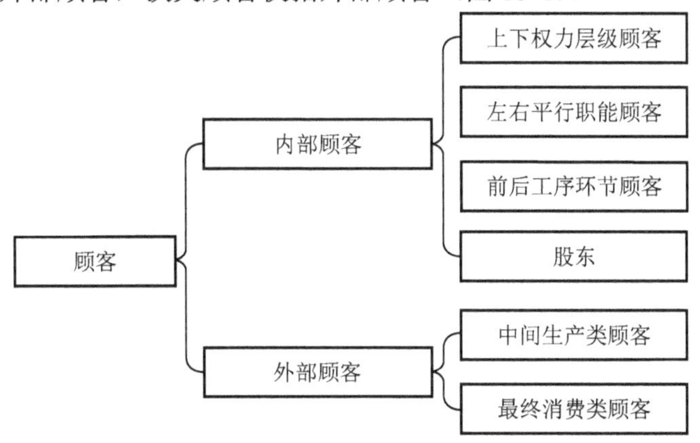

图 13-1　顾客分类

典型的内部顾客包括上下权力层级顾客、左右平行职能顾客和前后工序环节顾客，以及股东等。外部顾客包括中间生产类顾客和最终消费类顾客。中间生产类顾客是企业产品或服务在生产流通环节中的中间购买者和使用者，如为卖而买的中间商、为进一步加工而购买的制造商等。最终消费类顾客是企业产品或服务在生产流通环节的终端消费者，如产品或服务的最终使用者或享用者。按与企业的关系密切程度，外部顾客还可以分为三类：长期购买使用企业产品或服务且有稳固关系的忠诚顾客，随机购买和使用企业产品或服务的游离顾客，未曾购买和使用过企业产品或服务的潜在顾客。

（二）顾客满意的含义与内容

1. 顾客满意的含义

顾客满意并没有统一的定义。从认知和心理过程来讲，有两类观点：第一，顾客满意是顾客实际感知效果同比较标准之间不一致产生的认知结果。第二，顾客满意是顾客对于所得与所失权衡后的心理情感状态。在具体生活实践中，顾客满意可视为既包含了认知成分又容纳了情感成分的综合体。

目前，较为流行的顾客满意定义是指顾客通过对一个产品或一项服务的感知效果与期望效果相比较后，所形成的愉悦或失望的心理状态。这种心理状态有三种基本情况：当感知效果低于期望效果时，顾客会感到不满意，甚至会产生抱怨和投诉；当感知效果与期望效果相当时，顾客就会感到一般；而当感知效果高于期望效果时，顾客会感到较满意或很满意。

从具体的交易和体验频次而言，顾客满意可以分为特定交易顾客满意（transaction-specific customer satisfaction）和累积顾客满意（cumulative customer satisfaction）两类。特定交易顾客满意是指顾客对一次某产品或某服务的具体感受和评价。累积顾客满意是指顾客基于对某产品或服务多次消费经历和类似经验而形成的总体感受和评价。相比于特定交易顾客满意，累积顾客满意更合理、更有效。

2. 顾客满意的内容

从横向层面，顾客满意的基本内容包括以下五个方面。

1）理念满意。理念满意是指企业经营理念给予顾客的心理满足状态。主要通过经营宗旨、经营哲学、企业文化理念、服务价值观等内容来体现以顾客为中心的思想，从而实现顾客心理满意。

2）行为满意。行为满意是指企业整个经营活动过程中的行为表现给予顾客的心理满意状态。主要通过行为机制满意、行为规则满意、行为模式满意等来体现服务顾客的精神实质，以此达到顾客心理满意。

3）视听满意。视听满意是企业通过视觉和听觉服务给予顾客的心理满足状态。主要通过企业名称、商品标志、色彩、文字、音像等外在形象内容来满足顾客的视觉和听觉的需要，并以此带给顾客心理满意。

4）产品满意。产品满意是企业产品有效满足顾客需求而给予顾客满意的心理状态。主要有产品设计满意、功能满意、材质满意、包装满意、价格满意等内容。

5）服务满意。服务满意是指企业提供产品售前、售中、售后及产品生命周期不同阶段采取的服务措施给予顾客满意的心理状态。主要有效果满意、方便性满意、情绪满意、保障系统满意等。

在纵向层面上，顾客满意包括三个逐级递进的层次，即物质满意层次、精神满意层次、社会满意层次。物质满意是核心层的满意，如产品或服务设计、功能、质量、材质等满意，是顾客满意中最基础的层次；精神满意是对产品形式层和外延层的满意，如产品的外观、色彩、装潢品位和服务等；社会满意是顾客体验到的社会利益维护程度，表现为产品或服务的道德价值、政治价值和生态价值层面的满意。

（三）顾客满意度

顾客满意度就是顾客满意水平的量化。顾客满意度具有层次性，国际上比较常见的满意度层次划分一般采用五段式或七段式，如表 13-1 所示。

表 13-1 国际上常用的满意度层次划分

七段式	五段式
很满意	
满意	满意
较满意	较满意
一般	一般
较不满意	较不满意
不满意	不满意
很不满意	

以七段式层次划分为例，各个层次的特征和详细描述如表 13-2 所示。

表 13-2 七段式满意度层次划分特征及详细描述

层次	特征	详细描述
很不满意	愤慨、恼怒、投诉、反面宣传	顾客在购买和使用了某种产品或服务之后感到愤慨、恼羞成怒、难以容忍，不仅企图找机会投诉，而且还利用一切机会进行反面宣传以发泄心中的不快
不满意	气愤、烦恼	顾客在购买和使用某种产品或服务后所产生的气愤、烦恼状态。在这种状态下，顾客尚可勉强忍受，希望通过一定方式进行弥补，在适当的时候，也会进行反面宣传，提醒自己的亲朋好友不要去购买和使用同样的产品或服务
较不满意	抱怨、遗憾	顾客在购买和使用某种产品或服务后所产生的抱怨、遗憾状态。在这种状态下，顾客虽然心存不满，但想到现实就是这样，不必要求过高，于是忍气吞声
一般	无明显正负情绪	顾客在购买和使用某种产品或服务过程中所形成的没有明显情绪的状态。也就是对此感觉不好也不坏，还算过得去
较满意	好感、肯定、赞许	顾客在购买和使用某种产品或服务时所形成的好感、肯定和赞许状态。在这种状态下，顾客内心还算满意，但按更高要求还差之甚远，而与一些更差的情况相比，又令人欣慰
满意	称心、赞扬、愉快	顾客在购买和使用某种产品或服务时所产生的称心、赞扬和愉快状态。在这种状态下，顾客不仅对自己的选择予以肯定，还会乐于向亲朋好友推荐，自己的期望与现实基本相符，找不出大的遗憾所在
很满意	激动、满足、感谢，正面宣传	顾客在购买和使用某产品或服务之后形成的激动、满足、感谢状态。在这种状态下，顾客的期望不仅完全达到，没有任何遗憾，而且可能还大大超出了自己的期望。这时顾客不仅为自己的选择而自豪，还会利用一切机会向亲朋好友宣传、介绍推荐，希望他人都来购买和使用该种产品或服务

顾客满意度的层次划分还可以采用数值的方式来表示，还以七段式为例，如图 13-2 所示。图中的数轴含七个等级：很不满意、不满意、较不满意、一般、较满意、满意和很满意。给它们分别赋值为−60、−40、−20、0、20、40、60，分数总和为零。

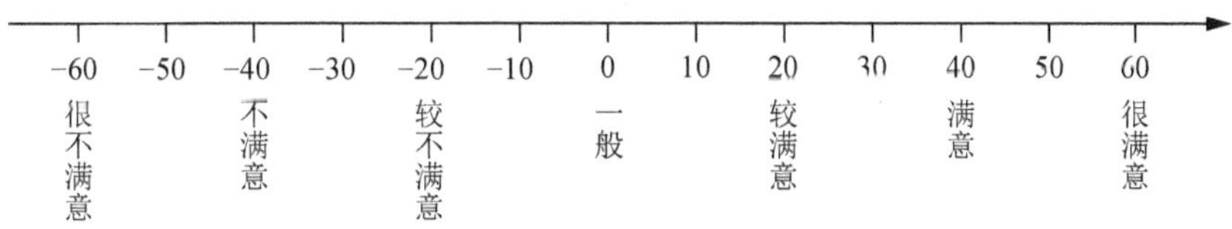

图 13-2 顾客满意度层次划分

二、顾客满意的基本特性

顾客满意作为一种心理状态，也有其独特的性质。认识这些特性，对于科学、合理地评价和运用顾客满意思想具有非常重要的意义。顾客满意主要有以下特性。

1）主观性。对同一事物或现象，人们可能持肯定或否定的态度，接受或抛弃它。对顾客来说，满意与否都会受到各种主观因素的影响，如好恶、性格、情绪等因素，因此顾客满意具有很强的主观色彩。

2）客观性。顾客一旦接受了企业提供的产品或服务之后，就有了一个满意或不满意的客观事实。无论顾客满意还是不满意，也无论企业是否对此加以关注和调查，顾客的感受和评价总是客观存在的。

3）动态性。顾客需求和判断能力不会一成不变，而是会随着年龄和阅历的增加及生活方式、环境的变化而变化，进而影响和改变顾客满意评价。从短期来看，顾客满意评价具有一定的渐变性和稳定性，而从长期来看，顾客满意评价具有突变性。

4）累积性。顾客对某一次购买、消费的满意评价会受到上一次（或多次）购买、消费经历的影响。以前的购买经验可以作为现在顾客满意评价的参考依据，从而表现出累积性。即便顾客是第一次购买、消费某种产品或服务，其满意或不满意的评价也会受到其以前的类似经验或口碑等非经验性信息的影响，同样具有累积性。

5）全面性。顾客对企业产品或服务的满意评价是全面的，包括设计、功能、材质、价格、安全性、方便性、使用寿命、售前服务、售中服务、售后服务、外观形象、包装、企业形象、企业社会责任等各个方面，而不是针对某个方面或特性而言的。在顾客接受产品或服务的整个过程中，任何一个环节都会影响到顾客的满意或不满意的评价结果。

三、顾客满意的功能

顾客满意可以分为内部顾客满意和外部顾客满意两类。以下是两者各自不同的功能和作用。

（一）内部顾客满意的主要功能

（1）提高组织效率

内部顾客满意能够保障企业内部信息通畅，及时发现问题并改良服务，从而保持有效管理和高效运作。

（2）提升形象和招贤纳士

内部顾客满意的好口碑等信息在社会扩散和传播，不仅能够提升企业形象和社会声誉，而且也利于招贤纳士，增加企业人力资源储备，进而增强企业可持续发展能力。

（3）内部顾客满意是外部顾客满意的前提

内部顾客是产品或服务的提供者，内部顾客满意对产品或服务质量有直接影响，而且在与外部顾客接触中也会直接影响外部顾客对产品的认知和期望，从而对外部顾客满意产生好或坏的直接作用。

知识拓展

CS与CI的比较

与CS相对的概念是产生较早的CI，即企业识别。CI是企业有意识、有计划地将自己企业的各种特征向社会公众主动地展示与传播，使公众在市场环境中对某一个特定的企业有一个标准化、差别化的印象和认识，以便更好地识别并留下良好的印象。实践表明CI对企业营销与公共关系建设有非常直接的作用。但是，随着经济的发展及人们对市场认识的深化，人们开始认识到CI是商品推销时代的产物，CI的运作带有明显的商品推销时代特点，即企业按照自我理解和自我设计向市场和顾客宣传自己，CI的局限性逐渐暴露出来。于是，在CI的基础上产生了CS战略，它要求企业自觉适应市场，服从市场。

知识拓展

根据表 13-3，我们可以看出 CS 与 CI 有本质的区别。两者之所以根本不同，是因为 CS 是针对 CI 中存在的问题，并试图解决这些问题而形成的。因此，可以说 CS 是对 CI 的根本性修正，这是时代变化的必然要求，也是适者生存法则的必然结果。

表 13-3 CS 与 CI 的区别

项 目	CI	CS
价值观	以企业为中心	以顾客为中心
企业理念	以企业利益为重	以顾客价值为重
指导思想	企业主导、从内向外	顾客主导、从外向内
战略目的	提高企业业绩	达成顾客满意与忠诚
战略关键	识别	情感
战略核心	名牌战略（产品）	高品质服务（服务）
战略方法	CI 战略及方法	CS 战略及方法

（二）外部顾客满意的功能

（1）稳定已有客源和扩大新客源

外部顾客满意利于稳定已有客源，降低交易成本和保持收入稳定，维护企业生存之本。同时，外部顾客满意引起正面的口口相传也能够降低宣传成本，从而有利于扩大新客源，增加企业市场份额，提高总收入。

（2）掌握市场动态和不断推陈出新

外部顾客满意并不意味着顾客需求不会发生变化，正相反，顾客需求永远处于变动之中。在顾客满意条件下，顾客愿意将对企业产品或服务质量的改进意见和新需求提出来，企业因此能够及时掌握市场新变化和有价值的信息。在此基础上，企业可以做出正确决策并向顾客推出满意的产品或服务，并在同类产品或服务市场上保持竞争优势。

（3）提升外部顾客忠诚

顾客满意与顾客忠诚具有正相关关系，但这种正相关关系因不同行业、不同顾客、不同满意水平而强弱程度不同，表现为一种不稳定的状态。从图 13-3 中可以看到，在个人计算机、汽车等高度竞争行业，完全满意顾客比满意顾客对企业要忠诚很多。换言之，顾客满意度的轻微下降都会导致顾客忠诚度的大幅下降。相反，在垄断性较强的行业，如电话、航空公司等行业中的顾客满意度大幅下降并不会导致顾客忠诚度的大幅下降。

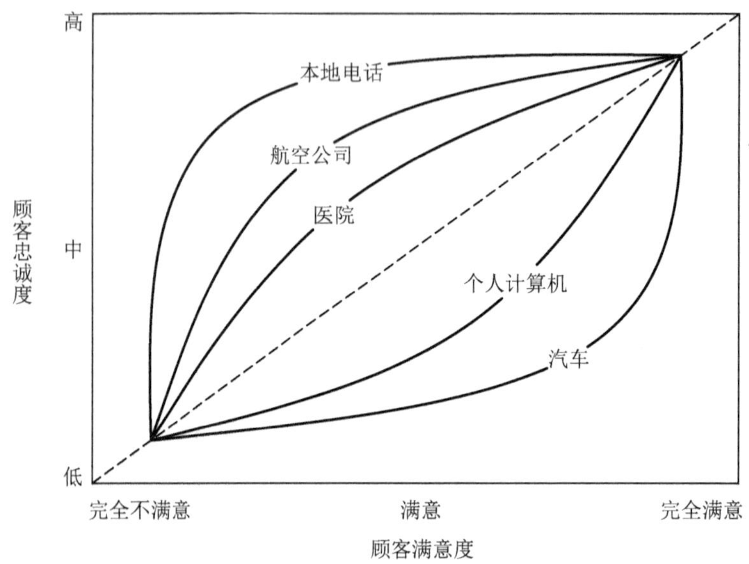

图 13-3　不同产业结构的顾客满意度与顾客忠诚度之间的关系

四、顾客满意的主要决定因素

在顾客满意理论研究文献中，普遍认可的顾客满意的主要决定因素如图 13-4 所示。

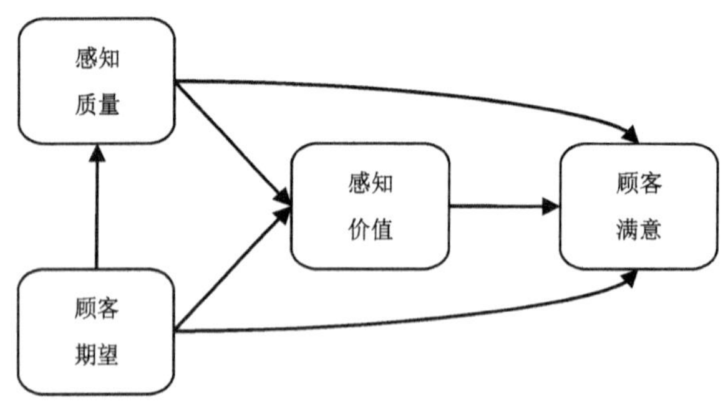

图 13-4　顾客满意的主要决定因素

1. 顾客期望

顾客期望是指顾客对产品或服务质量的预测。顾客期望体现了两方面内容：第一，顾客对产品或服务质量的经验信息，以及来自广告和口口相传等渠道的非经验信息；第二，顾客对未来产品或服务质量的预测。顾客期望会对感知质量、感知价值及顾客满意产生直接影响。

2. 感知质量

感知质量是顾客对产品或服务质量的切身体验效果。感知质量可以通过两个方面来体现：第一，产品或服务满足顾客基本需求的程度；第二，产品或服务满足顾客需求的可信赖性、标准化及无缺陷的程度。感知质量受到顾客期望的影响，同时它对感知价值和顾客满意有直接影响。

3. 感知价值

感知价值是给定产品或服务的价格条件下顾客对质量水平的感受，或者是给定产品或服务质量条件下顾客对价格水平的感受。在给定价格条件下，对质量的感受越好，感知价值越高，反之则感知价值越低。在给定质量条件下，价格越低，感知价值越高，而价格越高则感知价值越低。感知价值可直接影响顾客满意，同时它又受到顾客期望和感知质量的影响。

此外，品牌形象或企业形象也是影响顾客满意的重要因素。品牌形象是指顾客通过直接或间接的渠道，有意识或无意识地积累起来的对某品牌的综合判断，包括品牌的档次、品牌特征及总体印象等。企业形象是指顾客通过直接或间接的途径，有意识或无意识地积累起来的对某企业的综合判断，包括对企业的商业道德、社会责任及整体形象的看法等。这两者都对顾客期望和顾客满意有正面影响。

阅读资料

顾客服务与顾客服务营销的特征

1. 顾客服务的特征

服务是一种涉及某些无形因素的活动、过程和结果，它包括与顾客或他们拥有的财产间的互动过程和结果，并且不会造成所有权的转移。服务不仅是一种活动，而且是一个过程，还是某种结果。例如，个人计算机的维修服务，它既包括维修人员检查和修理计算机的活动和过程，又包括这一活动和过程的结果——顾客得到完全或部分恢复正常的计算机。与有形产品相比，服务具有以下共同特征。

1）不可感知性。这是服务最为显著的一个特征，它可以从三个不同的层次来理解。首先，服务的很多元素看不见，摸不着，无形无质。其次，顾客在购买服务之前，往往不能肯定自己能得到什么样的服务。因为大多数服务都非常抽象，很难描述。最后，顾客在接受服务后通常很难察觉或立即感受到服务的利益，也难以对服务的质量做出客观的评价。“不可感知性”大体上可被认为是服务产品的最基本特征。其他特征都是从这一特征派生出来的。

2）不可分离性。服务的生产过程与消费过程是同时进行的，也就是说服务人员向顾客提供服务时，也正是顾客消费服务的时刻，二者在时间上不可分离。服务的这一特性表明，顾客只有而且必须加入到服务的生产过程才能最终消费到服务。例如，只有在顾客在场时，理发师才能完成理发的服务过程。

3）差异性。差异性是指服务无法像有形产品那样实现标准化，每次服务带给顾客的效用、顾客感知的服务质量都可能存在差异。这主要体现在三个方面：第一，由于服务人员的原因，如心理状态、服务技能、努力程度等，即使同一服务人员提供的服务在质量上也可能会有差异。第二，由于顾客的原因，如知识水平、爱好等，也直接影响服务的质量和效果。例如，同是去旅游，有人乐而忘返，有人败兴而归。第三，由于服务人员与顾客间相互作用的原因，在服务的不同次数的购买和消费过程中，即使是同一服务人员向同一顾客提供的服务也可能会存在差异。

阅读资料

4）不可贮存性。产品是有形的，因而可以贮存，而且有较长的使用寿命；服务则无法贮存。理发、外科手术、酒店住宿、旅游、现场文艺晚会及其他任何服务，都无法在某一年生产并贮存，然后在下一年进行销售或消费。

5）缺乏所有权。缺乏所有权是指在服务的生产和消费过程中不涉及任何东西的所有权转移。既然服务是无形的又不可贮存，服务产品在交易完成后便消失了，消费者并没有实质性地拥有服务产品。以银行取款为例，通过银行的服务，顾客手里拿到了钱，但并没有引起任何所有权的转移，这些钱本来就是顾客自己的，只不过是"借"给银行一段时间而已。

2. 顾客服务营销的特征

顾客服务营销就是一门讨论如何有效开展无形服务的营销活动的学科。其研究的内容不仅包括纯粹无形服务的营销过程，也包括与有形产品组合起来向消费者提供的无形服务部分的营销活动。服务营销的研究形成了两大领域，即服务产品营销和顾客服务营销。服务产品营销的本质是研究如何促进作为产品的服务的交换；顾客服务营销的本质则是研究如何利用服务作为一种营销工具促进有形产品的交换。但是，无论是服务产品营销，还是顾客服务营销，服务营销的核心理念都是顾客满意和顾客忠诚，通过取得顾客的满意和忠诚来促进相互有利的交换，最终实现营销绩效的改进和企业的长期成长。由于服务的特征，服务营销具有一系列不同于产品营销的特征，具体如下。

1）服务营销以提供无形服务为目标。由于服务是无形的，顾客很难感知和判断其质量和效果，他们将更多地根据服务设施和环境等有形线索来进行判断。因此，有形展示成了服务营销的一个重要工具。

2）服务的不可分离性决定了服务产品的消费与服务产品的提供是同时进行的，也就是接受服务的消费者会直接参与服务的生产过程，并与服务提供者密切配合。顾客直接参与服务的生产过程及其在这一过程同服务人员的沟通和互动行为向传统的营销理论和产品质量管理理论提出了挑战。

3）由于大多数服务的无形性及生产与消费的同时进行，从而使服务具有不可运输、不可贮藏的特征，使服务供需管理不可能像有形商品那样采取时空转移（存储和运输）的办法解决产品供需在时空上分布不平衡的问题，调节供需矛盾，实现供需平衡。

4）服务的差异性导致同一服务者提供的同种服务会因其精力和心情状态等不同而有较大的差异，同时消费者对服务本身的要求也参差不齐，这就使得服务营销工作稳定性差。差异性易使顾客对企业及其提供的服务产生"形象混淆"。对于同一个企业，通过两个不同的分支机构所提供的服务，可能出现一个分支机构的服务水平明显优于另一个的情形。前者的顾客确实会认为该企业的服务质量很好，而另一个分支机构的顾客则可能认为整个企业的服务都质量低劣。这种形象的混淆将对服务产品的推广产生严重的负面影响。

5）由于服务不具有实体特征，因而不能运输，从而使得服务的分销具有不同于有形产品的特点。对大多数服务来说，要么顾客必须到生产设施所在地，要么生产设施必须运到顾客所在地。后一种情况，如教师、律师、会计师和球队的"服务能力"，可以运到需要他们的地方。专家的咨询报告、税务文书、保险单这些服务的产品形式，也都可以运输。虽然如此，表述这些文件意义的实际服务却不能运输。

6）服务的所有权缺位特征决定了在服务的生产和消费过程中不涉及任何实体的所有权转移。服务不能贮存或运输的特性也给大规模地生产和销售服务带来了限制，因此服务企业要获得规模经济的效益就必须比制造企业付出更多的努力。

第二节　顾客满意度理论模型

顾客满意度理论模型反映了顾客满意的形成机理，以下介绍几个主要理论模型的基本结构和基本思想。

一、“期望——绩效”不一致模型及其修正模型

（一）“期望——绩效”不一致模型

美国营销学者 Oliver 于 1980 年提出“期望——绩效”不一致模型，该模型对顾客满意的心理形成过程做了这样的解释：顾客在购买之前先根据过去经历、广告宣传等途径获得的信息，形成对产品或服务特征的期望，然后在随后的购买和使用过程中感受产品或服务的绩效水平，最后将感受的产品或服务的绩效与期望进行比较判断。当感知绩效符合顾客期望（中性一致），顾客既不会满意也不会不满意；而当感知绩效超过顾客期望（积极不一致），顾客就会满意；当感知绩效低于顾客期望（消极不一致），顾客就会不满意。其基本理念可以用图 13-5 来表示。

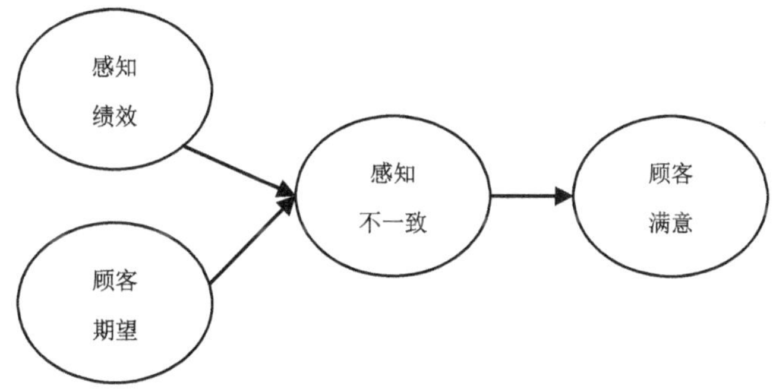

图 13-5　“期望——绩效”不一致模型

“期望——绩效”不一致模型是目前应用最广泛的顾客满意测评方法的理论依据。在实践中，几乎所有类型的企业都用以测评顾客满意度。在学术界，大多数的模型研究是围绕着该模型及其基本结构展开的，而且研究的焦点主要集中在顾客期望、感知质量和不一致等变量的影响因素上，以及这些因素是如何影响顾客满意度的。

（二）顾客消费经历比较模型

伍德拉夫（Woodruff）、卡多特（Cadotte）和詹金斯（Jenkins）于 1987 年将“期望——绩效”不一致模型中的期望标准进行了扩展，提出了基于顾客消费经历标准的比较模型。该模型认为期望不是唯一比较标准，可以用顾客消费经历作为评判标准。在“期望——绩效”不一致模型中，将比较标准限定为目标品牌（focal brand）的消费经历有一定缺陷，目标品牌之外的消费经历也应该纳入考虑范围。例如，在顾客的品牌消费经历中，某一品牌占了绝对优势时，那么顾客就可以采用基于品牌比较标准（brand-based norm）来形成满意判断，这时的参考品牌可以是目标品牌，也可以是其他任何品牌。如果顾客消费过某一产品类型中的几种品牌，那么顾客就可以采用基于产品比较标准（product-based norm）来形成满意判断，这时的参考标准就是最平常（一般）的整体绩效水平。该模型还设定了一个无差异区（zone of indifference）。当顾客对产品或服务的感知绩效落在这个无差异区内，就出现了一致；而当顾客对产品或服务感知绩效分别优于或劣于比较标准，并且落在无差异区之外，正的或负的不一致就产生了，顾客就表现出满意或不满意。

（三）顾客需要与欲望满足程度模型

在“期望——绩效”不一致模型的基础上，美国学者韦斯特布鲁克（Westbrook）和赖利（Reilly）在 1983 年提出顾客需要（need）与欲望（desire）满足程度模型。该模型认为顾客满意是顾客通过他们对产品或服务及消费行为的感受与其需求的比较所产生的心理感情状态。顾客感觉中的产品或服务绩效越能满足需求，两者之间的比较过程就越积极，顾客就越容易产生满意感；反之，顾客感觉中的产品或服务绩效越不能满足需求，两者之间的比较过程就越消极，顾客就越容易产生不满意情绪。顾客需求与欲望满足程度模型能够较好地解释产品或服务绩效、顾客需求的满足程度和顾客满意度之间的内在联系。

上面这三个顾客满意度理论模型都有自己的合理应用范围。在实际的日常生活和工作中，顾客面对自己熟悉的产品或服务时，通常会根据自己已有的经历、企业形象、口口相传等条件，形成比较准确的期望，对熟悉的产品或服务也容易评估绩效。在这种情况下，“期望——绩效”不一致模型和顾客消费经历比较模型较为实用。而当面对自己不熟悉的产品或服务时，顾客往往因缺乏必要的知识和经验而无法形成现实的期望，也很难准确评估产品或服务绩效。在这种情况下，产品或服务满足顾客需求和欲望的程度就成了决定顾客满意度高低的关键因素。

二、Kano 模型

日本学者狩野纪昭（Noriaki Kano）于 1984 年提出了一个顾客满意度模型（图 13-6）。狩野纪昭认为顾客满意度取决于产品或服务质量，并据此将产品或服务质量分为当然质量、期望质量和惊喜质量三个等级。

1）当然质量是指产品或服务应当具备的最基本质量。顾客通常认为当然质量是理所当然的属性，往往对此不做明确表述和要求。它的充分实现也不会带来顾客满意度的提升。但是，当然质量的缺失必然会导致顾客强烈不满。

2）期望质量是指顾客对产品或服务有具体要求的质量属性。它的实现程度与顾客满意度同步增长。

3）惊喜质量是指顾客预期之外，能激发顾客进一步满意的附加质量。如果产品或服务具有惊喜质量，则会导致顾客满意度大幅提升，而不具备惊喜质量也不会导致顾客产生不满意。

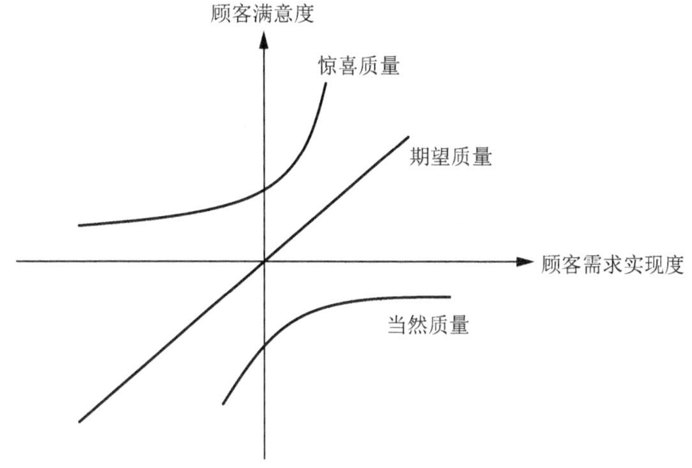

图 13-6　Kano 顾客满意度模型

由 Kano 模型可知，企业提供的产品或服务必须保证当然质量，不断改进期望质量，积极开发惊喜质量。从长期来看，随着科技进步、管理水平的提高及顾客需求和偏好的变化，产品或服务的期望质量将转化为当然质量，惊喜质量将转化为期望质量甚至转化为当然质量。另外，在这三类质量中，期望质量与顾客满意度之间呈线性正相关关系，这种关系提供了目前各种顾客满意度测评方法理论基础。当然质量和惊喜质量与顾客满意度之间则为非线性正相关关系，对此各种顾客满意度模型的拟合效果并不理想，相关的统计方法有待进一步创新。

在实际工作中，Kano 模型是一个定性分析模型，不直接用来测评顾客满意度。其作用在于对绩效指标进行分类，帮助企业了解不同层次的顾客需求，找出顾客和企业的关联点，识别使顾客满意的至关重要的因素，在顾客满意度测评前期作为辅助工具使用。

三、顾客满意度指数模型

顾客满意度指数（customer satisfaction index，CSI）模型是基于特定因果关系模型，运用多变量计量经济学方法测评顾客满意度的综合指标。CSI 模型是一个完全从顾客角度来测评一个企业、产业乃至整个国家经济运行质量的新型方法。在世界范围内，主要的指数模型有 1989 年瑞典顾客满意度晴雨表指数（Sweden customer satisfaction barometer，SCSB）模型、1994 年的美国顾客满意度指数（American customer satisfaction index，ACSI）模型和 1998 年的欧洲顾客满意度指数（Europe customer satisfaction index，ECSI）模型。下面主要介绍这三个顾客满意度指数模型的基本结构和变量之间的影响关系。

（一）SCSB 模型

瑞典于 1989 年在世界上率先建立了国家层次上的顾客满意度指数模型（图 13-7），该模型是在美国密歇根大学的福内尔（Fornell）教授等人的指导下开发的，模型共有 5 个结构变量：顾客期望、感知绩效、顾客满意度、顾客抱怨和顾客忠诚度。其中，顾客期望是外生变量，其余变量为内生变量。它们之间的关系是：顾客期望和感知绩效是顾客满意度的直接影响因素，并与顾客满意度呈正相关关系；顾客期望与感知绩效正相关。顾客满意度是中间变量。顾客满意度的结果是顾客抱怨和顾客忠诚度。顾客抱怨是顾客对产品或服务的质量提出书面或口头的抱怨，它与顾客满意度有反向关系。顾客忠诚度是顾客重购产品或服务心理倾向和行为。顾客满意度对顾客抱怨有反向影响，对顾客忠诚度有正向影响。同时，顾客抱怨与顾客忠诚度有两种关系：当是正向关系时，企业可以将抱怨顾客转变为忠诚顾客；当是反向关系时，抱怨顾客就会选择其他企业的产品或服务。

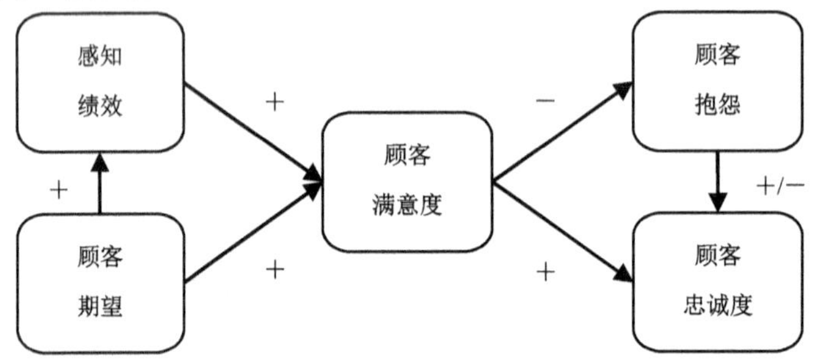

图 13-7 SCSB 模型

注：“＋”表示正相关，“－”表示负相关，“＋/－”表示正相关或负相关。

SCSB 模型中顾客满意为累积顾客满意。顾客期望是顾客预期将会得到何种质量的产品或服务，这是一种“将会期望”（will expection），而不是该产品或服务应该达到何种质量水平的预期，即“应当期望”（should expection）。模型最终变量是顾客忠诚。顾客忠诚意味着持续的重复购买、较低的价格敏感度、较少的促销费用、较低的交易成本等，是企业盈利能力的一种表现。

（二）ACSI 模型

ACSI 模型是由福内尔等人在 SCSB 模型的基础上于 1994 年创建的，它有 6 个结构变量，其中顾客期望是外生变量，其余变量都是内生变量（图 13-8）。ACSI 模型中变量之间的影响关系是：顾客期望对感知质量、感知价值、顾客满意度有直接的正向影响；感知质量对感知价值、顾客满意度有直接正向影响；感知价值对顾客满意度有正向影响；顾客满意度对顾客抱怨有负向影响，而对顾客忠诚度有正向影响；顾客抱怨对顾客忠诚度的影响取决于企业顾客抱怨处理系统，关系可正可负。

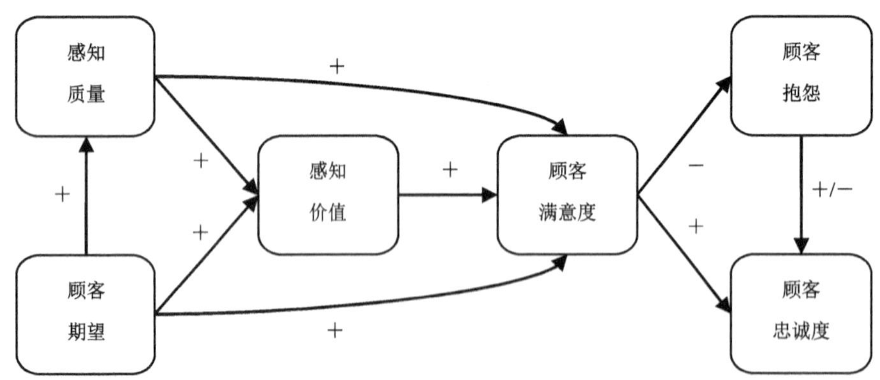

图 13-8 ASCI 模型

注：“＋”表示正相关，“－”表示负相关，“＋/－”表示正相关或负相关。

与 SCSB 模型不同的是，ACSI 模型中增加了感知质量，并将感知绩效改为感知价值。1998 年，ACSI 模型中的感知质量被修正为两部分：产品感知质量和服务感知质量。产品感知质量是指顾客对产品或服务本身质量的直接感受和评价。服务感知质量是指顾客对企业沟通质量的实际感受和评价，或者说顾客对某品牌的产品或服务的售后服务、企业人员及企业其他软件设施的质量的感受。

（三）ECSI 模型

ECSI 模型的基础是 SCSB 模型和 ACSI 模型。它主要的变量有企业形象、顾客期望、感知质量、感知价值、顾客满意度和顾客忠诚度（图 13-9）。与 ACSI 模型相比，ECSI 模型中删除了顾客抱怨变量，增加了企业形象变量，同时将感知质量分为硬件感知质量和软件感知质量两部分。ECSI 模型去掉顾客抱怨这一变量的解释是：顾客抱怨及企业对抱怨的处理应当作为服务的一个环节，是影响顾客满意度的因素，而不是结果。企业形象是指顾客记忆中和企业有关的联想和印象，包括顾客对企业的商务实践、商业道德、社会责任感及整体形象的意象评价，它对顾客期望、顾客满意度和顾客忠诚度有直接的影响。

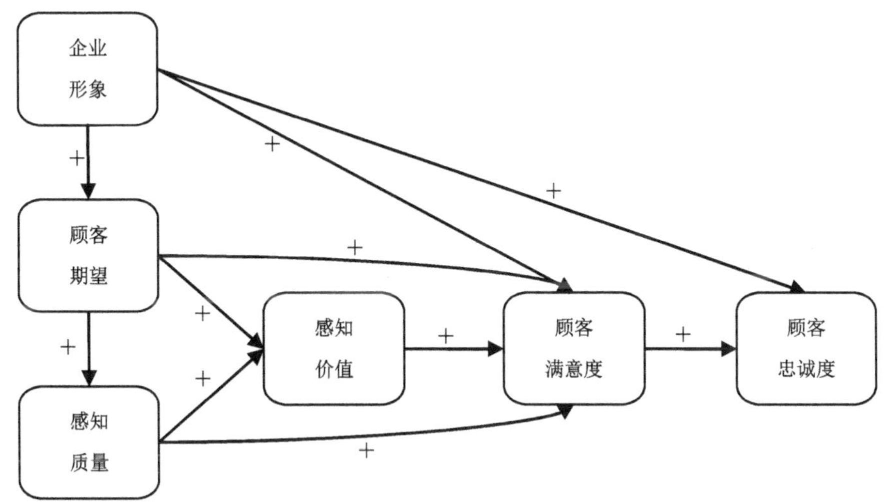

图 13-9 ECSI 模型

注：“＋”表示正相关，“－”表示负相关，“＋/－”表示正相关或负相关。

在 SCSB 模型、ACSI 模型和 ECSI 模型这三个世界知名的顾客满意度指数模型中，ACSI 模型的影响最为广泛，目前是世界各国顾客满意度指数模型研究和应用的基准和主要依据。

除了以上几个主要的顾客满意度理论模型外，学术界还提出了许多理论解释顾客满意。例如，源于公平理论的公平（equity）模型、源于归因理论的归因（attribution）模型、源自效用期望理论的遗憾（regret）模型、情感（affective）模型等。其中，公平模型主要解释公平程度如何影响顾客满意判断，若公平度越高，则顾客满意度越高，反之则越低。归因模型主要解释顾客购买的内因或外因对顾客满意度的影响，若归因于内部不可控因素，则顾客不满意会弱化，而若归因于外部可控因素，则会导致顾客强烈不满意。遗憾模型揭示了存在多种替代物情况下，顾客消费产品或服务后的遗憾程度对顾客满意判断的影响，主要结论是顾客遗憾程度越高，其满意程度越低，两者负相关。情感模型主要阐释了积极或消极的非理性情感对顾客满意判断的影响机制，基本观点是积极情感与顾客满意正相关，消极情感与顾客满意负相关。这几个都是关于特定因素对顾客满意度影响机制的模型，解释范围相对比较窄，而且有的模型结论也存在争议，本书对此不再做进一步详细阐述。

知识拓展

顾客抱怨和顾客忠诚的内涵及分类

1. 顾客抱怨的内涵与分类

顾客抱怨是一个复杂的心理和行为过程，涉及原因、动机和行为方式等多个不同角度。辛格（Singh，1988）回顾了以往的研究，找出了顾客抱怨的几个共同点：首先，顾客抱怨是由不满的感觉和情感驱动的；其次，顾客抱怨可以分为行为反应与非行为反应；最后，顾客抱怨中的各种行为方式有可能同时发生，这些行为方式之间并不是彼此对立的。辛格给出了一个普遍认同的定义：顾客抱怨是指顾客由于在购买或消费产品（或服务）时感到不满意，受不满驱使而采取的一系列（不一定是单一的）行为或非行为反应。非行为反应是指当不满意的经历发生后，顾客心理虽然不满，但在行为上仍然重复购买（多米尼克•克里，Dominque Crie，2003）。由于顾客的非行为反应时没有表现出来的抱怨，在研究时与满意而继续购买行为无法区分开，因此大多数学者只研究顾客抱怨的行为反应。

戴（Day，1984）根据顾客抱怨的目的将抱怨行为分为三类：寻求赔偿，包括直接或间接向销售者要求给予补偿；宣泄，向其他人传达自己的不满，而不是为了获得赔偿，如进行负面口头宣传；抵制，即停止购买令人不愉快的产品或服务。辛格（1988）按照抱怨行为的对象将抱怨行为分为三类：直接抱怨、私下抱怨和第三方抱怨。直接抱怨是指顾客向其社交圈之外的、与这次不满意的购买直接相关的对象进行抱怨，如零售商。私下抱怨是指顾客向其社交圈以内的、与这次不满意的购买无直接关系的对象进行抱怨，如亲戚、朋友。第三方抱怨是顾客向其社交圈以外的，同时与这次不满意的购买无直接关系的对象进行抱怨，如法律机构、大众媒体等。

2. 顾客忠诚的内涵与分类

顾客忠诚的内涵可以从两个方面来界定：一方面可以从顾客的重复购买次数、购买持续时间及购买比例等行为角度来界定，另一方面也可以从顾客口碑宣传、推荐意向和购买意向等态度视角来界定。早期对顾客忠诚的概念理解主要集中在顾客的重复购买行为上，而无法有效区分真实忠诚和虚假忠诚。虚假的顾客忠诚可能由于顾客缺乏可供选择的产品或服务而产生，因此有必要将顾客态度和行为两个维度结合起来综合评价顾客忠诚度。迪克（Dick，1994）和巴苏（Basu，1994）提出了一个基于顾客重复购买意向和重复购买行为的理论框架，将顾客细分为四种不同状态：不忠诚、虚假忠诚、潜在忠诚和持续忠诚。凯瑟琳・辛德尔（Kathleen Sindell，1998）认为顾客忠诚一个重要的方面是顾客与企业之间的情感联系。情感联系是维持顾客的真实忠诚，激励顾客继续购买并积极推荐企业产品或服务的真正原因。根据忠诚情感的来源，凯瑟琳・辛德尔把顾客忠诚分为七种类型，如表13-4所示。

知识拓展

表 13-4　凯瑟琳·辛德尔对顾客忠诚的分类

忠诚类型	特 征 描 述
垄断忠诚	市场只有一家供应企业，顾客别无选择，是低依恋、高重复购买者
惰性忠诚	因惰性而不愿寻找其他供应企业，顾客是低依恋、高重复购买者
潜在忠诚	顾客希望不断地购买产品或服务，但企业的一些内部规定或其他环境因素限制了顾客的购买行为。顾客是低依恋、低重复购买者
方便忠诚	类似于惰性忠诚。这类顾客是低依恋、高重复购买者
价格忠诚	顾客对价格敏感，倾向于提供最低价格的供应商，是低依恋、高重复购买者
激励忠诚	顾客因经常惠顾而享受企业提供的奖励。顾客是低依恋、高重复购买者
超值忠诚	这类顾客是企业产品或服务的传道者，具有典型的情感或品牌忠诚，是高依恋、高重复购买者

第三节　顾客满意策划实务

一、顾客满意策划的基本流程

从数学角度来讲，顾客满意度指数（CSI）与各影响因素的关系表达如下：

$$CSI=f(X_1, X_2, \cdots, X_n; W_1, W_2, \cdots, W_n)$$

其中，CSI 表示顾客满意度指数；而 X_1，X_2，…，X_n 表示各项影响因素；W_1，W_2，…，W_n 表示各个影响因素的权重。X_1，X_2，…，X_n 组成顾客满意度指标体系，W_1，W_2，…，W_n 组成顾客满意度指标体系的权重体系。如果 X_1，X_2，…，X_n 和 W_1，W_2，…，W_n 能够找到并可测量，而关系 f 又能确定，则 CSI 也就确定了。当 CSI 确定后，根据顾客满意实际评价效果，企业就可以实施顾客满意策划战略了。图 13-10 是顾客满意策划的基本流程。

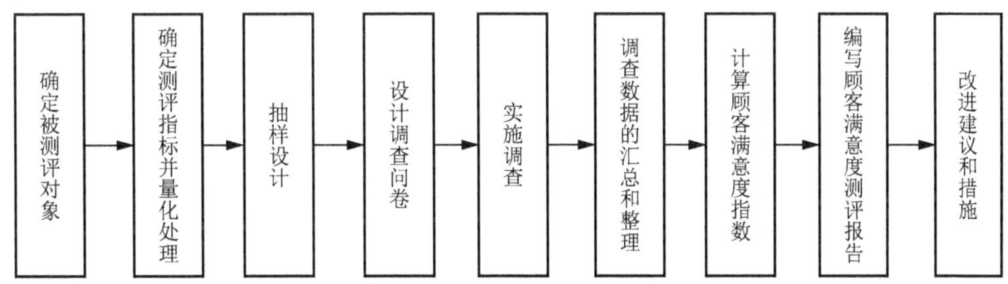

图 13-10　顾客满意策划基本流程

（一）确定被测评对象

企业的测评对象就是顾客。顾客可以是企业的外部顾客，也可以是内部顾客，具体如表 13-5 所示。

表 13-5　确定被测评的顾客对象

企业的内部顾客	企业的外部顾客
上下权力层级顾客 左右平行职能顾客 前后工序环节顾客	供应商 投资商 经销商 消费者

对外部顾客可以按照社会人口特征（性别、年龄、文化程度、职业、居住地等）、消费行为特征（即心理和行为特征）、购买和使用企业产品或服务经历来分类。确定被测评对象的目的是使设计调查问卷更具针对性。

（二）确定测评指标并量化处理

1. 建立顾客满意度测评指标体系的一般原则

建立顾客满意度测评指标体系是顾客满意度测评的核心部分，在很大程度上决定了测评结果的有效性、可靠性。顾客满意度测评指标体系建立的原则主要有以下四个。

1）准确把握顾客需求。建立的顾客满意度测评指标体系必须是顾客认为重要的，“由顾客来确定顾客满意度测评指标体系”是设定测评指标体系的基本要求。

2）测评指标必须能够控制。顾客满意度测评会使顾客产生新的期望，促使企业采取改进措施。但是，如果企业在很大程度上还不能采取行动加以改进，就应该暂不采取此测评指标。

3）测评指标必须是可测量的。顾客满意度测评的结果是一个量化值，因此设定的测评指标必须是可以统计、测量的。

4）测评指标必须具有代表性。由于顾客对产品或服务需求结构不同，而产品或服务又由许多部分组成，每个组成部分又有许多属性，如果产品或服务的某个组成部分属性不符合顾客需求时，他们就会做出否定的评价，产生不满意感。因此企业应根据顾客需求结构及产品或服务的特点，选择那些既能全面反映顾客满意状况又有代表性的项目，作为顾客满意度的评价指标。

2. 建立顾客满意度测评指标体系

以 ACSI 模型为例，该模型主要由 6 个变量组成，即顾客期望、顾客对质量的感知、顾客对价值的感知、顾客满意、顾客抱怨、顾客忠诚。其中，顾客期望、顾客对质量的感知、顾客对价值的感知决定着顾客满意程度，是系统的输入变量；顾客满意、顾客抱怨、顾客忠诚是结果变量。

顾客满意度测评指标体系分为以下四个层次。

第一层次：总的测评目标“顾客满意度指数”，为一级指标。

第二层次：顾客满意度指数模型中的六大因素——顾客期望、质量感知、感知价值、顾客满意、顾客抱怨、顾客忠诚，为二级指标。

第三层次：由二级指标具体展开而得到的指标，符合不同行业、企业、产品或服务的特点，为三级指标。

第四层次：三级指标具体展开而得到的指标，为四级指标。

测评指标体系中的一级和二级指标适用于所有的产品和服务，要确定的是三级和四级指标，如表 13-6 和图 13-11 所示。

表 13-6　顾客满意度指数测评的二、三级指标

二级指标	三级指标
顾客期望	顾客对产品或服务质量的总体期望 顾客对产品或服务满足需求程度的期望 顾客对产品或服务质量可靠性的期望
顾客对质量的感知	顾客对产品或服务质量的总体评价 顾客对产品或服务质量满足需求程度的评价 顾客对产品或服务质量可靠性的评价
顾客对价值的感知	给定价格条件下顾客对质量级别的评价 给定质量条件下顾客对价格级别的评价 顾客对总价值的感知
顾客满意	总体满意度 感知与期望的比较
顾客抱怨	顾客抱怨 顾客投诉情况
顾客忠诚	重复购买的可能性 能承受的涨价幅度 能抵制的竞争对手降价幅度

注：该表中二、三级指标是 ACSI 模型中的既定变量。

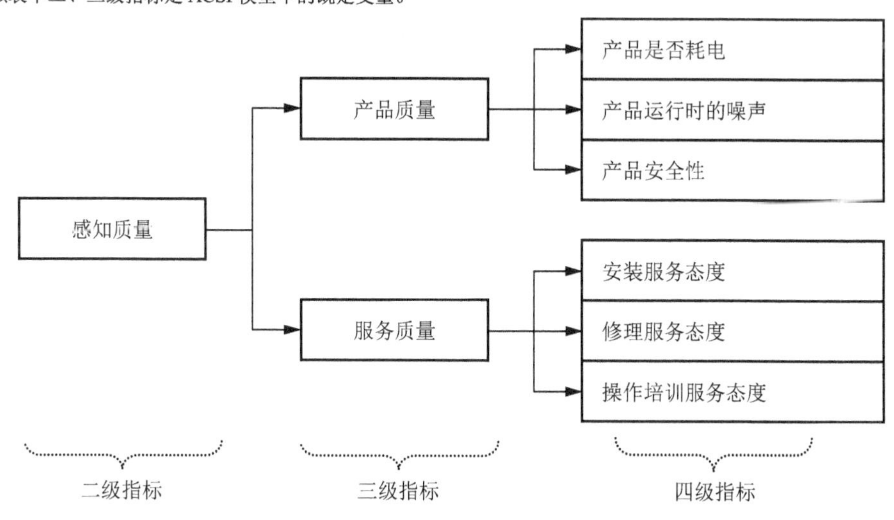

图 13-11　测评指标体系的二、三、四级指标

3. 指标的量化

（1）指标的量化处理方法

顾客满意度指数测评指标主要采用态度量化方法。一般用李克特量表，如分别对 5 级态度“满意、较满意、一般、较不满意、不满意”赋予“5、4、3、2、1”的值（或相反

顺序）。让被访者打分，或直接在相应位置打勾或画圈。表 13-5 是用李克特量表测评顾客对某产品质量满意程度示例。

表 13-7　顾客满意度指标的量化处理示例

测评指标	满意	较满意	一般	较不满意	不满意
产品包装			√		
产品外观		√			
稳定性		√			
耐用性			√		
安全性	√				

在一些情况下，许多定量的测评指标并不能直接应用李克特量表进行量化处理。为方便数据信息的搜集和统计分析，必须将这些指标转化成李克特量表所要求的测评指标。以 5 级量表为例，其转化的方法是：将指标的量值恰当地划分为 5 个层次，每个层次对应于李克特量表的 5 个赋值，这样就实现了指标的转化。

（2）确定测评指标权重的方法

在顾客满意度指数测评过程中，每项指标在测评体系中的重要性存在差异，需要赋予不同的权数，即加权。加权方法有主观赋权法、客观赋权法、德尔菲法、层次分析法等，企业可以依据测评人员的经验和专业知识选择适用的方法。

（三）抽样设计

一般进行随机抽样，可根据企业实际情况选用简单随机抽样、分层抽样、整群抽样、多级抽样、等距抽样和多级混合抽样等不同的抽样方法。较常用的是简单随机抽样，它是各种抽样方法的基础。下面介绍简单随机抽样的基本原理和样本量的确定方法。

假设总体有 N 个单元，从中抽取 n 个，要求每个由 n 个单元组成的样本有同样的概率被抽到。假定所要调查的指标为 X，并假定它们服从正态分布 $N(\mu,\sigma^2)$，调查 n 个单元，就有 n 个指标值：X_1，X_2，X_3，…，X_n，其均值为 $\bar{X}$。顾客满意度调查中，μ 是满意度真值，$\bar{X}$ 是观测值，两者之间存在一定偏差。如果给一个允许的最大偏差 d，要求 $|\bar{X}-\mu|<d$ 的可能性较大，如为 $1-\alpha$，即要求 $p(|\bar{X}-\mu|<d)=1-\alpha$，则样本量 n 可以用下面的公式近似给出：

$$n \approx \left(\frac{\mu_{(1-\alpha)/2} \times \sigma}{d}\right)^2$$

其中，$\mu_{(1-\alpha)/2}$ 是标准正态分布的 $(1-\alpha)/2$ 分位数。常用的 $1-\alpha=0.95$，此时 $\mu_{(1-\alpha)/2}=1.96\approx 2$，从而有

$$n=\left(\frac{1.96\sigma}{d}\right)^2 \approx 4\left(\frac{\sigma}{d}\right)^2$$

其中，σ 可以根据以往数据估计出来，企业可以设定不同的 d，然后依据以上样本量近似计算公式大致估算出要调查的样本量。

（四）设计调查问卷

按照已经建立的顾客满意度测评指标体系，把三级指标展开为四级指标，四级指标即为调查问卷上的问题。设计调查问卷是整个测评工作中关键的环节，测评结果是否准确、有效，很大程度上取决于此。

1. 调查问卷的设计思路

第一，明确顾客满意度指数测评目的：①了解顾客的需求和期望，调查顾客对质量和价值的感知，制定质量标准；②计算顾客满意度指数，识别顾客对产品的态度；③通过与竞争者比较，明确本企业的优势和劣势。

第二，将四级指标转化为问卷上的问题。

第三，对设计好的调查问卷进行预调查，一般抽取30～50个样本，采用面谈或电话采访形式，除了解顾客对产品或服务的态度外，还可以了解顾客对问卷的看法，然后进行适当修改。

2. 调查问卷的基本格式

调查问卷的基本格式包括介绍词、填写调查问卷的说明、调查的问题和被访者的基本情况。

（1）介绍词举例

尊敬的用户：

您好！我们是R公司，于本月开展用户满意度的调查。目的是获得大家对公司产品和服务的客观评价，以便我们持续改进，使用户真正满意。

感谢您的参与和配合！对于每份有效问卷，我们将赠送一份实用的礼品给答题者。

（2）填写调查问卷的说明

为了使答卷规范，便于整理和统计，一般提出答题的要求。例如：请在您认为合适的项目方框内打“√”，或在画横线处填写文字。

（3）调查的问题

问卷中的问题可分为封闭式、开放式和半开半闭式三种。

1）封闭式的问题。封闭式的问题包括两种基本形式：是非题和多选题。是非题一般采用“是”或“否”、“有”或“无”的答题方式。多选题一般会给出三个或多个答案，被访者可以从中选择一个或多个答案。

是非题示例：您是否对本产品安全性能满意？A. 是　B. 否

多选题示例：您喜欢哪类小说？A. 武侠　B. 科幻　B. 纪实　C. 历史

2）开放式的问题。开放式的问题一般不给出答案，任由被访者自由发表意见。例如：您每年图书支出为______元。

3）半开半闭式问题。常见的是在封闭式问题的选择项后面，增加开放式的回答。例如：您喜欢哪类小说？______。

A. 武侠　　B. 科幻　　C. 纪实　　D. 历史　　E. 其他

（五）实施调查

企业可选择自己或委托专业调查机构实施问卷调查工作。相对来说，委托专业的调查机构进行顾客满意度调查比较客观、科学、公正，可信度较高，但费用也高，大多企业采用自己调查的方式。

内部顾客满意度的调查方法常见的有三种：①问卷调查；②不记名意见箱（可以是实物的信箱，也可以是电子邮件信箱）；③面谈访问。

对外部顾客满意度的问卷调查，较常用的方法有以下几种。

1）面谈访问。可以与一个被访者面谈，也可以与几个被访者集体面谈。调查可以比较深入，但人力成本高，覆盖面不够广，且易受调查人员的素质水平影响，客观性不强。

2）邮寄问卷调查。这种方法调查范围广泛，但回收率低，且时间拖得较长。

3）电话调查。这种方式比较直接、快捷，但是受时间限制，调查得不能太深入。

4）电子邮件调查。将设计好的调查问卷，以电子邮件的形式发送给顾客，让顾客在计算机上填写完问卷，以邮件回复，或者打印出来，填写完毕后用传真的形式回复。

5）互联网上调查。在企业主页上放置调查问卷，访问者直接填写完后提交就可以。

6）留置问卷调查。上门访问，留下问卷，过一段时间再回收。

企业还可以通过报纸、网络、行业协会、政府报告等渠道获得二手资料，这些资料的详细程度和资料的使用价值参差不齐，但可以作为正式深度调查前的重要参考。

（六）调查数据的汇总和整理

收集问卷后，应统计每个问题的每项回答的人数（频数），及其所占被访者总数的百分比（频率）。除了专业统计软件，一些常用办公软件也大都具备统计功能，可以进行数据汇总和统计分析。

在数据的整理过程中，还应了解问卷设置的测评指标对总体评价的影响趋势和影响程度。如果设定总体评价高于 80 分的为满意评价，低于 80 分的为非满意评价，就可以分析单项测评指标（如产品耐用性）的频数和频率对总体评价有何影响。例如，产品耐用性测评频率高时，总体评价是否偏向“满意”；反之，总体评价是否偏向“不满意”。

（七）计算顾客满意度指数

计算顾客满意度指数的方法大致有以下两类。

1. 加权线性组合法

加权线性组合法是指对于指标体系中各子项的满意度，按照加权线性组合方法计算出总体满意度，并探讨各子项满意度与总体满意度之间的关系。按此法计算 CSI 的公式为

$$\mathrm{CSI}=\sum_{i=1}^{n}W_iX_i$$

其中，n 为影响顾客满意度的关键因素的个数，W_i 为第 i 个因素的权重，X_i 为第 i 因素的得分。

加权线性组合法主要存在两个方面的问题：第一个问题是权重确定的方法，如果采用专家法确定权重则主观性太大，而使用排序法或者 AHP 法则需要在问卷中增加对权重的调查，使得问卷变得很长，影响被调研数据的质量；第二个问题是指标的选取，针对不同的行业，很难将影响该行业顾客满意的指标因素考虑周全。这两个基本问题使得加权线性组合法很难成为主流的 CSI 测评方法。

2. 结构方程法

结构方程法是指对于指标体系中各项指标，基于因果关系模型，采用计量经济学方法进行参数估计，确定各项指标的相对重要性及对总体满意度的边际贡献。

目前，估计结构方程模型参数的方法很多，应用最广泛的是 Joreskog 等人提出的 LISREL 方法，并开发了专门的 LISREL 软件来实现具体算法，软件中提供了包括极大似然估计法、两阶段最小二乘法、广义最小二乘法等多达七种估计方法。利用 LISREL 方法，可以很方便地估计出构造 CSI 的各个观测变量的权重。但是，对于模型中的多个观测变量，由于其内在关系，它们之间不可避免地存在多重共线性，尤其对于代表同一结构变量的几个观测变量，它们之间的多重共线性严重影响了 LISREL 方法估计的有效性。因此，大多数使用结构方程法的 CSI 都未使用 LISREL 方法。

从最早的 SCSB 模型到 ACSI 模型及 ECSI 模型等指数模型，测评 CSI 都使用了偏最小二乘法（partial least squares，PLS）估计结构方程参数。偏最小二乘法最早应用于化学分析领域，主要用于当样本量不足和存在多重共线性时，传统回归分析方法会失效的问题。偏最小二乘法通过从观测变量中提取偏最小二乘成分，比较有效地消除了变量多重共线性的影响。除此之外，偏最小二乘法还在变量的分布假设、异方差性等方面约束较少。基于同一个基本测评模型，结构方程法在构造 CSI 时具有很好的可比性。ACSI 模型的奠基人福内尔称其为“第二代多元回归分析方法”。

总之，不管按照哪一种方法，计算出顾客满意度之后，企业不仅对顾客满意总体状况有所了解，而且对各个指标变量的贡献也有所了解，能够找出顾客满意管理中企业表现与顾客期望、需要之间的差距，以及企业表现与竞争对手表现的差距，制定出改善顾客满意度的有效措施。

（八）编写顾客满意度指数测评报告

顾客满意度指数测评报告的一般格式：题目、报告摘要、基本情况介绍、正文、改进建议、附件。其中，正文部分包括测评的背景、测评指标设定、问卷设计检验、数据整理分析、测评结果及分析。

（九）改进建议和措施

按照测评结果，制订详细的改进计划和措施，把报告中提出的改进建议落实到相关部门和责任人，以达到持续改进、增强顾客满意度的目的。

二、顾客满意度的管理策划

顾客满意度的管理是基于顾客满意度测评结果，深入了解影响顾客满意度的各项因素，提出创新性改进措施，不断增强顾客满意度。顾客满意度的管理的最高目标是不断提高顾客忠诚度，防止顾客流失。

（一）了解顾客需求和引导顾客期望

顾客满意营销从原来的产品导向转变到顾客导向，以顾客的需求为出发点，在产品开发上，以顾客的需求为源头，做到站在顾客的立场上研究和设计产品和服务，尽可能地预先把顾客的“不满意”从产品本身（包括设计、制造和供应过程）去除，并顺应顾客的需求趋势，预先在产品、服务和企业多方向创造顾客满意。通过发现顾客的潜在需求并设法用产品或服务去满足这些需求，使顾客感受到意想不到的满意，并不断完善服务系统，最大程度地使顾客感到安心和便利。

20 世纪末期，新的 4C 营销策略——顾客（customer）、成本（cost）、便利性（convenience）和沟通（communication）在实践中发挥了巨大作用，其最大的变化是将顾客的地位升到首位，以“顾客为中心”实施顾客满意营销。

1）重视产品或服务质量。质量是产品或服务的生命，产品或服务的功能即使能很好地满足顾客需求，但如果质量不好，也难以达到顾客满意，实现顾客的有效消费。加强质量管理要严把原材料关，加强生产过程工艺控制，加强仓储与运输管理，保证产品或服务质量在到达消费者手中时没有任何缺陷。

2）减少顾客满意成本。顾客满意成本不仅包括顾客购买产品或服务所支付的货币，还包括顾客体力和精力的付出，如排队、屡屡换货、获得关联产品和配件的难易度等。在条件允许范围内，企业应尽可能地减少顾客货币成本、精神成本和体力成本，使顾客获得成本上的相对满意感。

3）为顾客提供便利。企业在生产经营过程中，不仅要考虑产品或服务的质量与价格，还必须提供顾客获得商品信息的便利性、购买的便利性（如交通便利、停车便利、携带便利等）、购买后使用的便利性等。

4）提高沟通服务水平。以顾客满意为导向，建立企业与顾客双向信息沟通循环系统。以顾客满意度调查为手段，不断反馈企业目标市场的顾客需求动向、顾客期望、顾客感知价值等信息，视顾客抱怨为企业增加销售和获取利润的机会。同时，根据顾客反馈的不满意，改进产品或服务质量，向顾客提供真正所需要的价值，达到顾客满意、企业获利的目的。沟通服务质量很大程度上取决于与顾客直接接触的一线员工。要想满足顾客、留住顾客，企业需要建立完善的员工满意激励体制，培养高效的员工。

在产品或服务种类日趋多样、技术条件日趋复杂的情况下，企业的沟通信息在很大程度上成为顾客认知标准的信息来源。顾客期望是顾客购买和使用企业产品或服务的一个预测性标准。价格、促销、渠道、口碑、便利性、企业形象、公共关系等因素都是影响顾客期望的因素。企业利用这些因素或方式积极引导顾客期望，既不夸大，也不歪曲或隐藏相关信息，做到实事求是。员工应与顾客进行广泛的交流，提示他们可能会发生的问题，以引导和修正顾客的期望，而不能等到问题发生时，令顾客失望。

（二）建立顾客信息数据库，识别创造价值的顾客

顾客信息数据库是识别不同价值类型顾客的基础工具，能为企业营销决策提供适时

信息，也可以作为监测顾客满意度变动趋势的重要平台。本着“宁滥勿缺”的原则，企业首先要尽可能地从各种渠道获取与存储顾客信息，然后对顾客信息进行适当的整理、分析和数据挖掘，依据一定标准或法则确定顾客类型，最后再根据不同的顾客类型选择相应的营销策略。企业顾客信息数据要由专人维护与更新，保证顾客数据库的有效性，能及时为顾客满意度分析和营销策划决策提供必要参考和依据。

根据顾客对于企业的价值，可以将顾客划分为三类：最有价值顾客（most valuable customer）、最具增长性顾客（most growable customer）和负值顾客（below zero customer）。企业应当视最有价值顾客和最具增长性顾客为“上帝”，而对负值顾客则需要根据具体情况采取不同策略，甚至需要不惜舍弃负值顾客。因为负值顾客给企业带来不了任何价值，只会耗用企业资源。

在识别创造价值的顾客过程中，管理人员必须知晓以下三个方面的问题。

1）哪些顾客对本企业最忠诚，最能使本企业盈利？管理人员应识别消费数额高、付款及时、不需要多少服务、愿意与本企业保持长期关系的顾客。

2）哪些顾客最重视本企业的产品和服务？哪些顾客认为本企业最能满足他们的需求？

3）哪些顾客更值得本企业重视？任何企业都不可能满足所有顾客的需求，企业应尽力留住重要的顾客。

80／20 法则是一个识别顾客类型的实用方法。80／20 法则指出：在因和果、投入和产出、努力和收获之间，存在着不平衡关系。典型的情况是：80%的收获来自 20%的努力，80%的销售额来自 20%的顾客，80%的利润来自 20%的顾客。威廉·谢登（William Sherden）把它修改为 80／20／30，其含义是 20%的顾客创造了公司 80%的利润，而其中的一半被 30%的没有盈利的顾客所消耗。因此，它不但帮助企业获取、保持客户，提升客户价值，更重要的是帮助企业识别有价值的客户。对企业来说，将大部分营销预算花在那些只创造公司 20%利润的 80%的顾客身上，无疑也是一种浪费或是效率低下。事实上，无论是一对一营销还是顾客关系管理技术等现代营销思想，已经以一种“顾客分类管理”的方式“不公平”地对待了“三六九等”不同级别的“上帝”。

运用 80／20 法则的营销策略的核心是在对顾客价值进行全面分析的基础上，对顾客进行细分，根据顾客重要程度合理分配营销力量。其成功的关键是确定带来 80%利润的 20%的顾客在哪里，并且留住他们，然后，赋予这 20%的顾客最高的优先级。这部分目标顾客分解越精细，执行效率和效果越好。在营销过程中，企业不仅要对顾客进行“量”的分析，而且还要进行“质”的分析。有些关键顾客，或许他们的购买量并不大，不能直接为企业创造大量的利润，却可以产生较大的影响，如颇具实力的名人，较具修养的高品质顾客群等。

（三）防止顾客流失，培养顾客忠诚

1. 防止顾客流失

企业存在的目的不仅仅是为了得到顾客，更为重要的是保持顾客，防止顾客流失，在不断提高顾客满意度的基础上建立顾客忠诚，是企业营销的一项根本性的战略任务。因此，必须对顾客流失的可能原因进行调查和分析，然后制定应对措施。一般而言，造

成顾客流失的原因复杂多样，大致可以从主观和客观两方面加以分析。

（1）主观原因

1）产品因素。例如，产品质量低劣或不稳定，品种单一或不全，样式单调或陈旧，产品附加值低，价格缺乏弹性，产品销售渠道不畅，广告宣传虚假，售后服务滞后，投诉处理效率低，产品缺乏创新等。

2）服务因素。例如，服务环境脏，服务秩序乱，服务态度差，服务能力弱，服务效率低，服务设施落后，服务流程烦琐，服务项目不全，服务环节欠缺，服务数量不足，服务渠道不畅，服务缺乏个性化与创新化，收费不尽合理等。

3）员工因素。例如，仪表不整，言行不一，缺乏诚意与尊重，缺乏责任心与事业感，知识面窄，能力不强，整体素质差等。

4）企业形象因素。例如，对产品形象、服务形象、员工形象、企业的生活与生产环境形象、企业标志、企业精神、企业文化、企业责任、企业信誉等的不满。

（2）客观原因

1）顾客因素。例如，顾客往往对产品或服务期望太高，而实际的消费体验比较差，所以心理不平衡，产生了不满情绪。当然，由于顾客消费的多样化、多层次化、复杂多变性和非理性化，因此，顾客在消费时，并不承诺放弃尝试其他企业的产品或服务。另外，由于购买力的提高，其需求与期望也会发生相应转移，顾客可以把货币选票投给自认为有价值的产品或服务上。

2）竞争者因素。竞争者通过正当手段或不正当手段建立了某种竞争优势，“挖”走了或吸引走了本企业顾客。

3）社会因素。例如，社会政治、经济、法律、科技、教育、文化等方面的政策对顾客的购买心理与购买行为的影响。

4）其他因素。例如，战争、季节、时令、自然灾害等因素而使顾客流失。

针对顾客流失的情况，着眼于当前的应急性措施，重点抓好两项工作：访问流失的顾客，正确处理顾客投诉；提高解决顾客投诉问题的效率，争取把流失的顾客找回来。着眼于长远的永久性措施，应该树立顾客满意理念，提供令顾客满意的产品和服务，维持和提升企业形象，制定措施，改进企业工作中的缺陷，预防问题再发生。因此，更为重要的是事先预防顾客流失，培养顾客忠诚。

2. 培养顾客忠诚

顾客忠诚包括两个层面：内部顾客忠诚和外部顾客忠诚。

（1）内部顾客忠诚

内部顾客忠诚通常指的是内部员工忠诚。内部员工忠诚度可以用自愿离职率来表示，该指标与员工忠诚度负相关。一般来说，忠诚的员工往往具有较强的进取心、工作责任心和创新能力，他们重视自己的工作、热爱企业，关心企业的发展；工作中兢兢业业，恪守职责，能够认真贯彻实施企业制定的目标，具有较强的忠诚心和献身精神。企业增强竞争力的关键就是要塑造一支忠诚的员工队伍，通过这个桥梁传递企业的形象，表达企业的思想和品质，扩大企业的影响力和知名度，形成一定的品牌效应，进而培育一支忠诚而稳定的外部顾客群，提升企业的销售业绩和市场份额。因此，内部顾客满意和忠诚是外部顾客满意和忠诚的前提条件。

（2）外部顾客忠诚

外部顾客忠诚的内涵：愿意再度购买；向同一企业购买其他产品或服务；愿意将此企业推荐给其他人；拒绝采用其他竞争者的同性质产品（或服务）。若出现一项或部分项，都不能表明外部顾客是忠诚的。

1）外部忠诚顾客的形成是一个过程，在不同阶段有不同的管理策略和侧重点。

①起始阶段。在起始阶段，顾客对产品甚至企业不熟悉，缺乏信任感，多半都抱有一种“尝鲜”的心理，此时，企业除了在产品或服务的质量及性能上有保障之外，还应有更多的情感投资，以期获得顾客的好感，形成一定的满意度。

②强化阶段。虽然大量事实证明顾客满意是顾客忠诚的必要而非充分条件，满意的顾客并非一定忠诚，但忠诚顾客往往都是从满意顾客中逐步形成的，特别是在一些竞争程度相当高的行业中，顾客满意度与其忠诚度有很强的正相关关系。一般而言，只有顾客对企业产品和服务的满意程度达到一定水平时，才会有忠诚于企业的意愿。当这种满意程度得到进一步提升时，才会产生忠于企业的行为。

2）在具体实践中，外部顾客忠诚往往被定义为在一定时期内重复购买的行为，可以用购买频率来衡量。为了培养外部顾客忠诚，企业可以对那些达到一定购买频率的外部顾客给予特别关注和奖励，建立企业与外部顾客之间的特定关系。

①个性化超值服务。企业可以通过对于购买频率高的外部顾客给予个性化超值服务来增强顾客满意度和忠诚度。例如，医药公司帮助医院管理存货、订货、购入及商品的堆放等个性化服务；旅店可对常客提供高级别住宿等个性化服务；航空公司给予常客优先候机、额外携带行李等超值服务。

②会员制度。利用顾客信息数据库，建立外部顾客忠诚档案库，实施会员制度。外部顾客一次购买或购买一定数量，或者缴纳一定费用就自动成为企业会员。按照一定等级，企业可选择适当时机发放优惠卡、优惠券、优先权证等给予顾客奖励，或者向会员定期免费发放有关产品或服务的有趣说明书、杂志、文章、生日贺卡或礼物等来创造联络机会，或者择机邀请会员参加一些游艺活动来加深情感联系。

（四）采取服务补救措施，积极处理顾客抱怨

当感知质量未能达到顾客期望时，通常顾客会表现出不满意，甚至抱怨。对于顾客抱怨，企业服务补救得当，可以改善顾客不满情绪。如果服务失误，通常会导致顾客流失，严重的会给企业带来坏口碑，争取新顾客就会非常困难，费用较高。对于服务失误，传统的管理办法是顾客抱怨处理，企业要求那些遇到服务失误的顾客向企业提出抱怨。然后，企业分析这些抱怨，从管理者角度对其进行处理，其原则是“不抱怨不处理”。处理方式一般有平抑怒气法、委婉否认法、转化法、承认错误法、转移法等。这些方法都不是建立在顾客导向基础上的，服务补救才是真正建立在顾客导向基础上的，它与顾客抱怨处理是不同的。

服务补救涵盖了服务失误一经发生但顾客并未提出抱怨的情景，它要求企业主动地去发现服务失误并及时地采取措施对失误进行补救，具有实时性、主动性、前瞻性等特点，其目的是将服务失误对企业所带来的负面影响减小到最低限度。因此，企业需要建

立服务补救预警系统对服务补救全过程进行跟踪，预测服务失误可能发生或出现的环节，及时发现服务系统中一系列亟待解决的问题，并及时修正服务系统中的某些环节，进而有效避免服务补救现象的发生。

服务补救的关键是快速反应。当发现顾客有不满未投诉或已发生顾客抱怨时，企业反应越快，服务补救的效果往往越好。快速反应可以显示出企业真正关心顾客的利益，能有效地缓解顾客的不满情绪，消除信息扩散，避免造成不良口碑。快速反应包括以下内容。

1）真诚道歉。服务补救通常是先解决顾客情感再解决顾客的问题，真诚的道歉为进一步解决顾客问题提供了良好氛围。“我非常抱歉给您造成这么大的麻烦”，虽然只是一句简单的道歉，却可以在第一时间舒缓顾客的怨气，避免矛盾冲突进一步升级扩大。道歉的过程，一线员工要特别注意自己道歉时的语言、动作、态度，不能让顾客感到有敷衍不屑的情绪。

2）公平解决顾客问题。公平是解决顾客问题的关键。公平主要表现在三个维度：补救结果公平、补救过程公平、补救互动公平。补救结果公平是指服务补救结果在产出与投入方面合理公平。企业需要更好地了解顾客对服务补救的期望，使顾客投诉的成本最省，而且服务出现失误时，要给顾客选择补救结果的机会，而不是单方面做出决定。补救过程公平是指服务补救的方式、方法及决定补救结果的过程合理公平。企业在接到投诉后，应该立刻进行处理，这是过程公平的核心所在。补救互动公平是指顾客与企业补救人员接触感知公平。在与顾客接触中，补救人员应该向顾客展示自己的礼貌、友好和诚实，为服务失误做出解释，尽最大努力解决问题，使顾客感受到被尊重。

3）物质补偿。在进行补偿时，需要掌握合理的尺度，即在挽回顾客和补偿成本之间寻求一种相对平衡：一方面补偿要能打动顾客，另一方面补偿行为不能给企业造成经济负担。因此，采取补救行动前企业需要考虑下列因素：补偿措施的成本、顾客对企业的价值、顾客影响他人的能力、同该问题有关联的员工的观点和看法。综合考虑这些因素后，企业定出补偿底线和方式，然后与顾客进行协商解决。更重要的是，在一定范围内，企业应当授权一线员工处理各类顾客抱怨，切忌延误服务补救的最佳时机。

4）积极监测顾客不满信息。一线员工要记录好顾客抱怨与投诉的意见、处理过程与处理方法等每个细节，以便日后跟踪反馈。通过反馈，企业可以知道服务补救是否为顾客所接受，是否扭转顾客对企业的不良印象。服务补救不止是消除顾客抱怨、增强与顾客联系的良机，它还是一种极有价值但常被忽略或未被充分利用的具有诊断性的能够帮助企业创新和提高经营绩效的信息资源。企业可以通过市场调查、开通免费专线、公开电子邮箱等渠道主动收集顾客不满信息，仔细研究可能的服务补救需要，做到早发现早纠正。

（五）避免顾客满意度管理中的一些常见误区

1）顾客满意是企业经营成功的法宝。有的企业以为只要推出的产品或服务符合顾客的需求，顾客满意了，财源就会滚滚而来。殊不知，企业经营取得成功要靠市场认可的产品和服务质量水准，以及与竞争对手的对比优势。顾客满意仅仅是顾客最起码的要求，是企业在市场竞争上角逐的必要条件，而非充分条件。

2）顾客满意就是要不惜一切代价让顾客高兴。有的企业认为让顾客满意就是要不惜一切代价让顾客高兴，如一醉汉闹事，员工忍气吞声。这种做法当然不值得提倡，因为让顾客满意的需求是其合理的需求，不是无理甚至不合法的需求。如果涉及员工的个人安全的时候，采取防卫措施还是很必要的。企业及员工与顾客交易过程当中，双方是平等的。如果企业要求员工不惜一切代价取悦顾客，这样不仅会导致企业成本增加，还会降低员工的地位，牺牲员工的利益，最终影响企业的发展。因此，企业在让顾客满意时，也应根据实际情况对顾客说不，不能不惜一切代价地满足顾客的要求。

3）顾客满意是要让每名顾客都满意。许多企业设法提高所有顾客的满意程度，试图令所有顾客都达到完全满意，这种做法是不正确的。事实上，每个顾客对企业的价值贡献是不同的，这要求企业在开展经营活动的过程中，第一，应该差别对待不同顾客的满意度，不要幻想留住所有顾客；第二，企业应特别重视能让企业盈利的顾客，不要一味将资源用在所谓的大顾客身上，必要时应剔除一些服务成本太高的顾客；第三，不要盲目开发新顾客，应坚持以最忠诚的顾客为标准去寻找新顾客，分析企业现有忠诚顾客，找出这些顾客的共同特点，并据此寻找最合适的顾客。

4）顾客满意等同于顾客忠诚。顾客满意只是顾客在特定时间对于产品与服务质量感知超越期望时的心理状态。顾客忠诚表示顾客有持续购买行为。毫无疑问，满意的顾客更有可能成为忠诚顾客，忠诚顾客通常对产品也是极为满意的。但是，使顾客满意不一定能获得顾客的忠诚，满意度不断增加并不代表顾客对企业的忠诚度也在增加，顾客满意策划战略的最高目标是提升顾客的忠诚度，而不是满意度。

小　结

顾客是一个相对广义的概念，有两类基本的顾客群，即外部顾客与内部顾客。

顾客满意是指顾客通过对一个产品或一项服务的感知效果与期望效果相比较后，所形成的愉悦或失望的心理状态。从横向看，顾客满意度包括理念满意、行为满意、视听满意、产品满意和服务满意。从纵向看，顾客满意包括物质满意、精神满意和社会满意。

顾客满意度是顾客满意的量化描述，通常可以分为五个、七个或多个层级。

顾客满意有提高企业内部效率、提升企业形象、利于引进人才、稳定已有客源、扩大新客源、利于创新和增加顾客忠诚等功能。

顾客满意度的主要的决定因素包括三类：顾客期望、感知质量和感知价值。顾客满意度理论主要包括："期望——绩效"不一致模型、顾客消费经历比较模型、顾客需要与欲望满足程度模型、Kano 模型、顾客满意度指数模型等。

顾客满意策划基本流程包括确定被测评对象、确定测评指标并量化处理、抽样设计、设计调查问卷、实施调查、调查数据的汇总和整理、计算顾客满意度指数、编写顾客满意度指数测评报告、改进建议和措施九个步骤。

顾客满意策划的目的是培养顾客忠诚，防止顾客流失。具体实践中的做法和注意事项包括：了解顾客需求和引导顾客期望；建立顾客信息数据库，识别创造价值的顾客；防止顾客流失，培养顾客忠诚；采取服务补救措施，积极处理顾客抱怨；避免顾客满意度管理中的一些常见误区。

案例分析

顾客服务失误案例——“国美的故事”

7 月 8 日中午，家与国美南山店仅一路之隔的张先生在国美南山店订购了一台科龙空调。国美导购小姐承诺并在其开具的“安装维修施工单”上注明了预约安装时间为 7 月 9 日晚 19: 00。

7 月 9 日，张先生早早地回到了家里等待空调安装人员来安装已经送到家的空调，然而，19: 10 分左右，既无任何人上门安装空调，也无任何人通知是什么原因。约 19: 25 张先生根据施工单上提供的电话 83401999 拨了过去，一位小姐接了电话。张先生反映了情况，经接线小姐核实，此空调今天并没有安排工程人员安装。于是张先生很生气，要求向其经理反映，接线小姐经尝试转接电话后告诉张先生其经理正在电话中处理事务；张先生要求等，接线小姐同意了。可是 5 分钟过去了，张先生还是不能等到与其经理通话。张先生很无奈，要求接线小姐通知其经理在 30 分钟内回电话并留下了自己的手机号码。30 分钟过去了，40 分钟过去了，没有任何人给张先生打电话。怒气冲冲的张先生推开了家门，走进了一路之隔的国美南山店。

张先生快步走到了一楼的服务台，对着一位坐在服务台的先生（以下称甲先生）大声问：“你好，你们经理在哪里？”

甲先生站了起来:“您找我们经理有什么事？”

“当然有事。”张先生大声说。

“什么事？您和我说吧。”

“你可以做主吗？”张先生反问道。

甲先生没有回答张先生的问题，坚持道:“您还是和我说吧。”

张先生:“我跟你说可以，只是你要负责到底。”然后张先生将今天未能按预约时间安装空调及刚才电话投诉的情况复述了一遍。最后问:“空调是在你们这个商场买的，这是怎么回事？你们卖了空调后就什么也不管了吗？”

甲先生听完了之后:“对不起，请您稍等一下。”然后拨打电话给 83401999: “你好，我是国美南山店的，现在我这里有位张先生投诉你们。”说到这里，甲先生抬起头来说:“张先生，请您和小姐再说一下！”

“我为什么还要说，不是已经和你们说过了吗？”此时张先生意识到 83401999 应该是科龙公司的电话。

甲先生看到顾客张先生不愿意再复述，就没有再坚持，把刚才投诉的情况在电话里又重述了一遍。最后问:“是不是有这么回事？”

在得到对方的确认后，甲先生开始抱怨起对方。

已经很不耐烦的张先生看见甲先生反映的情况已经得到对方的确认，于是要求甲先生尽快提供解决方案。

甲先生要求对方马上派出空调安装人员。对方也同意了。之后，甲先生征询张先生的意见。无奈的张先生只好同意，可是要求商场提供确切的到达时间。

甲先生只好再次给 83401999 打电话，然而对方不能立即答复具体时间，并允诺在 10 分钟内给回复。

张先生在服务台前站着并焦急地数着逐渐消逝的分钟数。在张先生数到 10 还没到 11 的时候，科龙的电话回复到了甲先生。然而，出乎意料的是对方现在根本派不出人手，如果实在要派，也要到很晚，他们也很担心在居民小区可能无法安装作业。因此建议明天一早派人安装。

张先生一听，火“腾”地冒了上来，将自己的手机重重地拍在服务台上，大吼道：“我不要货了！”

甲先生一听，连忙放下电话并劝解张先生。

张先生坚持对厂家的售后服务不满意，并强烈表示如此的服务怎能对产品有信心。因此坚持要求退货，并且情绪已经非常激动。

甲先生此时已经无计可施，只好声称退货的事只由科龙售货组的人处理，并希望张先生到楼上该售货组处理，可是张先生坚持要求见经理并坚持要求退货。甲先生只好通过扩音广播请求相关经理速到服务台。

可是时间又过去了 10 多分钟，仍然见不到甲先生声称可以解决退货问题的经理。甲先生在张先生的不断大声催促后，自己只好到楼上寻找这位经理。

一段时间过去了，张先生焦急地等待着。又过了一段时间，甲先生下来了，并带来了一名 B 经理。

B 经理走到张先生面前：“您好，我是这里的负责人，听说您要求退货，这是怎么回事？”

张先生猛然提高声音大叫道：“他妈的，怎么回事，我已经说了这么长时间，还需要我说怎么回事？”边说，边将服务台上的空纸杯重重地砸到服务台里面，迅速地冲向 B 经理并一度用手推搡 B 经理。

此时，张先生忽然感到有数十个国美的员工围了上来，有人大叫：“怎么骂人？”并觉察到有几十个在门口的顾客也侧目注视这边的争吵，其中有几个也走了过来。

张先生用嘶哑的声音竭尽全力地大声反驳：“我是骂人了，我不对，可是你们这样的服务也不对，我要求现在退货，你们只要把货退了，我向我骂的人当众道歉。”

“骂人就是不对，你必须道歉。”

“对不起，我向你道歉。”张先生也不知道是否是向被骂的人道歉，却接着说：“现在可以退货了吗？”

B 经理接着吼叫道：“你以为退货这么容易吗？ 我们必须收回送到你家的货，然后检验，如果完好无损的话，才可以退货。”

张先生接着反驳道：“货单上有我家的地址，你们知道的，你们自己去收；货送到后没人动过，应该现在给我退现金。如果空调有损坏的话，我家住哪里你们是知道的。我是先交了钱你们再送货的，所以现在你们也应该先退钱，再安排人去我家提货。为什么只有我们消费者相信你们商家，就没有你们商家相信我们消费者？”

这时，张先生看到国美的店门已经拉下了一半，原来是国美到了下班的时间了。

B 经理继续反驳道：“如果你想退货，只有这样做。”

张先生继续情绪激动地说：“为什么付钱容易退货这么难呀？”

这时，张先生的手机响了，张先生接听完电话之后说了一句：“我今晚没时间，明天晚上再来。”就匆匆地离开了即将关门歇业的国美电器南山店。

（资料来源：http://www.5ucom.com/downyx/612974.shtml.）

案例讨论

1. 导致张先生不满、抱怨乃至要求退货的是国美店还是科龙公司？
2. 国美的甲先生、B 经理及科龙公司应该如何处理张先生的抱怨和不满？

思考题

1．顾客满意特征与顾客满意的主要决定因素是什么？

2．“期望——绩效”不一致模型与顾客满意度指数模型的基本结构和思想分别是什么？

3．测评顾客满意度的具体步骤和方法分别是什么？

4．如何策划才能提高顾客满意度和忠诚度？

第十四章

营销策划新发展

教学目标

理解一对一营销的概念及其和传统营销的区别、优缺点；掌握一对一营销的步骤；理解绿色营销的概念、特点及意义；掌握绿色营销的策略策划；理解整合营销的含义；掌握整合营销策划的过程与策略、途径与方法；掌握创新营销策划的思路。

学习要点

- 一对一营销的概念及其策划步骤。
- 绿色营销的概念及其策略策划。
- 整合营销的含义及其策划的过程与策略、途径与方法。
- 创新营销策划的思路。

关键词

一对一营销　绿色营销　整合营销

导入案例

戴尔的线上自助服务

世界上开展一对一营销最为成功的是美国的戴尔公司。它为了迅速打开营销局面，拓展出自己的营销特色，针对各个个体消费者的不同需求和爱好，专门设计并生产出了属于其个人的不同计算机，并有针对性的向各个个体消费者提供独具特色的服务。戴尔公司以特色鲜明的一对一营销方式，取得了公司销售业绩的飞速提升，成为世界上成功运用一对一营销方案的经典范例。

过去，电话销售人员必须向顾客解释所有的组装选择、特定零部件的功能、各种套装成品的价格，以及售后服务等。现在，顾客不但可以在网络上得到所有资讯，而且不用任何销售人员解说，就可以自行选购。当然，一旦顾客有任何疑问或障碍，还是有专人服务。可想而知的是，当顾客自行完成交易，戴尔的销售成本将大幅降低。

（资料来源：http://2g.china-b.com/dzswzgks/zhfd/20090803/211225_1.html.）

第一节　一对一营销策划

一、一对一营销的概念

一对一营销（one-to-one marketing），又称“121营销”、“1-2-1营销”或“1对1营销”等，是一种CRM战略，它为公司和个人间的互动沟通提供具有针对性的个性化方案。一对一营销的目标是提高短期商业推广活动及终身客户关系的投资回报率（ROI）。最终目标就是提升整体的客户忠诚度，并使客户的忠诚价值达到最大化。

一对一营销针对每个客户创建个性化的营销沟通。该过程的首要关键步骤是进行客户分类（如根据需要，基于以往行为等），从而建立互动式、个性化沟通的业务流程；其次是记录响应（或互动），使未来的沟通更显个性化；最后是优化营销和沟通的成本，从而搭配或提供最符合需求或行为的产品或服务。

20世纪90年代，唐·佩珀斯（Don Peppers）与马莎·罗杰斯（Martha Rogers）所开创的客户关系管理业已成了互动时代的商业规则，其所著的《一对一未来》、《一对一企业》、《一对一实战手册》、《一对一经理人》在全球各地以14种语言出版，成了21世纪商界人士的“圣经”。由于其杰出的成就，唐·佩珀斯与马莎·罗杰斯荣登全球16位顶尖管理大师之列；2001年7月在伦敦荣获全球技术大奖，被全球技术网络（World Technology Network）协会誉为“真正创造未来的革新家”。唐·佩珀斯与马莎·罗杰斯的“一对一战略”受到了全球商界的热烈推崇，影响力遍及汽车、零售、金融保险、医疗保健、电信和互联网等各行各业。他们的17个咨询服务机构分布在全球各地。

就其本质而言，一对一营销实则是“忠诚度营销”的一种别称，旨在通过影响获利行为树立客户忠诚度，实现客户终生价值的最大化。

二、一对一营销和传统营销的区别

美国消费者协会主席艾拉·马塔拉说：“我们现在正从过去大众化的消费进入个性化消费时代，大众化消费时代即将结束。现在的消费者可以大胆地、随心所欲地下指令，以获取特殊的、与众不同的服务。”哪怕部分消费者总体上倾向于和大众保持同质化的产品或服务消费，但是也期望在送货、付款、功能和售后服务等方面，商家能够满足其特别的需求。正因为每个顾客都有不同的需求，因而，通过市场细分将一群顾客划归为有共同需求的细分市场的传统做法，已不能满足每个顾客的特殊需求。而现代数据库技术和统计分析方法已能准确地记录并预测每个顾客的具体需求，从而为每个顾客提供个性化的服务。

传统的营销，是从产品的角度经营，一次关注一种产品或服务，满足一种基本的顾客需求，然后挖掘市场，尽可能多地找到在当前销售季节中有这种需求的顾客。其以某种产品或服务为营销中心。而一对一营销，不是一次关注一种需求，而是一次关注一位顾客，尽可能多地满足这位顾客的需求。它关注的中心是顾客。实行传统营销的公司的成功方向是赢得更多的顾客，而实行一对一营销的公司的成功方向是更长久地留住顾客。

一对一营销不只关注市场占有率，还尽量增加每一位客户的购买额，也就是在一对一的基础上提升对每一位客户的占有程度。传统营销靠区分产品来进行竞争，而一对一营销靠区分顾客来竞争。传统营销通过推出新产品，以及对产品进行延伸，尽量对产品进行实际意义上的区分，或者利用品牌和广告制造出一种观念上的区分；而一对一营销的企业一次照料一位顾客，所依赖的是将每一位顾客与其他人区分开来。

传统营销经营者认为与单个顾客进行互动是不必要的，而来自某位顾客的反馈也只有当顾客能代表整个市场时，才可能有用处。用同样的方式为特定市场的每个人生产并交付同样的产品，满足同一种需求。但一对一企业必须与顾客互动交流，根据从互动中获得的顾客反馈来提供量身定制的产品或服务。

三、一对一营销的优缺点

1. 一对一营销的优点

与传统的营销方式相比，一对一营销主要具有以下优点。

1）能极大地满足消费者的个性化需求，提高企业的竞争力。

2）以销定产，减少了库存积压。传统的营销模式中，企业通过追求规模经济，努力降低单位产品的成本和扩大产量，来实现利润最大化。这在卖方市场中当然是很有竞争力的。但随着买方市场的形成。这种大规模的生产产品品种的雷同，必然导致产品的滞销和积压，造成资源的闲置和浪费，一对一营销则很好地避免了这一点。因为这时企业是根据顾客的实际订单来生产，真正实现了以需定产，因而几乎没有库存积压，这大大加快了企业资金的周转速度，同时也减少了社会资源的浪费。

3）有利于促进企业的不断发展，创新是企业永葆活力的重要因素。但创新必须与市场及顾客的需求相结合。否则将不利于企业的竞争与发展。传统的营销模式中，企业的研发人员通过市场调查与分析来挖掘新的市场需求，继而推出新产品。这种方法受研究人员能力的制约，很容易被错误的调查结果所误导。而在一对一营销中，顾客可直接参与产品的设计，企业也可根据顾客的意见直接改进产品，从而达到产品技术上的创新，并能始终与顾客的需求保持一致，从而促进企业的不断发展。

2. 一对一营销的缺点

当然，一对一营销也并非十全十美，它也有其不利的一面。

1）由于一对一营销将每位顾客视作一个单独的细分市场，这固然可使每位顾客按其不同的需求和特征得到有区别的对待，使企业更好地服务于顾客。但另一方面也将导致市场营销工作的复杂化，经营成本的增加，以及经营风险的加大。

2）技术的进步和信息的快速传播，使产品的差异日趋淡化，今日的特殊产品及服务，到明天则可能就大众化了。产品、服务独特性的长期维护工作因而变得极为不容易。

一对一营销不仅要求营销人面对顾客时要时刻保持态度热情，更重要的是，它要求营销人能识别、追踪、记录并最终能满足个体消费者的个性化需求。

因此，一对一营销的基础是企业与顾客建立起一种新型的学习关系，即通过与顾客的一次次接触而不断增加对顾客的了解。利用学习关系，企业可以根据顾客提出的要求及对顾客的了解，生产和提供完全符合单个顾客特定需求的顾客化产品或服务。最后，即使竞争者也进行一对一的关系营销，企业的顾客也不会轻易离开，因为顾客还要再花很多的时间和精力才能使竞争者对自己有同样程度的了解。

四、一对一营销策划的步骤

一对一营销的执行和控制是一个相当复杂的机制，它不仅意味着每个面对顾客的营销人员要时刻保持态度热情、反应灵敏，更主要也是最根本的是，它要求能识别、追踪、记录个体消费者的个性化需求并与其保持长期的互动关系，最终能提供个体化的产品或服务。

消费者对生产商的要求日益提高，这主要体现在两个方面：一是希望厂商能提供为自己专门设计的定制商品或服务；二是希望定制的商品或服务能尽快送达自己的手中。企业只有不断提高自己一对一的营销能力，才能赢得顾客，增加利润。

企业可以通过下列四步来实现对自己产品或服务的一对一营销。

1. 识别顾客

“销售未动，调查先行。”占有每位顾客的详细资料对企业来说相当关键。可以这样认为，没有理想的顾客个人资料就不可能实现一对一营销。这就意味着，营销者对顾客资料要有深入细致的调查和了解。对于准备实行一对一营销的企业来讲，关键的第一步就是能直接挖掘出一定数量的企业顾客，而且大部分是具有较高服务价值的企业顾客，建立自己的顾客库，并与顾客库中的每位顾客建立良好关系，以最大限度地提高每位顾客的服务价值。

1）深入了解比浮光掠影更重要。仅仅知道顾客的名字、住址、电话号码或银行账号是远远不够的，企业必须掌握包括消费习惯、个人偏好在内的其他尽可能多的信息资料。企业可以将自己与顾客发生的每次联系都记录下来，如顾客购买的数量、价格、采购的条件、特定的需求、业余爱好、家庭成员的名字和生日等。

2）长期研究比走马观花更有效。仅仅对顾客进行某次调查访问不是一对一营销的特征，一对一营销要求企业必须从每个接触层面、每条能利用的沟通渠道、每个活动场所及公司每个部门和非竞争性企业收集来的资料中去认识和了解每位特定的顾客。

当然，不能狭隘地将一对一营销的对象认为是仅指产品或服务的最终消费者。例如，一家专门从事制造业的企业，并不直接销售自己的产品，但是它完全可以遵循一对一营销的原则，与营销渠道中的企业和产品需求链中的每个成员建立起一对一的关系。

2. 顾客差别化

一对一营销较之传统目标市场营销而言，已由注重产品差别化转向注重顾客差别化。从广义上理解顾客差别化主要体现在两个方面：一是不同的顾客代表不同的价值水平；

二是不同的顾客有不同的需求。因此，一对一营销认为，在充分掌握了企业顾客的信息资料并考虑了顾客价值的前提下，合理区分企业顾客之间的差别是重要的工作。

顾客差别化对开展一对一营销的企业来说，首先，可以使企业的一对一工作有的放矢，集中企业有限的资源从最有价值的顾客那里获得最大的收益，毕竟企业不可能用同样的精力与不同的顾客建立服务关系，也不可能从不同的顾客那里获取相同的利润；其次，企业也可以根据现有的顾客信息，重新设计生产行为，从而对顾客的价值需求做出及时的反应；最后，企业对现有的顾客库进行一定程度的差别化，将有助于企业在特定的经营环境下制定适当的经营战略。

乐高集团（Lego Group）就是根据顾客各自的特定需求来划定顾客，进行个性化营销的。据调查，7 岁男孩玩相同的乐高玩具是出于至少两种不同的原因：一是角色扮演，喜欢把自己装扮成他刚刚用积木建好的宇宙飞船的船长；二是建造，喜欢根据随附的参考示意图想出如何进行搭建。鉴于此，乐高对“角色扮演者”提供与其乐高玩具配套的录像带和故事书；对“建造者”提供更多的参考图，甚至单独提供一套参考图书目录。

在这一过程中，企业应该选取几家准备明年与之有业务往来的客户，将他们的详细资料输入企业的顾客资料库；针对不同的顾客以不同的访问频率和不同的通信方式来探询目标顾客的意见；根据评估顾客忠诚购买本企业的产品和服务使企业获得的经济收益的现值，将企业顾客划分为 A、B、C 三个等级，以便确定下一步双向沟通的具体对象。

3. 企业—顾客双向沟通

当企业在对个体顾客的规格或需求做进一步了解时，会发生两方面的活动：公司在学习，顾客在教授。而要赢得真正的顾客忠诚，关键在于这两方面活动的互动。一对一营销的关键成功之处就在于它能够和顾客之间建立一种互动的学习型关系，并把这种学习型关系保持下去，以发挥最大的顾客价值。一对一企业善于创造机会让顾客告诉企业他需要什么，并且记住这些需求，把其反馈给顾客，由此永远保住该顾客的业务。

建立学习型关系有以下两个必备的要求。

1）企业必须是一个成功的、具有成本效益的量身定制者，具备有效的设计接口和精确的顾客规格记忆。这样可以通过一种方便又准确的方式使顾客能确切地说明他的需求。而且，不得要求顾客为同一件事再一次向企业说明。Barista Brava 咖啡连锁店的一名领班连续招待了 28 位顾客，而未曾向其中的任何一位问过他想要什么。因为他知道要把顾客招待好，最简单、最直接的方法就是把顾客的个人口味记住，而不必烦劳他们再次说明。这就是为什么 Barista Brava 正在抢夺走星巴克顾客的最重要的因素。

2）顾客必须付出努力，才能把这些规格要求提供给公司。如果顾客付出努力，提供给公司需求信息的回报是更加个性化的满意的产品或服务，那么这种行为可以促使顾客更忠诚，会更加愿意付出努力来提供给公司他更加个性化的需求。顾客的主动权越大，对话就会变得更加丰富和有益。

4. 业务流程重构

一对一营销的最后一步是重新架构企业的业务流程。要实现这一步，企业可以从以下几个方面展开对生产过程进行重构：将生产过程划分出相对独立的子过程，进行重新组合，设计各种微型组件或微型程序，以较低的成本组装各种各样的产品以满足顾客的需求；采用各种设计工具，根据顾客的具体要求，确定如何利用自己的生产能力，满足顾客的需求。一对一营销最终实现的目标是为单个顾客定制一件产品，或围绕这件产品提供某些方面的定制服务，如开具发票的方式、产品的包装式样等。

一对一营销的实施是建立在定制的利润高于定制的成本的基础上的，这就要求企业的营销部门、研发部门、制造部门、采购部门和财务部门之间通力合作。营销部门要确定满足顾客所要求的定制规格；研发部门要对产品进行高效率的重新设计；制造与采购部门必须保证原材料的有效供应和生产的顺利进行；财务部门要及时提供生产成本状况与财务分析。

第二节　绿色营销策划

近年来，随着经济水平的提高，消费者绿色消费意识的觉醒，越来越多的企业认识到，要想在竞争激烈的市场中生存和发展，必须寻找一种新的营销理念指导企业营销活动，绿色营销应运而生。

一、绿色营销概念

消费者意识到环境恶化已经影响其生活质量、生活方式，甚至影响到人类子孙后代生存和发展，要求企业负起社会责任，生产、销售对环境危害小的绿色产品，就出现了绿色消费观念。

绿色营销是在绿色消费观念驱动下产生的，企业以环境保护理念作为其经营哲学思想，以绿色文化为其价值观念，以消费者的绿色消费为出发点，力求满足消费者绿色消费需求的营销策略。它要求企业在营销活动中，谋求消费者、企业、社会和生态利益的统一，既要满足消费者需求、实现企业目标，也要充分关注自然生态平衡，核心是按照环保与生态原则来选择和确定营销组合策略。

二、绿色营销的特点

绿色营销是以保护环境和回归自然为主要特征的一种绿色营销活动，它的主要特征有以下几点。

1. 倡导绿色消费意识

绿色营销的核心是倡导绿色消费意识，让消费者意识到使用绿色产品、采用绿色生活方式，不仅能提高自身的生活质量和健康水平，而且能够改善生态环境，为子孙后代留下可持续发展的财富。在培养消费者绿色消费意识的同时，培养成熟的绿色市场。

2. 实行绿色促销策略

由于绿色营销对企业提出了环保的要求，促使企业的促销策略发生了重大转变，企业营销活动的注意力从过去单纯追求利润增长，转变为在营销活动中注重生态环境保护，促进经济与生态协调发展上来。企业在进行促销时，注重宣扬绿色产品的使用价值、社会价值和环境价值。

3. 采用绿色标志

在绿色市场发展期，使用绿色标志是绿色营销的重要特点。在企业的产品上贴上绿色标志，便于消费者识别绿色产品，消费绿色产品，保护生产绿色产品的企业利益，保护消费者的合法权益，同时，对于非绿色产品生产企业形成市场压力，有利于绿色市场尽快成熟起来。

4. 培育绿色文化

绿色营销的发展推动了企业绿色文化建设，绿色文化成了企业文化的核心内容。在绿色文化的建设中，企业目标与环境目标相融合；企业营销理念与生态理念相融合。在企业内部，要培养员工的绿色理念，建立绿色管理制度，形成人人具有绿色理念、人人宣传绿色理念的绿色文化氛围。

知识拓展

常见的几种绿色产品

1. 绿色食品

绿色食品是指经过有关部门认定，许可使用绿色食品标志的无污染的优质营养类食品。当前，我国正面临严重的食品污染问题挑战，“菜篮子污染”越来越受到人们的关注。在国内的食品市场上，不安全隐患很多，如牛奶添加“三聚氰胺”，大米用矿物油“抛光”，面粉掺用“甲醛”，银耳用硫磺熏制增白，豆制品掺入工业用滑石粉，猕猴桃施用“膨大剂”增大，蔬菜农药残留严重超标。这些不安全食品直接影响了居民身体健康，甚至危及人民生命安全。

建立农产品市场准入制度，虽然给农民和经营商增加了很多限制，但从长远看是有利的。因为消费者对食品不放心，就会少买或不买；反之，消费者一旦建立了消费的信心，食品的总消费量肯定会扩大。更为重要的是，建立市场准入制度，还能够促进农产品的出口，于国于民都有利。

2. 绿色服装

绿色服装代表着当代服装的发展趋势和主导潮流。当今，人们对服装的要求，更加注重舒适和健康，纯棉、纯麻、真丝等面料制成的服装满足了人们生活需求，尽管其价格偏高，但仍为广大消费者所青睐。据随机抽样调查显示，有 40%左右的人表示认同并愿意购买绿色服装，可见潜在的市场前景广阔。当今绿色服装最突出的代表是以纯天然大豆纤维为代表的绿色服装，这种服装引领了绿色服装的主潮流，它的纯天然特性和高技术含量，以及所具有的丝质的光泽、棉质的吸湿性、羊绒的柔软，使其成为当代绿色服装市场上最具有发展潜力和竞争能力的产品。

某大豆纤维网站推出以后不到半年，一次就接到美国一个客户的订单，要求包销其三年的产品。这种对绿色产品的钟爱和对新技术的敏感是国人和国内企业所缺少的。因此，企业在绿色营销中必须注重在这种产品选择上的竞争能力和竞争意识。

3. 绿色家电

绿色家电是绿色浪潮冲击下家电业发生的一场革命性的变革，它突出地表现在绿色冰箱上。为了适应保护臭氧层的要求，无氟冰箱的出现及 ARS 材料的选用使绿色冰箱进入了一个全新的环保境界。绿色空调除尘除臭，净化空气的功能的提高也显示了绿色空调在绿色浪潮中的进步。环保型微波炉、水处理机、防辐射手机、附带有屏保的计算机等一系列家电产品，广泛地采用适合环保要求和保障人类健康的新技术，必将成为顾客争抢的宠儿。这些产品必将成为企业在网络营销中的主打产品，这是企业在网络营销中产品选型和产品定向上一定要注意的。

知识拓展

4. 绿色家居

绿色家居概念是在绿色浪潮冲击下崛起的新概念。要求家居所用的装饰材料要选择经过放射性试验的石材，不含甲醛的环保型涂料，以及复合型、环保型地板等新型装饰材料；而且要求在居室设计中，色彩要有纯天然的绿色创意和一种大自然的美感，使人们居室内和居室外的绿地覆盖环境融为一体，形成一种人与大自然的和谐美。这种选材、装饰情调和风格上的变化，为所有绿色营销网站、装饰材料营销网站，在经营产品的选择上提供了全新的主题。

5. 绿色包装

绿色包装是在绿色浪潮冲击下对包装行业实施的一场革命性的变革，它不仅要求对现有包装的不乱丢、乱弃，而且要求对现有包装不符合环保要求的要进行回收和处理，更要求按照绿色环保要求采用新包装和新技术。为此美国等国家还纷纷制定了产品包装的绿色要求。

这一最新进展告诉我们：在营销中必须注重在绿色浪潮冲击下包装材料的最新发展和最新变化，只有顺应这些要求的绿色产品和绿色包装，才是具有创新能力、市场潜力和顾客吸引力的产品。

6. 绿色建材

如四川星河建材有限公司利用秸秆（麦草、稻草）、锯末等废弃农作物生产新型建筑装饰材料——FGC（五防轻体）隔墙板，不仅变废为宝，而且可节约大量的土地资源，保护有限的森林资源、增加农民的收入。改善了建筑物肥梁、胖柱、深基础、湿作业的局面，可降低工程造价的5%～15%，同时具有广泛的社会效益、经济效益、环保效益，真正圆了中国一个“绿色建材”梦。该产品已获国家六项专利。当前，类似四川星河建材这样的绿色网站正在崛起，大量建材企业正在为适应绿色环保的要求，实现由传统型向绿色型的转化。

（资料来源：胡善珍. 2005. 市场营销策划[M]. 北京：中国财政经济出版社.）

三、绿色营销的意义

1. 绿色营销可促进社会可持续发展战略的实施

可持续发展战略是指社会经济发展必须同自然环境及社会环境相协调，以保证社会、经济、环境发展实现良性循环。

为了保护我国的自然资源和环境，政府不断完善环境保护法律、法规，改善执法环境，提高环境监测技术和手段，对危害环境的行为加大处罚力度，企业因污染环境而付出的代价越来越大；与此同时，社会团体保护环境的呼声越来越高，企业已不能像从前一样毫无节制地浪费资源、污染环境来维持企业的生存与发展。这迫使企业必须把人类生存、社会与企业的可持续发展结合起来，把有限的自然资源和生存环境运用于人类社会福利的改善和提高的经济活动中，促进了社会的可持续发展战略实施。

2. 绿色营销有利于企业的国际化经营

保护人类赖以生存的星球，已成为各国负责任政府的共识。在国际贸易中，为了保护本国公民的身心健康，促使企业开发、生产有利于环境保护的产品，各国政府制定了严格的绿色标准，规定凡是未经绿色认证的产品，严禁进口。这样，未取得绿色认证的产品在国际市场上受到严格限制，被排斥于国际市场之外。我国企业只有积极开发绿色产品，争取国际绿色认证标志，全面开展绿色营销活动才能打破“绿色壁垒”，扩大产品的出口额和国际市场占有率，推进企业的国际化经营。

3. 绿色营销有利于企业占领市场和扩大市场占有率

随着经济的发展，人民收入水平的增长，消费者的消费观念由过去单纯追求量的享受，转变为质的提高；再加上环境保护意识的增强，人们认识到过度地消耗自然资源、污染环境将加深地球生态系统灾难，危及人类生存，消费者自觉消费绿色产品成为必然趋势。针对消费市场的变化，企业必须转变经营观念，开展以绿色生产、绿色消费、保护环境为中心的绿色营销战略，为消费者提供绿色产品，满足消费者的绿色需求，扩大市场占有率，提升企业的市场竞争能力。

4. 绿色营销可营造绿色文明，促进企业塑造绿色文化

绿色文明是追求环境与人类和谐生存和发展的新型文明。通过绿色营销活动，可以协调企业、环境和社会发展的关系，使经济发展既能满足当代人需要，又不至于对子孙后代的生存和发展构成威胁，促进社会文明的进步。绿色企业文化强调通过大家的共同努力，使我们生存的地球和环境变得更美好而人人负起责任并付诸行动，它具有丰富的内涵和强大的生命力。

5. 绿色营销可构建绿色形象，赢得独特的竞争优势

在市场竞争日益激烈、环境保护越来越重要的今天，企业要想在竞争中脱颖而出，进行绿色营销，树立绿色企业形象，赢得独特竞争优势是一种手段。企业通过采用绿色技术、开发绿色产品，将环境保护观念纳入生产经营活动中，从生产技术的选择、设备的建造、产品的设计、原材料的采用、生产工艺流程的制定、包装方式的确立、废弃物的处置等各个方面都注意对环境的保护，可以兼顾消费者需求、企业利益和环境保护之间的关系，以赢得政府的支持和消费者的好感，从而树立起良好的企业形象，赢得竞争优势。

6. 绿色营销可以提高资源的使用效率和企业效益

由于企业的绿色营销活动始终和节约资源与能源、提高资源的利用效率、重视环境保护紧密联系在一起，所以绿色营销的过程就是企业努力提高资源和能源的利用率，尽可能减少环境污染，实现可持续发展集约化经营的过程。此外，因为绿色产品品质好，尽管价格高于同类产品，仍然会被消费者所青睐。因此，绿色营销虽然增加了企业必要的环保投入，同时也给企业带来了可观经济和社会效益。

四、绿色营销策略策划

绿色营销将成为21世纪营销的潮流，对企业的可持续发展具有举足轻重的作用，现代企业要想在激烈的市场竞争中站稳脚跟、发展壮大，在经营过程中就必须采取一系列行之有效的绿色营销策略。

1. 绿色产品策略策划

随着人们生活水平的提高、环境意识的增强，人们的消费观念也发生了重大变化，在购物时，更加注重企业及其商品对环境保护和自身健康的有益性，在这一观念指导下，绿色产品备受青睐。

1）绿色设计。绿色设计是指企业的产品研发部门，根据消费市场的需求研发产品时，首先要甄别消费者需求是否为绿色需求，对自然环境是否会产生危害；其次要考虑到，该产品在生产、消费过程中会对自然环境产生哪些危害。这些危害，在设计产品时就要被充分考虑，将环境污染在设计环节降低到最低限度。即便是不能完全根除污染，也要考虑到产品被消费后的治污措施，用环保的理念进行产品设计。

2）绿色生产。绿色生产是指在产品生产过程中采用无污染的设备、无污染技术，降低资源消耗，减少对环境污染和对产品的污染。使产品在消费过程中，有利于保护消费者身心健康，减少对环境的污染和破坏。

3）绿色包装。绿色包装是能节约资源，减少废弃物，用后易于回收再用或再生，易于自然降解，又不污染环境的包装物。这就要求企业在包装产品过程中，既要努力降低其包装费用，又要考虑到包装废弃物对环境的污染程度，不断研制、开发、使用新型的绿色包装材料。探索一条“绿色包装”的新路子，有利于突破新贸易保护主义利用包装为我国设置的绿色壁垒。

4）绿色标志。绿色标志是指依据有关绿色产品认证标准规定，由政府部门或某个具有权威性的认证机构确认并颁发的一种标志。企业产品被确认为绿色产品，贴上绿色标志后，就取得了进入绿色市场的“通行证”，其身价大增。但需要注意的是，绿色产品必须货真价实，否则就会有损企业的形象，影响企业的可持续发展。

5）绿色品牌。企业只有对外树立起良好而健康的企业形象，才能够真正实现打造绿色品牌的任务。企业在进行品牌战略时，要切实抓紧绿色产品这一载体，赋予绿色品牌更多的内涵，体现绿色经营管理文化，灌输绿色经营管理观念，丰富品牌承载量，扩展品牌深度，从而实现品牌价值最优化、最大化。绿色品牌策略的内容：一是具有高度责任意识的绿色品牌定位；二是精细而健康的绿色品牌维护；三是科学系统的绿色品牌经营管理；四是长期不懈地进行绿色品牌修正。

2. 绿色价格策略策划

在绿色市场未成熟期、绿色产品的市场投入期，生产成本会高于同类传统产品，因为绿色产品成本中计入了产品环保成本，主要包括以下几方面。

1）在产品开发中，因增加或改善环保功能而支付的研制经费。

2）在产品制造中，因研制对环境和人体无污染、无伤害而增加的工艺成本。

3）使用新的绿色原料、辅料而可能增加的资源成本。

4）由于实施绿色营销而可能增加的管理成本、销售费用。

绿色成本的提高，必然要反映到绿色产品的价格上，造成绿色产品价格较高。但是，在绿色市场尚不成熟时期，绿色产品就要实行高价策略，以与非绿色产品相区别，因为价格的高低影响到消费者对产品品质的评判。随着绿色市场的成熟、科学技术的发展和绿色社会分工的完善，绿色产品的成本会逐步下降，绿色产品价格趋向稳定。

企业制定绿色产品价格时，一方面要考虑成本因素，另一方面也要注意到，随着人们绿色消费意识的增强，经济收入的增加，消费观念也发生了变化，从对产品价格的过高关注转变为对自身健康和环境保护的关注。因此，较高绿色价格也能被相当多的消费者接受，弥补过高的绿色成本，获得绿色利润。

3. 绿色营销的渠道策略策划

营销渠道是绿色产品从生产者转移到消费者所经过的通道。企业实施绿色营销必须建立稳定的绿色营销渠道。

1）慎重选择中间商。中间商是生产者向消费者出售产品时的中间环节，是沟通生产者与消费者的桥梁，在产品分销过程中起着重要的作用。企业在选择中间商时，要不断发现和选择热衷于环保事业的营销伙伴，启发和引导中间商的绿色意识，建立与中间商互利、互惠、共赢的利益关系，逐步建立稳定的绿色营销网络。

2）注重营销渠道有关环节的工作。为了真正实施绿色营销，从绿色交通工具的选择，绿色仓库的建立，到绿色装卸、运输、贮存、管理办法的制定与实施，认真做好绿色营销渠道的一系列基础工作。

3）尽可能建立短渠道、宽渠道，减少渠道资源消耗，降低渠道费用和绿色成本。

4. 绿色促销策略策划

绿色促销是通过绿色媒体，传递绿色信息，指导绿色消费，启发引导消费者的绿色需求，最终促成购买行为。绿色促销的主要手段有以下几方面。

1）绿色广告。广告是产品促销最有利的武器之一，企业对产品进行广告促销，首先在广告创意上要保持“绿色”，设计出符合社会道德规范，具有真实性、思想性、艺术性、科学性和情报性的广告，避免广告内容庸俗、低级、浅薄、失真现象。其次，要选择“绿色”广告媒体，选择那些在广告受众中享有一定社会声誉，勇于承担社会责任，敢于实事求是的广告媒体。通过广告对产品的绿色功能定位，引导消费者理解并接受广告诉求，营造绿色营销氛围，激发消费者的购买欲望。

2）绿色推广。通过营销人员的绿色推销和营业推广，直接向消费者宣传、推广产品绿色信息，讲解、示范产品的绿色功能，回答消费者的绿色咨询，宣讲环保主义，激励消费者的消费欲望。同时，通过试用、馈赠、竞赛、优惠等策略，使消费者产生消费兴趣，促成购买行为。

3）绿色公关。企业通过一系列开放性公关活动，使社会公众与企业广泛接触，了解企业供、产、销各环节的绿色作业程序与制度，增强公众的绿色意识，树立企业的绿色形象，为绿色营销建立广泛的社会基础，促进绿色营销的发展。

绿色营销是一种新的思想观念，更需要实践。绿色企业领导要善于坚持不懈地学习绿色营销新知识，运用新知识，为企业的绿色营销注入新活力。也只有坚持绿色营销理念，才能使企业、社会、环境可持续发展，才能建立一个和谐的社会。

第三节　整合营销策划

一、整合营销的内涵

1. 整合营销的概念

20 世纪 90 年代，以美国为首的西方先进国家进入高速发展的后工业时代。科技进步日新月异，技术应用蒸蒸日上，计算机技术广泛应用，甚至连机器人这些新科技都不稀奇了。企业的技术水平与制造能力普遍提高，敏捷制造、弹性生产、准时生产等新型生产方式到处流行。在这种形式下，企业在市场竞争中，技术、产品、营销手段趋向于同质化。尤其是市场趋于饱和的时候，竞争者互相模仿。你推出新产品，竞争对手很快就破解你的技术和功能，马上可以推出性能接近、成本接近的产品。同样，销售通路也遭到模仿。在同一卖场，同类产品摆上货架，售前、售中、售后服务都如出一辙。消费者难分优劣，市场竞争变得更加激烈和残酷。在这样的情况下，企业如何实现差异化？如何才能赢得更多的顾客？成为现代企业迫切要求解决的问题。

美国西北大学教授舒尔兹等著名市场专家提出了整合营销的理论。

整合营销是以企业由外向内的战略为基础，以整合企业内部、外部的资源为手段，以消费者为重心而重组的企业行为。如果要给整合营销下一个定义，答案一定是多种多样的。舒尔兹教授认为，整合营销是一种适用于所有企业信息传播及内部沟通的管理体制，这种传播与沟通就是尽可能与其潜在的客户和消费者及一些公共群体，如雇员、立法者、商家、传媒和公关公司、金融团体，保持一种良好的积极的关系。

整合营销的关键在于真正重视消费者行为反应，与消费者建立良好的双向沟通，通过双向沟通，双方建立长久的一对一的关系营销，以满足消费者需要的价值为取向，确定企业高水平的营销策略，协调不同的传播手段，利用不同的传播工具的优势，树立品牌竞争优势，提高消费者对品牌的忠诚度，达到提高市场占有率和市场份额的目的。

2. 整合营销的特征

在整合营销活动中，厂商一切以消费者为中心，凡是与消费者相关的活动均纳入营销体系，使传播的空间扩大。因此，当代整合营销的特征如下。

1）在整合营销中，消费者处于核心地位。

2）对消费者深刻全面地了解，是以建立资料库为基础的。

3）整合营销的核心工作是培养真正的“消费者价值”观，与那些最有价值的消费者保持长期的紧密联系。

4）以本质上一致的信息为支撑点进行传播。无论企业利用什么媒体，其产品或服务的信息一定得清楚一致，即向消费者传播的是“一个观点，一种声音”。

5）以各种传播媒介的整合运用作为手段进行传播。凡是能够将品牌、产品类别和任何与市场相关的信息传递给消费者或潜在消费者的过程与经验，均被视为可以利用的传播媒介。

二、整合营销策划概述

1. 整合营销策划的含义与特点

整合营销策划，是指企业对将要在实现与消费者沟通中的传播行为进行超前规划和设计，以提供一套统一的有关企业传播的未来方案，这套方案是把公关、促销、广告、直销等集于一身的具体行动措施。具体说，整合营销策划的含义与特点如下。

1）整合营销策划，首先是一种思想、一种理念的策划，其次才是一种方法、一种方案的策划。因为整合营销策划，实际上是传统营销理念的一种逆向思维。之所以这样说，是因为传统营销理论是通过一系列的营销策划活动，运用各种营销策划工具，以达到预定的营销结果。其行为着眼于过程。而整合营销则着眼于营销活动的结果，以要达成的营销目标为前提，通过对全局的考虑，合理安排各种营销活动和各种营销工具的使用，使整个营销活动处于有组织、有秩序的状态，发挥整体营销力量，达到最好的效果。事实上，整合营销策划活动就如同一位高明的棋手，走一步，看十步，使营销活动的发展不再像以往那样处于一种走一步看一步的状态，而是使营销活动按照自己的意图逐步地、有目的地实现，使营销活动由自发走向自觉正是整合营销活动最大的一个功能和作用。

2）整合营销策划的对象是消费者需求。换句话说，整合营销策划的出发点是对消费者需求的正确把握。整合是需要方向的，要做到营销各个环节的整合，必须要有一个凝聚点，使各项工作的进行都围绕一个中心，这个凝聚点就是消费者的需求。

即使是一位小小的销售人员，也认为自己是被消费者需求的对象，只要凭着自己的如簧巧舌，顾客就会掏钱。所以他们一直承袭着配销时代的“傲慢”，认为自己处于主动地位。而事实上恰恰相反。随着科学技术的不断发展，产品高度同质化，流通领域势均力敌，竞争优势难以确立，有效的传播越来越少，因此消费者有更多的选择余地。他们的需求几乎可以随心所欲，他们“垂慕”某一种产品的机会越来越小。除非你能打心底里为消费者着想，以产品、服务能满足他们的需求为荣，定位在让消费者更方便满意的基础上。而这些正是全新的整合营销策划的出发点与落脚点。

3）整合营销策划的“核心点子”是对资源的有效利用。在传统营销理论指导下，企业在广告、公关、促销、人员推销等几方面都是分别开展，这样有很多资源是重复使用，甚至不同部门的观点都不统一，造成品牌形象在消费者心目中的混乱，实际效果很差。整合营销策划就在于对企业的资源进行合理的分配，并按照统一的目标和策略将营销各个环节有机地结合起来，使企业的运作具备整体效果，而不是各自为战。

4）整合营销策划的关键在于目标、策略和战术的高度统一。整合营销策划就是围绕正确的目标制定清晰的策略和运用灵活的战术手段，合理、有效地分配及利用企业资源的过程。在这个过程中，关键要看资源的应用是否符合企业的目标，是否体现了企业的策略，从而确定在哪些方面进行整合，而不是只要运用了所谓的战术手段就是营销整合，其实只有部分手段可以进行有效地整合。

5）整合营销策划的方法是以消费者为核心，一切站在消费者的立场上来考虑问题，用 4C 策略取代传统的 4P 策略：①用“需求”取代“产品”，抛弃传统的产品开发概念；②用“成本”取代“价格”，抛弃传统的定价方式；③用“便利”取代“地点”，抛弃传统销售地点的思考方式；④用“沟通”取代“促销”，抛弃传统的线性传播方式。

6）整合营销策划的表现方式是“统一”。无论是促销整合还是传播整合，整个过程都必须做到目标、策略、形象统一，使企业的资源朝向一个共同的方向。这样，将使资源的运用更加合理，使组织的搭配更加专业及富有效率，从而使营销推广真正具有整体效应。

7）整合营销策划具有阶段性。每个阶段中由于企业资源、市场状况的不同，相应的营销策略也不同，因此整合营销策划的具体形式也必然有所区别。

2. 整合营销策划的条件与前提

整合营销策划类似于现代战争，它围绕基本目标，将策略与战术一体化，打一场总体战，如同现代化战争中将空军（广告）、战略导弹（有冲击力的社会公关活动）、地面部队（现场促销与直销）、基本武器（产品与包装）等一切消费者能够感受到的武器整合为一体，使企业的价值形象与信息以最快的时间传达给消费者。

（1）整合营销策划的条件

1）同一个中心。整合营销策划是以消费者的需求为中心，消费者是整合营销360°同心圆的圆心，整合的基础在于消费者资料库的建立，明确了这个中心，整合营销才有中心。

2）同一种口径。整合营销策划就是将所有营销传播技术和工具加以紧密结合，以维持并清楚传达单一共享的形象、定位、主题和信息，让消费者始终听到的是一种声音，看到的是一种符号。

3）不同的时间、空间。整合营销策划是主体化、多层面的传播，时间的差异、地域的差距都不应该成为整合的障碍。微软公司视窗95在全球同一时间上市就是一个经典的案例。

4）不同的感觉点。整合营销策划直接渗透到消费者生活和工作的方方面面，是通过视觉、听觉、味觉、嗅觉、触觉和心理感觉等多种感觉渠道来接触消费者的。把握和整合这些感觉点是整合传播的关键。

5）共同的沟通。整合营销策划强调的是双向互动的沟通，侧重的是某种营销中的消费者参与，这种互动更利于目标信息的传达。

6）趋同的行动。整合营销的目的是为了要更影响受众的行为，不止是让受众知晓或对某种品牌有好感，而是要真正地激发消费者的行动，或者可以说，整合传播的目的是为了和消费者“结婚”。

（2）整合营销策划的前提

除了以上六个“同”的条件以外，还必须拥有三个前提。

1）一个消费者的资料库。整合营销策划的前提是消费者资料库的建立。如果没有这个基础，整合传播就是无源之水、无本之木，也就会像没有抽样框和具体样本的抽样一样，是不客观、不可信的。

2）一个传播手段的工具箱。整合营销策划对媒介的考察已经不止是看其收视率和收听率高低了，而是把广告、促销、公关、直销、CI、包装、POP、展览、网上宣传等诸多传播工具放到一个平台上来审视，权衡其各自的优势和弱点，整合一套针对性强、渗透面广的组合工具。

3）一把整合沟通的钥匙。这就是策略性整合的大创意。一般是以事件营销为切入点，以点带面，激活整合资源，造势扩散推广。这个创意必须是原创的、震撼的、持久的、易行的。创造一个品牌的秘诀就在于在每个消费者的接触点上，有力地把创意付诸实施——以一种消费者乐于认同的特质去和他们沟通；具有冲击力并能诉说品牌故事的特殊视觉效果；前所未有的、能将产品特性描述得戏剧性十足的文案；足以激起购买行动的新奇点。

三、整合营销策划的过程与策略

1. 过程

整合传播起始于消费者或相关的资料库，可以透过资料库来进行市场区隔和分析消费者的消费习惯，再根据消费者的实际的购买行为或习惯来制定销售和传播策略；而且说服消费者的基本策略确定以后，就制定细节的特殊战术（如广告、公关、促销、直销、网络宣传、展览等组合）；在战术实施之后，还必须把消费者的回应和有关购买的新资讯进行评估分析，再反馈到资料库中，以便再次开始整合营销传播模式的循环。

2. 双向沟通策略

整合营销策划谋求建立的双向沟通是一种良性的互动关系，目的在于使消费者成为固定的品牌忠诚者。

双向沟通策略的基础是企业拥有一整套完整的消费者资料库（消费者档案）。企业对自己推销的每一产品都要进行跟踪，在长期的营销积累中进行不断的升级换代。建立用户档案库之后，还必须不断地分析流入和持续加强的信息，分析消费者关心的热点并积极进行市场应对。

其方式的策划，如建立产品保修卡制，只要消费者将写有自己姓名的资料寄回企业，即可得到终身保修的服务承诺。又如，对潜在消费者的挖掘，依赖对公众信息资料的运用。随着个人信息的社会化，企业有可能获得越来越多的消费者的个人信息，更有效地锁定消费者。

随着国际互联网建立和完善，双向传播渐成现实，以双向沟通为目的的整合营销传播前景十分广阔。整合营销策划的目的是建立产品品牌与消费者之间的双向沟通，使消费者“一旦拥有，别无所求”。

3. 广告策略

整合营销策划的广告策略是由“一个声音”的广告内容和永不间断的广告投放两个要素构成。企划整合营销的广告策略必须注意以下步骤。

1）要仔细研究产品。首先要研究产品，明确这种产品所满足的消费者的哪方面的需要，有何独特卖点。

2）锁定目标消费者。确定什么样的消费者才是销售目标，做到“有的放矢”。

3）比较竞争品牌。比较竞争品牌的优势及其市场形象。

4）树立自己品牌的个性。研究自己树立什么样的品牌才会受到消费者的青睐。

5）明确消费者的购买诱因。研究消费者购买该品牌的诱因是什么，为什么会进行该品牌的尝试。

6）强化说服力。必须加强广告说服力，通过内容和形式的完美结合说服消费者。

7）旗帜鲜明的广告口号。这是在众多消费者中引起消费者注意的捷径。

8）对各种形式的广告进行整合。对电视广告、广播广告、平面广告、DM 广告、POP 广告进行一元化整合，以达到对消费者最大程度的影响。

9）研究消费者的接触形式，确定投放方式。要研究消费者是如何接触到自己的广告，如何增多消费者的接触次数，确定广告投放方式，以达到品牌认知。

10）对广告效果进行评估。

四、整合营销策划的途径与方法

1）准确发现目标消费者的需求。根据调查，大部分卖不出去的产品首先因为销售定位错误，定位不仅仅是给产品确定一个口号或者标签，而是对的消费者利益进行认真分析，找出消费者真实的需求。它不是从产品出发去揣测。

2）向消费者做独特的利益承诺。在确定消费者需求后，需要给产品做出一个独特有吸引力的消费利益承诺。例如，家电产品提出三年保修，一年包换，虽然这是基本规定，但提不提在消费者心理上的影响却不大一样。

3）给产品取个有助传播的好名字。将对消费者利益的承诺，变成一个简单醒目的好名字，无疑会大大提高营销沟通的效率。例如，红桃 K 补血剂，功效清楚，对产品传播起到了很好的效果。又如“视窗 95”原先的名字叫做“芝加哥 94”。芝加哥仅是美国一个城市的名字，其“地方性”内涵，无疑是全球发售的一个障碍，改成“视窗”，则一扫“地方”色彩。

4）推出惊人事实，吸引社会注意。“怕上火，喝王老吉饮料。”红罐王老吉成功的品牌定位和传播，给这个有 175 年历史的、带有浓厚岭南特色的产品带来了巨大的效益：2003 年红罐王老吉的销售额比去年同期增长了近 4 倍，由 2002 年的 1 亿多元猛增至 6 亿元，并以迅雷不及掩耳之势冲出广东；2004 年，尽管企业不断扩大产能，但仍供不应求，订单如雪片般纷至沓来，全年销量突破 10 亿元；以后几年持续高速增长，2010 年销量突破 180 亿元大关。

5）发现、创造与大胆使用独特的传播媒介，加大吸引力、冲击力。现代营销研究发现，人们喜欢看一些新的东西。因此，媒介进行大胆创新，才能使自己的信息与众不同，达到最佳传播效果。例如，德国大众汽车公司在发布新的奥迪轿车广告时，选择在当地电视台新闻时间，采用突然中断新闻的方式告诉全国人民，此刻，一条新的重要新闻即将发布，即奥迪又一款新车将问世。又如，在英国，微软公司于“视窗 95”上市的当天，以 60 万美元买下了这一天《泰晤士报》原来发行量两倍——150 万份——的报纸，免费赠送给读者，创下了该报 100 多年来首次免费赠报的先例。该报是英国历史最悠久的报纸，此举引起世界各大通讯社的报道，为“视窗 95”又免费做了不少广告。

6）对消费者接触进行有效管理，建立促销机构。研究表明，要成功推出一个品牌，就必须在每一个消费者接触点上，将公司希望表达的信息与创意以有力的形式进行报道。

例如，微软“视窗 95”在台北上市时，就采取了接触管理，推出了大量贴近消费者的别开生面、气势不凡的公关活动，如记者招待会、新闻发布会、记者研讨会、研讨营销、产品展示、有奖问答、免费上机操作及“全民计算机”等活动。

7）突出主题，吸引读者参加创意。例如，捷达轿车在推出捷达王宣传的时候，宣传主题是“100 亿元人民币的精心杰作”。这个主题的含义是，捷达王的优势，是发动机达到国际先进水平的优势。它以一种简单的方式告诉消费者，这种轿车是由中德双方投资 100 亿元生产出来的，因此价值非凡，买这样的轿车物有所值。这一主张没有说轿车，而是用一种感性利益——轿车生产的投入，来与目标对象沟通，因此，引起很多理性消费者的关注。

8）运用接触管理，针对不同人群，进行独特宣传。整合营销传播的另一个创新，是要求对主要购物人群，进行有针对性的沟通。例如，在美国一个防晒油品牌的宣传中，企业分别制定了针对以下人群的宣传：①厂商、经销商。其动机是获取更多的利润。②医药人员。帮助他们的顾客预防皮癌。③救生员、体育教师、网球教练、美容师等。协助顾客安全地享受阳光。④潜在使用者的父母。帮助他们的子女安全地享受阳光。⑤12～18 岁少男少女。希望安全地在阳光下持久一点，使他们在异性眼里看起来更动人。在上述接触设计中，第五群是重点群，为保证重点接触对象获得足够量的接触。整合营销传播推出了消费者行为特征研究方法，即通过调查座谈，分析每一个可能接触他们的方法，并通过记录他们每日的活动（从早上起床到晚上入睡，去了哪里和做了些什么），寻找接触点。例如，对这群对象接触的场所，以及跟太阳浴有关的娱乐节目，都进行了调查。根据调查结果，考虑以家庭海报、学校海报、MTV、广播、电视、报纸、杂志广告、记者招待会、空中文字广告、T 恤、泳帽、太阳眼镜、小册子等作为接触媒体。

知识拓展

整合营销传播

整合营销传播（integrated marketing communications，IMC），又称整合营销沟通。美国广告公司协会（American Association of Advertising Agencies，4As）对其所下的定义是：整合营销传播是一个营销传播计划概念，要求充分认识用来制订综合计划时所使用的各种带来附加值的传播手段，如普通广告、直接反映广告、销售促进和公共关系等，并将之结合，提供具有良好清晰度、连贯性的信息，使传播影响力最大化。这一定义着重于从促销组合的角度，强调综合性使用各种促销工具并使传播的影响力最大化的过程。

整合营销理论创始人之一、美国学者舒尔茨早期对整合营销传播的定义是：整合营销传播是一个业务战略过程，它是指制订、优化、执行并评价协调的、可测度的、有说服力的品牌传播计划，这些活动的受众包括消费者、顾客、潜在顾客、内部和外部受众及其他目标。强调整合营销是“以消费者为核心重组企业行为和市场行为，综合协调地使用各种形式的传播方式，以统一的目标和统一的传播形象，传递一致的产品信息，实现与消费者的双向沟通，迅速树立产品品牌在消费者心目中的地位，建立产品品牌与消费者长期密切的关系，更有效地达到广告传播和产品行销的目的”。这一定义与其他定义的不同在于，它将重点放在企业的商业运作过程上，强调整合营销对品牌传播与塑造的作用，认为应该深入分析消费者的感知状态及品牌传播情况，通过各种手段的整合达到最好地在消费者心中树立品牌形象的目的。最重要的是它隐含地提供了一种可以评价所有广告投资活动的机制，因为它强调消费者及顾客对组织的当前及潜在的价值。

知识拓展

在早期对整合营销传播界定的基础上，近年来舒尔茨又对整合营销的含义做了进一步的完善和发展，提出："整合营销就是一种适合所有企业中信息传播及内部沟通的管理体制，而这种传播与沟通就是尽可能与其潜在的客户和其他一些公共群体（如雇员、立法者、媒体和金融团体等）保持一种良好的、积极的关系"。即整合营销既是一种营销手段、理念和营销模式，更是一种沟通手段和管理体制。对外具有整合各种信息、综合传播企业信息和品牌的功能，对内则有通过各种沟通渠道和方式实现有效管理的作用。因此，在整合营销被广泛应用于企业营销的基础上，舒尔茨又重点强调企业内部管理信息的整合和对外传播信息及渠道的整合，并认为这才是整合营销战略的发展趋势和基本的发展方向。

由此可见，整合营销战略应该是以由外而内的战略为基础，以整合企业内外部所有资源为手段，以消费者为核心而重组企业的管理行为和市场行为。它不仅要求企业要变单一分散的传播手段为多种综合式的传播手段；坚持"一个观点，一种声音"的原则，要求与消费者及客户建立持久良好的关系，尤其是建立顾客品牌关系；同时要求企业每位员工都参与到营销传播中来，并致力于价值链的建设，要求提高传播的效率，必须将传播信息转化为具体概念、影响和声音。只有以整合营销为基础重整企业的营销和整体管理战略，才能使企业每个部门、每个成员和每个职能岗位都承担起沟通的责任，使企业发出的所有信息都起到宣传企业形象的作用，并最终实现塑造独特的企业形象、创造最大的品牌价值这一整合营销的最终目标。

第四节　创新营销策划

一、营销面临的挑战

在企业外部环境不确定性（市场、政策、消费者需求个性化、竞争的无边界化等）迅速增加和变革性技术随时可能出现的今天，企业面临的经营环境是：个性化的客户服务；IT 技术迅速发展；商品生命周期的缩短；价格竞争；流通渠道的重组；市场的饱和；全球标准等。1994 年克兰菲尔德大学和皇家市场研究中心发布了名为《变革的挑战》的报告，其中指出了五个方面对营销的挑战。

1）迅速变革的步伐。主要是时间周期更短、产品生命周期变短、顾客偏好变化加快等，对营销的挑战主要表现为企业需具备迅速开拓市场的能力；企业开发新产品需要更有成效；营销方法要富有灵活性；提高需求预测的准确性；企业要具备最优定价的能力。

2）流程再造。主要是敏捷制造和控制系统的应用、替代材料的出现、微电子技术和机器人的发展、以质量为中心的思想的渗透等，对营销的挑战主要表现在微细分市场上进行营销；找到方法从单一交易为中心向建立长远关系转变；使顾客忠诚更长久。

3）市场环境的挑战。主要是生产能力过剩、利润降低、增长缓慢、竞争激烈、降价销售、削减成本，其挑战表现为差异化提高利润；需开发新市场，精耕、深耕市场。

4）顾客的挑战。主要是顾客需求更多、期望更高、知识更多、购买力量集中化、购买行为更复杂，给营销带来的挑战主要是找到更接近顾客的方法；管理复杂的多市场渠道。

5）国际化的挑战。主要是竞争者更多、竞争更激烈、利润更低、顾客选择更多、市场更大、不同顾客的需求更多，给营销带来的挑战表现为重构企业在国内的运作模式以面对国际竞争；在更大更多的不同市场实施以顾客为中心的理念。

在这种变革的环境中，如何通过营销策划来提升企业的营销效果呢？如何进行营销策划创新呢？

二、创新营销策划的思路

营销策划就是用机遇和挑战评价现在和未来的环境，用优势和劣势评价企业现状，进而选择和确定企业的总体目标和长远目标，制定和选择实现目标的行动方案，是用最小的成本、最短的时间驾驭市场、实现目标。其目的是通过了解和掌握人的消费行为特征和消费心理特征，预测和设计符合自己心愿的目标。

当前，一方面是一些族群的出现，改变和引发了消费潮流和趋势，如月光族（每月花光，青黄不接）、草莓族（外表光鲜、内心脆弱）、熊猫族（黑眼圈，夜间消费和工作）、小资（强调生活品位、情调、个性等）、中产（从事脑力劳动，主要靠工资及薪金谋生，一般受过良好教育；有一定的闲暇，追求生活质量，对其劳动、工作对象一般也拥有一定的管理权和支配权，具有一定的知识资本与社会关怀）；另一方面是随着市场竞争的激烈，各种诱惑太大，消费者忠诚度降低，同时随着许多变革性的新产品不断出现在人们的生活中，顾客导向的弊端也不断显现：只关注了现有需求，忽略了潜在需求；而且市场调研在人们的需求达到较高阶段时作用也有限，不能够有效反映市场真实情况（如对一些娱乐性的消费就很难有效），正如欧洲市场营销之父皮埃尔·艾非教授所言，企业想倾听所有消费者的意见只是一个幻想，因为消费者没有能力说清他们的愿望到底是什么，也不可能了解新技术革命创造的新产品。因此，基于变革环境的营销策划创新应该从以下几个方面着手。

1. 动态的市场细分标准

如今，随着有关注意力经济、感受经济、体验经济、美女经济等的产生，消费行为变得日趋不确定，对于消费者市场的细分，更多的应该从心理变数和行为变数等动态指标的角度去考虑，如社会阶层、生活方式、个性等心理变数；使用场合、追求利益、使用者状况、使用频率、忠诚程度、态度等行为变数。从观念、心理特征、内心渴望、情感、族群、文化等角度去考虑，朝体验、感受、娱乐等角度去策划。例如，手机对于农民、小商贩可能需要的是高通话质量和低价格；对于在校大学生，对手机的娱乐需求强烈，如个性化、MP3、照相、摄像、彩屏、电子词典等，以后还可能发展为写“博客”的功能；对于商务人士，应定位为商务、高端，应该拥有 PDA（personal digital assistant）上网、电视功能等。

2. 有效利用政治性事件和典型性事件

事件营销在当前的策划中已取得了巨大的成功。在营销策划过程中，应该有效把握和利用一些政治性事件和典型性事件。如 APP 集团因被某媒体曝光在制造纸类产品的过程中大量砍伐森林而没有相应地造林，引起了消费者的不满，许多大学生自发地穿着“NO APP”的 T 恤衫在超市、闹市区宣传，引起了许多媒体的强烈关注。此时，APP 有效地利用了中国和印度尼西亚友好建交 55 周年这一政治性事件，做了许多相应的活动，有效转移了消费者的注意力，转变和提升了企业的形象。蒙牛借助“神五”、“超女”等事件获得了巨大的成功；三星借助奥运会提升了品牌形象；统一润滑油借助于朝核问题等，通过事件策划来引起观众的关注，吸引眼球，加强了品牌的认知和形象的传播，加深了消费者的记忆和联想。特别是随着消费者对体育、娱乐、文化等方面的消费增加，在变革环境下的营销策划应该有效利用一些典型性事件和政治性事件，利用事件的影响力来有效吸引公众的注意力。

3. 有效利用消费者的心理

在营销策划过程中，应有效利用消费者的好奇、恐惧、虚伪等心理特征，有针对性地展开策划活动，由于人是复杂人，是情景人，因而应有针对性地开展营销策划活动，根据情景、目标顾客等的不同相应地进行营销策划，系统思考。例如，在传播过程中，由于资讯泛滥，在营销传播的策划方面就应该突破和创新，一方面是在创意方面去吸引消费者，如思科公司的系列广告“思科改变了人们的生活”：“7 斤 6 两，因为有思科”，将思科与妇女生产联系在一块，因为运用了思科解决方案的智能医院可让宝宝健康地出生，让妈妈得到舒适的护理；“请勿打扰，因为有思科”，表明思科能够有效防止黑客、病毒的入侵，阐述业务安全永续；“走啊，去金字塔，因为有思科”，表明思考在教育领域的创新，通过网络的力量推动教育革新，使人产生了联想，获得了好感和认知。当然，还可以在形象化的销售主张、情感诉求、新概念、功能诉求、与公益性活动联系起来等方面去创新。另一方面是在投放过程中，对媒体的组合应该创新，如利用一些新颖的媒体技术（如分众传播的液晶显示屏、手机终端、组合式网络广告等）。营销传播不仅需要到达率，还需停滞率；不仅要被动的，更需要消费者的主动选择，因此，要敢于创新，突破自我并创造差异，如未来自动取款机、厕所等都可能成为有效的传播场所，因为在停滞率方面创造了条件。

4. 与金融有效结合

营销策划的关键在于激发潜在消费为现实消费，许多营销策划都是以进入有效结合，围绕顾客的需求采取一些在支付方式、广告诱惑等方面的创新进行策划的。例如，在支付方式上，采取按揭分期付款方式，如国美电器对于一些高端产品，一次性购买达到 5 万元以上时，可采取零首付，两年后再付清或两年内分期付款的方式（均需要刷卡消费），与银行的信用卡部门有效结合，国美承担在整个过程中的利息，这有效促进了高端产品的销售，使潜在消费转变为现实消费，获取了三方面“多赢”的格局。当前在家装方面、在房屋和电子类产品的销售等方面均采取了此种模式。

5. 对概念的拓展和延伸

随着科技的迅速发展，许多新的概念相应产生，如纳米、蓝牙等。在营销策划的过程中，要善于实施和运作概念策划，概念可能是一种理论、可能是一种方法、可能是一种观念或一个名称，在概念策划过程中，一是要有效利用这些概念，与此建立一些相关的联系，与高科技相链接；二是要善于制造概念，如产品的名称（如雅克 V9、草原绿鸡、国壮酒），产品的定位（如金六福是福酒，五粮醇为国民酒，双沟为自然酒）等；三是要善于拓展和延伸产品的概念，如食品的核心价值是充饥，可拓展到休闲（如薯片）、情（如巧克力、果冻）、友谊（如月饼、烟酒）等方面；药的中心价值是治病和保健，在策划过程中，可以向服用方便、口感好等方面拓展。

总之，变革环境中的营销策划关键在于创新，在于资源的整合，在于执行的到位，从深度、广度上系统思考，从不同的角度、不同的层面去整合企业资源，使企业资源利用效率最大化。当然，营销策划要与企业、行业的实际情况结合，与时俱进，如通过增加使用频率、单次使用量、抢占新市场、开拓新用途等方式来提高市场容量；通过心智定位来提高产品在消费者心目中的观念占有率；通过满意度、忠诚度来维系顾客关系和抢占消费者心智。

小　结

一对一营销是一种 CRM 战略，它为公司和个人间的互动沟通提供具有针对性的个性化方案。一对一营销的目标是提高短期商业推广活动及终身客户关系的投资回报率。最终目标就是提升整体的客户忠诚度，并使客户的忠诚价值达到最大化。

传统的营销，是从产品的角度经营，一次关注一种产品或服务，满足一种基本的顾客需求，然后挖掘市场，尽可能多地找到在当前销售季节中有这种需求的顾客。其以某种产品或服务为营销中心。而一对一营销，不是一次关注一种需求，而是一次关注一位顾客，尽可能多地满足这位顾客的需求。它关注的中心是顾客。实行传统营销的公司的成功方向是赢得更多的顾客，而实行一对一营销的公司的成功方向是更长久地留住顾客。一对一营销相对于传统营销，有自己的优点，也有一些缺点。

企业可以通过下列四步来实现对自己产品或服务的一对一营销：识别顾客、顾客差别化、企业—顾客双向沟通、业务流程重构。

绿色营销是在绿色消费观念驱动下产生的，企业以环境保护理念作为其经营哲学思想，以绿色文化为其价值观念，以消费者的绿色消费为出发点，力求满足消费者绿色消费需求的营销策略。绿色营销的主要特征是：倡导绿色消费意识、实行绿色促销策略、采用绿色标志、培育绿色文化。绿色营销的意义：可促进社会可持续发展战略的实施；有利于企业的国际化经营；有利于企业占领市场和扩大市场占有率；绿色营销可营造绿色文明，促进企业塑造绿色文化；可构建绿色形象，赢得独特的竞争优势；可以提高资源的使用效率和企业效益。绿色营销将成为 21 世纪营销的潮流，对企业的可持续发展具有举足轻重的作用，现代企业要想在激烈的市场竞争中站稳脚跟、发展壮大，在营销策划时就必须采取一系列行之有效的绿色营销策略，包括产品策略策划、价格策略策划、渠道策略策划及促销策略策划。

整合营销策划，是指企业对将要在实现与消费者沟通中的传播行为进行超前规划和设计，以提供一套统一的有关企业传播的未来方案，这套方案是把公关、促销、广告、直销等集于一身的具体行动措施。整合传播策划的过程起始于消费者或相关的资料库，可以透过资料库来进行市场区隔和分析消费者的消费习惯，再根据消费者的实际的购买行为或习惯来制定销售和传播策略；而且说服消费者的基本策略确定以后，就制定细节的特殊战术（如广告、公关、促销、直销、网络宣传、展览等组合）；在战术实施之后，还必须把消费者的回应和有关购买的新资讯进行评估分析，再反馈到资料库中，以便再次开始整合营销传播模式的循环。这个过程中要注意有效的双向沟通策略和广告策略。

整合营销策划的途径如下：准确发现目标消费者的需求；向消费者做独特的利益承诺；给产品取个有助传播的好名字；推出惊人事实，吸引社会注意；发现、创造与大胆使用独特的传播媒介，加大吸引力、冲击力；对消费者接触有效进行有效管理，建立促销机构；突出主题，吸引读者参加创意；运用接触管理，针对不同人群，进行独特宣传。

在企业外部环境不确定性（市场、政策、消费者需求个性化、竞争的无边界化等）迅速增加和变革性技术随时可能出现的今天，企业营销面临以下挑战：迅速变革的步伐、流程再造、市场环境的挑战、顾客的挑战、国际化的挑战。因此，基于变革环境的营销策划创新应该从以下几个方面着手：动态的市场细分标准、有效利用政治性事件和典型性事件、有效利用消费者的心理、与金融有效结合、对概念的拓展和延伸。

案例分析

案例一

一对一营销案例：定做李维斯牛仔服

案例背景

李维斯（Levi's）是著名的牛仔裤品牌，作为牛仔裤的“鼻祖”，象征着美国野性、刚毅、叛逆与美国开拓者的精神。它历经一个半世纪的风雨，从美国流行到全世界，并成为全球各地男女老少都能接受的时装。靛蓝牛仔斜纹布、腰后侧的皮章、裤后袋上的弧线、铆钉、独有的红旗标等都是李维斯的特点。

定做李维斯牛仔服

顾客来到商店里选购款式和布料，然后现场的售货员会为你量尺寸，并立即输入电脑数据库，这个数据库与李维斯的设计部门、工厂和市场营销及客户服务部门紧密链接，你只需坐等片刻，或者是第二天取货即可，无论是大小、尺寸、款式风格都如你所愿。甚至会应你的要求在领口或袖口绣上你的尊姓大名或者其他你喜欢的图案。其实李维斯也并非就真的为每一个顾客都单独制造，就如我们前面所说的那样，工厂会按照各种尺寸、款式、风格制造出大批的模块，接到前方的顾客数据之后，现场拼接就行了。而顾客获得的感受就不一样了，因为“你是专门为我生产的”。

（资料来源：http://www.nz86.com/article/108409/）

案例讨论

1. 试从本案例出发，说明一对一营销的本质是什么。
2. 你认为一对一营销适合哪些行业？

案例二

整合营销案例之立顿奶茶：动起来更精彩

案例背景

2010 年是视频平台爆炸性增长的一年，是社交媒体发力的一年，是微博、团购、LBS 竟相出场的一年。而视频作为重要的信息媒介，其价值日益凸显，据易观国际 Enfodesk 发布数据：2010 年国内网络视频市场广告收入规模达到 21.7 亿元，同比增长 157.1%。伴随着这种增长态势，视频推广方式也出现了一些新的变化，跨平台、多元化、整合视频营销推广浮出水面。

立顿奶茶：动起来更精彩

2011 年春节前夕，联合利华在 QQ 上为立顿做了一次互动营销活动。欢快的背景音乐响起来，一杯杯冒着热气的立顿奶茶飘出“福气”、“财气”和“喜气”字样，点击就可以为朋友送出祝福，发送者可以选择不同的脸部照片，并能够根据自定义头像生成祝福视频渲染欢快气氛，此时腾讯视频化身为传递祝福的使者。

借势春节祝福的网络营销活动并不少见，而在立顿活动页面定制一个属于自己的动感拜年视频却别有新意，原本有了审美疲劳的新年祝福短信和留言，换成动感十足的视频形式后，立刻受到了广泛欢迎。此次活动得到了数千万的转载、上亿的浏览量。由此可见，精彩的营销活动未必要标新立异，也许只是通过简单的技术创新，把单向的视频浏览变成双向的互动就能够取得出乎人们预料的传播效果。其实早在 2010 年春节联合利华就在腾讯平台上举办了第一届“立顿福气杯”活动，期间共有 4000 多万独立用户参与互动活动，《Advertising Age》、《Media》等国际知名媒体对当时的活动进行了报道。

以腾讯为主平台，此次活动利用腾讯海量的价值用户和最具互动性的体验，确保参与用户的广泛性和深度，同时针对消费者的网络沟通需求和习惯，设计便捷、有趣的互动体验及传播机制，将祝福作品与用户自己的内容产生关联。之后，借助好友关系链的扩散传播放大此次活动的效果，通过与消费者互动创建品牌和消费者之间的网络沟通方式，加深立顿在消费者心中的品牌印象。

创新的自定义祝福体验＋好友关系链有效激活＋炫酷礼物，生成“立顿福气杯”生动祝福后，用户获得链接地址，即完成定制“立顿福气杯”，并可通过各种方式分享给朋友。每位用户成功邀请 20 位好友，就能获得 QQ 红钻 1 颗。此次活动整合了线上各大媒体进行互联传播，短时间内有效地提高了立顿品牌的影响力，大大缩短了立顿品牌与用户的距离。

目前腾讯已与联合利华达成战略合作协议，作为联合利华 2011 年唯一的国内“数字营销”战略合作伙伴，腾讯将整合门户、IM、SNS、视频、无线、微博等多平台资源，在日化、快速消费品领域帮助联合利华推进数字化营销进程。

跨平台、多平台融合的营销方式，已经在企业的产品推广过程中取得了意想不到的效果，而无线＋视频、微博＋视频、SNS＋视频等整合营销的价值不断被网络营销实践所验证。就像其他网络营销模式的演进，企业正在通过营销实践探索视频营销的最佳模式。

（资料来源：http://www.meihua.info/knowledge/case/711）

案例讨论

1. 在本案例中，体现出整合营销策划的哪些特点？
2. 试举出一个整合营销策划案例。

思考题

1．绿色营销策划的策略有哪些？
2．一对一营销策划的步骤是什么？
3．整合营销策划的途径是什么？
4．基于变革环境的营销策划创新应该从哪几个方面着手？

第十五章

营销策划书

教学目标

理解营销策划书的含义及其构成因子、基本要求及要求；掌握营销策划书的编制原则、格式及撰写技巧；能够按照编制原则，撰写符合要求和规范的营销策划书。

学习要点

- 营销策划书的含义及其构成因子、基本要求及要求。
- 营销策划书的编制原则、格式及撰写技巧。

关键词

营销策划书　构成因子

导入案例

脑白金的营销奇迹

提起脑白金，老百姓早已家喻户晓；谈到脑白金的营销，业内人士莫不拍案叫绝。作为单一品种的保健品，脑白金以“快速启动市场，迅速拓展全国领域”的特点，导演了该领域的神奇现象。历经四个春秋，长盛不衰，在2001年1月创下了单品销量2亿多元的佳绩，突破了中国保健品行业单品单月的销售纪录。2008年4月，国家统计局中国行业企业信息发布中心发表《2007年中国消费品市场重点调查报告》，显示脑白金在2000～2003年连续4年获中国保健品市场销售冠军，之后在2005～2007年一直保持市场销售冠军的地位。

脑白金是营销策划的典范。当我们为脑白金迅速崛起而啧啧称赞时，我们是否也深思过，脑白金的成功靠的是什么？其实最关键的还是营销策划！尤其是《脑白金营销策划书》堪称经典，值得每一位营销策划人学习研究。

（资料来源：http://globrand.com/2004/5193.shtml）

第一节　营销策划书概述

一、营销策划书及其构成因子

营销策划书，是对创意后形成的概要方案加以充实、编辑，用文字和图表等形式表达出来所形成的系统性、科学性的书面策划文件。

营销策划书大体上包括以下八大因子（5W2H1E）。

1）What（什么）——企划的内容。

2）Who（谁）——企划相关人员。

3）Where（何处）——企划实施场所。

4）When（何时）——企划的时间。

5）Why（为什么）——企划缘由、背景。

6）How（如何）——企划的方法和运转实施。

7）How much（多少）——企划预算。

8）Effect（效果）——预测企划结果、效果。

以上这八个方面，是构成策划书的八个基本因素，其中方法、预算和预测是策划书区别于计划书和其他报告的三个最显著的特征。

二、营销策划书的基本内容及要求

营销策划书一般包括策划基础部分和行动方案部分。

1. 策划基础部分

策划基础部分主要是对企业营销背景、市场环境进行分析。具体视策划内容而异，具有共性的内容有以下方面。

1）宏观环境分析，包括政策法律因素分析、经济因素分析、技术因素分析、社会文化因素分析等。

2）微观环境分析，包括竞争对手营销战略及状态分析，企业内部优劣势分析等。

3）企业概况分析，包括企业的历史情况、现实生存状况及未来发展设想等。

4）对调查材料的分析，包括企业目标市场需求行为调查，购买者购买力调查，购买行为方式调查，企业适应市场需要状况的调查，企业的影响力、知名度、满意度的调查等。

2. 行动方案部分

行动方案部分主要是对企业营销活动的范围、目标、战略、策略、步骤、实施程序和安排等进行设计。就策划的指导思想而言主要谋划以下两个方面的内容。

1）如何确定目标市场，包括市场细分、市场定位（包括对产品的市场定位和对企业的市场定位）、目标市场的选择与确定等。

2）如何占领目标市场，包括产品策略（新产品开发、产品改良、品牌包装等策略）、价格策略（价格制定、价格变动策略）、渠道策略（分销渠道的选择）、促销策略（商业广告、人员推广、营业推广、公关活动等方面的策略）。

营销策划文案构成的这两部分是相辅相成、前因后果的关系。基础部分为行动方案部分做铺垫，行动方案的内容不能脱离基础部分提供的前提，否则就成了无源之水、无本之木。

对营销策划文案基础部分的要求是：分析要准确，材料要厚实。对原始材料的处理必须实事求是，钉是钉，铆是铆，不能随意胡诌，不能任意编造或夸大、缩小。同时，选用的素材要充分，要为行动方案的形成提供充足的、必要的条件。

对营销策划文案行动方案部分的要求是：具有明确的针对性、强烈的创新意识、切实的可行性。

没有针对性或针对性不强的行动方案是无益于企业的。那种靠某种模式、某种套路去套各类不同的企业的所谓策划行为是不负责的行为，是欺诈行为。任何方案的提出必须根据不同企业的不同情况，无论企业情况如何而一味用固有的、陈腐的、唯一的套路去套用的“策划”，只不过是在制造信息垃圾，不仅不利于企业的发展，有的还会带来负面效应。企业应拒绝这类“策划”。

策划成果的价值贵在创新，只有体现创新意识，具有创新精神的成果才最可贵。策划的创新重在策划人思路的创新、运用的知识创新、营销的内容与技巧、手段的创新。成功的策划文案要给人耳目一新的感觉，给人智慧的启迪和精神的振奋。

策划文案的可行性主要是体现在适合企业的实际上，即这些方案不是空穴来风，不是为了束之高阁供欣赏，而是为了推动企业的发展、为了付诸行动有所收益。文案中的目标一定是通过努力可以达到的，文案中的措施一定是企业可以且有能力实施的。

第二节　营销策划书的编制

一、营销策划书的编制原则

为了提高策划书撰写的准确性与科学性，应首先把握其编制的几个主要原则。

1. 实事求是原则

由于策划书是一份执行手册，如果说策划书还能运用高深的理论和各种模型去深入论述的话，策划案就必须务实，使方案更符合企业条件的实际、员工操作能力的实际、环境变化和竞争格局的实际等。这就要求在设计策划案时一定要坚持实事求是的科学态度，在制定指标、选择方法、划分步骤的时候，要从主客观条件出发，尊重员工和他人的意见，克服设计中自以为是和先入为主的主观主义，用全面的、本质的、发展的观点观察认识事物。

2. 严肃规范原则

严肃规范原则就是要求人们在设计策划书时一定要严格地按照策划书的意图和科学程序办事。策划案是为策划书的开发利用寻找方法、安排步骤、制定规划的。它的出台，是策划人依据策划的内在规律，遵循操作的必然程序，严肃认真、一丝不苟，精心编制而成的。因此，在拟定策划案过程中，切忌粗制滥造。严肃性原则还表现在，一个科学合理的策划案被采纳之后，在实际操作过程中，任何人不得违背或擅自更改。

3. 简单易行原则

简单易行原则就是要求人们在设计策划书时一定要做到简单明了、通俗易懂、便于推广、便于操作。任何一个方案的提出，都是为了能够在现实中能够容易操作，并通过操作过程达到预定的目的。为此，在策划案各要素的安排和操作程序的编制上，要依据主客观条件，尽量化繁为简、化难为易，做到既简便易行，又不失其效用。

4. 灵活弹性原则

灵活弹性原则就是要求人们在设计策划书时一定要留有回旋余地，不可定得太死。当今是高速发展的时代，策划案虽然具有科学预见性的特点，但它毕竟与现实和未来存有较大的差距，因此，它在实施过程中难免会遇到突如其来的矛盾、意想不到的困难。例如，资金未到位、人员没配齐、物资不齐全，时间更改、地点转移、环境变化等。这些因素我们必须估计到，提出应变措施，并能渗透到方案的各环节之中。一旦情况出现，便可及时对已定方案进行修改、调整。这样，既保证了原有意图在不同程度上得以实现，又避免了因策划案的夭折而造成重大损失。

5. 逻辑思维原则

商品企划目的在于解决企业营销中出现的问题，制定解决方案，按照逻辑性思维的构思来编制企划书。首先是了解企业的现实状况，描述进行该企划的背景，分析当前市场状况及目标市场，再把企划中心目的全盘托出；其次是详细阐述企划内容；再次是明确提出解决问题的对策；最后是预测实施该企划方案的效果。

6. 创意新颖原则

商品企划方案应该是一个“金点子”，也就是说要求企划的“点子”（创意）要与众不同、内容新颖别致，表现手段也要别出心裁，给人以全新的感受。新颖、奇特、与众不同的创意是商品企划书的核心内容。

知识拓展

营销策划书为谁而写

1）营销策划书90%不是为自己写的。因为我们在思考问题时，往往只根据自己的知识和掌握的资料得出最终的结论，而不是将整个思路整理成策划书。

2）营销策划书是一种说服性材料，它通过使人信服的材料为提案者和接受方在营销策划的实施中提供了通用的语言。

3）作用：是为了实现自己的目的而说服周围的人；是通过策划书来实现别人的目的。

4）目的：是未来理想和价值观的努力对象。

5）目标：是为了实现具体的目的而设定的直接对象。

为了实现目的，必须设定若干个目标。如果忘记这一点，一口气冲向目的，便会遇到挫折。目的是超越时间的概念，但是很多策划人往往把目的当成目标，这样在目的不能很快实现的情况下，就会使策划人产生挫折感。

如果没有明确的目的，仅仅在当前的目标周围打转，就会为别人或别的企业创造向下一个目标和目的前进的机会。

因此，将目的与目标混淆是非常危险的。

二、营销策划书的格式

营销策划书没有一成不变的格式，它依据产品或营销活动的不同要求，在策划的内容与编制格式上也有变化。但是，从营销策划活动一般规律来看，其中有些要素是共同的。营销策划书的基本结构可分为以下十项。

1. 封面

封面是营销策划书的脸面，会影响阅读者对营销策划书的第一印象，因此不能草率从事。好的封面，要与策划书的内容相适应，既不要过于奢华，给人一种华而不实的感觉；又不要粗制滥造，让人觉得整个策划书出于一个“草台班子”之手。规范的封面，一般应该提供以下信息：①策划书的名称；②被策划的客户；③策划机构或策划人的名称；④策划完成日期及本策划适用时间段；⑤编号。

2. 前言

前言或序言是策划书正式内容前的情况说明部分，内容应简明扼要，最多不要超过500 字，让人一目了然。其内容主要是：①接受委托的情况，如×公司接受×公司的委托，就××年度的广告宣传计划进行具体策划；②本次策划的重要性与必要性；③策划的概况，即策划的过程及达到的目的。

3. 目录

目录的内容也是策划书的重要部分。封面引人注目，前言使人开始感兴趣，那么，目录就务必让人读后了解策划的全貌。目录具有与标题相同的作用，同时也应使阅读者能方便地查寻营销策划书的内容。

4. 概要提示

阅读者应能够通过概要提示大致理解策划内容的要点。概要提示的撰写同样要求简明扼要，篇幅不能过长，一般控制在一页纸内。另外，概要提示不是简单地把策划内容予以列举，而是要单独成一个系统，因此其遣词造句等都要仔细斟酌，要起到“一滴水见大海”的效果。

5. 正文

正文是营销策划书中最重要的部分，具体包括以下几方面内容。

（1）营销策划的目的

营销策划目的部分主要是对本次营销策划所要实现的目标进行全面描述，它是本次营销策划活动的原因和动力。

（2）市场状况分析

市场状况分析着重分析以下因素。

1）宏观环境分析。着重对与本次营销活动相关的宏观环境进行分析，包括政治、经济、文化、法律、科技等。

2）产品分析。主要分析本产品的优势、劣势、在同类产品中的竞争力、在消费者心目中的地位、在市场上的销售力等。

3）竞争者分析。分析本企业主要竞争者的有关情况，包括竞争产品的优势、劣势，竞争产品营销状况，竞争企业整体情况等。

4）消费者分析。对产品消费对象的年龄、性别、职业、消费习惯、文化层次等进行分析。

以上市场状况的分析是在市场调研取得第一手资料的基础上进行的。

（3）市场机会与问题分析

营销方案是对市场机会的把握和策略的运用，因此分析市场机会就成了营销策划的关键。只要找准了市场机会，策划就成功了一半。

1）营销现状分析。对企业产品的现行营销状况进行具体分析，找出营销中存在的具体问题点，并深入分析其原因。

2）市场机会分析。根据前面提出的问题，分析企业及产品在市场中的机会点，为营销方案的出台做准备。

（4）确定具体营销方案

针对营销中问题点和机会点的分析，提出达到营销目标的具体营销方案。营销方案主要由市场定位和 4P’s 组合两部分组成，具体体现两个主要问题。

1）本产品的市场定位是什么?

2）本产品的 4P’s 组合具体是怎样的?具体的产品方案、价格方案、分销方案和促销方案是怎样的?

6. 预算

这一部分记载的是整个营销方案推进过程中的费用投入，包括营销过程中的总费用、阶段费用、项目费用等，其原则是以较少投入获得最优效果。用列表的方法标出营销费用也是经常被运用的，其优点是醒目易读。

7. 进度表

把策划活动起止全部过程拟成时间表，具体到何日何时要做什么都标注清楚，作为策划进行过程中的控制与检查。进度表应尽量简化，在一张纸上拟出。

8. 人员分配及场地

此项内容应说明具体营销策划活动中各个人员负责的具体事项及所需物品和场地的落实情况。

9. 结束语

结束语在整个策划书中可有可无，主要起到与前言的呼应作用，使策划书有一个圆满的结束，不致使人感到太突然。

10. 附录

附录的作用在于提供策划客观性的证明。因此，凡是有助于阅读者对策划内容理解、信任的资料都可以考虑列入附录。但是，可列可不列的资料还是以不列为宜，这样可以更加突出重点。附录的另一种形式是提供原始资料，如消费者问卷的样本、座谈会原始照片等图像资料。附录也要标明顺序，以便阅读者查找。

第三节 营销策划书的撰写技巧

营销策划书和一般的报告文章有所不同，它对可信性、可操作性及说服力的要求特别高，因此，运用撰写技巧提高可信性、可操作性及说服力。这也是策划书撰写的追求目标。

1. 寻找一定的理论依据

欲提高策划内容的可信性，并使阅读者接受，就要为策划者的观点寻找理论依据。事实证明，这是一个事半功倍的有效办法。但是，理论依据要有对应关系，纯粹的理论堆砌不仅不能提高可信性，反而会给人脱离实际的感觉。

2. 适当举例

这里的举例是指通过正反两方面的例子来证明自己的观点。在营销策划书中，适当地加入成功与失败的例子既能起调节结构的作用，又能增强说服力，可谓一举两得。这里要指出的是，举例以多举成功的例子为宜，选择一些国外先进的经验与做法，以印证自己的观点是非常有效的。

3. 利用数字说明问题

营销策划书是一份指导企业实践的文件，其可靠程度如何是决策者首先要考虑的。策划书的内容不能留下查无凭据之嫌，任何一个论点均要有依据，而数字就是最好的依据。在策划书中利用各种绝对数和相对数来进行比照是绝对不可少的。要注意的是，数字需有出处，以证明其可靠性。

4. 运用图表帮助理解

运用图表能有助于阅读者理解策划的内容，同时，图表还能提高页面的美观性。图表的主要优点在于有强烈的直观效果，因此，用其进行比较分析、概括归纳、辅助说明等非常有效。图表的另一优点是能调节阅读者的情绪，从而有利于对策划书的深刻理解。

5. 合理利用版面安排

策划书的视觉效果的优劣在一定程度上影响着策划效果的发挥。有效利用版面安排也是策划书撰写的技巧之一。版面安排包括打印的字体、字号、字距、行距及插图和颜色等。如果整篇策划书的字体、字号完全一样，没有层次、主辅，那么这份策划书就会显得呆板，缺少生气。总之，良好的版面可以使策划书重点突出，层次分明。

应该说，随着文字处理的计算机化，这些工作是不难完成的。策划者可以先设计几种版面安排，通过比较分析，确定一种最好效果的设计，然后再正式打印。

6. 注意细节，消灭差错

细节往往会被人忽视，但是对于策划报告来说却是十分重要的。可以想象得出一份策划书中错字、漏字连续出现的话，读者怎么可能会对策划者抱有好的印象呢?因此，对打印好的策划书要反复仔细地检查，特别是对于企业的名称、专业术语等更应仔细检查。另外，纸张的好坏、打印的质量等都会对策划书本身产生影响，所以也绝不能掉以轻心。

知识拓展

如何完成一份完善的大型促销策划方案

销售促进是与人员推销、广告、公共关系相并列的四大基本促销手段之一。本文所指的促销活动是指针对消费者的销售促进，至于针对经销商、制造商、销售人员的销售促进在此不列为讨论范畴。随着竞争的加剧，针对消费者的促销活动在营销环节中的地位已越来越重要。据统计，国内企业的促销活动费用与广告费用之比达到 6∶4。正如一份缜密的作战方案在很大程度上决定着战争的胜负一样，一份系统全面的活动方案是促销活动成功的保障。

如何撰写促销方案？一份完善的促销活动方案分 12 部分。

1）活动目的：对市场现状及活动目的进行阐述。市场现状如何？开展这次活动的目的是什么？是处理库存？是提升销量？是打击竞争对手？是新品上市？还是提升品牌知名度及美誉度？只有目的明确，才能使活动有的放矢。

2）活动对象：活动针对的是目标市场的每一个人还是某一特定群体？活动控制在多大范围内？哪些人是促销的主要目标？哪些人是促销的次要目标？这些选择的正确与否会直接影响到促销的最终效果。

3）活动主题：在这一部分，主要是解决两个问题。

① 确定活动主题。降价？价格折扣？赠品？抽奖？礼券？服务促销？演示促销？消费信用？还是其他促销工具？选择什么样的促销工具和什么样的促销主题，要考虑到活动的目标、竞争条件和环境及促销的费用预算和分配。

② 包装活动主题。在确定了主题之后要尽可能艺术化地“扯虎皮做大旗”，淡化促销的商业目的，使活动更接近消费者，更能打动消费者。几年前爱多 VCD 的“阳光行动”堪称经典，把一个简简单单的降价促销行动包装成维护消费者权益的爱心行动。

这一部分是促销活动方案的核心部分，应该力求创新，使活动具有震撼力和排他性。

4）活动方式：主要阐述活动开展的具体方式。有两个问题要重点考虑。

① 确定伙伴：拉上政府做后盾，还是挂上媒体的名号来卖自己的产品？是厂家单独行动，还是和经销商联手？或是与其他厂家联合促销？和政府或媒体合作，有助于借势和造势；和经销商或其他厂家联合可整合资源，降低费用及风险。

② 确定刺激程度：要使促销取得成功，必须要使活动具有刺激力，能刺激目标对象参与。刺激程度越高，促进销售的反应越大。但这种刺激也存在边际效应。因此必须根据促销实践进行分析和总结，并结合客观市场环境确定适当的刺激程度和相应的费用投入。

知识拓展

5）活动时间和地点：促销活动的时间和地点选择得当会事半功倍，选择不当则会费力不讨好。在时间上尽量让消费者有空闲参与，在地点上也要让消费者方便，而且要事前与城管、工商等部门沟通好。不仅发动促销战役的时机和地点很重要，持续多长时间效果会最好也要深入分析。持续时间过短会导致在这一时间内无法实现重复购买，很多应获得的利益不能实现；持续时间过长，又会引起费用过高而且市场形不成热度，并降低在顾客心目中的“身价”。

6）广告配合方式：一个成功的促销活动，需要全方位的广告配合。选择什么样的广告创意及表现手法？选择什么样的媒介宣传？这些都意味着不同的受众抵达率和费用投入。

7）前期准备：前期准备分三块：人员安排、物资准备、试验方案。

在人员安排方面要“人人有事做，事事有人管”，无空白点，也无交叉点。谁负责与政府、媒体的沟通？谁负责文案写作？谁负责现场管理？谁负责礼品发放？谁负责顾客投诉？要各个环节都考虑清楚，否则就会临阵出麻烦，顾此失彼。

在物资准备方面，要事无巨细，大到车辆，小到螺丝钉，都要罗列出来，然后按单清点，确保万无一失，否则必然导致现场的忙乱。

尤为重要的是，由于活动方案是在经验的基础上确定，因此要进行必要的试验来判断促销工具的选择是否正确，刺激程度是否合适，现有的途径是否理想。试验方式可以是询问消费者，填调查表或在特定的区域试行方案等。

8）中期操作：中期操作主要是活动纪律和现场控制。

纪律是战斗力的保证，是方案得到完美执行的先决条件，在方案中应对参与活动人员各方面纪律做出细致的规定。

现场控制主要是把各个环节安排清楚，要做到忙而不乱，有条有理。同时，在实施方案过程中，应及时对促销范围、强度、额度和重点进行调整，保持对促销方案的控制。

9）后期延续：后期延续主要是媒体宣传的问题，对这次活动将采取何种方式在哪些媒体进行后续宣传？脑白金在这方面是“高手”，即使一个不怎么成功的促销活动也会在媒体上宣传得盛况空前。

10）费用预算：没有利益就没有存在的意义。对促销活动的费用投入和产出应做出预算。当年爱多 VCD 的“阳光行动 B 计划”以失败告终的原因就在于没有在费用方面进行预算，直到活动开展后，才发现这个计划公司根本没有财力支撑。一个好的促销活动，仅靠一个好的“点子”是不够的。

11）意外防范：每次活动都有可能出现一些意外。例如，政府部门的干预、消费者的投诉，甚至天气突变导致户外的促销活动无法继续进行等。必须对各个可能出现的意外事件做必要的人力、物力、财力方面的准备。

12）效果预估：预测这次活动会达到什么样的效果，以利于活动结束后与实际情况进行比较，从刺激程度、促销时机、促销媒介等各方面总结成功点和失败点。

以上 12 部分是促销活动方案的一个框架，在实际操作中，应大胆想象，小心求证，进行分析比较和优化组合，以实现最佳效益。

有了一份有说服力和操作性强的活动方案，才能让公司支持自己的方案，也才能确保方案得到完美的执行，使促销活动起到“四两拨千斤”的效果。

小　结

营销策划书，是对创意后形成的概要方案加以充实、编辑，用文字和图表等形式表达出来所形成的系统性、科学性的书面策划文件。任何一种营销策划书的构成都必须有5W2H1E，共8个基本要素。

营销策划书一般包括策划基础部分和行动方案部分：策划基础部分主要是对企业营销背景、市场环境进行分析。行动方案部分主要是对企业营销活动的范围、目标、战略、策略、步骤、实施程序和安排等进行设计。对营销策划文案基础部分的要求是：分析要准确，材料要厚实。对营销策划文案行动方案部分的要求是：具有明确的针对性、强烈的创新意识、切实的可行性。

为了提高策划书撰写的准确性与科学性，应首先把握其编制的几个主要原则：实事求是原则、严肃规范原则、简单易行原则、灵活弹性原则、逻辑思维原则、创意新颖原则。

营销策划书的基本格式从结构上可分为以下十项：封面、前言、目录、概要提示、正文、预算、进度表、人员分配及场地、结束语、附录。

营销策划书的撰写技巧：寻找一定的理论依据；适当举例；利用数字说明问题；运用图表帮助理解；合理利用版面安排；注意细节，消灭差错。

案例分析

案例一

某公司空调自控产品湖南市场营销策划书

案例背景

一、计划概要

1. 年度销售目标600万元。
2. 经销商网点50个。
3. 公司在自控产品市场有一定知名度。

二、营销状况

空调自控产品属于中央空调等行业配套产品，受上游产品消费市场牵制，但需求总量还是比较可观。随着城市建设和人民生活水平的不断提高以及产品更新换代时期的到来，带动了市场的持续增长幅度，从而带动了整体市场容量的扩张。湖南地处中国的中部，空调自控产品需求量比较大：

1. 夏秋炎热，春冬寒冷。
2. 近两年湖南房地产业发展迅速，特别是中高档商居楼、别墅群的兴建。
3. 湖南纳入西部开发，将增加各种基础工程的建设。
4. 长株潭的融城。
5. 郴州、岳阳、常德等大量兴建工业园和开发区。

6. 人们对自身生活要求的提高。

综上所述，空调自控产品特别是高档空调自控产品在湖南的发展潜力很大。

总体来说，空调自控产品销售的方式不外三种：工程招标、房产团购和私人项目。工程招标渠道占据的份额很大，但是房产团购和私人项目两种渠道发展迅速，已经呈现出多元发展局面。

从各企业的销售渠道来看，大部分公司采用办事处加经销商的模式，国内空调自控产品企业2007年都加大力度进行全国营销网络的部署和传统渠道的巩固，加强与设计院以及管理部门的公关合作。对于进入时间相对较晚的空调自控产品企业来说，由于市场积累时间相对较短，而又急于快速打开市场，因此基本上都采用了办事处加经销制的渠道模式。为了快速对市场进行反应，凡进入湖南市场的自控产品在湖南都有库存。湖南空调自控产品市场容量比较大而且还有很大的潜力，发展趋势普遍看好，因此对还未进入湖南市场的品牌存在很大的市场机会，只要采用比较得当的市场策略，就可以挤进湖南市场。目前上海正一在湖南空调自控产品市场上基础比较薄弱，团队还比较年轻，品牌影响力还需要巩固与拓展。在销售过程中必须要非常清楚我公司的优势，并加以发挥使之达到极致；要找出我公司的弱项并及时提出，加以克服实现最大的价值；提高服务水平和质量，将服务意识渗透到与客户交流的每个环节中，注重售前售中售后回访等各项服务。

三、营销目标

1. 空调自控产品应以长远发展为目的，力求扎根湖南。2008年以建立完善的销售网络和样板工程为主，销售目标为600万元。

2. 跻身一流的空调自控产品供应商；成为快速成长的成功品牌。

3. 以空调自控产品带动整个空调产品的销售和发展。

4. 市场销售近期目标：在很短的时间内使营销业绩快速成长，到年底使自身产品成为行业内知名品牌，取代省内同水平产品的一部分市场。

5. 致力于发展分销市场，到2008年底发展到50家分销业务合作伙伴。

6. 无论精神、体力都要全力投入工作，使工作有高效率、高收益、高薪资发展。

四、营销策略

如果空调自控产品要快速增长，还要取得竞争优势，最佳的选择必然是——“目标集中”的总体竞争战略。随着湖南经济的不断快速发展、城市化规模的不断扩大，空调自控产品市场的消费潜力很大，目标集中战略对我们来说是明智的竞争策略选择。围绕“目标集中”总体竞争战略我们可以采取的具体战术策略包括：市场集中策略、产品带集中策略、经销商集中策略以及其他为目标集中而配套的策略四个方面。为此，我们需要将湖南市场划分为以下四种：

战略核心型市场——长沙，株洲，湘潭，岳阳

重点发展型市场——郴州，常德，张家界，怀化

培育型市场——娄底，衡阳，邵阳

等待开发型市场——吉首，永州，益阳

总的营销策略：全员营销与采用直销和渠道营销相结合的营销策略

1. 目标市场

遍地开花，中心城市和中小城市同时突破，重点发展行业样板工程，大力发展重点区域和重点代理商，迅速促进产品的销量及销售额的提高。

2. 产品策略

用整体的解决方案带动整体的销售：要求我们的产品能形成完整的解决方案并有成功的案例，由此带动全线产品的销售。

大小互动：以空调自控产品的销售带动阀门及其他产品的销售，以阀门及其他产品的项目促进空调自控产品的销售。

3. 价格策略

高品质，高价格，高利润空间为原则；制订较现实的价格表：价格表分为两层，媒体公开报价、市场销售的最底价。制订较高的月返点和季返点政策，以控制营销体系。严格控制价格体系，确保一级分销商、二级分销商、项目工程商、最终用户之间的价格距离及利润空间。为了适应市场，价格政策又要有一定的灵活性。

4. 渠道策略

（1）分销合作伙伴分为两类：一是分销客户，是我们的重点合作伙伴。二是工程商客户，是我们的基础客户。

（2）渠道的建立模式：A.采取逐步深入的方式，先草签协议，再做销售预测表，然后正式签订协议，订购第一批货。如不进货则不能签订代理协议；B.采取寻找重要客户的办法，通过谈判将货压到分销商手中，然后我们的销售和市场支持跟上；C.在代理之间挑起竞争心态，在谈判中因有当地的一个潜在客户而使我们掌握主动和高姿态。不能以低姿态进入市场；D.草签协议后，在我们的广告中就可以出现草签代理商的名字，挑起了分销商和原厂商的矛盾，我们乘机进入市场；E.在当地的区域市场上，随时保证有一个当地的可以成为一级代理的二级代理，以对一级代理形成威胁和起到促进作用。

（3）市场上有推、拉的力量。要快速增长，就要采用推动力量。拉需要长时间的培养。为此，我们将主要精力放在开拓渠道分销上，另外，负责大客户的人员和工程商的人员主攻行业市场和工程市场，力争在三个月内完成4～5项样板工程，给内部人员和分销商树立信心。到年底为止，完成自己的营销定额。

5. 人员策略

营销团队的基本理念：A.开放心胸；B.战胜自我；C.专业精神。

（1）业务团队的垂直联系，保持高效沟通，才能作出快速反应。团队建设扁平。

（2）内部人员的报告制度和销售奖励制度。

（3）以专业的精神来销售产品。价值＝价格＋技术支持＋服务＋品牌。实际销售的是一个解决方案。

（4）编制销售手册：其中包括代理的游戏规则，技术支持，市场部的工作范围和职能，所能解决的问题和提供的支持等说明。

五、营销方案

1. 公司应好好利用上海品牌，走品牌发展战略。

2. 整合湖南本地各种资源，建立完善的销售网络。

3. 培养一批好客户，建立良好的社会关系网。

4. 建设一支好的营销团队。

5. 选择一套适合公司的市场运作模式。

6. 抓住公司产品的特点，寻找公司的卖点。

7. 公司在湖南宜采用直销和经销相结合的市场运作模式，直销做样板工程并带动经销网络的发展，经销做销量并作为公司利润增长点。

8. 直销采用人员推广和部分媒体宣传相结合的方式拓展市场，针对空调自控产品，我们可以采用小区推广法和重点工程机项目样板工程说服法。

9. 为了尽快进入市场和有利于公司的长期发展，应以长沙为中心，向省内各大城市进军，其中以长沙为核心，以地市为利润增长点。

10. 湖南的渠道宜采用扁平化模式并做好渠道建设和管理，在渠道建设方面可以不设省级总经销商，而是以地市为基本单位划分，每个地级市设二个一级经销商，并把营销触角一直延伸到具有市场价值的县级市场，改变目前湖南其他空调自控产品品牌在地级市场长期以来的游击战方式，采用阵地战，建立与经销商长期利益关系的品牌化运作模式，对每个地区市场都精耕细作，稳扎稳打。

11. 为了确保上述战术的实现，特别是为了加强渠道建设和管理，必须组建一支能征善战的营销队伍：确保营销队伍的相对稳定性和合理流动性，全年合格的营销人员不少于3人；务必做好招聘、培训工作；将试用表现良好的营销员分派到各区担任地区主管。

12. 加强销售队伍的管理：实行三 A 管理制度；采用竞争和激励因子；定期召开销售会议；树立长期发展思想，使用和培养相结合。

13. 销售业绩：公司下达的年销任务，根据市场具体情况进行分解。主要手段是：提高团队素质，加强团队管理，开展各种促销活动，制定奖罚制度及激励方案。

14. 工程商、代理商管理及关系维护：针对现有的工程商客户、代理商或将拓展的工程商及代理商进行有效管理及关系维护，对各个工程商客户及代理商建立客户档案，了解前期销售情况及实力情况，进行公司的企业文化传播和公司 2008 年度的新产品传播。此项工作在 6 月末完成。在旺季结束后和旺季来临前不定时地进行传播。了解各工程商及代理商负责人的基本情况进行定期拜访，进行有效沟通。

15. 品牌及产品推广：2008 年执行公司的定期品牌宣传及产品推广活动，并策划一些投入成本较低的公共关系宣传活动，提升品牌形象。有可能的情况下与各个工程商及代理商联合进行推广，不但可以扩大影响力，还可以建立良好的客情关系。产品推广主要进行一些“路演”或户外静态展示进行一些产品推广和正常营业推广。

16. 终端布置，渠道拓展：根据公司的 08 年度的销售目标，渠道网点普及会大量增加，根据此种情况随时、随地积极配合业务部门的工作，积极配合经销商的形象建设。

17. 促销活动的策划与执行：根据市场情况和竞争对手的销售促进活动，灵活策划一些销售促进活动。主题思路以避其优势，攻其劣势，根据公司的产品优势及资源优势，突出重点进行策划与执行。

18. 团队建设、团队管理、团队培训。

六、配备和预算

1. 营销队伍：全年合格的营销人员不少于3人。

2. 所有工作重心都向提高销售倾斜，要建立长期用人制度，并确保营销人员的各项后勤工作按时按量到位。

3. 为适应市场，公司在湖南必须有一定量的库存，保证货源充足及时，比例协调，达到库存最优化，尽量避免断货或缺货现象。（在长沙已谈好一家经销商，由经销商免费提供门面、人员）

4. 时时进行市场调研、市场动态分析及信息反馈，做好企业与市场的传递员。全力打造一个快速反应的机制。

5. 协调好代理商及经销商等各环节的关系。根据技术与人员支持，全力以赴完成终端任务。

6. 拓宽公司产品带，增加利润点。

7. 必须确立营业预算与经费预算，经费预算的决定通常随营业实绩做上下调节。

8. 为加强机构的敏捷、迅速化，本公司将大幅委让权限，使人员得以果断速决，但不得对任何外来人员泄露公司价格等机密，在与客户交流中，如遇价格难以决定时，须请示公司领导。

9. 为达到责任目的及确定责任体制，公司可以贯彻重奖重罚政策。

（案例来源：http://wenku.baidu.com/view/35e62a4c852458fb770b5631.html）

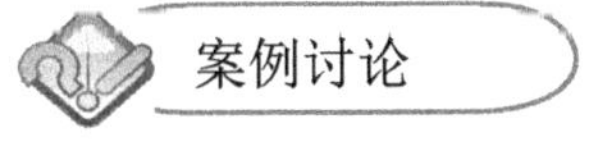

案例讨论

结合本案例，说明营销策划书一般包含哪些基本内容。

案例二

法兰西浴室柜市场营销策划书

一、建材行业状况

21 世纪的中国建材市场发展空间巨大，数十万家本土企业激烈厮杀，一大批实力强劲的国际知名建材企业也垂涎中国市场的巨大蛋糕，开始纷纷进入中国，竞争异常激烈。整个建材营销总体上处于十分混乱的局面。和其他行业相比，中国的建材市场和建材营销品牌林立，市场集中度极低，行业龙头往往也占据不了 10%的市场份额，这和家电、汽车、快速消费品等行业市场份额高度集中于少数几个领导品牌形成鲜明对比，反映建材行业整体营销水平偏低，企业普遍缺乏经济规模，缺少能引领左右市场的强势企业与领导品牌；其次，流通与渠道模式错综复杂，建材批发市场、建材商城、品牌专卖店、超级终端、房地产公司、工程与装饰公司直供、小区拦截等如何选择协调成了建材企业的心头之痛，特别是伴随着国外的百安居、欧倍德及本土的东方家园、好美家等建材零售巨头的出现与迅猛发展，建材传统流通模式面临严峻考验；而且消费行为谨慎且受设计、施工等中间人员的极大影响，沟通与传播策略难以做出有效安排，品牌建设存在极大障碍。这些问题都源自建材产品的特殊性：建材产品是一类消费计划性强，购买、消费周期长，单次购买金额高，受中间人员（设计、施工人员等）的影响大的特殊产品，其消费行为特征既不同于日用消费品，又不同于工业品。所以，应通过对品牌、产品、营销组织、沟通传播、渠道及销售终端等的系统整合，全面提升企业的营销管理与策略水平，打造更多的建材行业知名企业与强势领导品牌。

二、浴室柜市场背景分析与竞争分析

浴室柜源于欧洲，流行于欧美，20 世纪 90 年代中叶在国内发展起来。以往，卫浴间和潮湿是紧密相连的，所以它一直是冷冰冰不怕水的瓷砖和洁具的天下，木制用品是不敢踏进半步的。但随着人们对卫浴空间的重视，希望把它装扮得温馨、有品位、更时尚、更有个性的愿望刺激了设计师们的灵感，玲珑精巧的浴室柜便吸引了人们的视线和进入生活。浴室文化引导着人们未来的生活方式，浴室柜引领家居消费的时尚。

（1）专业资料显示，未来 5 年，中国有 3000 亿的厨卫市场空间，厨房、浴室产品几乎每年都以不下 20%的比例高速增长，整体卫浴的增长率达 26%，浴室柜增长率将高达 40%以上，发展空间大、潜力大。

（2）浴室柜行业生产方式有两种：一种是一些知名品牌委托加工即 OEM；另一种为自行开发自主生产。

（3）浴室柜制作材料有：人造板（包括胶合板、刨花板、纤维板、中密度纤维板、防潮板、细木工板等）、PVC 板、实木，外加烤漆或贴面（包括木皮、水晶板等）。

（4）相对于洁具行业来说，浴室柜是新兴行业，进入门槛低、发展快、利润高，市场还没有出现有全国性知名度的品牌。由于利润的驱使，许多陶瓷洁具大公司瞄准了浴室柜行业，利用已有品牌资源进行品牌延伸，生产浴室柜配套其产品；更多的并无实力的企业也一哄而上、盲目介入，行市一度被搅得如浑水一般，到 2006 年时浴室柜行业竞争开始变得更加激烈，且不断有新的厂家介入。由于许多厂家的盲目介入，为寻求利润的最大化，不惜采用劣质材料等来降低生产成本，以达到用很低的价格来进行销售，使得产品质量参差不齐，市场的竞争显得杂乱无章。目前浴室柜市场除陶瓷洁具大品牌进行品牌延伸外，如有“和成”“路易斯”“TOTO”“松下”“箭牌”“英皇”“法国丹丽”“美标”“乐家”“杜拉维特”“科勒”外，还有专业生产浴室柜的品牌，如“爱家”“佳晴”“摩乐舒”“佳美”“澳金”“豪洁”“班尼卡”“天堂”“横岗”“美乐佳”“星牌”“金迪”“铭康”“法尼尼”“广洋”“奥美加”等共几百个品牌。

（5）产品同质化现象最为严重，没有一家具有较为核心的品牌竞争力；国内的厂家及产品类型相互间也没形成各自的独特品类和特征优势，而是极其相似，更多的是重复模仿，特别是对浴室柜市场消费者类型、层次、特征、心理缺乏了解。

（6）各厂家、品牌对市场运营及经销商、工程商、终端用户使用的营销策略、手段陈旧，更多地固执于价格策略上，且各厂家的扣点、返利大致相近，鲜有突破性的营销策略去切入市场。

（7）目前市场上知名陶瓷洁具品牌对浴室柜的品牌延伸多不成功，原因在于知名陶瓷洁具品牌对浴室柜的营销主要是为其他陶瓷洁具产品配套，产品线拉得过长，不能针对这一细分市场进行专项营销，而且生产主要为委托加工，不能保证产品的质量和售后服务，反而模糊了原品牌的定位，伤害了原品牌。自主开发的浴室柜品牌，它们都具有一个共同点：品牌众多，但与众不同的品牌寥寥无几，定位模糊，缺少个性和推广策划；生产规模小。

三、法兰西品牌规划

现代广告十分强调树立企业的品牌形象，在众多的市场竞争中，能否成为品牌，不仅取决于内在质量，还取决于能否通过广告宣传及企业视觉形象建立起独一无二的品牌形象。为此，我们对法兰西形象、定位等进行全面设计并给予其内涵。

1. 品牌的定位

（1）品牌名称

“法兰西”易读易记，且易于传播的名字，给人传达了企业以“国际化”为使命的企业精神，给人以信心的标志，很具有品牌的亲和力；而法文和中文化的品牌名称都具有想象空间，能与时尚、高档、品位、艺术联系，有发展延伸的弹性，简单易读，具有国际品牌大气风范。

（2）品牌视觉

品牌视觉不是坐在办公室里设计出来的，而必须由外而内地进行消费者形象期望测试与调查，形象力的整合首先要研究竞争者的形象力与目标消费者的形象期望，而不是单纯的美术设计。目前行业里视觉形象普遍较差，五花八门，没有独特有力的视觉效果。

通过长时间的市场调查及测试发现，在众多的色彩中间最为夺目的应为深紫色、深灰色，它可以给人现代高贵的感觉，可以夺人眼球，引起消费者的注意力与联想度、关注度；同时深紫色、深灰色象征时尚、品位、高贵、丰富的艺术想象力，与法兰西品牌定位相吻合。

（3）品牌核心竞争力

技术创新、设计创新赶超国际水准是法兰西的核心竞争力。时代在不断进步，人们的生活水平不断提高，建材产品亦需跟随时代和生活的脚步而提升，技术创新、设计创新便成为产业升级重要的一环。法兰西将致力于浴室柜产品的时尚化、艺术化、国际化，成立设计和研发中心聘请出色设计师主持产品设计研发工作，使产品推陈出新，不断应用新材料以技术领跑，提高产品换代能力，拉开与竞争者、新进入者的差距，领先国内外市场。

（4）品牌定位

法兰西在品牌的定位上，将锁定高档形象的策略，直接与众多厂商争夺市场，确立法兰西高档品牌的强势形象（经销商和消费者都有一个直观的印象：“法兰西浴室柜是好，可是价格有点高！”这个观感有两层含义：一是产品价格对于消费者的购买力偏高，更重要的是从性价比的角度，法兰西作为尖端品牌可以承担高价位。这个价格体系成功地实现和维护着法兰西的品牌定位）；法兰西同时也推出中、低产品来抢夺大的市场份额，从而达到“经典艺术，国际品质”的品牌定位。

（5）品牌形象定位

时尚、高品位、艺术化、品质卓越、尊贵、价值感的国际化品牌。

（6）品牌广告词（广告语、宣传口号）

法兰西，快乐演绎新生活。

（7）公司目标

创建卫浴建材一流企业。

（8）公司宗旨

创造美好生活空间。

（9）目标消费者

a. 一般消费群：这一消费群体的认牌率很低，基本在终端市场中，促销人员向他推荐产品及体验式的感受（左右他的主要有价格与质量保证），使他临时性决定选择何种品牌。

b. 特殊消费群体：年龄在25～40岁左右的成功人士，他们凡事都会讲究品牌，有较少的一部分有顽固的指牌购买习惯，但相当一部分主要靠促销员的主推荐产品和体验式的感受（左右他的主要是品牌的知名度、款式）。

2. 品牌的目标

（1）长远目标

a. 三年内成为浴室柜行业一流品牌。

b. 拥有高度的品牌知名度、美誉度和消费者满意度。

（2）今年目标

a. 为实现今年销售目标作品牌支持。

b. 达到一定阶段的知名度。

c. 达到一定阶段的美誉度。

四、产品策略

（1）产品的包装

产品包装关系到产品的档次。在包装设计方案方面，在考虑成本的同时，更要体现出我们产品的高品质，高品位的内涵。

（2）产品线策略

根据不同的细分市场，不同的产品细分，考虑设计不同的规格、不同的材质、不同系列的产品，产品的个性化、差别化和系列化，是引导顾客，取得竞争优势的重要手段。所以我们将产品线划分为四类：第一类是创新系列，定位为市场占位产品，树立法兰西未来的高端产品形象。创新系列为法兰西“明星产品”，通过推广创新系列来带动法兰西的整个产品线，作为企业追求利润的重点“占利”产品。第二类是时尚系列，为法兰西的核心产品，时尚系列则确立为“占量”的角色。第三类是现代系列，定位于市场阻击竞争对手的防御性产品。第四类是DIY（自己设计）系列，真正以消费者为中心的个性化消费将成为未来市场的主流，DIY定位于占领未来市场。

（3）产品的名称

尽管浴室柜的购买形态偏重于理性，但浴室柜的使用情景却是极感性的。法兰西的品牌形象追求的是时尚、高品位、艺术化、品质卓越、尊贵、价值感的国际化品牌。要获得消费者对法兰西这一品牌形象的认同，法兰西要做的努力还很多很多。法兰西人认为浴室柜每块材料都有故事，是风中摇曳的精灵，每一个浴室柜都有生命，是法兰西人精神和理念的延伸，所以我们为每一个浴室柜起一个名字或典故，让冰冷的静物具有丰富生动的形象去感染客户。

法兰西“高端品牌”的发展战略，决定了清晰的产品组合思路，致力于创造一个独特的浴室柜高端品牌，成为浴室柜行业领跑者。

（4）产品服务

★关心经销商想法，寻求有思想、有开发能力、有发展的优秀企业。

★在质量保证期内，提供配件决不拖泥带水。

★客户不必担心运输破损。

★新产品开发处于高速状态。

★产品没有仿造，只有创造。

★上乘的品质，轻松的价格。

★先进的生产设备加上员工强劲的凝聚力，赋予产品旺盛的生命力。

公司拥有优良的设备、相关专业的优秀人才和得天独厚的管理机制，选择国内有较强知名度的配套供应商，公司现有美国科拉斯公司自动化设备六套，厂房坐落在上海市嘉定区黄渡工业园区，离市区20千米、虹桥机场23千米、大众工业园区5千米，总投资近1500万元人民币。

五、价格策略

（1）价格定位

在价格方面，法兰西浴室柜高档产品与同等的国外陶瓷洁具品牌旗鼓相当，相差并不大（价格比国外品牌低10%～20%）；法兰西中低档产品价格与一般品牌的价格相当，极具价格竞争力。

（2）价格体系

区域总经销价、分销价、终端零售价、终端零售限价、首次工程报价和实际工程报价、出口价，每一个级别都有价差，在实际操作过程中应严格执行“价差体系”。

（3）全国实行统一的报价表。

六、渠道策略

主推经销制，以省级市场为一个战略单位，以各省级市为各区域市场的中心，网络要达到地级市的市场。

1. 渠道的形式和体系

（1）进入终端零售市场（包括专业的建材店、大型建材超市、品牌洁具专卖店）。以专卖店、专营区的形式，以适宜的终端拉动方式调动终端市场积极主推法兰西产品，形成品牌的张力。

（2）打入工程市场（包括装饰装修广告公司、建筑公司、房地产公司、设计院等）。由于各地的市场状况都有所不同，法兰西将采取直接建设和产品总经销的形式共同开发进入市场：第一，可以利用自营店树立品牌形象，开发、带动和服务区域市场；第二，可以促进法兰西与总经销的资源整合，以达到强势品牌的目的；第三，法兰西将总经销作为企业持久发展的战略伙伴，法兰西与经销商是息息相关的利益共同体，共同分享品牌带来的丰厚利润，法兰西将专注于品牌的管理经营。

（3）采取四种分销体系。

a. 省级总经销（负责和法兰西联手开发全省的产品招商、销售及品牌推广工作）。

b. 地级总经销（负责和法兰西一起开发该地区的产品销售及品牌推广工作）。

c. 特约经销（主要是针对有一定资源和优势的装饰公司、贸易公司、设计院、房地产公司等）。在市场开发初期，可直接从厂商进货，后期从当地总经销处进货，销售力很大的情况下也可直接与厂商合作。

d. 建材超市。

2. 分销网络目标

（1）目标网络管理基础

a. 合理分布一定数量的经销商群。

b. 符合“经销商资格”的经销商群。

（2）经营思路

在全国主要目标城市开发经销商，建立自己掌控的销售网络，提高品牌知名度，扩大销售额、市场占有率。

（3）网络目标设定

a. 根据公司管理体系，将全国市场暂划分为若干个区域。

b. 每个区域设一名区域销售经理负责开拓管理。

c. 各市场进入次序：

首先进入直辖市、省会城市，然后是地级城市；

其次进入富裕城市，然后是一等城市；

再次进入人口多的城市，然后进入次一等城市。

（4）经销商的选择

根据法兰西的企业理念、品牌定位和形象，我们在经销商选择上优先考虑各区域国际知名品牌洁具的经销商、代理商，争取同他们合作，也即法兰西品牌将走与国际知名品牌洁具配套的路线。

七、推广策略

由于产品特点、企业现状、资金投入方面的限制，我们不可能预算太多的传播费用，因此，针对洁具购买地点集中的特点，以建材市场周边的户外广告为主，辅之以车体、报纸等广告形式，个别区域投放电视广告。推广费用分自己承担和经销合作二种方式。而对经销商、设计院、房地产公司、装修公司的拉动主要采取参加建材展览会或销售人员直接开拓等形式。

我国地域辽阔，生活习俗、地域文化、消费水平等有很大差异，所以洁具广告的形式在各地有不同的侧重。

（1）户外广告

这是一种被普遍运用的形式，也是陶瓷洁具类广告的主流媒体，主要集中于建材市场周边及建材市场内部。个别有实力的厂家，在城市的交通要道设置巨型户外广告牌，气势较为宏大。户外形式因为露出时间上具有长期性，而受到厂商的青睐，尤其是集中于建材市场内外的广告牌，有吸引顾客到售点的作用，因而厂商都非常重视，舍得投资，形成户外广告牌林立的热闹场面。户外广告牌从规格上分为巨型、大型和小型，厂家一般根据经销商的销售业绩给予广告支持，有资金实力的厂家则可以自己投入。

流动的车体广告也是户外广告的一种。公交车穿行于城市的交通要道，有较高的注目率，露出频次高，有利于提高品牌的知名度。车体广告形式受到地处中小城市经销商的欢迎，往往是广告一上，满城皆知，而且价格比较便宜。

（2）电视广告

由于电视广告的特点是转瞬即逝，且投放费用昂贵，这种形式只在局部市场出现，如在上海，陶瓷洁具类广告比较密集，竞争激烈，这是因为上海的电视广告对购买产生的作用比较大，厂家与经销商对此都比较看重；而根据有关资料显示，在山东市场对消费者进行调查时，消费者的第一反应则是：陶瓷洁具这种东西还需要做电视广告？在当地消费者的心目中有一个固定的看法，买陶瓷洁具就去建材市场，这是约定俗成的东西，其实也没必要做电视广告。但这些受访者又表示，如果有电视广告当然更好，头脑中有这个品牌的印象，去建材市场可能就去找这个品牌的产品。陶瓷洁具厂家做电视广告，一方面是局部市场竞争的需求，一方面是展现企业实力、提升知名度与企业形象。在电视媒体的载具选择上，既有 CF 片，又有栏目冠名、赞助、角标等。

从中国最权威的 CCTV 来看，除个别国外陶瓷洁具品牌、瓷砖厂家上广告之外，有一个值得注意的动向，广东几家企业以联合推荐的形式推出形象广告，可以看出行业联合的一些迹象，在下一轮的竞争中，企业在行业协会的协调下进行联合将是一种趋势。当然，由于费用方面的限制，电视广告在短时间内不能成为陶瓷洁具广告的主流媒体，厂家都掂得出电视广告的分量，但面对现实，不得不说那是“富人的游戏”。

（3）印刷品广告

此类形式主要是精美的产品画册，内容一般包括企业介绍、产品种类展示、装饰效果等，是在售点促成购买的一种重要媒介，画册的编排、印刷质量、表现风格等会对顾客的即时购买产生有效影响。有的则向顾客赠送印有企业、产品名称和标识的手提袋等。

（4）店面展示

陶瓷洁具产品属于耐用消费品，重复购买的可能性不大，普通消费者对产品认识很有限，所以店面展示非常重要，将现场展示的形象设计成温馨而又极富感染力，通过视觉的重复冲击与情感的召唤达到促使消费者选择产品的目的。现场展示通过 POP 贴画、灯箱、小标签、挂旗、彩色气球、门口落地式广告牌、产品画册、背景音乐、产品摆设的不同组合等渲染不同的格调与气氛，从而满足大多数消费者的心理要求。

（5）报刊广告

一是针对专业人士，主要集中于专业报刊，旨在提升企业形象，同时把产品信息及时传递给装潢公司、房地产公司、建筑公司等目标受众，引起关注。二是针对个体顾客的，一般选择生活类报纸的家居、房产、装饰等媒体载具。

明确陶瓷洁具广告的主要形式与特点之后，我们将进入法兰西传播工具的整合阶段。在所选择的工具中，以终端助成物为首选工具，以户外广告为第二工具，以电视广告为第三工具并根据市场需要进行产品促销活动。

在首选工具里面，我们将为终端展示设计《法兰西浴室柜产品画册》，以使顾客对法兰西浴室装修效果有一个最直观的认识，对顾客来讲，也是一个选购的参考标准；设计不同规格的产品标贴，要求所有的法兰西浴室上必须有统一标准的产品标贴；在专卖区的布置上，将设计制作背板、灯箱、挂旗、门贴、海报、门头招牌等。为规范经销商推介法兰西浴室柜产品，我们将设计制作精美、生动通俗的《法兰西浴室柜宝典》，对法兰西浴室柜的基本知识、如何向顾客推介、如何回答顾客的疑问等进行详细列举，该册子的使命有两个，一是对经销商起到指导性、规范性的作用；二是在终端上可以让感兴趣的顾客带走，以便对法兰西浴室柜有更深、更全面的认知，达到影响其购买、进行口碑传播的目的。另外，还可以赠送给顾客手提袋、精美小礼品等，也将起到很好的作用。

户外广告以大型为主，以达到脱颖而出的目的。作为一个全国销售的浴室柜品牌，传播上必须保持一致性。因此，法兰西浴室柜所有的户外广告，无论规格大小，都采用统一的设计稿。

第三类工具是电视广告。由于各地消费者媒体接触偏好的差异，各地经销商对电视广告的要求也存有较大差异。作为一套整合的传播策略，电视广告当外是不可或缺的。

第四类是促销活动和展览会。a. “海南岛，天涯海角休闲游”——为庆祝法兰西浴室柜产品全面上市，凡在____月____日～____月____日期间购买法兰西浴室柜，将“法兰西浴室柜顾客档案卡”填好并寄回的顾客，将有机会赢取到海南岛一游的好运气。b. 我们还将根据市场的需要做各种促销活动，以提高品牌的曝光度和销售量。c. 参加大型建材展览会以提高品牌在行业内的知名度，达到招商的目的。

八、终端制胜

眼下不少企业采取广告轰炸或终端强力促销的方式进行新品推广，广告轰炸与强力促销固然来得快，但这种烧钱的方式并非所有企业都“玩”得起的。烧钱广告的方式与强力促销只适合于中国部分行业中的大型企业，对于大部分企业而言都是不合适的，对于建材行业而言则更加不合适。由于消费行为谨慎、计划性强、重复购买率低，产品的日常关注度低，就不适合用广告轰炸或强力促销来推广新品，而合适的企业也未必有足够的新品推广费用预算。

通过调查，发现浴室柜市场的竞争形态为“哑铃型”，一端是为数众多的杂牌产品，低质、低价、以量取利；一端是处于市场高端的名牌，高质、高价、专卖、高利润。部分品牌虽产品质量不错，但形象暗弱，同时价格又高于同档次产品，处于“夹在中间”的状态。消费者在购买浴室柜时，价格成为第一敏感因素，在同等价格下，浴室柜款式又成为第一敏感因素，在价格相差不大的情况下，他们愿意为中意的款式而承受部分购买成本的增加。当消费者来到建材市场后，往往在同质化的产品面前变得无所适从，经过反复比较，进入“临界购买”状态，售点产品展示与销售人员的专业推介，能起到“临门一脚”促进成交的作用。并且，在品牌众多的市场上，知名度一般的品牌在终端上很难凸现，最好的形式仍然是专卖店、专营区。因此，根据浴室柜市场的竞争形态、消费心理、购买地点的特性等，我认为法兰西浴室柜营销行之有效的策略是“终端辐射、终端制胜”。

1. 终端规划

根据销量与辐射影响力，可将终端店头分为A、B、C三类，须采用不同的出样和支持方式。浴室柜的终端按照建材市场的情况来区分，主要标准是其展示面积、地理位置和人流量、成交量、影响力等。

（1）A类终端规划——专卖店

我们将对A类终端专卖店建设管理、终端户外广告、促销、人员、服务、终端展示品上给予最大支持。

（2）B类终端规划——专营区

专营区的展示面积、装修和样品展示的数量应按照公司的要求。我们将对B类终端专营区管理、终端户外广告、促销、服务、终端展示品上给予一定支持。

（3）C 类终端规划

展示面积、样品展示的数量达不到公司要求，但地理位置好和人流量大、成交量多、有一定的影响力的终端。

各区域应首先做好 A 类售点的终端布置，随后逐步扩展至其他类别的售点。终端布置和产品出样的原则是统一风格，争取最佳展示效果、提供便捷的购买地点、维护并提升品牌形象。出样的要求是争取建材市场的最佳陈列处。

在成熟的地区，我们将对销售终端 A、B 类店进行 5S 概念店的建立，构建终端标准平台。5S，即 Show（展示）、Sale（销售）、Service（服务）、System of information（信息）、Solar culture（浴室柜文化）。几大必要部分包括：消费误区教育体验、使用体验、明星产品性能体验、个性化增值体验、品牌文化震撼体验、服务力体验等等。5S 概念店，具体到店面形象、售前、售中、售后等每一个细节都有具体而明确的规范。5S 概念店的目的在于提升法兰西终端的产品形象和品牌形象，真正让法兰西浴室柜动起来、亮起来。

2. 终端展示规范

（1）店面装修要求：产品展示区的装修必须按照公司的装修设计和符合 VI 手册要求。

（2）产品展示要求：当前主推产品展示在最醒目处；产品按照统一规格系列摆放，同一系列的产品摆放在一起；样品展示注意规模效应。

（3）终端标识的要求：每个法兰西浴室柜上必须有品牌标签；保证有本品牌浴室柜样品的店头有品牌的明显识别；保证有本品牌浴室柜样品店头的宣传单页；保证本品牌浴室柜展示区的店头都有授权书、品牌的各种荣誉与专利证件展示等宣传资料。

（4）终端推荐的要求：终端人员要主动推介本品牌浴室柜；能对本品牌浴室柜比较了解，特别是产品优势、特性和主推产品系列；能对前来咨询购买者主动散发本品牌浴室柜的宣传单页。

（5）法兰西营销人员操作终端的要求：如无意外情况，每次出差到该地区都要对终端进行拜访和对经销商销售员、导购员培训指导，提高终端销售能力，保证终端助成品的摆放无误，保证所需的物品充足，保证产品出样、装修符合标准。终端信息及时反馈。

（6）终端考核：制定终端考核制度，每月由公司上级到各区域进行市场巡视和终端检查，按照标准进行考核打分。

（资料来源：http://www.docin.com/p-532120554.html）

结合本案例，说明营销策划书的编制原则有哪些。

思考题

1. 营销策划书的基本内容及要求是什么？
2. 营销策划书的基本格式从结构上看，包括哪几项？

参考文献

白雪，李文．2008．顾客满意指数测评基本模型的改进[J]．情报科学，5：704-707．

薄湘平，周琴．2005．服务补救：重建顾客满意的重要手段[J]．湖南大学学报（社会科学版），1：58-61．

曹献存．2008．营销策划[M]．郑州：中原传媒出版集团．

崔迅．2004．顾客价值链与顾客满意[M]．北京：经济管理出版社．

戴建中．2008．网络营销与创业[M]．北京：清华大学出版社．

段跃芳．2004．服务补救：提高顾客满意度的新视角[J]．江苏商论，3：26-28．

（美）菲利普·科特勒，等．2009．营销管理（中国版）[M]．卢泰宏，等译．13 版．北京：中国人民大学出版社．

（美）菲利普·科特勒．2005．市场营销原理[M]．3 版．洪瑞云，等译．北京：中国人民大学出版社．

冯欢．2007．顾客满意与顾客忠诚关系实证研究[D]．南京理工大学，6-8．

冯英健．2007．网络营销基础与实践[M]．3 版．北京：清华大学出版社．

甘波，曲保智．1997．超越顾客期望：顾客满意（TCS）[M]．北京：企业管理出版社．

龚正伟．2009．企业形象（CI）设计[M]．北京：清华大学出版社．

顾平，宁宣熙．2002．从顾客满意到顾客忠诚[J]．商业研究，11：129-131．

郭国庆．2005．市场营销学通论．3 版．北京：中国人民大学出版社．

侯俊华，李俊毅，汤作华．2000．21 世纪营销核心：顾客——提高顾客满意度和忠诚度[J]．江西社会科学，9：82-83．

胡其辉．1999．市场营销策划[M]．大连：东北财经大学出版社．

姜彩芬．2004．从顾客满意到顾客忠诚[J]．经济师，3：260-261．

金立印．2007．服务保证对顾客满意预期及行为倾向的影响：风险感知与价值感知的媒介效应[J]．管理世界，8：104-115．

康键．2007．顾客抱怨行为与顾客满意度、顾客忠诚的关联性研究[D]．天津大学，13-61．

李本辉，邓德胜．2008．企业营销策划实务[M]．北京：中国经济出版社．

李春丽．2005．顾客满意度指数测评研究[D]．内蒙古工业大学，10-16．

李文义，刘进．2012．市场营销策划[M]．北京：中国财政经济出版社．

李永鑫，等．2009．服务提供者交际活动与顾客忠诚：消费情绪的中介作用[J]．心理科学，32（2）：449-452．

李勇．2008．顾客满意度指数模型及其测评方法研究[D]．中国矿业大学（北京），1-50．

梁宏．2005．现代市场营销策划案例及点评[M]．北京：中国地质大学出版社．

梁燕．2007．顾客满意度研究述评[J]．北京工商大学学报（社会科学版），2：75-80．

林盛．2002．基于 PLS 结构方程模型的服务行业顾客满意度测评方法及应用研究[D]．天津大学．

凌守兴，王利锋．2009．网络营销实务[M]．北京：北京大学出版社．

刘炼，张莹．2007．基于顾客满意的服务补救策略研究[J]．现代商贸工业，11：15-16．

刘清峰．2006．顾客满意和顾客忠诚中的消费情感因素研究[D]．天津大学，18-27．

刘研．2006．企业顾客满意度测评体系研究[M]．东南大学，17-20．

罗晓光．2006．基于顾客购后行为的顾客满意度评价研究[D]．哈尔滨工程大学，70-89．

马继华．2005．顾客满意度测评方法和实例[EB/OL]．调研在线，www.easymr.com．

马力，齐善鸿．2005．基于激励—保健理论的顾客满意理论及服务系统的研究[J]．科研管理，2：152-157．

马青梅．2004．基于顾客满意理论的现代企业战略研究[J]．生产力研究，8：154-156.

马锁生．2008．从员工忠诚的塑造到顾客忠诚的培养[J]．甘肃科技纵横，3：103-104.

南剑飞，等．2003．论顾客满意度的内涵、特征、功能及度量[J]．世界标准化与质量管理，9：11-14.

彭艳君．2008．顾客参与及其对顾客满意的影响[M]．北京：知识产权出版社.

钱永贵，梁弘秀．2006．营销策划[M]．成都：电子科技大学出版社.

秦宗槐．2008．营销策划[M]．合肥：安徽人民出版社.

全洪臣．2008．对顾客满意度测量的思考[J]．现代商贸工业，2：134-135.

沈美莉，陈孟建，徐慧剑．2007．网络营销与策划[M]．北京：人民邮电出版社.

施春来．2008．企业营销策划[M]．北京：中国经济出版社.

（日）是永聪．2008．网络营销[M]．李艳，高凯，李彩云，译．北京：科学出版社.

（美）朱迪·斯特劳斯，等．网络营销[M]．4版．时启亮，金玲慧，译．北京：中国人民大学出版社.

苏胜强，谷永春．2006．“双因素”理论在顾客满意中的应用[J]．商业研究，22：181-182.

孙明贵，等．2005．顾客满意的形成机理与提升策略[J]．科技管理研究，3：129-133.

田月华，陈玲玲．2006．顾客满意度述评[J]．东南大学学报（哲学社会科学版），S1：59-61.

王菲．2002．“顾客”概念在CS理论中的另一层含义[J]．经济师，8：140-141.

王恒久，张磊．2005．基于企业文化的员工满意度和顾客满意度[J]．科技与管理，2：64-65.

王金松．2005．顾客满意模型及顾客满意管理研究[D]．福州大学，16-31.

王汝林．2006．网络营销实战技巧[M]．重庆：重庆大学出版社.

吴必达．2003．顾客满意学[M]．北京：企业管理出版社.

吴朝辉．2005．顾客满意的误区[J]．湖北财经高等专科学校学报，8：24-25.

吴健安．2002．市场营销学[M]．修订版．合肥：安徽人民出版社.

肖红军．2002．“顾客满意”研究[D]．厦门大学，57-76.

徐碚．2007．顾客满意战略的理论与实践[M]．武汉：华中科技大学出版社.

徐育斐．2002．市场营销策划[M]．大连：东北财经大学出版社.

徐志伟．2003．顾客满意度改进研究[D]．天津财经学院，8-29.

严浩仁．2005．顾客忠诚的影响因素及其作用机制[D]．浙江大学，10-29.

颜炳荣．2006．世界著名企业的品牌攻略[M]．北京：中国纺织出版社.

杨鹏．2008．顾客满意及其影响因素分析[D]．北京邮电大学，8-17.

叶万春．2006．企业形象策划：CIS导入[M]．大连：东北财经大学出版社.

余峻峰．2009．顾客满意度发展及模型综述[J]．经济论坛，9：104-105.

袁武林．2008．企业绿色营销策略探析[J]．商场现代化，12.

张昊民．2005．营销策划[M]．北京：电子工业出版社.

张鸿，张春莹．2003．西安高校宽带市场发展报告[R]．西安邮电学院.

张鸿．2002．陕西移动通信公司GPRS市场推广策划报告[R]．西安邮电学院.

张鸿．2009．营销策划学．[M]．广州：中山大学出版社.

张新安，等．2004．CSI理论与实践[J]．系统工程理论与实践，6：14-19.

郑兵．2008．B2C网络商店物流服务质量及其与顾客忠诚的关系研究[D]．大连理工大学，69-70.

郑孝庭，等．2005．服务营销创造顾客满意[J]．江苏商论，3：66-67.

周宁，李鹏．网络营销：网商成功之道[M]．北京：电子工业出版社.

朱华锋，2003．营销策划一线体验[M]．合肥：中国科学技术大学出版社．

庄贵军．2012．企业营销策划[M]．2 版．北京：清华大学出版社．

Day Ralph L,1984．Modeling Choices among Alternative Responses to Dissatisfaction in Advances in Consumer Research[J]. ED.Thomas Kinnear，Ann Arbor，MI：Advance in Consumer Research,Vol.11:496-499．

Dick Alan S., Kunal Basu.1994,Customer Loyalty:toward an Integrated Conceptual Framework[J].Journal of the Academy of Marketing Science,22（2）:99-113.

Dominque Crie.2003, Consumers' Complaint Behavior, Taxonomy, Typology and Determinants:towards a Unified Ontology[J]. Journal of Database Marketing and Customer Strategy Management，11（September）:60-79.

Fornell Claes.2001,The Science of Satisfaction[J].Harvard Business Review,3:120-121．

Jin Li Yin.2006．The Effects of Service Guarantee on Employees' Service Involvement and Customer Orientation：Mediating Effects of Perceived Role Ambiguity and Responsibility （in Korean）[J]．The Academy of Customer Satisfaction Management，Vo1．8（1） :73-88．

Kotler P. 2000．Marketing Management[M]．10th Ed．Beijing：Tsinghua University Press．

Oliver Richard L.，1980．A Cognitive Model of the Antecedents and Consequences of Satisfaction Decisions[J].Journal of Marketing Research，Vol.17,No.4:462-465.

Singh Jagdip.1998，Consumer Complaint Intentions and Behavior:Definitional and Taxonomical Issues[J].Journal of Marketing，52:93-107．